Teneriffa

Irene Börjes

10. komplett überarbeitete und aktualisierte Auflage 2023

Inhalt

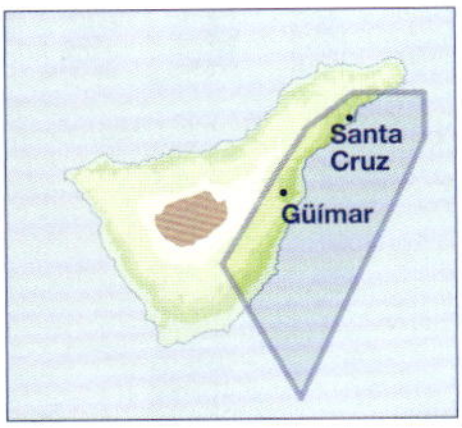

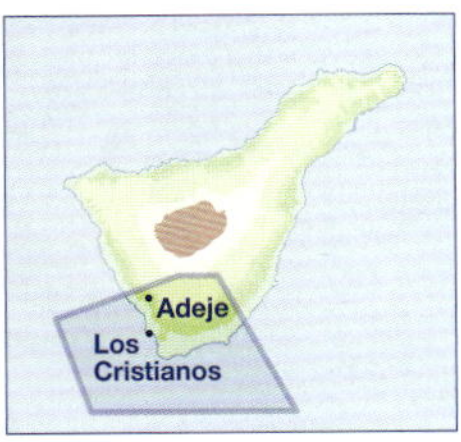

Der Westen und das Tenogebirge ▪ 82

Zwischen Costa Adeje und Los Gigantes erstreckt sich ein ursprünglicher Küstenstrich. Oberhalb der Steilküste beginnt einer der romantischen Inselzipfel – das Tenogebirge. Die steile Bergwelt mit ihren winzigen Dörfern konnte sich ihre Eigenart bewahren.

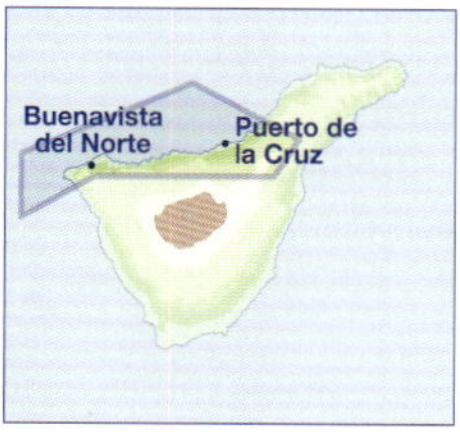

Das Orotavatal und die Nordküste ▪ 102

Teneriffas Idealbild: grün und fruchtbar, Wälder, Steilküsten, an denen sich die Brandung bricht, rustikale Fincas und historische Städte. Zahlreiche Wanderwege und Badestrände gibt es ebenfalls.

Fels in der Brandung: Roque de Garachico

La Laguna und der Nordosten ▪ 150

Die UNESCO-Weltkulturerbestadt La Laguna war über Jahrhunderte das geistige und politische Zentrum der Kanaren und besticht durch Paläste, Kirchen und Klöster. Nördlich davon erstreckt sich mit dem Anagagebirge ein wahres Paradies für Wanderer.

Nationalpark Teide ▪ 170

In Teneriffas Mitte thront der Vulkan Teide, mit 3718 m Spaniens höchster Gipfel. Der Nationalpark leuchtet in allen Gesteinsfarben: Es gibt weiße, brettflache Ebenen, goldfarbene, turmhohe Felsen und dunkle, wilde Steinströme – die perfekte Mondlandschaft!

Nachlesen & Nachschlagen ▪ 180

Was haben Sie entdeckt?

Haben Sie ein besonderes Restaurant, ein neues Museum oder ein nettes Hotel entdeckt? Wenn Sie Ergänzungen, Verbesserungen oder Tipps zum Buch haben, lassen Sie es uns bitte wissen!

Schreiben Sie an: Irene Börjes, Stichwort „Teneriffa"
c/o Michael Müller Verlag GmbH | Gerberei 19, D – 91054 Erlangen
irene.boerjes@michael-mueller-verlag.de

Preise Übernachten
(DZ mit Frühstück bzw. 2-Personen-Apartment in der Hauptsaison)

€	50–70 Euro
€€	70–90 Euro
€€€	90–120 Euro
€€€€	120–350 Euro

nachhaltig, ökologisch, regional

mein Tipp Die besondere Empfehlung unserer Autorin

Die Kanarische Phoenixpalme trifft man sehr häufig in Parkanlagen an

Orientiert

auf Teneriffa

Die Insel im Profil

Teneriffa ist ...

Eine der Inseln der Glückseligen, des ewigen Frühlings, ein Kontinent im Kleinformat und die Badewanne Europas – alles Beinamen der kanarischen Insel, von poetisch bis ironisch und alle durchaus zutreffend.

- 2034 km² Fläche
- 904.700 Einwohner (2018)
- 204.900 Einwohner in Santa Cruz, Hauptstadt und Wirtschaftszentrum
- 46 % der Inseloberfläche, insbesondere Wälder und jungvulkanische Zonen, stehen unter Naturschutz
- 358 Kilometer Küstenlänge, davon 25 Kilometer Strände
- 1909: letzter Vulkanausbruch (Chinyero)

... geografisch Afrika, politisch Europa

Teneriffa liegt nur 340 Kilometer vor der Küste Südmarokkos, aber stolze 1500 Kilometer vom spanischen Festland entfernt. Verwaltungspolitisch sind die Kanarischen Inseln eine autonome Region Spaniens und damit ein Teil der EU. Wegen ihrer isolierten Lage genießen sie aber einen steuerlichen Sonderstatus mit Preisvorteilen auch für Urlauber.

... die größte Insel im kanarischen Archipel

Gemeinsam mit den anderen westlichen Kanarischen Inseln La Palma, Gomera und El Hierro bildet Teneriffa eine eigene Provinz. Mit 2034 km² ist sie die größte von ihnen, aber immer noch ein gutes Stück kleiner als der 3640 km² große spanische Urlaubermagnet Mallorca.

... die „Spitze" Spaniens und höchste Erhebung im Atlantik

Der markante Vulkankegel des Teide erhebt sich ziemlich genau in der Mitte der Insel und wird von einem ringförmigen Gebirgszug umgeben, der bis zu 2715 m hoch ist. Der Pico del Teide selbst ist mit 3718 m der höchste Gipfel Spaniens und im gesamten Atlantik. Er liegt im gleichnamigen Nationalpark, der zum UNESCO-Naturerbe zählt.

... aus Feuer und Wasser geboren

Wie alle Kanarischen Inseln ist Teneriffa vulkanischen Ursprungs und hat sich durch zahlreiche Ausbrüche vor 5–7 Millionen Jahren aus dem Meeresboden erhoben. Zunächst handelte es sich um drei separate Inseln, die im

Laufe der Zeit durch die vulkanische Aktivität zu einer einzigen zusammenwuchsen. Der Vulkanismus ist allgegenwärtig. Schwarze Lavaflüsse, weiße Lapillifelder, Vulkankegel und Vulkankrater formen die Landschaft. Den Kegel des Teide sieht man von fast jedem Punkt der Insel.

... ein Pflanzenparadies

In Sachen Natur gleicht Teneriffa einem Kontinent im Miniaturformat oder einem botanischen Garten. Während das Klima in Küstennähe subtropisch ist, wird es auf den Höhen „europäischer". Entsprechend vielfältig ist die Pflanzenwelt der Insel: Exotisches wächst neben Exklusivem, rote Bougainvilleakaskaden und lila blühende Jacaranda sind ein herrlicher Schmuck in Gärten und auf Plätzen. Einige Pflanzen sind endemisch, manche wachsen nur in ganz eng begrenzten Gebieten, am Teide etwa, im Tenogebirge oder im Barranco del Infierno, der Höllenschlucht.

... ein klassisches Ganzjahresreiseziel

Die beständige Passatströmung und der kühle Kanarenstrom bescheren der Inselgruppe das ganze Jahr über angenehme Temperaturen. Ohne sie wäre es hier so heiß und trocken wie in Südmarokko auf demselben Breitengrad. Im Sommer wird es selten richtig heiß (22–30 Grad) und im Winter nicht kalt (19–24 Grad). Dennoch gibt es Unterschiede: Der Norden Teneriffas ist häufiger bewölkt und feuchter, der Süden ist dagegen nahezu regenfrei.

... eine Insel der Fiestas

Eigentlich gibt es immer etwas zu feiern auf Teneriffa, jeder Ort und jeder Berufsstand hat seinen eigenen Schutzpatron bzw. seine Schutzpatronin. Ihre Namenstage müssen ausgiebig zelebriert werden. Der Kalender sorgt übers Jahr für weitere Anlässe. Den Höhepunkt bildet der Karneval, und weil ihn alle Städte und Dörfer groß feiern, ist man hier mit den Terminen flexibel – da ist eben am Aschermittwoch nicht alles vorbei. Eine ganz normale Fiesta dauert mindestens neun Tage und Nächte, also eine Woche einschließlich der beiden Wochenenden.

... ein Ziel für Pauschal-Urlauber und Individualisten

Etwa 80 % der Urlauber verbringen ihre Ferien im Süden und im Westen der Insel, ca. 850.000 wohnen im Norden vorrangig in Puerto de la Cruz. Der weitaus größte Teil der Touristen nutzt dabei die Pauschalarrangements der Reiseveranstalter. Für Individualisten gibt es daneben aber auch Angebote, z. B. in Landhotels oder umgebauten Fincas. Nur wenige Kilometer hinter den großen Urlaubsorten kann man herrliche Landschaften, kleine Dörfer und alte Städte erkunden.

Von trubelig bis beschaulich

Teneriffas Städte und Dörfer

Im trocknen, warmen Süden der Insel wuchsen innerhalb von 50 Jahren Urlauberstädte aus dem Boden. Mehr als drei Millionen Gäste beherbergen sie pro Jahr. Die Besiedlung Teneriffas durch die Spanier begann schon vor mehr als 500 Jahren im fruchtbaren Norden. Die schönsten Städte finden Sie dort.

Die **Touristenzentren** Teneriffas:

- Puerto de la Cruz, der Klassiker, im Norden
- Los Cristianos, Playa de las Américas und Costa Adeje, die größte Urlauberzone, im Süden
- Playa de la Arena, Puerto de Santiago und Los Gigantes, der Drillingsort im Westen

Vom Flughafen Reina Sofía bis nach Los Cristianos sind es 20 km, nach Puerto de la Cruz im Norden 110 km.

Die Urlauberzentren im Süden

Los Cristianos: Einen Fischer- und Fährhafen, dazu kleine Pensionen, eine Plaza und eine Kirche gab es hier schon, bevor der Tourismus im Süden Fahrt aufnahm. Deshalb herrscht in diesem Urlaubsort noch ein richtig urbanes Ambiente. → S. 57

Playa de las Américas und Costa Adeje: Die nahtlos ineinander übergehenden Orte bilden die größte zusammenhängende Bebauung der Insel und sind ein reines Urlaubergebiet. Um die Strände gruppieren sich Hotels und Apartmentanlagen, ein Yachthafen, Sportangebote, Restaurants, Einkaufs- und Vergnügungszentren sowie viele Kilometer Promenade. → S. 65

El Médano: Herrliche Naturstrände bescherten dem Fischerdorf im Südosten um 1960 einen echten Hotelpionier, das Hotel El Médano. Die hervorragenden Wind- und Kitesurfer-Bedingungen brachten nach und nach weitere Gäste und Unterkünfte. → S. 47

Santa Cruz – Inselhauptstadt an der Ostküste

Teneriffas Hauptstadt und die größte Stadt der Insel. Bei Urlaubern ist die Hafen- und Handelsstadt in erster Linie als Ausflugsziel beliebt. Hier lohnt sich ein Einkaufsbummel inmitten von städtischem Flair mit Parks, Plazas und vielen guten Restaurants. → S. 22

La Laguna – die älteste Stadt Teneriffas

Die älteste Stadt der Insel und bis ins 19. Jh. Hauptstadt. San Cristóbal de La Laguna, wie die Stadt mit vollem Namen heißt, ist immer noch das geistige Zentrum Teneriffas. Die erste Universität wurde hier 1510 gegründet. Herrschaftliche Paläste, Kirchen und Klöster aus den vergangenen Jahrhunderten sind erhalten und können bei einem Stadtrundgang besichtigt werden. → S. 152

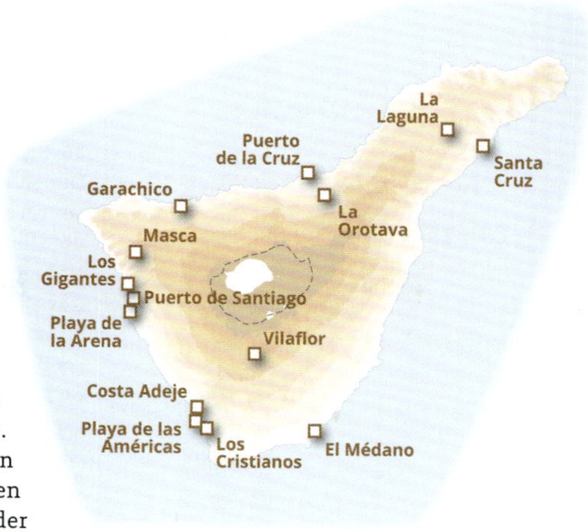

Puerto de la Cruz – Touristenmagnet an der Nordküste

Das ehemalige Hafenstädtchen war eins der ersten großen Urlauberziele Spaniens. Die überwiegend deutschen Touristen kamen und kommen wegen des milden Klimas, der herrlichen Landschaft und der vielfältigen Pflanzenwelt in der Umgebung – sie ist ideal für Spaziergänge und Wanderungen. Badestrände und schöne Schwimmanlagen gibt es auch. → S. 106

La Orotava – koloniale Pracht im Norden

Eingebettet in das fruchtbare Orotavatal liegt diese zauberhafte Stadt. Die spanischen Eroberer ließen lukrative Plantagen anlegen und kamen so schnell zu Reichtum, den sie durch großartige Landhäuser zur Schau stellten. Die Altstadt blieb gänzlich von der Abrissbirne verschont und bildet dadurch die schönste Kulisse für einen Stadtspaziergang. → S. 125

Garachico – hübsche Altstadt auf Lavagestein

Eine weitere Perle kanarischer Altstadtarchitektur. Die Stadt wurde rasch wieder aufgebaut, nachdem 1706 ein Vulkanausbruch einen Teil und den damals wichtigen Hafen zerstört hatte. Seine Bedeutung für den Weinhandel gewann Garachico nicht mehr zurück. Geblieben ist ein ruhiges, hübsches Städtchen, in dem das kulturelle Erbe der Gegend noch spürbar ist. → S. 140

Masca – denkmalgeschütztes Bergdorf

Das kleine Örtchen gilt als schönstes Dorf Teneriffas. Damit das so bleibt, steht es unter Denkmalschutz. Geradezu dramatisch liegen seine Ortsteile auf drei schmalen Bergrücken des Tenogebirges. Nicht nur das Dorf ist sehenswert, auch die gesamte Umgebung zählt zu den landschaftlich schönsten Ausflugszielen der Insel und ist ein beliebtes Wanderrevier. → S. 97

Vilaflor – das höchstgelegene Dorf Teneriffas

Auf 1400 m liegt der ruhige kleine Ort und ist damit das höchstgelegene Dorf der Insel. Vilaflor ist von ausgedehnten Pinienwäldern umgeben, im Frühjahr blüht in verschwenderischer Fülle gelber Mohn an Wegrändern und auf kunstvoll angelegten Terrassenfeldern. Die Einwohner sind fleißige Kunsthandwerker, die ihre Erzeugnisse im Ort verkaufen. Das Dorf ist ein beliebtes Ausflugsziel am Wochenende oder auf dem Weg von Süden in den Nationalpark. → S. 79

Baden und Wassersport

Teneriffas Strände

Das ganze Jahr über ist Badewetter. Die Wassertemperaturen liegen zwischen 19 Grad im Februar und 24 Grad von Juli bis September. Auch die Luft ist immer angenehm warm; durchschnittlich herrschen im Februar 20,6 Grad und im Juli 28,3 Grad auf Meereshöhe.

Signalflaggen am Strand

- grüne Flagge = keine Gefahr
- gelbe Flagge = nur für geübte Schwimmer
- rote Flagge = Baden verboten

Die früher seltene Portugiesische Galeere, eine hochgiftige Quallenart, zeigte sich in den vergangenen Jahren auch vor Teneriffa – dann wird die rote Flagge gehisst.

Von goldgelb bis schwarz

46 Strände bietet Teneriffa insgesamt. Der schönste ist die goldgelbe Playa de las Teresitas (→ S. 35) von San Andrés, nördlich von Santa Cruz. Sie ist das Naherholungsgebiet der Hauptstädter. Der längste und gleichzeitig auch hellste Naturstrand liegt vor El Médano (→ S. 48) im Südosten. Alle anderen Strände bestehen von Natur aus aus grauem bzw. schwarzem Vulkansand. Allerdings haben die Gemeinden im Süden bisher zehn Strände mit hellem Sand aufgeschüttet, um den Wünschen der Urlauber zu entsprechen.

Tipps für den perfekten Badetag

Machen Sie es wie die Einheimischen und nehmen Sie einen Sonnenschirm mit. Ein Badetag ist angenehmer und gesünder, wenn man sich in den Schatten zurückziehen kann.

Dunkler Sand heizt sich in der Sonne auf, da sind Strandlatschen empfehlenswert, wenn man nicht nur im Spurt das Wasser erreichen will.

Der Atlantik kann Tücken haben – die hohe Brandung und kräftige Unterströmung sind gefährlich. Nach hundert kleineren Wellen kommt manchmal eine ganz große. So sind schon Spaziergänger ins Wasser gezogen worden. Besonders heftig ist die Strömung an den nicht bewachten Stränden im Norden. In den Urlauberzentren sind die meisten Strände mit Molen geschützt und bewacht. Beachten Sie dennoch immer die Signalflaggen am Strand (→ linke Spalte).

Die Strände im Süden

Auf zwölf attraktive Strände kommt die Urlauberzone von Los Cristianos, Playa de las Américas und Costa Adeje (→ S. 58) bisher, und es könnten durchaus noch mehr werden. Damit die Urlauber ausreichend Platz am Meer finden, begnügten sich die Gemeinden nicht mit dem natürlichen Angebot an Stränden. Sie bauten die vorhandenen aus und legten neue Strände an. Alle führen kinderfreundlich sanft ins Wasser, bieten Serviceeinrichtungen wie Süßwasserduschen und Liegestuhlverleih, und auch das nächste Café ist nicht weit.

Behindertengerechtes Baden ermöglichen die Strände Playa de Las Vistas und Playa de Fañabé (→ S. 58 und 67). Dort geht es mit einem Spezialrollstuhl ins Meer.

Meerwasserbecken im Norden

Die Steilwände und Klippen an der Nordküste bieten wenig Raum für leicht zugängliche Strände. Weil aber auch die Einheimischen gerne baden, nutzten sie dafür, schon bevor die ersten Feriengäste kamen, von Felsen eingefasste, natürliche Meerwasserbecken. Aus dieser Tradition heraus entwickelten mehrere Gemeinden die Idee für Meerwasserbadeanlagen, die ohne Sandstrände auskommen.

Die berühmteste Badeanlage bildet der Lago Martiánez in Puerto de la Cruz (→ S. 109). César Manrique, der bekannteste Künstler der Kanaren, entwarf dort eine Landschaft mit acht künstlichen Badeseen. Keiner erinnert auch nur entfernt an ein klassisches Schwimmbecken, stattdessen sind die Becken mit Lavasteinen eingefasst, Fontänen schießen zur vollen Stunde empor. Auch an Kioske und Restaurants wurde gedacht, sodass die Anlage an ein riesiges Freizeitbad unter freiem Himmel erinnert. Besonders attraktiv sind auch die Meeresschwimmbecken in Bajamar und Punta del Hidalgo (→ S. 163–165). Durch die hohen Meereswellen werden die Becken ständig neu geflutet, was den Badespaß noch erhöht.

Die Strände im Westen

Im Südwesten liegen die Strände am Ende der Schluchten/Barrancos, die dort geschützte Buchten bilden. Die größeren Strände finden Sie weiter oben im Nordwesten. Die Playa de la Arena (→ S. 91) hat feinen schwarzen Sand und bekommt für ihre Sauberkeit und gute Service-Infrastruktur schon seit Jahren die Blaue Flagge der EU. Die Playa de los Guíos (→ S. 91) schmiegt sich direkt an die Steilküste von Los Gigantes.

Wellenreiten, Kite- und Windsurfen

Ohne Segel surfen, also wellenreiten, kann man an Teneriffas Stränden überall dort, wo es eine kräftige Brandung gibt, am besten bei Flut. Im Süden der Insel herrschen z. B. auf Höhe des Parque Santiago bei Los Cristianos (→ S. 60) gute Bedingungen, im Norden kann man in Puerto de la Cruz an der Playa Martiánez und an der Playa Socorro (→ S. 109, 114) etwas westlich von Puerto de la Cruz gut wellenreiten. Die beständigen Winde des Nordostpassats machen Punta del Hidalgo (→ S. 164) im Nordosten und El Médano (→ S. 47) im Südosten zum Hotspot für Kite- und Windsufer.

Tipps für den Familienurlaub

Teneriffa mit Kindern

Für Kinder und ihre Eltern wird der Urlaub auf Teneriffa sicher ein Erfolg, denn die Tinerfeños lieben Kinder und sind auf kleine Gäste eingestellt.

Die wichtigsten spanischen Begriffe

Kind	niño/a
Baby	bebe
Windeln	pañales
Fläschchen	biberón
Schnuller	chupete
Kinderhochstuhl	silla alta
Halbe Portion/ Kinderportion	media ración

Standort und Unterkunft

Ruhiger als in den städtischen Touristenzentren im Süden oder an der Nordküste wohnen Familien in Ferienhäusern im Hinterland oder etwas außerhalb, z. B. im Taoro-Park bei Puerto de la Cruz.

Apartments eignen sich in der Regel besser als Familienunterkunft als Hotels, da kann man direkt aus dem Zimmer auf die Terrasse oder in den Garten springen, und meist lockt neben dem obligatorischen Pool auch noch ein flaches Planschbecken. Auf Urlauberfamilien haben sich natürlich auch die großen deutschen Reiseveranstalter eingestellt und besonders kinderfreundliche Anlagen in die Kataloge aufgenommen.

Ferienhäuser, in denen man völlig ungezwungen nach dem eigenen Gusto wohnen kann, reichen von der luxuriösen Villa bis hin zum romantischen Bauernhaus. Ein eigener Garten und oft auch ein Pool sind hier selbstverständlich. Verschiedene Agenturen (→ S. 213) listen Angebote auf; auch auf www.webtenerife.de und auf den Websites der Gemeinden können Sie fündig werden – dort aber häufig nur auf Spanisch.

Kinderbetten sind in den meisten Unterkünften vorhanden, bei der Buchung sollten sie unter Angabe des Alters der Kinder bestellt werden.

Einkaufen

All die Dinge, die Sie für Kleinkinder benötigen, gibt es auch auf Teneriffa. Vielleicht nicht gerade im kleinen Supermarkt um die Ecke, der sich auf Strandurlauber und deren Bedürfnisse eingestellt hat, aber die großen Supermärkte haben von Babynahrung bis Windeln alles Notwendige im Sortiment.

Autofahrten

Kindersitze für den Leihwagen stellen alle Autoverleiher, sie sollten gleich mitbestellt werden. Prüfen Sie jedoch vorher unbedingt die Angebote! Unter Umständen kann es günstiger sein, den eigenen Kindersitz als Sperrgepäck von zu Hause mitzubringen.

Auf Teneriffa sind die meisten Strecken jenseits der Autobahnen kurvig, für empfindliche Mitfahrer sind längere Fahrten dann nicht immer ein Vergnügen.

Essen gehen

In den Restaurants sind Kinder immer willkommen. Die meisten bieten neben den großen Portionen für Erwachsene auch halbe Portionen für den kleinen Hunger oder für Kinder an. Vollkommen normal ist es auch, mit Kindern abends noch unterwegs zu sein, niemand wird sich gestört fühlen.

Kinderfreundliche Strände

Die Badestrände im Süden und in Puerto de la Cruz sind für Kinder aller Altersgruppen geeignet. Der Sand ist weich, sie fallen sanft ins Wasser ab und sind bewacht. Viele Strände im Norden sind wegen Wind und Wellen ideale Reviere für Surfer und Windsurfer, nicht aber für (kleine) Kinder. Eine Übersicht der schönsten Strände finden Sie auf S. 14.

Vergnügungsparks und Gokartbahnen

Rund um die Urlaubszentren liegen diverse Vergnügungs- und Tierparks (→ S. 75 und 113), der bekannteste ist der Loro Park in Puerto de la Cruz (→ S. 113). Dort sind nicht nur zahlreiche Papageien beheimatet, sondern auch viele andere Vögel und Wassertiere. Wer dagegen heimlich vom Nürburgring träumt, kann auf einer der Gokartbahnen im Süden schon mal üben (→ S. 75).

Wale beobachten und mit dem U-Boot abtauchen

Von den Häfen Los Cristianos, Puerto de Colón und Los Gigantes brechen diverse Ausflugsboote zu Wal- und Delfinbeobachtungstouren auf. Die aufregendste Bootsfahrt ist sicher die mit dem gelb-roten U-Boot von Submarine Safaris, das an der Marina Amarilla ablegt (→ S. 75).

Kostenlos austoben auf Spiel- und Grillplätzen

Auch abseits der Touristenzentren kann man sich mit Kind und Kegel die Zeit vertreiben. Sie müssen nur Würstchen und Getränke einpacken. Mitten in der Natur liegen sogenannte Zonas Recreativas mit Grillplätzen, Feuerholz, Tischen und Bänken, Wasserstellen sowie Spiel- und Sportplätzen. Einer der schönsten ist der Waldrastplatz La Caldera oberhalb von Puerto de la Cruz (→ S. 133).

Las Teresitas, Strand mit karibischem Flair, östlich von Santa Cruz

Unterwegs

auf Teneriffa

Santa Cruz und der Osten

Teneriffas Hauptstadt Santa Cruz ist kein Ferienort, unabhängig vom Tourismus pulsiert hier das normale kanarische Leben. Wer das kennenlernen möchte, ist hier richtig. Sei es bei einem Stadt- oder Einkaufsbummel oder während des Karnevals.

Karneval in Santa Cruz

In der Hauptstadt wird der Karneval am ausgelassensten gefeiert. Er ist nicht nur das größte Fest, die Tanzpartys auf den Plazas sind legendär und haben es schon einmal ins Guinnessbuch der Rekorde geschafft (→ S. 195).

Hauptstadt ist Santa Cruz erst seit 1823. Das Stadtbild ist geprägt von klassizistischen Gebäuden wie dem Museumskomplex, vom Jugendstil z. B. im Norden der Innenstadt und vor allem von modernen Regierungsgebäuden und Projekten wie dem spektakulären Konzerthaus Auditorio. Den Entwurf lieferte der international renommierte Architekt Santiago Calatrava. Immerhin, eine historische Insel aus dem 15./16. Jh. hat die Zeit überstanden. Die Plaza und die Hauptkirche Iglesia de Nuestra Señora de la Candelaria.

Im Osten der Insel, zwischen Santa Cruz im Norden und El Médano im Süden, liegen zwei Orte, die für Urlauber besonders anziehend sein dürften: das Küstenstädtchen Candelaria mit seiner bedeutenden Wallfahrtskirche und im Hinterland Güímar und seine rätselhaften Pyramiden.

Was anschauen?

Innenstadt von Santa Cruz: Ein Rundgang bringt Sie zu allen wichtigen Punkten der Stadt. Fußgängerzonen und verkehrsfreie Plätze machen ihn angenehm. Die Plazas España, Candelaria und Príncipe de Asturias folgen dicht aufeinander und ermöglichen entspanntes Schlendern. Unterwegs können Sie in zahlreichen Terrassencafés neue Energie tanken. Und die grüne Lunge der Stadt, der **Parque García Sanabria**, bietet Erholung pur. → S. 26

Basílica de Nuestra Señora de Candelaria: Für die Schutzheilige der Insel hat man in Candelaria standesgemäß eine Basilika gebaut, in der sie in Gold und Silber gekleidet auf dem Altar steht. Nicht weniger beeindruckend

sind die neun überlebensgroßen Bronzeplastiken auf dem Vorplatz, sie sollen die neun Menceys (Guanchenfürsten) zum Zeitpunkt der Eroberung darstellen und die Patronin schützen. Am 15. August, dem Höhepunkt der Heiligenverehrung, pilgern die Hauptstädter sogar über die Autobahn hierher. **→ S. 36**

Pyramiden von Güímar: Wurden sie von den Ureinwohner gebaut oder nicht? Das ist die Frage im *Parque Etnográfico Pirámides de Güimar*, der Anlage oberhalb des Städtchens. Der norwegische Forscher Thor Heyerdahl, der die drei Pyramiden aus Lavasteinen freilegte, ging davon aus, dass sie von den Guanchen errichtet wurden. Aber es gibt auch andere Meinungen. Sehen Sie selbst! **→ S. 41**

Wo essen?

Fisch und Meeresfrüchte essen die Hauptstädter in **San Andrés,** einem Fischerdorf am Nordostrand der Stadt (→ S. 34). In eleganten Restaurants werden Muscheln und Langusten in Aquarien präsentiert, bis die Wahl auf sie fällt. Ein paar Ecken weiter finden Sie auch schlichte und preiswerte Lokale.

Im Stadtzentrum von Santa Cruz sorgen Terrassencafés und -restaurants mit Küchen aus aller Herren Länder für Pausensnacks oder Mittagsmenüs. In der **Taberna el Cambulón** gibt es gute kanarische Tapas (→ S. 32). Typisches Lokal der Großstädter ist die **Taberna Ramon** mit einheimischer Küche (→ S. 33)

Im Szeneviertel **Las Norias** (→ S. 33), zwischen dem ältesten Kirchplatz und dem Barranco de Santos, haben sich Bars und Restaurants niedergelassen. Hier gibt es fast alles. Zwischen Cocktails und kubanischer und kanarischer Küche liegen nur wenige Schritte.

Wo baden?

Playa de las Teresitas: Den schönsten Strand Teneriffas finden Sie vor dem Fischerdorf San Andrés. Er bringt es auf 1,3 km Länge – mit feinem, goldgelbem Sand und Palmen. In den kleinen Bars am Strand mit karibischem Ambiente zaubert man so manche Köstlichkeit auf den Teller. Hervorzuheben ist die Bar Bambú am Ende der Strandmeile. Bei guten Cocktails und schmackhaftem Essen lässt es sich herrlich entspannen. Im Winter schließen die Bars gegen 18 Uhr, im Sommer kann man dort länger verweilen. Duschen und Toiletten sind am Strand ausreichend vorhanden. Für Jogger ist der Ufersaum die beste Laufstrecke weit und breit. Nach dem Badetag locken außerdem die Meeresfrüchte- und Fischrestaurants im Dorf San Andrés. **→ S. 35**

Parque Marítimo César Manrique: Am Ufer neben dem Auditorio de Tenerife in Santa Cruz liegt diese Bade- und Freizeitanlage. Entworfen hat sie der bekannteste Künstler der Kanaren und dabei dafür gesorgt, dass hier – zwischen Palmeninseln und Wasserfällen – mehr Spaß als Leistungssport angesagt ist. **→ S. 28**

Santa Cruz

Mit mehr als 220.000 Einwohnern ist Teneriffas Hauptstadt Santa Cruz eine moderne Großstadt. Sie ist Hafen- und Handelsstadt und das Verwaltungszentrum der Provinz Santa Cruz de Tenerife.

In der lebhaften Innenstadt findet man neben vielen Geschäften und Fußgängerzonen neue und ältere architektonische Meisterwerke, interessante Museen und Ausstellungen und sehr hübsche, große und kleine Plazas und Parks mit Jugendstilkiosken, Brunnen und Straßencafés. Hier sitzen Einheimische in ihrer Mittagspause und Touristen nach dem Einkaufsbummel und genießen die Ruhe.

Noch keine 200 Jahre ist Santa Cruz Hauptstadt. An Bedeutung gewann es erst durch den Ausbau des Hafens und die Ansiedlung der Handelshäuser ab Mitte des 19. Jh. Die meisten sehenswerten Gebäude sind deshalb wesentlich jüngeren Datums als etwa die in La Laguna oder La Orotava.

> Eine Beschreibung des nahegelegenen San Cristóbal de La Laguna finden Sie auf S. 150.

Großzügige Fußgängerbereiche rund um die Plaza España und zwischen Plaza del Príncipe de Asturias und Parque García Sanabria machen entspanntes Bummeln möglich. Einen Rundgang beginnt man am besten am Busbahnhof (Intercambiador). Dort halten nicht nur die Busse und die Tranvía, darunter liegt auch die größte Tiefgarage.

Sehenswertes an der Hafenpromenade

Wer sich für moderne Architektur und Pflanzen interessiert, sollte eine Stadtbesichtigung mit einem Abstecher beginnen, der auf einer Promenade am Hafen entlangführt, bevor es ins Zentrum geht. Dafür verlassen Sie den Busbahnhof in Richtung Meer.

Konzerthaus Auditorio de Tenerife: Gegenüber steht das architektonisch spektakulärste moderne Bauwerk Teneriffas. Riesenwelle, gestrandetes Segelschiff, Vogelschwinge – all diese Assoziationen löste es schon aus. Santiago Calatrava, ein namhafter spanischer Architekt, stellte es direkt ans Hafenbecken. Die spannende Bauweise setzt sich auch im Inneren fort und schafft eine besondere Akustik. In zwei Konzertsälen mit 1600 bzw. 480 Plätzen wird ein abwechslungsreiches Programm von Klassik über Jazz bis Pop geboten. An geführten Rundgängen zur Architektur können Sie Mo–Fr um 12.30 Uhr teilnehmen. Das aktuelle Programm liegt in der Touristeninformation aus, Karten erhält man im Vorverkauf in der Calle Cruz Verde 21–23 hinter der Plaza de la Candelaria. Mehr Infos auf Spanisch unter www.auditoriodetenerife.com.

Am Auditorio beginnen auch die städtischen Badeanlagen des Parque Marítimo César Manrique (→ Baden/Strände) und daneben die größte Palmensammlung Europas.

Palmetum: Über 12 ha groß ist dieser botanische Garten, der sich auf Palmen spezialisiert hat. Ein Hügel (früher die städtische Müllkippe) wurde in eine tropische Landschaft mit Seen, Wasserläufen, Spazierwegen, Ruhezonen und Aussichtsplätzen verwandelt.

■ Täglich (außer 25.12. und 1.1.) 10–18 Uhr, in den Sommermonaten 10–14 und 16–20 Uhr. Eintritt: Erw. 6 €, Kinder 2,80 €, diverse Sondertarife.

Rundgang durch die Innenstadt

In der beschriebenen Reihenfolge können Sie die wichtigsten Sehenswürdigkeiten auf einem Rundgang anschauen, für den Sie einen halben Tag einplanen sollten. Er beginnt am Busbahnhof, den man in Richtung Warenhäuser verlässt.

Vor dem Haupteingang des Kaufhauses El Corte Inglés wird die Avenida del Tres de Mayo überquert und es geht geradeaus in die Calle José Hernandez Alfonso. An deren Ende stoßen Sie auf die städtische Markthalle **Mercado de Nuestra Señora de Africa.** Sie ist ein Werk des 20. Jh. im Stil einer arabischen Kasbah. In ihrem Bauch stehen in schummerigen Gassen Hunderte von Marktständen mit Früchten, Gemüse, Fisch, Fleisch und Käse. Eine Zone ist den Händlern von Zierfischen und Vögeln vorbehalten. Während die Frauen drinnen einkaufen, stehen die Männer an einer der kleinen Tapabars außerhalb der Hallen und diskutieren über den CD Tenerife, der 2022 nur knapp den Wiederaufstieg in die erste spanische Fußballliga verpasst hat. Der Markt schließt seine Pforten um 14 Uhr. Nebenan macht sich unter einer schattigen Lorbeerbaumallee ein offener Flohmarkt breit, auf dem u. a. preiswerte Lederartikel angeboten werden. Jeden Sonntag findet ein erweiterter Markt statt.

Sie verlassen die Markthalle durch den Haupteingang und überqueren die Straße. Achtung: Vor der Brücke nehmen Sie einen unscheinbar wirkenden Durchgang nach rechts. Er führt Sie zu einem architektonischen Glanzlicht, dem **TEA – Tenerife Espacio de las Artes** (Kunstraum Teneriffas). Dabei betreten Sie zunächst einen Innenhof, zu dem sich Räume mit verglasten Fronten öffnen. Zum Komplex gehören Bibliothek, Theatersaal, Ausstellungssäle, Werkstätten für Schüler und Studenten, ein Café-Restaurant und ein Laden.

Der Innenhof dient auch als Durchgang zu den nächsten Besuchspunkten. Im Gebäudekomplex des alten Zivilkrankenhauses sind unter einem Dach gleich zwei Museen untergebracht, dazu eine Bibliothek, ein Museumsshop und eine Cafeteria.

Museo de Naturaleza y Arqueología / Archäologisches Museum: Alle Lebensbereiche der Guanchen (die Urbevölkerung, → S. 201) wurden hier rekonstruiert. Werkzeuge, Schmuck, Haushaltsgeräte und Reste von Kleidungsstücken dokumentieren die Fingerfertigkeit der Menschen, die ohne Metallvorkommen und ohne Handel mit anderen Völkern auf der Entwicklungsstufe der Jungsteinzeit verharrten. Zeugnisse ihres Totenkultes sind Mumien in nachgebauten Begräbnishöhlen. Die umfangreiche Keramiksammlung von allen Kanarischen Inseln zeigt deutlich die unterschiedliche Entwicklung dieses Handwerks. Während die Tongefäße von Gomera relativ dickwandig und schmucklos blieben, stellen die Töpfer auf La Palma porzellandünne, reich verzierte Schüsseln her. Die zahlreichen Knochenfunde haben nicht nur einen Gruseleffet, schauen Sie genauer hin: Viele der Knochenverletzungen zeigen deutlich, dass die Guanchen mit Steinwerkzeugen Operationen durchgeführt haben und bereits Schädelöffnungen beherrschten.

Museo de Ciencias Naturales / Naturwissenschaftliches Museum: Meer und Küste der Kanarischen Inseln sind die Hauptthemen der Ausstellungen. Verschiedene Unterwasser- und Landzonen sind naturgetreu in überdimensionalen Aquarien und Terrarien nachgebildet, präparierte Fische und Landtiere bevölkern sie. Die Ausstellungen zeigen nicht nur das Leben in den dargestellten Zonen, sondern auch ihre Bedeutung für den Menschen und die Eingriffe des Menschen in die Natur. Weitere Ausstellungsräume sind den Besonderheiten jeder Insel im Archipel sowie der präkolumbianischen Kunst Amerikas und der Kunst Schwarzafrikas gewidmet.

▪ **Museumskomplex:** Mo–Sa 9–19 Uhr, So und feiertags 10–17 Uhr. Kinder bis 8 J. frei, Kinder bis 16 J., Studenten, Rentner 3,50 €, Erw. 5 €. Fr und Sa ab 16 Uhr Eintritt generell frei. www.museosdetenerife.org.

Wem gerade nicht nach Museumsbesuch zumute ist, der kann die Fußgängerbrücke über den Barranco de Santos überqueren und steht im Szeneviertel Las Norias (→ Essen & Trinken), das Sie spätestens dann aufsuchen sollten, wenn sich der Hunger meldet. Zunächst geht es aber direkt auf den Kirchturm zu.

Iglesia de Nuestra Señora de la Concepción: Der Kirchplatz mit Hauptkirche und Nebengebäuden ist der einzige Ort in der Stadt mit einer Gebäudegruppe aus dem 15./16. Jh. Schon sechs Jahre nach der Eroberung im Jahre 1496 stand die fünfschiffige Kirche. Ein Brand 1632 machte die Erneuerung von Dach und Innenraum erforderlich. Auffällig ist der mehrstufige Glockenturm, der Mitte des 18. Jh. angefügt wurde. Im Innenraum wird das Kreuz der Eroberung verwahrt, das der Bezwinger der Guanchen, Alonso de Lugo, am Strand von Santa Cruz errichtete. Als ihr bedeutendstes Kunstwerk gilt der mit Silber verkleidete, barocke Hauptaltar. Die Kirche ist meist verschlossen.

Plaza España: In der Mitte dieses großzügig gestalteten Platzes glitzert seit 2008 ein riesiger Meerwassersee. Er soll Stadt und Meer optisch miteinander verbinden. Zur vollen Stunde steigt aus seiner Mitte ein Geysir auf. Um den See soll das vorhandene Grün noch zu einem Park mit einheimischen Pflanzen zusammenwachsen. In den Pavillons haben die Touristeninformation und eine Kunstgewerbeausstellung ihr Quartier aufgeschlagen. Der vorherige Mittelpunkt des Platzes, das *Monumento del los Caídos* (zu Francos Zeiten

Auf der Plaza España

errichtet) zu Ehren der im Spanischen Bürgerkrieg Gefallenen, blieb zwar stehen, verlor aber seine Dominanz. Bei den Bauarbeiten entdeckte man unter dem Platz – heute unter dem See – gelegene Überreste der im 16. Jh. erbauten Festung Castillo de San Cristobal.

Castillo de San Cristobal: Die Ausgrabungen unter dem Meerwassersee sind zu einem Museum in Tunneln und unterirdischen Räumen ausgebaut worden, zu dem man erst einmal hinabsteigen muss. Das Kastell war Teil eines Rings von Festungen, die die Städte und Häfen Teneriffas vor Piratenüberfällen und kriegerischen Angriffen schützen sollten. An dieser Stelle gelang es u. a., am 25. Juli 1797 einen Angriff der britischen Marine unter Konteradmiral Nelson abzuwehren. Eine Kugel der Kanone „El Tigris" – sie ist in den hinteren Räumen ausgestellt – soll ihm einen Arm abgerissen haben. Nicht alle Ausstellungsstücke sind so kriegerisch. Die meisten Räume stellen die Geschichte der Stadt und ihre Pläne für die Zukunft vor.

▪ Mo–Sa 10–18 Uhr, Eintritt frei.

Am südwestlichen Rand der Plaza stehen öffentliche Gebäude wie die Post und das Cabildo, die Inselregierung. Nach Nordosten geht die Plaza España in die Alameda del Duque de Santa Elena über, eine mit Bäumen bestandene Flanierzone.

Plaza Candelaria: Sie grenzt im Norden an die Plaza España und ist noch immer der städtische Mittelpunkt – umgeben von Restaurants, Geschäften und Bankgebäuden, bewacht von der Statue der Schutzpatronin der Insel, der Vírgen de Candelaria, der Guanchenfürsten zur Seite stehen.

Oberhalb der Plaza halten Sie sich rechts, überqueren die nächste Straße und gelangen weiter geradeaus gehend auf einen kleinen, von mächtigen Gummibäumen bestandenen Platz. Links sehen Sie das Portal der **Iglesia de San Francisco.** Die Klosterkirche aus dem 17. Jh. ist wegen ihrer besonders guten Akustik bekannt. Orgelkonzerte finden deshalb vorzugsweise hier statt. Aber auch ohne Konzert lohnt es sich vorbeizuschauen. Im Inneren zeigt das Kirchenschiff die klassische kanarische

Santa Cruz und der Osten → Karte S. 22

Iglesia de San Francisco

Holzdecke, der Altar ist wie das Portal barock gestaltet. Der massive Bau daneben beherbergt den obersten Gerichtshof. An ihm entlang und dann nach links erreichen Sie eine besonders hübsche Anlage.

Plaza del Príncipe de Asturias: Der eher kleine Park ist eine grüne Lunge mitten im Häusermeer. Riesige Bäume schirmen Sonnenstrahlen und Straßengeräusche ab. Auf den Parkbänken um den Musikpavillon verbringen die Beschäftigten der umliegenden Büros gern ihre Mittagspause. Ein Jugendstilkiosk bietet Speisen und Getränke an. Die Grünanlage ist von sehenswerten Gebäuden und Museen eingerahmt.

Círculo de Amistad del XII Enero (Kulturverein): Das 1904 gebaute private Kulturhaus prunkt mit überbordenden Dekorationselementen des Neobarock. Der Kulturverein organisiert regelmäßig Ausstellungen und Konzerte, dann ist Gelegenheit, das Haus auch von innen zu betrachten.

Museo de Bellas Artes: Im großzügig angelegten Gebäude aus den letzten Jahren des 19. Jh. sind Bilder moderner und alter Meister ausgestellt. In der ersten Etage dominieren romantische Landschaftsbilder. Der Saal für die Künstler der Moderne befindet sich ebenfalls auf diesem Stockwerk. In der zweiten Etage findet man ältere Meister mit Schlachtenszenen und religiösen Motiven. In den Vorräumen Skulpturen der Expressionisten, gezeigt wird u. a. eine Plastik von Rodin. Im hinteren Gebäudeteil beherbergt das Museu m eine Waffen- und Münzsammlung.

▪ Plaza del Príncipe de Asturias, Calle José Murphy, Di–Fr 10–20 Uhr, Sa/So 10–15 Uhr, Eintritt frei.

Von der Plaza España empfiehlt es sich, wenige Schritte nach Norden zu gehen und in die verkehrsfreie Calle La Luna einzubiegen. An ihrem Ende gelangt man, vorbei an einem Einkaufszentrum oder mitten hindurch, zum Stadtpark.

Parque García Sanabria: Die größte und schönste Grünanlage in der Innenstadt und genau der richtige Ort, um nach einem anstrengenden Stadtrundgang oder einem ausgiebigen Einkaufsbummel auszuspannen. Exotische Bäume und Ziersträucher, Kakteen und Palmen säumen die mit Bänken bestandenen Parkwege, sprudelnde Fontänen sorgen für Abkühlung. Es gibt auch zwei Gartenlokale und einen Spielplatz. Der Park ist jederzeit frei zugänglich.

Nach Norden wird der Park von der **Rambla de Santa Cruz** begrenzt, dem größten Flanierboulevard der Stadt. Auf dem grünen Mittelstreifen stehen herrliche Lorbeerbäume und Jacarandas. Zudem ist die Rambla als Kunstboulevard angelegt, denn zahlreiche Skulpturen schmücken den Weg, u. a. von Henry Moore und dem Tinerfeño José Abdad. Ein Pavillon am Nordrand des Parks informiert über die Kunstwerke.

Der Rundgang führt vom Park aber auf die nach Südwesten verlaufende **Avenida del 25 de Julio,** vorbei an klassizistischen, öffentlichen Gebäuden und so manchem schönen Jugendstilhaus. Auf halber Strecke erweitert die Avenida sich zur **Plaza de Patos,** dem Entenplatz, einem der stimmungsvollsten Punkte der Stadt. Von Palmen umrahmt, kommen der schöne Mosaikbrunnen und die Mosaikbänke besonders zur Geltung.

Die Avenida del 25 de Julio endet an der **Plaza de Weyler.** Die grüne, parkartige Plaza wartet mit einem italienischen Marmorbrunnen auf, der der Liebe gewidmet ist. Das große Gebäude an der Westseite ist die **Capitania General,** ehemaliger Sitz der Militärgouverneure. In die Plaza de Weyler mündet auch die Calle del Castillo, die lebhafte Einkaufs- und Fußgängerzone. Auf ihr geht es zurück zur Plaza Candelaria und Plaza España.

Wenn Sie direkt zum Ausgangspunkt möchten, sollten Sie auf halbem Weg nach links in die Calle Valentin Sanz biegen und vor dem Überqueren der Brücke zur Markthalle einen

Parque García Sanabria

Schlenker nach links machen. Sie finden dort einen weiteren Platz, die **Plaza de la Madeira:** Sie war vor der Eröffnung des TEA das Kulturzentrum der Stadt. Mitte des 19. Jh. entstanden hier das *Teatro Guimerá la Recova* und die alte Markthalle, die jetzt dem *Centro de Fotografía* als Ausstellungsraum dient. Gebäude und Platz sind mit Skulpturen geschmückt.

Unterhalb der Brücke liegt das **Szeneviertel Las Norias** mit zahlreichen Restaurants. Geradeaus erreichen Sie die Markthalle und später den Busbahnhof.

Museen abseits des Rundgangs

Casa del Carnaval / Karnevalmuseum: Im Mittelpunkt steht die Ausstellung der schönsten und großartigsten Kostüme, vor allem die der Karnevalsköniginnen. Es wird aber auch das Fest als solches mit all seinen Gebräuchen näher beleuchtet.

▪ Calle Galcerán 17, tägl. 10–18.30 Uhr, Eintritt frei.

Museo Histórico Militar de Canarias: Zu sehen sind Schaustücke der kanarischen Militärgeschichte, die vor allem vom Kampf gegen Freibeuter und der Abwehr der englischen Flotte geprägt ist.

▪ Calle San Isidro, Di–Sa 9–15 Uhr, Eintritt frei.

Baden/Strände

Parque Marítimo César Manrique: Die Freizeit- und Badeanlage ist den bekannten, von César Manrique entworfenen Badespaßanlagen in Puerto de la Cruz nachempfunden. Auch hier war der Künstler an der Planung beteiligt, seine Handschrift ist unverkennbar. Es gibt mehrere interessant geformte Schwimmbecken mit Vulkansteineinfassung und Palmeninseln, Kaskaden und Wasserfällen sowie Gartenanlagen mit Liegestühlen und Cafeteria, Umkleidekabinen und Süßwasserduschen. 2014 wurde die Anlage komplett renoviert und ist heute ein beliebter Platz zum Schwimmen.

▪ Täglich (außer 25.12. und 1.1.) 10–18 Uhr. Erw. 5 €, Kinder 1,50 €. Cabo de Llanos, an der südlichen Stadteinfahrt.

Beliebtester Badeplatz der Hauptstädter ist allerdings die **Playa de las Teresitas** in San Andrés (→ S. 35).

Der Generalissimo war überall

General Franco, von 1939 bis zu seinem Tode 1976 Diktator Spaniens, war bis 2009 auf den Straßen und Plätzen von Santa Cruz präsent. Die Rambla de Santa Cruz hieß Rambla de General Franco. Quer verlaufende Straßen waren vorzugsweise nach seinen Generälen benannt worden, General Mola (jetzt Avenida de Islas Canarias) etwa oder General Godet (jetzt del Perdón).

General Franco hatte den Putsch von Teneriffa aus geplant. Er war im März 1936 als Militärgouverneur hierher strafversetzt worden. Schon im Juli erklärte er der republikanischen Regierung den Krieg und landete dank der Hilfe der deutschen Legion Condor auf dem Festland. Seine Gefolgsleute brachten die Inseln innerhalb von drei Tagen in ihre Gewalt. Die erfolgreiche systematische Suche nach den Massengräbern ihrer Opfer begann erst vor wenigen Jahren auf den Kanaren wie auch in ganz Spanien.

Basis-Infos

Information **Touristeninformationen** gibt es an mehreren Punkten in der Stadt. Ein Büro liegt gleich im Busbahnhof Intercambiador, das größte auf der Plaza España im blumengeschmückten Pavillon neben dem See. Man bekommt einen Stadtplan und eine Inselkarte (gratis) sowie nahezu jede gewünschte Information zu Santa Cruz und zu Teneriffa. Zum Service gehören auch Hotel- und Fahrplaninformationen, aber keine Reservierungen und kein Ticketverkauf. ✆ 922-892903, Mo–Fr 9–17, Sa/So 9–14 Uhr.

Apotheken Es gibt zahlreiche Apotheken im Stadtzentrum, z. B. **Farmacia Quesada,** Rambla de Santa Cruz 13.

Banken Nahezu jede spanische Bank unterhält eine Filiale in der Innenstadt, z. B. **Banco**

Español de Crédito/Banco Banesto, Plaza Candelaria 9 (schönes kanarisches Gebäude). **Deutsche Bank** in der Calle San Francisco.

Fiestas Die mit Abstand größte Fiesta ist der Karneval. Hier in Santa Cruz findet dann die wahrscheinlich größte Tanzveranstaltung Europas statt (→ auch S. 195).

5. Januar: nachmittags Umzug der **Heiligen Drei Könige** in der Innenstadt.

Februar: **Karneval.**

30. Mai: **Kanarischer Tag** mit Folklore und Tanz auf einem der Plätze.

16. Juli: Tag der Schutzpatronin der Seeleute **Nuestra Señora del Carmen** mit Schiffsprozession im Hafen.

25. Juli: **Siegestag** über die Flotte von Admiral Nelson.

Medizinische Versorgung **Centros de Salud** gibt es mehrere, z. B. in der Calle Carmen Monteverde 45, ✆ 922-951612.

Post An der Plaza España und der Plaza de los Patos.

Taxis Stehen u. a. vor dem Busbahnhof, an der Plaza España und der Plaza del General de Weiler.

Anreise/Verbindungen

Santa Cruz ist ein Verkehrsknotenpunkt. Egal mit welchem Verkehrsmittel man auf Teneriffa unterwegs ist, die Stadt lässt sich immer leicht erreichen.

Straßenbahn Sehr bequem und leise ist die kunterbunte **Straßenbahn Tranvía.** Sie fährt vom Busbahnhof Intercambiador durch die Stadt bis La Laguna. Fahrpreis 1,35 €. Das Bonoticket „ten +" gilt auch für sie.

Öffentliche Busse Der zentrale Busbahnhof **Estación de Guaguas-Intercambiador** liegt etwas vom Stadtzentrum entfernt an der bekannten Hauptstraße Tres de Mayo gegenüber dem Kaufhaus El Corte Inglés (oberhalb vom auffälligen Neubau des Auditorio de Tenerife). Hierher kommen bzw. von hier starten die Busse der Gesellschaft TITSA aus fast allen und in fast alle Bezirke Teneriffas.

Flughafenbusse: starten vor der Halle, nach Süden Linie 40 (Aeroexpress) und weiter nach Los Cristianos 111 und 711 (Nachtbus), zum Flughafen Nord die Linie 20 (Aeroexpress) sowie die Linie 103.

Stadtbusse: Die Linien 904 und 908 zirkulieren jeweils mit 15 Min. Abstand durch die Stadt, ebenfalls vor der Halle. In der Halle bekommt man am Schalter der TITSA (→ 922-531300) einen aktuellen Busfahrplan und das Bonoticket „ten +" (→ S. 209).

Die wichtigsten touristischen Verbindungen ab dem Busbahnhof (alle Linien nach Norden fahren über La Laguna):

Linie 015, in kurzen Abständen nach La Laguna, über die Autobahn.

Linie 101 und 102, über die Landstraße mit zahlreichen Haltestellen nach Puerto de la Cruz.

Linie 103, nach Puerto de la Cruz, schnellste Verbindung über die Autobahn, tagsüber alle 30 Min.

Linie 108, nach Icod de los Vinos, tagsüber halbstündlich.

Linie 110, Los Cristianos, Costa Adeje stündlich.

Linie 111, zum Flughafen und weiter nach Costa Adeje tagsüber alle 30 Min., Linie 711 hat nachts sechs Abfahrten auf der Strecke.

Linien 120 und 121, nach Güímar, tagsüber jeweils stündlich.

Linien 120/121/122/126/127, nach Candelaria, tagsüber alle 30–50 Min.

Linie 946, ins Anagagebirge, Taganana, Almáciga über San Andrés, 6–8 Abfahrten.

Linie 947, Chamorga über San Andrés, 3-mal täglich.

Stadtrundfahrtbusse: starten an der Plaza España. Unterwegs können Sie an zehn Punkten aussteigen und mit einem späteren Bus weiterfahren. Fahrtpreis 22 €, Kinder ab 6 J. 11 €.

Sonderbus zur Ferry Gomera: jeweils 90 Min. vor der Abfahrt der Fähre aus dem Hafen von Los Cristianos.

Parken Pkw-Fahrer sollten die Tiefgarage unter der Busstation (an der Ortseinfahrt von Süden ausgeschildert) nutzen. Alle Gänge lassen sich von dort gut zu Fuß zu machen.

Mit der Fähre/Jetfoil → Kapitel „Anreise" (→ S. 205) und „Verbindungen zwischen den Kanarischen Inseln" (→ S. 207).

Reisebüros **Viajes Anaga,** Calle Castillo 80; **Viajes Donara,** Avenida Anaga 17.

Alte Stierkampf-arena
Calle Horacio Nelson
Rambla de Santa Cruz
Costa y Grijalba
Plaza de los Patos
Avenida Veinticinco de Julio
Parque García Sanabria
Calle Doctor José Naveiras
Calle Doctor Guigou
Rambla de Pulido
Calle General Senano
Calle de Ramón y Cajal
Calle Pérez de Rozas
Calle Dieciocho de Julio
Calle Méndez Núñez
Calle de Numancia
Plaza del Parque Recreativo
Einkaufs-zentrum
Calle San Francisco Javier
Calle San Vicente
Calle de Santa Rosalía
Callao
Sabino Berthelot
Jesús Nazareno
Clavijo
San Clemente
San Lucas
Suárez Guerra
Calle del Pilar
Plaza del Patriotismo
Emilio Calzadilla
Pl. del General Weyler
Calle Robayna
Calle Castillo
Pérez Galdós
Pl. del Príncipe de Asturias
Museum der schönen Künste
Nationalpark-büro
Iglesia de S. Francisco
AECAN
Villalba Hervás
C. Béthencourt Alfonso
Pl. de la Candelaria
Calle de Valentín Sanz
Calle Alfaro
Calle Carmen
Calle Angel Guimerá
Calle Imeldo Seris
Calle Juan Padrón
Monteverde
Miraflores
F. de Paula
Barranco de Santos
Karneval-museum
Puente Gral. Galcerán
C. Gral. Galcerán
C. San Sebastián
Padre Anchieta
Av. de La Salle
Los Molinos
Calle Doctor Allart
Cruz Verde
Calle Imeldo Seris
S. Domingo
Gral. Gutiérrez
Murillo
Pl. Madeira
Dominguez Alfonso
Charco de la Casona
Iglesia de Nuestra Señora
Calle Puente Serrador
Calle San Sebastián
TEA (Tenerife Espacio de las Artes)
Mercado de N. Señora de África
Navarro
Fernández
Leoncio Rodríguez
Béthencourt y Molina
C. José Manuel Guimerá
C. José Hernández Alfonso
Calle Cervantes
Av. de Buenos Aires
Museo de la Naturaleza y el Hombre
Bravo Murillo
Avenida de José Antonio Primo de Rivera
Avenida Tres de Mayo
Plaza de la Presidencia
Kaufhaus
Intercambiador: Zentraler Busbahnhof, Straßenbahn und Parken
C. del Fomento
Straßenbahn
BUS
Autobahnen, Gesundheitszentrum
Avenida de la Constitución
Palmetum
Parque Marítimo César Manrique
Auditorio de Tenerife

C. Alejandro Cioranescu
C. Carlos
J. R. Hamilton
Rambla de Santa Cruz
Avenida de Anaga
San Andrés und Strand
Militärmuseum
Calle San Isidro
Calle del Saludo
Calle San Miguel
Núñez
Méndez
Calle de San
San Señor
Santiago
Rosa
Tribulaciones
La Marina
San Francisco
Avenida de Francisco La Roche
Bautista
Juan
Calle La
Martín
Tragflächenboot/ Jetfoil
Estación Marítima
Atlántico
Océano
BUS
P
Plaza de España
7
Übernachten
1 Hotel Taburiente
2 Aparthotel Colón Rambla
5 Hotel/Pensión Horizonte
6 Sercotel Príncipe La Paz
9 Escuela Hotel Santa Cruz
10 Hotel Adonis Pelinor
13 AC Hotel Tenerife
14 Hotel NH Tenerife
18 Hotel Atlántida
Essen & Trinken
3 Taberna Ramon
4 La Verduleria
7 Rest. La Taberna del Puerto
8 Cafetería El Aguila
11 Café Palmelita
12 Taberna el Cambulón
15 El Porrón Tasca Andaluza
16 Rest. El Lagar de la Noria
17 Rest. Buena Vida
100 m
Santa Cruz

Übernachten

→ Karte S. 30/31

Obwohl Santa Cruz kein Touristenort ist, gibt es eine große Zahl von Hotels aller Kategorien. Einige Häuser sind für Stadthotels ungewöhnlich schön und komfortabel.

****** Escuela Hotel Santa Cruz 9,** elegantes und sehr komfortables Haus, das zur Hotelfachhochschule gehört. Restaurant, Cafeteria, Bar, Terrassen und Garten. Av. San Sebastian 152, ✆ 822-010500, www.hecansa.com. **€€€**

****** Hotel Atlántida 18,** der moderne, elegante Glaspalast steht etwas außerhalb der Innenstadt. Jede Menge Komfort von Restaurants bis Wellness. Av. 3 de Majo/Aureo Diaz Flores, ✆ 922-294500, www.hoteles-silken.com. **€€€**

MeinTipp ***** NH Tenerife 14,** gutes und elegant eingerichtetes Mittelklassehotel im Stadtzentrum. Es liegt in einer verkehrsberuhigten Zone am Rand des Szeneviertels. Eine komfortable Dachterrasse lässt Urlaubsstimmung aufkommen. Calle Candelaria/Doctor Allart, ✆ 922-534422. www.nh-hotels.de. **€€€€**

***** Hotel Taburiente 1,** großes Haus gegenüber dem Stadtpark García Sanabria. Das Hotel ist komplett renoviert und im elegant-minimalistischen Stil eingerichtet. Die Zimmer zum Park sind empfehlenswert, die zur Nebenstraße oder zum Lichtschacht weniger. Zur Verfügung steht, neben Restaurant und Cafeteria, auch eine Garage. Calle Dr. José Navieras 24A, ✆ 922-276600 www.hoteltaburiente.com. **€€€€**

**** Aparthotel Colón Rambla 2,** nur wenig außerhalb des Stadtzentrums an der viel befahrenen Rambla de Santa Cruz gelegen. Heller, neuerer Bau mit modern eingerichteten Zimmern. Calle Vieray Clavijo 49, ✆ 922-272550, www.colonrambla.com. **€€€**

*** Hotel/Pensión Horizonte 5,** noch in der innerstädtischen Zone, aber in einer Wohnstraße gelegen. Nettes, familiäres Haus mit 45 ganz unterschiedlich geschnittenen, erst kürzlich renovierten und neu ausgestatteten Räumen. Calle Santa Rosa de Lima 11, ✆ 922-271936, www.hotelhorizontetenerife.es. **€**

**** Adonis Pelinor 10,** zentral und in der Nähe der Estación Marítima (Fähren) gelegen. Seit die Fußgängerzone vor dem Haus verläuft, ist es auch relativ ruhig. Dem Standard entsprechend eingerichtete Zimmer. Calle Béthencourt Alfonso 8, ✆ 922-246875, 612-345678, www.hotelpelinor.com. **€€**

****** AC Hotel Tenerife 13,** modernes und geschmackvoll eingerichtetes Hotel der Marriottkette in der in der Calle Candelaria 31 im Stadtzentrum. Das Hotel hat eine günstige und verhältnismäßig ruhige Lage. Auf der Dachterrasse befindet sich ein Restaurant. Von dort hat man einen herrlichen Blick auf die Stadt und den Hafen von Santa Cruz. ✆ 822680581,www.hotelactenerife.com. **€€€€**

***** Hotel Príncipe Paz 6,** Hotel mit moderner Außenfassade am oberen Ende der Plaza Principe. Gute Lage für die Erkundung der Stadt, Restaurants, Cafés, Geschäfte und Sehenswürdigkeiten befinden sich in der unmittelbaren Umgebung der Plaza. Die Zimmer sind sauber und freundlich eingerichtet und über die Internetseite buchbar. Je nach Reisezeit gibt es auch Angebote. Calle de Valentin Sanz 33. ✆ 922-249955, www.hotelprincipepaz.com. **€€€**

Essen & Trinken / Nachtleben

→ Karte S. 30/31

Essen & Trinken Santa Cruz hat als Groß- und Hafenstadt eine ganze Palette von guten Restaurants mit einheimischer und ausländischer Küche zu bieten. Da die Spanier zum Essen auch gerne einen Ausflug machen, liegen viele gute und preiswerte Restaurants in der Umgebung.

… im Zentrum In den Fußgängerbereichen und auf vielen Plätzen liegen jede Menge Terrassencafés, in denen man gut eine Kleinigkeit zu sich nehmen kann.

MeinTipp **Café Palmelita 11,** besonders leckere Kuchen und Torten kann man in diesem schönen Jugendstilhaus genießen oder mitnehmen. Calle Castillo 9.

MeinTipp **Taberna el Cambulón 12,** sehr beliebtes Terrassenlokal. Es gibt ausschließlich kanarische Spezialitäten von luftgetrocknetem Schinken bis Schmorgemüse. Miniportionen und Tapas ab 2,50 €, mittlere Portionen 5,50–8 €, Hauptgerichte mit Fisch oder Fleisch ab

15 €. Wenn es geschmeckt hat, kann man nebenan gleich alle Zutaten kaufen. Calle Béthencourt Alfonso.

Cafetería El Aguila 8, große Terrasse mit Sonnenschirmen vor dem Speiseraum. Auch drinnen ist es nett. Das Mittagessen für 10,50 € ist besser als in vielen anderen Cafeterias. Es gibt neben den obligatorischen Pizzen auch Paellas. Plaza Alférez Provisional.

La Taberna del Puerto 7, einfaches Lokal mit guter Aussicht auf den Hafen. Serviert wird preiswerte kanarische Küche, Suppen ab 3,50 €, Fisch- und Fleischgerichte ab 9 €. Etwas versteckt gelegen in der Calle Marina 4 in der ersten Etage, Eingang an der Ecke Calle Marina/Av. de Anaga. Tägl. 8–17 Uhr, Fr/Sa auch 20–23.30 Uhr.

La Verduleria 4, hübsch und bunt eingerichtetes vegetarisches Restaurant mit kleiner Außenterrasse. Das Lokal ist sehr beliebt bei den Hauptstädtern und deshalb immer gut besucht. Man sollte vorher unbedingt einen Tisch reservieren. Hauptspeisen 8,50–12,50 €. Calle Santiago 4. Di–Sa 13–18 Uhr, Do, Fr, Sa auch 20–23 Uhr. ✆ 922-044340.

Taberna Ramón 3, eines der noch typischen Lokale von Santa Cruz mit urgemütlicher Atmosphäre. Hier treffen sich Einheimische auf ein Glas Wein und eine Ración iberischen Schinken. Man sitzt an der Theke oder an gemütlichen Holztischen zusammen und plaudert über den Alltag. Das Lokal ist nicht sehr groß, daher meist gut ausgelastet und befindet sich an der langen zweispurigen Rambla in der Nähe des Parques Garcia Sanabria. Hauptspeisen mit Fisch oder Fleisch ab 10,50 €. Mo–Sa 12–23 Uhr. ✆ 922-241367, Rambla 56.

... in Las Norias Im früher ziemlich heruntergekommenen Viertel zwischen der Kathedrale und der Brücke Serrador hat sich eine interessante Mischung aus Karnevalsvereinen, Künstlervereinigungen und Kneipen entwickelt. Die durchgehende Straße, in der auch die Lokale liegen, ist mit **Calle Antonio Domíngue z Alfonso** ausgeschildert. Genannt wird sie allerdings Calle de las Norias und das Viertel Las Norias, weil hier am früher wasserführenden Barranco die Schöpfräder *(norias)* standen.

Buena Vida 17, kleines, feines Lokal mit Terrasse. Kanarische und internationale Küche. Hauptgerichte ab 10,50 €. Calle de las Norias 10.

El Lagar de la Noria 16, hier serviert man Reisgerichte, z. B. Paella für 2 Pers. ab 30 €, und verschiedene Fleischgerichte vom heißen Stein. Calle Antonio Dominguez Alfonso 37.

El Porrón Tasca Andaluza 15, eins der beliebtesten Restaurants der Stadt. Spanische und mediterrane Küche wird serviert. Auf der Karte stehen auch vegetarische und vegane Gerichte. Calle Antonio Dominguez Alfonso 36.

... in der Umgebung Außerhalb von Santa Cruz kann man rustikal, einfach und sehr preiswert essen, z. B. in einem der vielen Ausflugslokale und Guachinchen (→ S. 215) zwischen La Esperanza und dem Tal von Orotava. Fisch und Meeresfrüchte isst der Hauptstädter gern im nahe gelegenen Fischerort San Andrés.

Nachtleben Santa Cruz ist keine Touristenstadt und deshalb ist das Nachtleben auf die Bedürfnisse der Städter ausgerichtet. Das heißt, richtig was los ist vor allem am Wochenende, insbesondere Freitagnacht und Samstagnacht. Vor 24 Uhr trifft man in den Diskotheken allenfalls die Jugendlichen unter 18 Jahren. Alle anderen verbringen diese Zeit beim Essen oder in einer Bar. Das angesagte Szeneviertel ist derzeit **Las Norias** (→ Essen & Trinken). Die Alternative ist die **Avenida de Francisco la Roche/Avenida de Anaga,** an der auch Diskotheken wie der Arco Club liegen.

Hinter der ältesten Kirche macht sich das Szeneviertel Las Norias breit

Einkaufen

Santa Cruz ist bekannt als gute Gelegenheit für den zollfreien Einkauf. Besonders Uhren und Unterhaltungselektronik sind beliebt. Vergleichen Sie sorgfältig die Preise mit denen zu Hause. Es gibt zahlreiche Fachgeschäfte auf der Calle Castillo und der Calle Béthencourt Alfonso. Eine neue Einkaufszone wurde neben dem zentralen Busbahnhof in der Avenida 3 de Mayo geschaffen. Dort hat sich auch „El Corte Inglés", der größte Warenhauskonzern Spaniens, niedergelassen und daneben Saturn.

Mode Boutiquen mit internationalen Markenartikeln befinden sich in der Calle Castillo und Calle Béthencourt Alfonso zwischen Calle Cruz Verde und Calle Valentin Sanz. Dort findet man auch gute Schuhgeschäfte.

Elektroartikel, optische Geräte und Uhren Das größte Fachgeschäft befindet sich in der Calle Castillo, mehrere kleine Fachgeschäfte in der Calle Béthencourt Alfonso und den großen Häusern an der Av. 3 de Mayo.

Lebensmittel und Blumen **Mercado de Nuestra Señora de Africa** – Markthalle, → Sehenswürdigkeiten. **Taberna el Cambulón,** kanarische Spezialitäten, von Käse bis Süßigkeiten, auch Weine und Liköre. Calle Béthencourt Alfonso 1.

Supermärkte **Hiper Dino** (mit Garage), Plaza del Patriotismo, im Anschluss an die Plaza Príncipe. Die Städter nutzen für den Großeinkauf drei Supermärkte außerhalb: **Carrefour** und **Lidl** südlich an der Autopista (ausgeschildert) und **Alcampo** (ebenfalls ausgeschildert).

Markt Täglich rund um die Markthalle, mit erweitertem Angebot jeden Sonntagvormittag. Feilgeboten werden preiswerte Kleidung und Haushaltswaren, afrikanische Schnitzarbeiten und Krimskrams.

Umgebung von Santa Cruz

Die Inselhauptstadt liegt eingebettet zwischen dem Anagagebirge und der bewaldeten Cumbre Dorsal, die sich bis zum Nationalpark hinaufzieht. Viele landschaftlich schöne Ziele liegen deshalb in der Umgebung. Und an der Steilküste im Nordosten lassen sich beschauliche Dörfer und einsame Strände entdecken.

Die malerischen und abgelegenen Bergdörfer, wilden Schluchten und steilen Bergzinnen des **Anagagebirges** erreicht man am besten über die Landstraße vom nahegelegenen **La Laguna** aus, der historisch wichtigsten Stadt Teneriffas (→ Kapitel „La Laguna und der Nordosten"). Es führt aber auch eine Straße durch San Andrés an der Ostküste entlang in die raue Landschaft (Bus Linie 946 und 947).

San Andrés

Es gibt zwei gute Gründe, in das knapp 10 km nordöstlich gelegene Fischerörtchen San Andrés zu fahren: Es gibt dort den besten (allerdings künstlichen) Strand Teneriffas und zahlreiche Restaurants, in denen fangfrische Fische und Meeresfrüchte zubereitet werden.

In San Andrés sind die Bewohner von Santa Cruz und Umgebung unter sich. Nur wenige Apartments locken

Ein Vorort der Fischer und Strandliebhaber ist San Andrés

Touristen. Der Ort zieht sich in weiten Teilen verkehrsfrei die Bergflanke hoch. In den kleinen Gassen spielen die Kinder und halten die Großmütter ein Schwätzchen vor der Haustür.

Baden/Strände und weitere Ziele in der Umgebung

Am liebsten fahren die Hauptstädter zum Baden an die **Playa de las Teresitas.** In der Bucht bei San Andrés liegt der mehrere Kilometer lange, goldgelbe Strand. Er gilt zu Recht als schönster Strand Teneriffas. Der Sand wurde eigens aus der Sahara herübergeschafft. Damit die Flut ihn nicht wieder entführt, wurde vor der Küste ein künstliches Steinriff ins Meer gesenkt, das zwar die Brandung bricht, aber frisches Meerwasser hinüberlässt. So entstand ein riesiges Meerwasserschwimmbad, an dessen Rand sich selbst Kleinkinder ungefährdet tummeln können. Der Strand ist mit Palmen bestanden. In regelmäßigen Abständen stehen die Türme der Rettungswacht, es gibt Süßwasserduschen, Liegestuhlvermietungen und Getränkekioske.

Östlich von der Playa de las Teresitas führt die Landstraße TF 121 auf einen natürlichen Aussichtsplatz. 2 km weiter biegt ein Weg zur kleinen **Playa Gaviota** ab.

Nach weiteren 3 km kommen Sie ins winzige Dorf **Igueste de San Andrés.** Nicht vom Fischfang leben die Bewohner, sondern von seinem warmen und windgeschützt liegenden Tal. Auf dem feuchten Talgrund bringen tropische und subtropische Pflanzungen gute Erträge. Vom Ende der Straße und dem Wendekreis des Busses (Linie 945 9-mal täglich ab Santa Cruz über San Andrés) kann man die autofreien Gassen hinaufsteigen oder gar eine Wanderung auf Felspfaden zu *El Semaforo* unternehmen. Von diesem Signalposten konnten die Wachen Santa Cruz und seinen Hafen frühzeitig über die Ankunft friedlicher oder feindlicher Schiffe informieren. Allerdings sind auf einer Strecke von 4 km 500 Höhenmeter zu überwinden.

Sehr schön liegt die **Playa Antequera** in einer abgeschiedenen Bucht. Man erreicht sie nur per Boot oder zu Fuß auf einem schwierigen Pfad. Exkursionen dorthin bieten Náutica Nivaria an (ab 25 €, www.nauticanivaria.com, ✆ 697-271850, 600-701832).

Praktische Infos

Verbindungen Mit dem **Pkw** einfach die Av. Francisco la Roche/de Anaga weiter nach Norden fahren. Mit dem **Bus** ab Santa Cruz: Linie 910/945/6/7 tagsüber alle 10 Min. Abfahrten auch an der Av. Francisco la Roche/de Anaga.

Übernachten **Apartments Rebrow und Schneider,** ein Apartment und drei Ferienhäuser (für 2, 4 und ein entsprechend teureres für 6 Pers.) oberhalb des Ortes, sehr schön am

Hang gelegen inmitten eines subtropischen Gartens. Alle Einheiten bieten einen herrlichen Blick auf das Meer. ✆ 922-549097, www.ferienhaus-teneriffa-sanandres.de. **€**

Apartamentos Brisa de Anaga, im Haus befinden sich sechs sehr saubere und gut ausgestattete Studios mit Balkon, außerdem das Restaurant Brisa de Anaga. Im Ortsteil Suculum gegenüber dem Hauptort La Montanita, Calle Pimentel 13, ✆ 650692156. **€**

Weitere Unterkünfte z. B. bei Booking.com.

Essen & Trinken Der Fischerort lebt zu einem nicht unwesentlichen Teil von den Tagesausflüglern aus Santa Cruz, die gern auch zum Fisch- und Meeresfrüchte-Essen nach San Andrés fahren. An der Küstenstraße, der Calle Dique, reiht sich ein Restaurant ans andere. Es sind keine schlichten Kioskos, sondern gepflegte Räumlichkeiten, meist mit Frischwasserbassins, aus denen man die Krustentiere auswählen kann. In Sachen Qualität und Frische unterscheiden sie sich kaum. Die Preise liegen etwas über dem allgemeinen Niveau. Geht man in den Ort hinein, findet man so manches einfache, preiswerte und dennoch gute Fischlokal, fast immer sind es Familienbetriebe.

meinTipp **El Peton,** der Speiseraum ist dem Andrang nicht immer gewachsen, dann werden Tische und Stühle auf die Gasse gestellt. Fischsuppen ab 4 €, Fischgerichte ab 10 €. Von allem kann man auch eine halbe Portion nehmen. Tägl. 8–18 Uhr. Calle Aparejo 11.

Pepin, Minilokal mit Terrasse. Hausmannskost kommt auf den Teller und nur frischer Fisch. Beliebt sind die Fischkroketten. Fischgericht ab 10,50 € (tagesfrischer Fisch nach Gewicht). Tägl. 12–19 Uhr. Carretera de Taganana 4, Ortseingang, erster Kreisverkehr links hoch.

Rincón de Pescador, von der Calle Dique zweigt die Calle José Benigno Ramos ab, dort fanden Leser das sehr gute und preiswerte Lokal. Sie kamen mehrfach und wurden nie enttäuscht. Menü 14,50 €. ▪ **Lesertipp**

An der Küste nach Süden

Die Autobahn TF 1 führt immer entlang der Küste von Norden nach Süden. Die angrenzende Landschaft ist hier karg und mit Lagerhäusern und Einkaufszentren wenig attraktiv. Oberhalb allerdings liegen Felder und die bewaldeten Höhen der Cumbre Dorsal.

An der Küste verstecken sich kleine Strände, die von den Bewohnern der Umgebung genutzt werden und an denen man meist gute Fischgerichte bekommt. Surfer und Wellenreiter haben sie für sich entdeckt.

Candelaria

Das Küstenstädtchen ist Ziel alljährlicher Pilgerfahrten am 14. und 15. August. Es beherbergt in seiner Basilika, die direkt am Strand steht, die Statue der Schutzpatronin der Insel, der Vírgen de Candelaria. Die Fußgängerzone, die Calle Obispo Pérez Cáceres, führt direkt zum Hauptplatz mit der Basilika. Geschäfte mit Souvenirs und Wallfahrtskitsch flankieren sie. Die Altstadt oberhalb der Basilika ist recht hübsch mit vielen alten, kanarischen Bauten. Bei einem kurzen Spaziergang lässt sich alles Sehenswerte anschauen.

Sehenswertes/Spaziergang

Hauptanziehungspunkt der kleinen Stadt ist die **Plaza de la Patrona de Canarias** mit der **Basílica de Nuestra Señora de Candelaria.** Der imposante, kanarisch und barock inspirierte Bau aus dem Jahre 1959 steht am südlichen Ende der Altstadt, direkt am Strand. Optisch nicht weniger beeindruckend als das Gebäude sind neun überlebensgroße Bronzeplastiken, Arbeiten des einheimischen Bildhauers José Abad. Es sind Darstellungen der neun Menceys Teneriffas (Guanchenfürsten) zum Zeitpunkt der Eroberung. Jede Skulptur ist mit einem Symbol oder typischen Gegenstand dargestellt: die Figur des *Añaterve* mit zwei Raben (die Vögel galten als Seelen der Verstorbenen und Götterboten), die Figur des *Romen* mit einer Kopie des Steinfundes Zanata und *Bencomo* mit dem Zepter des Mencey, des Oberhauptes.

Die Basilika ist im Inneren hell und schlicht, ohne bedeutende Kunstwerke. Alles konzentriert sich auf die Figur der *Vírgen de Candelaria,* die in prächtige Gewänder gehüllt auf dem Altar steht. An den Sonntagen werden sechs Messen gelesen. Entsprechend herrscht hier Hochbetrieb. Dann sind die Kirche und der große Platz davor voll. An den anderen Tagen ist es dagegen relativ ruhig. Der Basilika angeschlossen ist ein kleines Museum, in dem der Besitz der Jungfrau von Candelaria, ihre Prunkkleider und ihr Schmuck, ausgestellt sind.

Während des Höhepunktes der Heiligenverehrung am 15. August platzt die Stadt aus allen Nähten. Aus dem 20 km entfernten Santa Cruz pilgern die Wallfahrer zu Fuß über die Autobahn hierher. Das ist zwar seit einigen Jahren verboten, aber Verbote lassen sich nicht immer durchsetzen. Aus den Orten des Nordens wandern die gläubigen Marienverehrer über die auf 2000 Höhenmeter gelegenen Pässe der Cordillera Dorsal nach Candelaria. Im Verlauf der Feierlichkeiten wird die Geschichte der Marienstatue als Theaterstück aufgeführt.

▪ **Basilika** und **Museum:** Mo 15–19.30 Uhr, Di–So 7.30–19.30 Uhr; **Messen:** Mo 18 Uhr, Di 8 und 18 Uhr, So 8, 10, 12 und 18 Uhr, Fr 8 und 18 Uhr, Sa 18 Uhr, So 8, 9.30, 11, 12.30, 17.30 und 18.30 Uhr.

Ein kleiner Spaziergang führt zu weiteren interessanten Besuchspunkten. Es geht auf der Küstenseite zunächst an der Basilika entlang. An sie schließt sich der schöne, im traditionellen kanarischen Stil gebaute Komplex des **Dominikanerklosters** an. Baubeginn war das frühe 18. Jh., doch schon 1803 musste das Gebäude nach einem Brand restauriert werden.

Mencey Acaymo in Candelaria

Gut 100 m weiter liegen zwei Höhlen am Weg. In der ersten, der **Cueva de Achbinico y Ermita de San Blas,** soll die Marienstatue von den Guanchen verehrt worden sein (→ Kasten S. 39). Sie dient noch immer als Kapelle, wenn auch zu Ehren des San Blas. Die folgende Höhle, die **Cueva de Los Camellos,** war vermutlich der allgemeine Kamelstall. Kamele waren bis ins letzte Jahrhundert die bevorzugten Arbeitstiere auf Teneriffa.

Es geht zurück zur Plaza, links an der Basilika vorbei und die Treppe hinauf in den Altstadtteil Santa Ana. Rechts steht das alte Rathaus, ebenfalls ein traditioneller kanarischer Bau. Eine Gasse führt geradeaus zum **Töpferzentrum Centro Alfarero Casa Las Miquelas.** In mehreren Hofgebäuden wird

Santa Cruz und der Osten → Karte S. 22

mit einer Ausstellung die Geschichte Candelarias als Zentrum der Töpferei dargestellt, ein Film (auch auf Deutsch) kann angeschaut werden. Die schlichten, rotbraunen Gefäße werden in Aufbautechnik geformt. Modelle und Herstellungsweise sollen noch auf die Guanchen zurückgehen (→ S. 198). Mit etwas Glück können Sie den Töpfern bei der Arbeit zuschauen.

▪ Di–Sa 9–14 Uhr, Di–Fr 16–19 Uhr, Eintritt frei, Calle Gomera 7.

Nur wenige Schritte weiter steht das älteste Gebäude der Stadt, die aus dem 16. Jh. stammende **Kirche Santa Ana.** Sie ist nur während der Messen am Sonntag geöffnet.

Baden/Strände

Mehrere kleine Strände liegen an Candelarias Küste. Einige verschwinden bei Flut im Wasser. Eine Surfschule mit angeschlossenem Laden unterrichtet den Tanz auf der perfekten Welle, die an mehreren Stränden in der Umgebung auf den Sand rollt.

Nördlich vom Ortszentrum liegt mit der Playa Las Caletillas der größte Strand. Über eine Plattform erreicht man auch bei Ebbe das Wasser.

▪ **COA Surf Shop School,** Rambla Los Menceyes 27, ✆ 625-780335 (Spanisch), www.coasurf.es.

Praktische Infos

Information Ein Holzhäuschen direkt am Parkplatz in der Innenstadt beherbergt die Touristeninformation. Hier arbeitet eine sehr hilfsbereite Mitarbeiterin. Sie verfügt über gutes Info-Material einschließlich Stadtplan und Beschreibung von Wanderwegen in der Umgebung. Mo–Fr 9–14. Av. de La Constitución. ✆ 922-032230, www.turismocandelaria.com (spanisch).

Verbindungen **Bus:** Die Haltestelle an der Rambla los Menceyes wird von den Linien 122, 123, 124 und 131 in kurzen Abständen von Santa Cruz aus angefahren.

Mit dem **Pkw** bis zur Autobahnabfahrt Candelaria, dort hinunter in die Stadt. Unmittelbar an der Küste liegt ein Parkplatz (je nach Parkdauer keine oder geringe Gebühren).

Apotheke An der Av. de la Constitución, gegenüber dem Parkplatz.

Bank Calle Obispo Pérez Cáceres 52/54.

Taxis Stehen an der Plaza Basílica.

Essen & Trinken Um die Plaza vor der Basilika herum nehmen sich mehrere Restaurants, fast alle mit Terrassen, der hungrigen Besucher an, z. B. das **Restaurant Candelaria** mit preiswerter, kanarischer Küche. In der Calle Obispo Pérez Cáceres haben sich mehrere Restaurants angesiedelt, darunter das **La Dársena** mit anspruchsvollen Fisch- und Meeresfrüchtegerichten und das **Doña Pata,** ein hübsches Lokal mit Holzterrasse und direktem Meerblick, das gegrillten Fisch, aber auch gute Bocadillos (belegte Baguettes) im Angebot hat.

Candelaria, Küsten- und Pilgerort

Eine Jungfrau setzt sich durch

Im 14. Jh. sahen zwei Guanchenhirten an einem Strand beim heutigen Candelaria die Figur einer Frau mit einem Kleinkind auf dem Arm und einer Kerze in der Hand. Sie war offensichtlich von einem Schiff dort angespült worden. Als einer der Hirten einen Stein nach ihr werfen wollte, wurde sein Arm steif, als der andere ihr einen Finger abschneiden wollte, blutete sein eigener Finger. Bei der Berührung der Figur verschwanden die Verletzungen. Nachdem die Figur derart eindrucksvoll ihre magischen Kräfte demonstriert hatte, stellten die Guanchen sie in einer Höhle auf und verehrten sie von Stund an unter dem Namen *Chaxiraxi*.

Jahre später, nach der Eroberung Lanzarotes, hörte *Diego de Herrera*, der Gouverneur Lanzarotes, von der Figur, fuhr nach Teneriffa und erwirkte beim Mencey von Güímar ein Besuchsrecht. Er erkannte sie als eine Darstellung der Mutter Gottes mit Kind und erbat sie sich für seine Missionskirche auf Lanzarote. Als sie ihm verweigert wurde, stahl er die Figur.

Die Jungfrau gibt es auch als Graffiti

Aber auf Lanzarote wollte die *Jungfrau von Candelaria*, so lautete von nun an ihr Name, nicht bleiben. Jeden Morgen fand man sie mit dem Gesicht zur Mauer gekehrt, so oft man sie auch umdrehte. Weder Gebete noch Prozessionen konnten sie umstimmen. Als dann noch eine Pest ausbrach, empfand selbst Diego de Herrera dies als eine Strafe der Gottesmutter und brachte die Jungfrau von Candelaria eilig zurück.

Auf Teneriffa erbaute man ihr nach der Eroberung und Missionierung eine Kapelle in der Nähe ihrer Höhlenunterkunft. Bei einem Brand konnte sie 1789 mit knapper Not gerettet werden. 1826 aber verschwand sie auf Nimmerwiedersehen, eine Flutwelle spülte sie vom Altar.

Die Tinerfeños aber wollten ihre Jungfrau nicht missen, sie stellten eine Kopie auf. Die neue Jungfrau hat zwar noch keine Wunder gewirkt, wird aber nicht weniger verehrt. Sie hat es sogar schon zur Ehrenbürgermeisterin von Candelaria gebracht. Heute wohnt die Kopie komfortabler als es das Original je hatte in einer 1959 errichteten Basilika mit eigener Kleiderkammer und Schmuckschatulle.

1992 schreckte eine Meldung aus Adeje die Verwalter der Inselpatronin hoch. Bei Restaurierungsarbeiten an der dortigen Jungfrauenfigur will man festgestellt haben, dass diese durchaus die vermisste Originaljungfrau von Candelaria sein könnte. Hatte sie sich einmal mehr auf den Weg gemacht, um sich eine würdigere Bleibe zu suchen? Zutrauen könnte man es ihr.

Baden und gut essen gehen kann man in Puertito de Güímar

Puertito de Güímar

Der Hafen von Güímar ist ein ehemaliger Fischerort, in dem die Bewohner des höher gelegenen Güímar gern ihre Wochenenden und Sommerferien verbringen. Er hat sich zu einem kleinen Städtchen mit Sporthafen, Strand und guten Fischrestaurants entwickelt. Der Ort ist keine Schönheit, es gibt auch keine Fischerdorfromantik, dafür sitzt man in den Restaurants direkt an der Mole. Von dort kann man den Einheimischen beim Baden und Flanieren zuschauen.

Verbindungen Die Autobahn verläuft unweit von Puerto de Güímar (eigene Abfahrt).

Baden Am Strand vor dem Ort in der Nähe der Mole ist das Meer am ruhigsten. Hier baden auch Einheimische.

Essen & Trinken Bester Tribünenplatz am Ort ist das **Restaurant Chibusque** mit Terrasse und herrlichem Meerblick, gutem Wein und köstlichen Calamares (Di Ruhetag). Gute Fischgerichte und Meeresfrüchte bekommt man auch in den Restaurants in Hafennähe.

Porís de Abona

Früher war der Ort ein kleines Fischerstädtchen zwischen Küste und Autobahn mit schmuckloser Architektur. Heute wohnen hier weniger Fischer als regenmüde Mittel- und Nordeuropäer in Bungalowsiedlungen. In einer kleinen Bucht mit Sandstrand liegen die Fischerboote, an der Küste führt eine Promenade entlang. In Buchtnähe kann man über Treppen zum Baden ins Meer steigen. Die Bemühungen der Gemeinde um Arbeitsplätze zielen auf die Förderung der Landwirtschaft, insbesondere des Weinanbaus auf den Höhen hinter dem Ort. An den Wochentagen bleiben die Bewohner von Porís de Abona weitgehend unter sich, an den Wochenenden und im Sommer jedoch zieht es die Menschen aus der Umgebung hierher an die Küste.

Verbindungen Die **Autopista** verläuft direkt hinter Porís de Abona (eigene Abfahrt).

Baden Auf der südlich von Porís de Abona gelegenen Landzunge mit Leuchtturm gibt es zwei nur eingeschränkt zu empfehlende Natursandstrände: einen feinen, dunklen Sandstrand vor dem Leuchtturm, leider liegt er vollständig in Richtung Nordostpassat und ist deshalb häufig sehr windig, und auf der abgewandten Seite hinter dem Leuchtturm einen Strand mit hellem Sand. Anfahrt über die Straße zum Ortsteil Punta de Abona, in Richtung Leuchtturm. Hinter dem Leuchtturm wird die Strecke uneben.

Essen & Trinken Es gibt auch hier Lokale, in denen man frischen gegrillten Fisch essen kann.

Santa Cruz und der Osten → Karte S. 22

Im Hinterland

Einst wuchsen an den Hängen im Osten Sabina (eine Wacholderart) und Palmen, später entwickelte sich hier eine blühende Landwirtschaft. Im Norden werden noch heute Wein, Obst und Gemüse angebaut. Weiter im Süden wird die Landschaft karger, bis etwa auf 800 Metern Höhe die Pinienwälder beginnen.

Die Ursache für diese Entwicklung begann im 19. Jh. damit, dass um Arico die Wälder zur Pechgewinnung abgeholzt wurden. Der Boden konnte keine Feuchtigkeit mehr halten und verkarstete. Von den 20 ganzjährigen Wasserläufen ist einer geblieben. Höfe mussten aufgegeben werden, die Böden eigneten sich ohne Bewässerung allenfalls für den Weinanbau. Aufforstungsaktionen gab es zwischen 1946 und 1978, in dieser Zeit wurden die höher gelegenen Zonen mit Pinien gepflanzt. Die Inselverwaltung will mithilfe von weiteren groß angelegten Anpflanzungen diesem Landstrich sein ursprüngliches Gesicht zurückgeben.

Auf den Höhen erkennt man Terrassen mit Kartoffelanbau, in den tieferen, wärmeren Zonen wachsen, durch Felswände vor Winden geschützt, Avocados und Bananen. Überall in den Bergen, die hier aus dunklem Gestein bestehen, gibt es Höhlen. Heute dienen sie überwiegend als Schuppen oder Stall. In der vorspanischen Zeit aber und noch bis in die Mitte des 20. Jh. waren sie auch Wohnstätten.

Güímar

Mit ca. 10.000 Einwohnern ist Güímar die größte Stadt in dieser Gegend. Sie lebt von der Landwirtschaft, denn sie liegt in einem für diese Zone erstaunlich fruchtbaren Tal. Güímar war schon immer ein reges und erfindungsreiches Zentrum, für die Kanaren wichtige wirtschaftliche Entwicklungen nahmen hier ihren Anfang. Die Zucht der Koschenillelaus, aus deren Gelegen ein karminroter Farbstoff hergestellt wird, leitete eine über viele Jahrzehnte ertragreiche Farbstoffproduktion ein. Auch der Bananenanbau nahm hier seinen Anfang.

Der Ort kann auf eine sehr lange Geschichte zurückblicken. Das jedenfalls glauben einige Wissenschaftler, u. a. der 2002 verstorbene Forscher Thor Heyerdahl. Zentrum des Guanchenfürstentums Güímar, das nach Norden bis zum Anagagebirge reichte, war die Stadt unbestritten. Die Pyramiden, die Hauptattraktion der Stadt, stammen vermutlich aus der vorspanischen Zeit. Davon war zumindest Heyerdahl überzeugt.

Parque Etnográfico Pirámides de Güímar

Der ethnografische Park ist den Thesen von Thor Heyerdahl gewidmet. Bis der 2002 verstorbene norwegische Forscher mit den Ausgrabungen an den Pyramiden begann, hielten die Archäologen Teneriffas sie für Steine, die lediglich zur Feldsäuberung zufällig so aufgeschichtet worden waren. Die ebenfalls aus Norwegen stammende Reederfamilie Olsen kaufte das Gelände, um Heyerdahl die Möglichkeit zu geben, die Ausgrabungen systematisch fortzuführen. Nach Abschluss der Arbeiten ist unübersehbar, dass die Pyramiden eine besondere Bedeutung gehabt haben müssen. Nur welche, ist unklar. Sie könnten eine Kultstätte gewesen sein, entsprechende Geräte wurden gefunden. Sie könnten aber auch zu astronomischen Beobachtungen gedient haben.

Die Anlage: Das ausgegrabene Gelände ist geometrisch angelegt, die drei Pyramiden stehen in exakter Anordnung zueinander. Die Hauptachse weist auf den Punkt, von dem aus sich die Sommersonnenwende bestimmen lässt. Diese Tatsache verstärkt die schon früher vertretene Auffassung, nach der die Guanchen einen Kalender hatten, dessen Jahr am 20. April begann. Andere Bauten weisen auf den Wintersonnenwendepunkt und auf Mondphasen hin.

Das Museum: Schon in den 50er-Jahren vertrat Heyerdahl die Auffassung, dass es eine Verbindung zwischen Vorderasien und Mittelamerika gegeben haben muss, Jahrhunderte bevor Kolumbus sich auf den Weg machte. Station auf dem Weg dorthin waren die Kanarischen Inseln. Zur Untermauerung dieser These ließ er sich auf dem Papyrusboot Ra II von Ägypten an den Kanaren vorbei bis nach Barbados treiben. Ein Nachbau steht auf dem Parkgelände. Auf Grund dieser Verbindung, folgerte Heyerdahl, haben sich die amerikanischen Kulturen der Mayas/Azteken, die Guanchenkulturen der kanarischen Inseln sowie die vorderasiatischen und ägyptischen Kulturen gegenseitig beeinflusst. In diesem Kontext sieht er auch die Pyramiden von Güímar. Im Museum des Parks sind Kultgegenstände, Steinzeichnungen und wirklich erstaunliche Wandbilder der Mayas und Azteken ausgestellt, die diese Thesen bestätigen sollen.

▪ Tägl. 10–18 Uhr, Eintritt 12,50 €, Kinder 9–12 J. 5,50 €, unter 9 J. frei. Cafeteria auf dem Parkgelände. ✆ 922-514510, www.piramidesdeguimar.es. Leser empfehlen, sich einen Audioguide für 1,50 € auszuleihen, der detaillierte Informationen während des Rundgangs gibt. Die Anfahrt zum Parque Etnográfico ist in Güímar mit „pirámides" ausgeschildert.

Auf dem Gelände kann außerdem ein Garten mit tropischen Giftpflanzen sowie eine Ausstellung zur Besiedlung Polynesiens besichtigt werden. Eintritt mit Giftgarten 16 €.

Die Altstadt von Güímar

Attraktiver als der neuere untere Ortsteil ist der Altstadtteil mit seinen schmucken Kirchen und Klosterbauten aus dem 18. Jh. Das **Kloster Santo Domingo** dient heute als Rathaus (Ayuntamiento). Direkt daneben steht die **Kirche Santo Domingo.** Beide Gebäude bilden eine hübsche Einheit, umrahmt von einer gepflasterten Plaza mit Springbrunnen. Dahinter beginnen enge Gassen, die zur zweiten wichtigen Kirche führen: Die **Iglesia de San Pedro de Apóstol** an der gleichnamigen Plaza vereint eine Barockfassade mit Holzdecken im Mudéjarstil. Auf dem Hauptaltar steht der Namenspatron San Pedro, eine Figur aus dem 17. Jh.

Ausflug nach Arafo

Es lohnt sich, von Güímar aus einen kurzen Abstecher ins hübsche Städtchen Arafo zu machen und auf der Landstraße TF-523 weiter auf die herrliche, von dichten Wäldern bestandene Cordillera Dorsal bis in den Nationalpark zu fahren. Unterwegs sollten Sie die fantastischen Aussichtspunkte und rustikalen Waldrastplätze ansteuern.

Praktische Infos

Verbindungen Mit dem **Pkw** über die Autobahn, Abfahrt Güímar, oder von Süden kommend über die alte Verbindungsstraße TF-28.

Zwei **Buslinien** verbinden Güímar mit Santa Cruz: Linie 120 und 121. Die Busstation befindet sich auf der Av. Santa Cruz, der Verlängerung der Av. Obispo Pérez Cáceres.

Apotheke Plaza de San Pedro.

Bank Mehrere Bankfilialen an der Av. Obispo Pérez Cáceres.

Übernachten Güímar ist kein Touristenort. Es gibt deshalb nur eine, aber sehr feine Übernachtungsmöglichkeit in der Stadt, eine weitere außerhalb.

***** Hotel rural Villa Ariadna,** das ländlich gelegene und familiär geführte Hotel im Tal von Guimar verfügt über drei ruhig gelegene Doppelzimmer, ein Zimmer für Alleinreisende und ein großzügiges Apartment im oberen Stockwerk mit großen Balkonen und schönem Berg- und Küstenblick. Alle Wohneinheiten verfügen über ein eigenes Bad. Zum Hotel gehört auch ein Pool mit Liegestühlen. Wer Ruhe sucht und morgens gerne ausgiebig frühstückt (auf der sonnigen Terrasse oder im nett eingerichteten Frühstücksraum), ist hier genau richtig. Die Anfahrt sollte man besser vorher studieren. Von der TF-28 biegt man rechts auf die schmale, aufwärts führende Calle de Guaza ab und folgt der Calle de Barranquillo San Juna geradeaus, um in den Camino de la Corujera zu gelangen. Beim gelben Haus Nr. 90 hat man das Ziel erreicht. 38500 Guimar, ✆ 655497925. **€€**

***** Hotel rural Finca Salamanca,** außerhalb in Richtung Küste liegt inmitten einer 50.000 m² großen Avocado-Finca ein schönes, weitläufiges Hotel. Das Gutshaus mit seinen Nebengebäuden ist hervorragend restauriert und edel im Kolonialstil eingerichtet. Sie beherbergen zwölf DZ und zwei Suiten, ein Restaurant und mehrere Salons. Im Garten ein großer Pool mit Terrassen und separat stehende Bungalows. Carretera Güímar–Puertito km 2, ✆ 922-514530, www.hotel-fincasalamanca.com. **€€€**

Essen & Trinken Das Restaurant der Finca Salamanca wurde bereits mehrfach mit Preisen bedacht.

Fasnia

Eine der größten Ortschaften im Hinterland nach Güímar ist Fasnia. Rund um den Ort werden Kartoffeln, Tomaten und Blumen angebaut. Die Felsenhöhlen, die man überall längs der Straße sieht, haben vermutlich schon die Guanchen als Wohnquartiere genutzt. Bekannt ist, dass sie noch bei einer Volkszählung 1930 als Wohnung gedient haben. Heute stehen sie leer oder sind als Lagerräume und Ziegenställe in Gebrauch.

Herausragendes Merkmal der weiter südlich gelegenen, von Schluchten durchzogenen Landschaft ist ihre Helligkeit. Der fast weiße *Toscastein* bildet die Hügel und Berge. Aus ihm wurden früher auch die Häuser und die zahllosen Terrassenmauern errichtet. Eine Schicht aus feinem, hellem Bimsstein bedeckt die Felder. Die Kapillaren (haarfeine Röhrchen) in diesen Steinchen leiten den Tau nach unten. Die Steinschicht verhindert zudem, dass die Feuchtigkeit aus dem Boden verdunsten kann.

Viele Höfe sind verlassen, viele Felder aufgegeben. Ortsnamen wie El Rio, der Fluss, zeigen an, dass es Zeiten gab, in denen die Gegend nicht so karg und trocken war wie heute. Auf den noch bebauten Terrassen wächst meist Wein, der keine künstliche Bewässerung erfordert. Um die bewohnten Ansiedlungen herum gedeihen auch Tomaten und Frühkartoffeln in bewässerten Kulturen.

Arico

Hinter diesem Namen verbergen sich mehrere getrennte Ortsteile: *Lomo de Arico, Arico El Nuevo* und *Arico Viejo.* Im Hauptort Arico Viejo steht die Kirche *San Juan Bautista* aus dem 18. Jh., in der sich die Statue der *Vírgen del Carmen* aus dem 17. Jh. befindet. Davor erstreckt sich eine Plaza mit großen, Schatten spendenden Indischen Lorbeerbäumen. Arico El Nuevo gilt mit vielen erhaltenen Häusern aus dem 18./19. Jh. als eines der authentischen Dörfer und steht unter Denkmalschutz.

Santa Cruz und der Osten → Karte S. 22

Der Süden

Sonnenschein rund ums Jahr, ein Himmel so blau wie das Meer, das auf helle, weiche Sandstrände schwappt. Viel spricht für einen Urlaub im Süden. Die meisten Gäste verbringen hier ihre Ferien.

Rund um das Urlaubszentrum Los Cristianos – Playa de las Américas – Costa Adeje liegen verschiedene **Themen- und Vergnügungsparks,** vom Siam-Park mit Badelandschaft in exotischem Ambiente bis zum Jungle Park mit 500 Tieren ist alles geboten. Für alle Parks wird in den Hotels und der Touristeninformation geworben (→ S. 75).

In den Hotels und Apartmentanlagen von Mittelklasse bis Luxus in Los Cristianos und Playa de las Américas ist ausreichend Platz für mehr als drei Millionen Gäste im Jahr. Beschaulicher geht es in den kleinen Orten an der Küste wie El Médano und im Hinterland zu. Dort gib es individuelle Angebote in Ferienhäusern, Landhotels und restaurierten Fincas.

Egal, ob Sonne und Strand, Sport, Naturerlebnis und/oder Kultur auf dem Wunschzettel steht, einen individuellen Urlaub kann sich hier jeder gestalten. Nur weinige Kilometer hinter den Urlaubszentren beginnen herrliche Landschaften, kleine Dörfer und alte Städte, die man bei Ausflügen, per Pkw, Bike oder zu Fuß erkunden kann. Schon in Adeje, oberhalb von Playa de las Américas, liegen Geschichte und Natur nah beieinander.

Wo baden?

Sportliche Typen sind in **El Médano** richtig. Die Nordostwinde machen das ehemalige Fischerdorf zum Hotspot für Wind- und Kitesurfer. Schwimmer finden am hellen Naturstrand ruhige Ecken und unterhalb der großen Düne Brandungswellen.

Sanft trifft das Meer auf die Strände von **Los Cristianos** und **Playa de las Américas.** An den großen Stränden Playa de las Vistas und Fañabé tummeln sich die meisten Sonnenhungrigen. Spiel- und Sportangebote sorgen für Unterhaltung, Cafés und Restaurants sind in der Nähe. Wer Stille sucht, fühlt sich an den Playas Camisón und del Duque wohl.

Was und wo essen?

Egal, ob es Steaks oder etwas Vegetarisches sein soll, Sie werden es bekom-

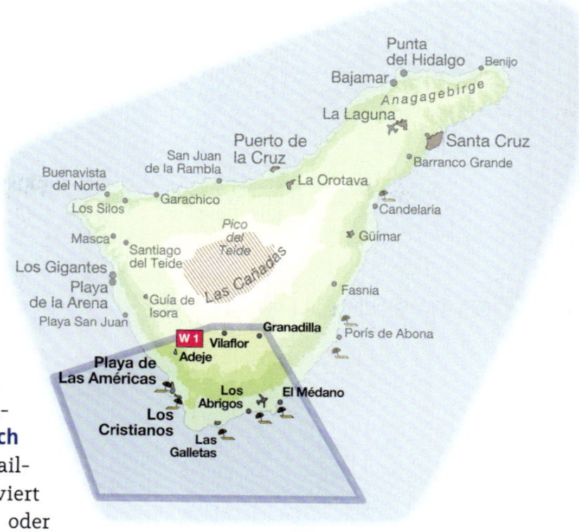

men. Alle Küchen dieser Welt sind in den Urlaubsorten im Süden vertreten. Die meisten Restaurants finden Sie in den Centros Comerciales der großen Touristenzentren. Die richtig guten Lokale aber liegen häufig außerhalb.

Exotisches zur späten bzw. frühen Stunde bekommen Sie im **Monkeys Beach Club,** Restaurant und Cocktailbar in einem (→ S. 72). Serviert wird Karibisches vom Grill oder das, was Gastköche aus Spitzenrestaurant zubereiten.

Für Fisch und Meeresfrüchte lohnt es sich, den alten Fischerhafen Los Abrigos zu besuchen. Die Restaurants **Los Abrigos** und **Bahia los Abrigos** (→ S. 53), die ein und derselben Familie gehören, servieren seit vielen Jahren die besten Fischgerichte des Ortes. Einziges Manko beim Restaurant Los Abrigos unten am Hafen: Es fehlt die Terrasse. Der Blick durch das geöffnete Fenster und vor allem die Qualität der Gerichte macht das aber wett.

Auch im ehemals winzigen Fischerdorf La Caleta ist der Tourismus angekommen. Die alteingesessenen Restaurants wie das **Celso** (→ S. 74) und **El Caldero** (→ S. 75) bieten solide Fischgerichte, wer eher gehobene Küche bevorzugt, kann im edleren **La Vieja** (→ S. 74) speisen.

Was unternehmen?

Whalewatching/Bootstouren: Von Los Cristianos und Puerto de Colón legen täglich Ausflugsboote und Segelschiffe ab, die die Westküste entlangfahren. Viele haben einen Glasboden, durch den sich die Unterwasserwelt beobachten lässt. Wer davon mehr sehen will, kann mit einem U-Boot im Hafen von Marina Amarilla abtauchen. **→ S. 75**

Wandern im Barranco del Infierno: Eine der bekanntesten und interessantesten Wanderungen Teneriffas führt in den Barranco del Infierno, die Höllenschlucht. **→ Wanderung 1, S. 243**

Was anschauen?

Adeje: Das historisch interessante Städtchen liegt nur wenige Kilometer oberhalb von Playa de las Américas am Rand der „Höllenschlucht" Barranco del Infierno. **→ S. 77**

Vilaflor: Das höchste Dorf der Insel inmitten von Terrassenfeldern und Pinienwald lohnt einen Besuch auf dem Weg in den Nationalpark. **→ S. 79**

Was sonst noch?

Tanzen gehen! Zentrum des Nachtlebens ist Playa de las Américas. Abends flaniert man auf der Promenade und verschafft sich einen Überblick. Die **Centros Comerciales Las Verónicas I und II** bieten mehrere Diskotheken (→ S. 72). Sie sind auch Treffpunkt für die einheimische Jugend, daneben gibt es aber auch Lokale mit Livemusik für die jenseits der 90er Geborenen. Und über der Playa Torviscas weist ein Minileuchtturm den Weg zum **Bling-Bling Club** mit Diskothek und Lounge (→ S. 72).

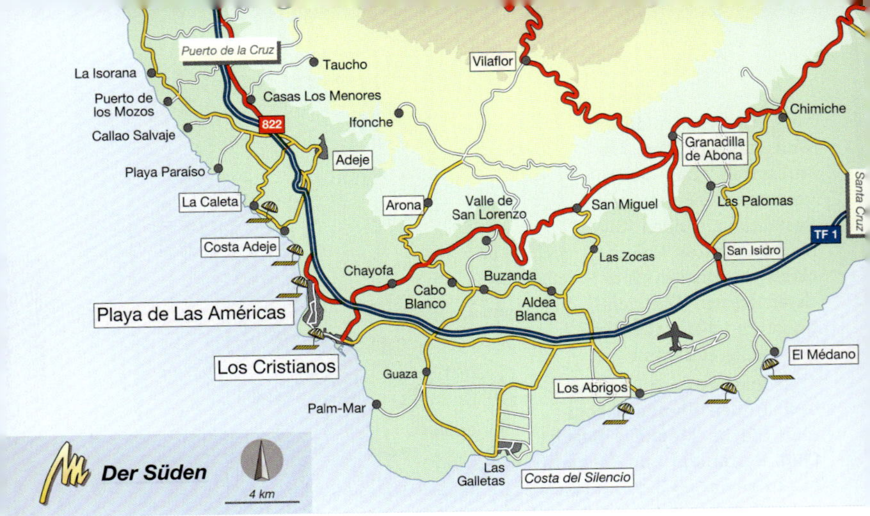

An der Küste von Ost nach West

Die Küsten am Südzipfel der Insel bieten für jeden etwas. Den Anfang macht der Surfer-Hotspot El Médano, an dessen Sandstränden man auch hervorragend baden kann. An der Costa del Silencio geht es in jeder Hinsicht etwas ruhiger zu, und Los Abrigos ist für seine zahlreichen guten Fischlokale bekannt. Los Cristianos, Playa de las Américas und Costa Adeje schließlich bilden zusammen die größte geschlossene Urlauberzone Teneriffas.

Los Cristianos war der Pionier der Tourismusentwicklung in dieser Gegend. Die Bebauung hat sich immer weiter nach Nordwesten ausgedehnt, und inzwischen ist Los Cristianos mit den angrenzenden Orten Playa de las Américas und Costa Adeje zusammengewachsen. Den vorläufigen Abschluss bildet der Strand vor La Caleta. Jeder Abschnitt spiegelt architektonisch den Stil zur Zeit der Bauphase wider, gleichzeitig erhöhten sich von Abschnitt zu Abschnitt das Niveau der Ausstattung, des Komforts und der Preise. In Costa de Adeje etwa stehen nur 4- und 5-Sterne-Hotels.

Die gesamt Zone bietet das Rundum-sorglos-Paket in Sachen Urlauberinfrastruktur: Neben bzw. in den Hotelkomplexen haben sich diverse Einkaufs- und Vergnügungszentren angesiedelt, die Strände bieten alle erdenklichen Wassersportmöglichkeiten, und auch an Golfplätzen und Wellnesseinrichtungen herrscht kein Mangel.

El Médano

Der längste und hellste natürliche Strand Teneriffas erstreckt sich hier in einer halbmondförmigen Bucht: über mehrere Kilometer feiner Sand, eingerahmt von harmonisch geschwungenen Tuffen. Seinen südlichen Endpunkt setzt ein roter, kegelförmiger Felsen, die Montaña Roja. Sie steht unter Naturschutz.

Der kleine Badeort ist Teneriffas Eldorado für Sonnenanbeter und Wasserratten und ein Mekka für Windsurfer. Bunte Segel flitzen am Südende der Bucht von El Médano übers Wasser. Seit Kitesurfen angesagt ist, schweben bunte Schirme auch über dem Meer in der Luft. Der gleichmäßige Nordostpassat schafft geradezu ideale Voraussetzungen für diese Sportarten. El Médano ist fester Bestandteil des Weltmeisterschaftszirkus. Eine weitere Buch t mit einem langen Sandstrand, dunkler, mit roten Einsprengseln, die Playa La Tejita, liegt hinter der Montaña Roja. Sie ist nur an den Wochenenden und in den Ferienzeiten gut besucht.

Am geschützten nördlichen Buchtende El Médanos liegen Fischerboote auf dem Ufer. Am Strand spielen die Jungs nach der Schule Fußball, auf der Plaza machen die Kleinsten ihre ersten Gehversuche, auf der hölzernen Promenade bummeln spanische Familien. Touristen gibt es auch, aber ebenso viele Einheimische. Beliebtester Treffpunkt sind die Cafés rund um die Plaza. Trotz der allerbesten natürlichen Voraussetzungen und trotz öffentlicher und privater Investitionen ist El Médano keine Touristenhochburg, es gibt viele Individualurlauber, aber keinen Massentourismus. Die Reiseveranstalter halten sich mit ihren Buchungen

Hotspot für Wind- und Kitesurfer

Der Süden → Karte S. 46

zurück. Trotz reger Bautätigkeit sinkt die Zahl der Betten für Urlauber, die Tinerfeños nutzen ihren Superstrand selber, und wer es sich leisten kann, legt sich hier eine Zweitwohnung zu oder wählt El Médano gleich als Wohnort. Rund um das alte Städtchen wachsen von Wohnhäusern gesäumte Straßen in die helle Steinwüste, auch längs der Playa La Tejita. Dennoch wirkt El Médano, als wäre ständig Nebensaison, außer während der *Semana Santa*, der Karwoche, und in den Sommerferien. Zu diesen Zeiten platzt der Ort aus allen Nähten. Dann fallen die Hauptstädter ein, belegen alle sonst leeren Hotelzimmer und alle Zweitwohnungen, und dann dröhnt Discomusik und klingen Gesänge bis Mitternacht über die Plaza.

El Médano war bis in die 1970er-Jahre ein Fischerdorf. Seine hervorragenden Strände hatten ihm trotz aller Abgeschiedenheit schon in den 60er-Jahren einen Hotelpionier, das Hotel Médano, beschert. Außer dem Hotel blieben aus den Jahren vor dem Bau des Flugplatzes wenige Häuserzeilen und schmale Gassen, heute Fußgängerzonen, zwischen der Plaza und dem Minihafen. Der im Süden alles verändernde Bau des Flughafens bescherte auch El Médano neue Straßen, Häuser, Apartment- und Hotelbauten. Ein Schmuckkästchen ist der Ort nicht geworden. Aber anders als die Boomstädte Los Cristianos und Playa de las Américas blieb El Médano ein Urlaubsort für Eingeweihte, die über zwei echte Minuspunkte hinwegsehen bzw. -hören: Der nahe Flughafen schafft so manche unliebsame Beschallung, und wenn es für die Surfer so richtig schön aufbrist, fliegt den Sonnenanbetern der Sand um die Ohren. An solchen Tagen empfiehlt sich ein Ausflug in die Berge oder an einen ruhigeren Küstenabschnitt, z. B. um die Ecke an die Playa La Tejita.

In den letzten Jahren hat sich rund um El Médano einiges in Sachen Naturschutz getan. Die Montaña Roja und ihre Umgebung wurden weiträumig unter Schutz gestellt (→ Spaziergänge/ Wanderungen). Nördlich des Ortes entstand Teneriffas größter **Windpark** mit einem Lehrpfad, auf dem alternative Energieträger vorgestellt werden. Ein Besucherzentrum des *Iter* (Instituto Tecnológico de Energías Renovables) ist Di–Sa 10–16 Uhr geöffnet. Nach Voranmeldung sind Führungen auf Englisch und Spanisch möglich. Eine echte Sensation war die erste Siedlung mit 25 Passiv-Nullenergiehäusern. An der Autopista die Abfahrt 21 (Poligono Industrial Granadilla) nehmen.

Spaziergänge/Wanderungen

Die Promenade und der Strand laden zu ausgedehnten Spaziergängen ein. Hinter der Mole und dem Platz am Hafen beginnt ein weiterer Promenadenabschnitt in Richtung Playa Cabezo. Die **Montaña Roja** und ihre weiträumige Umgebung sind Naturschutzgebiet. Die Kombination von vulkanischem Material, Meeressand und Dünen hat eine einzigartige Vegetation hervorgebracht, die sich jedoch in diesem trockenen Gebiet erst bei genauerem Hinsehen dicht am Boden zeigt. Die Wege sind durch Steine markiert, sie dürfen nicht verlassen werden. In der Touristeninformation erhalten Sie eine Karte mit einer Beschreibung des Gebietes. Zum Besteigen der Montaña Roja sollte man feste Schuhe anziehen, der Vulkanfelsen ist ziemlich rutschig. Von oben hat man einen schönen Rundblick. Auch die **Playa La Tejita** lässt sich zu Fuß erreichen. Von der Landstraße TF-634, die hinter der Playa La Tejita entlangführt, ist ein Pfad zur **Cueva de San Pedro**, der Höhle des einzigen kanarischen Heiligen, ausgeschildert (→ Vilaflor, S. 79).

Baden

Der **Strand von El Médano** ist der schönste Naturstrand. Der Sand ist

Am Hauptstrand steht das Hotel Médano

relativ hell, die Brandung im Ortsbereich niedrig, dort gibt es auch Duschen und Liegestuhlverleih. Im Ort ist man stolz darauf, dass dort die Blaue Flagge, eine Auszeichnung der EU für Umweltfreundlichkeit und Sauberkeit, weht. Außerhalb der Semana Santa und der spanischen Sommerferien ist es an der **Playa La Tejita** ruhig. Sie liegt im Windschatten der Montaña Roja. Die **Playa Cabezo** in El Médanos Norden ist klein, wenig besucht und windiger als die anderen Strände. Wenn der Wind sehr stark bläst, lohnt sich ein Ausflug an die Strände der Südwest- und Westküste.

In der Umgebung

In der weiteren Umgebung lohnen sich Fahrten nach Adeje und den Barranco del Infierno, eine Fahrt hinauf nach Vilaflor oder mit dem Bus nach Candelaria oder Santa Cruz.

Basis-Infos

Information Der Pavillon der **Touristeninformation** liegt auf der Plaza de El Médano am Strand. Hier gibt es neben freundlichen und kompetenten Antworten auch Hilfe bei der Zimmersuche, Prospektmaterial und eine aktuelle Liste der Busabfahrtszeiten von El Médano. Mo–Fr 9–15 Uhr. ✆ 922-176002.

Verbindungen Knapp 10 km sind es bis zum Flughafen, ein Linienbus fährt diese Strecke nicht, das Taxi kostet ca. 15 € (Taxistand auf der Rückseite der Plaza, bei der Touristeninformation).

Bus: Linie 470, El Médano über Los Abrigos und Costa del Silencio nach Los Cristianos, tagsüber stündlich.

Linie 408, El Médano nach Granadillo, alle 30 Min. Der Bus hält an der Zufahrt zur Autobahn, dort an der Haltestelle kann man in die Linien Los Cristianos – Santa Cruz umsteigen.

Alle anderen Ziele lassen sich mit Umsteigen in Los Cristianos erreichen.

Apotheke Av. José Miguel Galvan Bello 34 .

Bank Mehrere an der Plaza.

Einkaufen Es gibt mehrere Supermärkte und Sportgeschäfte, die Surfzubehör führen, in unmittelbarer Nähe der Plaza. Im Hotel Médano bekommt man deutsche Presse.

Der Naturkostladen **Todo Natural** liegt auf dem Paseo Galo Ponte 5.

Flohmarkt jeden Sa 9–14 Uhr auf der Plaza; **Bauernmarkt** jeden Mi 9–14 Uhr ebenfalls auf der Plaza.

Der Süden → Karte S. 46

Der **Mercadillo,** ein kleiner Bauern- und Handwerkermarkt, findet jeden Sa und So von 9–14 Uhr statt. Im Angebot sind auch selbst gebackene Kekse und selbst gekelterter Wein. Die Markthalle liegt direkt neben der Autobahnauffahrt in einem hellen Natursteingebäude.

Medizinische Versorgung Es gibt kein medizinisches Zentrum in El Médano, das nächste liegt in San Isidro an der Carretera General.

Mietwagen **Bernadino,** Calle Mediterrane0 ✆ 922-176205; www.bernadino-rentacar.com. **Avis** und **Cicar** im Hotel Playa Sur.

Nachtleben Ein Bummel auf der Promenade und ein Bierchen auf der Plaza. Die großen Hotels bieten Programme, bei denen auch Nichtgäste willkommen sind.

Post Plaza de Galicia Local 4.

Ohne Tourismus wäre ich wohl Fischer geworden

José Antonio, in El Médano geboren und lange Angestellter in den großen Hotels, über die Entwicklung des Ortes, seine Arbeit und den Tourismus:

„Früher, so 1960, gab es in El Médano kein elektrisches Licht, keine Straßen, nur ein paar Fischerhütten, viel unfruchtbares Land und ein paar Tomatenplantagen. Es lebten nur wenige Menschen hier. Mein Vater hatte ein Fischerboot. Die Männer fischten, und die Frauen tauschten die Fische gegen Gemüse und Kartoffeln. Sie zogen mit Körben auf den Köpfen hinauf nach Granadilla. Dahin würde heute kein Mensch mehr zu Fuß gehen. Sie gingen von Haus zu Haus und versuchten den Fisch gegen andere Lebensmittel einzutauschen. Ein wirklich hartes Leben. Unser einziger Reichtum war eine Petroleumlampe. Ohne den Tourismus wäre ich Fischer geworden wie mein Vater oder ausgewandert.

Das Hotel Médano wurde schon 1964 gebaut. Die Veränderung des Ortes begann aber erst nach dem Bau des Flughafens, so um 1980. Da wurden Straßen und weitere Hotels und Restaurants gebaut, der Ort wurde so, wie er ist, man kann hier viel besser leben als vorher.

Mit 14 Jahren begann ich meine Arbeit an der Rezeption im Hotel Médano, das war damals das einzige Hotel weit und breit. Englisch hatten wir nicht in der Schule, das habe ich über Radio ECCA (Fortbildungsprogramm des Rundfunks) in drei Jahren gelernt und im Hotel natürlich. Als mehr Deutsche nach El Médano kamen, lernte ich Deutsch. Ich interessiere mich für Sprachen, für andere Kulturen. Ich habe gern in der Branche gearbeitet. Meine Arbeit machte mir Spaß. Ich finde, dass diese Arbeit eine gute Art ist, sein Geld zu verdienen, besser, als im Fischerboot zu sitzen.

Ich glaube nicht, dass wir eine wirtschaftliche Alternative zum Tourismus haben. Fast alle Menschen auf Teneriffa leben direkt oder indirekt vom Tourismus. Teneriffa als Industriestandort hat doch keine Chance. Eine größere Rolle könnte auf Grund des Klimas die Landwirtschaft spielen, aber nicht annähernd ausreichend Arbeitsplätze schaffen. Unsere einzigen Schätze sind das Klima, die Landschaft und die Freundlichkeit der Menschen, die müssen wir durch gute Qualität für Urlauber so gut wie möglich verkaufen."

Übernachten

Die Touristeninformation ist zwar keine Zimmervermittlung, hilft aber Individualreisenden ohne Unterkunft weiter.

Hotels ****** Hotel KN Arenas del Mar 1**, nach dem Komplettumbau des Hauses hat nun auch El Médano ein Hotel oberhalb der Mittelklasse. Es liegt direkt an der Küste neben der Playa de la Jaquita, an der es windiger als am Strand in der Bucht ist. Das Hotel bietet ausschließlich großzügige, sehr gut eingerichtete Suiten von verschiedener Größe. Für Surfer gibt es eigene Materialräume neben dem Spa-Komplex. Selbstverständlich sind Terrassen, Innen- und Außenpool sowie mehrere Restaurants. Av. Europa 2, 38612 El Médano, ✆ 922-179830, www.knhoteles.com. **€€€**

***** Hotel Médano 7**, das Traditionshaus mit bestem Standort. Direkt am Strand steht es auf Pfählen im Wasser. Von der über dem Wasser liegenden Terrasse kann man über eine Treppe zum Bad ins Meer steigen. Bei seinem Bau 1964 war das Hotel Luxusklasse, jetzt hat es noch Mittelklasse. Die Zimmer mit Balkon zum Meer

Der Süden → Karte S. 46

sind in jedem Fall attraktiv. Das Haus hat Atmosphäre, allein schon durch große Glasfronten zum Strand und aufs Meer. Es gibt Billard, Bar und Restaurant, abends deutsches Fernsehen und Programme im Festsaal. Calle Picachos 2, Playa del Médano, ✆ 922-177000, www.hotelmedano.com. **€€€**

***** Hotel Playa Sur 9**, liegt allein am Südende des Strandes und ist deshalb auch eine ideale Unterkunft für Windsurfer und Kiter, zumal sich Surfschulen direkt neben dem Hotel befinden. Gutes, familiär geführtes Mittelklassehotel mit 75 Zimmern. Bar, Restaurant, Fernsehraum und eine kleine Außenanlage mit Pool. Angebote auch für Wanderer und Biker. Nichtraucherzimmer. Calle Gaviota 33, ✆ 922-176120, www.hotelplayasurtenerife.com. **€€**

**** Hotel Ventus 3**, vor einigen Jahren aufwändig renoviert und üppig ausgestattet, allerdings ungünstig und laut am Ortseingang gelegen, daher nur als Notnagel oder wegen der Flughafennähe zu empfehlen. Av. Príncipes de España 22, ✆ 822-297585, www.hotelventus.com. **€€**

Apartments/Ferienhäuser Die Engländerin **Pauline** vermittelt Apartments und Ferienhäuser in El Médano und Umgebung. Ganz unterschiedliche Größen und Ausstattung. ✆ 616-304648, www.rentmedano.com. **€–€€**

Hostel Casa Grande 6, im Ortszentrum ist ein Haus über alle Stockwerke in einfache Unterkünfte mit Gemeinschaftsbädern und einer Gemeinschaftsküche umgewandelt worden. Es gibt fünf Mehrbettzimmer für 4–8 Pers. (von 17 € im 8-Pers.-Zimmer bis 21 € im 4-Pers.-Zimmer). Paseo Galo Ponte 7, ✆ 922-176376, www.casagrandehostel.com.

Camping **Camping Montaña Roja,** an der Playa La Tejita, Campingplatz der ersten Kategorie mit Restaurant und Minisupermarkt. Neben den Stellplätzen für Zelte (10–15 €) und Caravans (20 €) gibt es Holzferienhäuser (je nach Größe und Komfort 45–120 €). ✆ 922-696330. An der Landstraße TF-643 El Médano – Los Abrigos, Km 3, inform.camping@gmail.com.

Essen & Trinken

→ Karte S. 51

El Médano hat, gemessen an anderen Urlaubsorten, eine große Zahl von guten Restaurants. Überall gibt es Fischgerichte, ebenso gut und frisch wie in Los Abrigos. Auch wenn man nicht groß essen will, findet man in El Médano viele schöne Sitzgelegenheiten längs der Plaza mit Terrassenkiosken und der Promenade.

meinTipp **El Templete 2**, die feinste Adresse für gutes Essen am Ort. Hier werden kanarische Gerichte kreativ zubereitet. Die Soßenkreationen sind eine Spezialität des Hauses. Frischer Fisch ist selbstverständlich und für Fleischfreunde gibt es sogar *Cochinillo* (Schwarzes Spanferkel). Große Weinauswahl. Gepflegter Gastraum und Terrasse, guter Service. Fisch- oder Fleischgerichte 15–20 €. Di–Sa 13–16 und 19.30–23 Uhr, So nur bis 16 Uhr. Im Obergeschoss des Einkaufzentrums CC El Médano, ✆ 922-176079.

El Timón 5, Restaurant mit Meerblick. Es gibt Fisch und Meeresfrüchte vielfältiger Art. Tägl. 11–24 Uhr. Paseo Marcial García 22.

Tasca El Lagar 8, an der Plaza de El Medano. Authentisches Lokal mit guter Auswahl an kanarischen Tapas, auch halbe Portionen (media ración) ab 5 € möglich. Tägl. 10–23 Uhr. Calle Evaristo Gomez Gonzalez 3.

Playa Chica 4, am nördlichen Buchtende gelegen, mit Außenterrasse. Hauptsächlich Fischgerichte und Meeresfrüchte zu moderaten Preisen (ab 9 €). Tägl. 9–23 Uhr.

Sport/Freizeit

Windsurfen Steht hier an allererster Stelle. Bester Startpunkt ist der südliche Strandabschnitt. Nördlich von El Médano kann man auch an der Playa Cabezo starten. Seit an der Playa La Tejita südlich von El Médano Parkplätze angelegt wurden, ist auch dort ein guter Startplatz; er liegt allerdings im Windschatten der Montaña Roja. Surfbedarf kann man an Ort und Stelle mieten. Bei der Information liegt die **surfer map** mit allen Startplätzen und Angeboten auf Teneriffa aus.

Das **Surf Center Playa Sur Tenerife** direkt auf der Promenade ist der größte Anbieter mit umfangreichem Materiallager für alle Größen. Für Surfer aller Klassen gibt es Kursangebote. Paeso Mercedes de Roja 52, ✆ 922-176688, www.surfcenter.eu.

Kitesurfen Die Kitesurfer macht man wegen ihrer im Himmel schwebenden Segel schnell aus. Einer ihrer Treffpunkte ist der südliche Strandabschnitt der Playa von El Médano hinter dem Hotel Playa Sur.

Azul y Kitesurf Center, die größte Schule am Ort für Anfänger und Fortgeschrittene. ✆922-178314, www.azulkiteboardung.com, Paeso Mercedes de Roja (Promenade), Edificio El Toscón 4.

Biken Verleih, Reparaturen und geführte Ausflüge bietet der **Bike Point,** Av. José Miguel Galvan Bello 28, ✆922-176273, www.medanobike.com.

Tauchen **El Médano DiveCenter Tenerife,** Mitglied von PADI, der internationalen Organisation von Tauchschulen. Kurse mit zertifizierten Lehrern, Tauchgänge und Gerödelverleih. Plaza Galicia Local 11, ✆690-213415, www.medanodivingtenerife.com.

Wandern **A Caminar** mit Sylvia Nockemann, ✆600-562623, www.wanderjule.com. Infos auch im Hotel Playa Sur.

Golf In der Nähe (jeweils höchstens 15 Min. mit dem Auto, 20 Min. mit dem Bus) gibt es drei Golfplätze (→ S. 56).

Los Abrigos

Täglich pilgern Hunderte nach Los Abrigos, denn der Ort gilt als der Tipp für gutes Essen mit frischem Fisch und Schalentieren.

Die felsige Küste und die ruhigen Gewässer der Costa del Silencio sind ein ideales Gebiet für den Langustenfang. Los Abrigos ist ein Fischerort geblieben, wird aber auch als Wohnort immer beliebter. Um den Ort herum entstehen, ebenso wie rund um El Médano, neue, recht hübsche Quartiere.

Die Fischer von Los Abrigos waren cleverer als die Fischer anderswo. Sie haben schnell verstanden, dass es mehr einbringt, den gefangenen Fisch selbst zu grillen und zu servieren, als ihn an Händler zu verkaufen. Jetzt drängt sich am kleinen Hafen ein Fischrestaurant ans andere. Dass einige sehr schlicht und einfach sind, stört niemanden, im Gegenteil, es passt zu dem Wunsch der meisten Gäste, einmal den Touristenghettos zu entfliehen. Durchgestylte Häuser haben sie dort mehr als genug.

Am Hafen zeigt sich Los Abrigos von seiner besten Seite. Eine schöne Promenade verbindet die Lokale. Es führen auch ein paar Treppen ins Meer, aber baden kann man an den nahen Stränden von El Médano viel besser. Die Touristen kommen in der Regel nur zum Essen und fahren dann wieder ab.

Verbindungen Auf der Autobahn ist die Ausfahrt Los Abrigos ausgeschildert. Die **Buslinie** 470, die Playa de las Américas bzw. Las Galletas und El Médano stündlich verbindet, fährt über Los Abrigos.

Essen & Trinken Die Qualität der Speisen ist in den meisten Restaurants gut. Die Zubereitung ist meist einfach, es wird gegrillt und gebraten, dazu gibt es *papas arrugadas* und Salat. Als Vorspeise gibt es verschiedene Tapas, leckere Kleinigkeiten aus Fisch, Muscheln oder Pulpo. Fast überall kann der Gast seinen Fisch an der Kühltheke aussuchen. Für die meisten Fischportionen gibt es Kilopreise: 25–28 €. Öffnungszeiten einheitlich 11–23 Uhr. Mit den Ruhetagen wechseln sich die Restaurants ab, sodass niemand hungrig den Ort verlassen muss. Hier nur die besonderen Restaurants:

Perla del Mar, nicht das qualitativ beste Restaurant am Ort, dafür hat es eine schöne Lage: oberhalb des Hafens, mit Terrasse direkt auf den Felsen und ungestörtem Blick auf das Meer.

Los Abrigos, direkt daneben ohne Terrasse, dafür aber mit einem großen Gastraum. Besonders große Portionen mit ausgesprochen guter Qualität, flotte Bedienung. Mi Ruhetag.

Bahia Los Abrigos, hier sitzt der Gast wie auf einer Empore im modern gestalteten Gastraum mit direktem Blick auf den Hafen. In der oberen Etage gibt es eine Außenterrasse. Große Auswahl an frischem Fisch mit Zubereitung auf den Punkt. Besonders empfehlenswert ist der *Pulpo frito*. Calle La Marina 7. Di Ruhetag.

Costa del Silencio

Der Nordostpassat, meist ein angenehmer Säuselwind, stürmt gelegentlich heftig gegen die Südostküste Teneriffas. Dank eines Knicks in der Küstenlinie rauscht er am südöstlichen Zipfel vorbei und schafft damit an diesem Küstenstreifen eine Costa del Silencio, eine Küste der Stille.

Mit Ten-Bel entstand hier schon Mitte der 60er-Jahre die erste große Touristenurbanisation. Nach dem Bau des Flughafens (von dem aus die Stille manchmal unterbrochen wird) folgten weitere Ferienanlagen in der Nachbarschaft von Ten-Bel. Dennoch hat die Costa del Silencio im Vergleich mit den anderen großen Urlauberzentren einen ganz eigenen Charakter. Flache Bebauung überwiegt, es gibt weniger Kommerz und Discos. Aus touristischer Sicht ist dieser Küstenstreifen nicht so bedeutend wie Los Cristianos und die folgenden Orte im Süden.

An der Costa del Silencio kann man sich entscheiden: für Ruhe im schnörkellosen **Ten-Bel,** für eine der dicht beieinanderstehenden Apartmentanlagen aus den 70er/80er-Jahren wie **El Chaparral,** die dem damaligen Standart entsprechen, oder für neueres und anspruchsvolleres Ambiente – mit Golfplatz und Marina/Yachthafen – im Ortsteil San Miguel de Abona mit exklusiven Resorts wie **Golf del Sur, Amarillo Golf** und **San Blas.** Bei Lust auf Trubel hilft eine Fahrt in die Nachbarschaft nach Los Cristianos und Playa de Las Américas.

Die Felsen der Montaña Amarilla an der Costa del Silencio

Die Landschaft ist wie fast überall im Süden in Küstennähe eine helle Geröllwüste mit schroffer Küste. Es gibt kaum Strände. Grünes wächst nur in den bewässerten Plantagen und in den Ferienparks.

Las Galletas

Im Hauptort der Costa del Silencio wohnen keine Urlauber, hier finden die Gäste der Umgebung Serviceeinrichtungen, die man in einem Feriengebiet erwarten kann, zum Beispiel auch eine Bummelpromenade, an der sich die Cafés und Restaurants reihen.

Wie die meisten Orte an der Süd- und Ostküste ist Las Galletas keine Schönheit. Kaum ein Gebäude ist erhalten geblieben aus den Zeiten, als die Menschen hier noch vom Fischfang lebten. Am Abend schlendern Einheimische und Feriengäste auf der Promenade am Meer. Die Bucht mit Hafen/ Marina und Strand und der **Paseo Marítimo** sind die Bummelmeilen der ganzen Gegend. Zum Meer von einem schmalen Sandstrand gesäumt, bietet die Promenade einen freien Blick auf die schwarze, bizarre Lavaküste und den blauen Atlantik. Hier gibt es garantiert frischen Fisch, denn der Hafen ist ja nur wenige Schritte entfernt. Dort findet man neben Fischerbooten auch Sport- und Ausflugsboote sowie eine Segelschule. Die unmittelbare Umgebung bietet keine baulichen oder landschaftlichen Sehenswürdigkeiten. Die kommerziellen Freizeiteinrichtungen des Südens haben meist auch Gratisbusabfahrten in Las Galletas (→ S. 75 oder im Infobüro nachfragen).

Baden

Die Costa del Silencio bietet ruhiges, klares Wasser, viel Steilküste und wenig Strände. Einer liegt in der Bucht von Las Galletas, ein anderer wurde vor der Promenade aufgeschüttet und mit Molen gesichert. Um den dennoch bestehenden Mangel auszugleichen, gibt es neben den Pools innerhalb der Ferienanlagen mehrere künstliche Liegeplattformen an der Küste und Treppen ins Meer, wie bei der Montaña Amarilla. Im Ferienpark Ten-Bel wurde zusätzlich eine künstliche Badelandschaft angelegt. Daneben gibt es aber auch einen natürlichen, flachen Küstenstreifen mit Ministrand. Die schönsten Sandstrände Teneriffas liegen jedoch ganz in der Nähe bei El Médano.

Praktische Infos

Information Das Hauptbüro der Touristeninformation befindet sich am Ende der Promenade/Rambla Dionisio González in **Las Galletas.** Dort gibt es für Besucher einen Stadtplan, die aktuellen Busabfahrtszeiten, eine Inselkarte und Prospekte der kommerziellen Freizeitveranstalter. Mo–Fr 9–16 Uhr, ✆ 922-730133.

Für den Ortsteil **San Miguel de Abona** gibt es ein eigenes Informationsbüro in Golf del Sur, Avenida Galván Bello, ✆ 922-738666, Mo–Fr 8–15 Uhr.

Verbindungen Der **Flughafen Reina Sofía** liegt ca. 12 km von Las Galletas entfernt, die **Autobahn** verläuft 10 km nördlich des Ortes.

Die wichtigsten **Busverbindungen** von/ab Las Galletas: Linie 415 zum Flughafen, stündlich; Linie 467 über Los Cristianos bis Costa Adeje, alle 15 Min.; Linie 470, Costa Adeje – El Médano, stündlich.

Apotheke In Las Galletas in der Calle Luis Alvarez Cruz 11.

Banken Mehrere in Las Galletas.

Einkaufen In Las Galletas gibt es Supermärkte und Geschäfte mit Artikeln für den täglichen Bedarf. Frischen Fisch bieten die Fischer sonntagvormittags an den Ständen am Hafen an. Vor dem Ferienpark Ten-Bel und vor Treból und Gran Chaparral liegen Einkaufszentren mit Supermärkten und Boutiquen.

Medizinische Versorgung **Centro Médicos,** Av. Principe Felipe.

Mietwagen **Gigi Rent a car,** Av. José Antonio Tavio 6, ✆ 922-731125.

Post In Las Galletas in der Calle Luis Álvares Cruz.

Der Süden → Karte S. 46

Wassersport In den beiden Häfen Marina del Sur (Las Galletas) und Marina San Miguel (Golf del Sur) gibt es das gesamte Angebot von Kajak über Segeln bis Yachtcharter.

Tauchen Die Basis des **Coralsub-Tauchcenters** liegt in Ten-Bel, www.coralsub.com, weitere Veranstalter in den beiden Marinas.

Tennis **Club de Tenis** auf dem Gelände von Ten-Bel, aber auch für Gäste anderer Anlagen. ✆ 627-739368.

Biken **Viajes Tenerife Island,** verleiht Räder, Calle Luis Alvares Cruz 9, ✆ 922-786937.

Golf Drei Golfclubs liegen an der Costa del Silencio. Im Internet können Sie alle drei anschauen unter www.webtenerife.de.

Der **Amarilla Golf and Country Club** hat einen 18-Loch-Platz, der von Ferienhaussiedlungen eingerahmt wird. Er bietet einen schönen Blick auf das Meer und den Teide. Barrio El Guincho, 38620 San Miguel de Abona, ✆ 922-730319.

Bei **Golf del Sur** gibt es eine 27-Loch-Anlage. Nur für Golfer mit offiziellem Handicap (Herren 28, Damen 36), ebenfalls im Barrio El Guincho, 38620 San Miguel de Abona, ✆ 922-738170.

Der Platz des **Golf Center Los Palos** hat lediglich neun Löcher (Par 27) zu bieten. Hier kann man einzeln oder in Gruppen auch an Kursen teilnehmen, auch Trainerstunden werden angeboten. Carretera Guanza – Las Galletas bei Km 1,5, 38627 Arona, ✆ 922-169080.

Übernachten Der größte Anbieter ist der Ferienpark Ten-Bel. Von Ten-Bel aus erstrecken sich über Kilometer Apartmentsiedlungen und Centros Comerciales nach Norden und Osten. Sie tragen Namen wie „Trébol" und „El Chaparral". Exklusiver sind Amarillo Golf, Golf del Sur und San Blas. All diese Unterkünfte können Sie in den Katalogen der Reiseveranstalter finden. Daneben gibt es noch einen Campingplatz mit Blockhausvermietung.

Villa 7 Islas, familiäres Gästehaus in einer ruhigen Zone von Costa Silencio mit acht modern eingerichteten und sauberen Zimmern mit Balkon oder Terrasse. Nicht alle der nach den sieben Kanarischen Inseln benannten Zimmern haben ein eigenes Bad. In der gut ausgestatteten Gemeinschaftsküche gibt es für alle Gäste Tee und Kaffe gratis. Auf Wunsch kann auch ein Frühstück für 5 € dazubestellt werden. 38631 Costa del Silencio, Calle Garanana 62 ✆ 669-768006, www.villa7islas.com. **€**

Camping **Caravaning Nauta,** preiswerte, aber strandferne Alternative. Der Platz liegt 5 km hinter der Küste, er verfügt über ein Plansch- und ein Schwimmbecken, ausreichend große Stellplätze, moderne Sanitäranlagen, Sportplätze, Waschmaschinen und Einkaufsmöglichkeit. Zum Platz gehört ein Restaurant. Neben den Stellplätzen gibt es Einraum-Holzhäuschen mit vier Betten ohne Kochgelegenheit und Bad für 42 € pro Tag (4 Pers.). Zelt und Pkw 26 €, Caravan 29 € pro Tag. Cañada Blanca, 38631 La Galletas, ✆ 922-785118, www.campingnauta.com.

Essen & Trinken Nahezu alle Restaurants von Las Galletas, die nicht zu einer Ferienanlage gehören, liegen am Hafen oder der Promenade Av. Simón Bolívar mit Terrasse zur Promenade und Blick aufs Meer. Erfreulich sind die im Verhältnis zu den größeren Urlaubsorten günstigen Preise. Im hübschen neuen Gebäude am Hafen Marina del Sur haben sich mehrere Restaurants eingerichtet. Fischgerichte spielen auf der Karte überall die Hauptrolle.

La Marina, gleich das erste Lokal auf der Promenade direkt an der Bucht mit Terrasse. Große Speisekarte mit besonders vielen Fischgerichten. Auch hier auffällig niedrige Preise: Fischgerichte ab 7 €. Tägl. 10–22 Uhr.

Le Grand Bleu, französische und spanische Küche kommt in diesem kleinen, netten Lokal auf den Tisch. Fischteller und verschiedene Angebote an Tapas. Wer Abwechslung vom Fisch möchte, bestellt hauchdünne marinierte Rinderfilets für 12 €. Küche 12–15 und 19–22 Uhr, montags und sonntagabends geschlossen, ✆ 655-708547.

Panorama, das sehr beliebte Restaurant gilt als Meeresfrüchte-Spezialist. Spanische und europäische Küche, auch vegetarische Gerichte. 11.30–22 Uhr, Mo/Di geschlossen. Rbla. Dionisio Gonzalesl 21, ✆ 922-108931.

La Gaviota, bei Einheimischen sehr beliebtes Fischrestaurant mit Terrasse am östlichen Ende der Strandpromenade. Zu Stoßzeiten gut besucht, daher sollte man ein wenig Geduld mitbringen. 10–21 Uhr, Di nur bis 17 Uhr, Mi geschlossen. Calle la Marina 9.

Sabor Canario, nettes Lokal mit geschmackvollen Speisen, liebevoll dekoriert. Zahlreiche Gäste loben das Essen. 18–23 Uhr, Mo geschlossen. Nur mit Reservierung! Calle Hesperides 57, ✆ 673-196792.

Karibikfeeling in der Bucht

Der Süden → Karte S. 46

Los Cristianos

Anders als die benachbarte Retortenlandschaft von Playa de las Américas bzw. Costa Adeje wirkt Los Cristianos urban. Es ist zudem trotz einiger Vier-Sterne-Anlagen die schlichtere Urlaubsvariante dieser Urlauberzone. Günstige Übernachtungsmöglichkeiten für Individualreisende findet man an diesem Küstenstrich nur hier.

Die Entwicklung zum Sammelplatz für Sonnenhungrige, allen voran Briten, begann etwas früher als nebenan, und genau diesem winzigen Vorsprung verdankt Los Cristianos seinen Charakter. Bevor der Boden in gleichförmige Parzellen für Apartmentanlagen und Hotels abgesteckt werden konnte, hatte sich so etwas wie ein Ort mit Plaza und Kirche entwickelt. Mit diesem Zentrum, mit dem Hafen und mit seinen natürlichen Fixpunkten wie Strandbucht und Berge gewinnt Los Cristianos Gestalt und wirkt lebendiger als das zusammenhanglose Nebeneinander von Playa de las Américas und Costa Adeje.

Maritimes Flair bringt der Hafen. Von den Molen starten mehrmals täglich die großen Fähren nach Gomera und La Palma. Davor legen mindestens stündlich Ausflugsboote ab. Immer beliebter werden Wal- und Delfinbeobachtungen oder Piratenfahrten für Kinder. Auch die Fischer haben hier ihre Liegeplätze. Mit der schön in einer Bucht angelegten Playa de las Vistas hat Los Cristianos einen der größten Strände zu bieten.

Nach Osten begrenzt das Massiv des Guaza (423 m) den Ort, die Grenze nach Westen war einmal der kleinere Aschenkegel des Chayofita. Um ihn herum ist Los Cristianos weiter gewachsen, der Übergang zum Nachbarort Playa de las Américas ist nahtlos. Sammelpunkt am Tage sind die Strände und ihre Promenaden, wo sich Pizzerien, Eiscafés und Souvenirshops reihen. Abends konkurrieren die Kneipen und Restaurants an der Promenade mit denen an der Plaza Galdos und in den Fußgängerzonen um die Kundschaft.

In Hafennähe und am Hang der Montaña Chayofita liegt der ältere Teil von Los Cristianos mit Wohnhäusern und Läden. Schmale Gassen verbinden über viele Treppen Strand und Wohngebiet. Hier leben die Einheimischen in direkter Nachbarschaft mit Urlaubern. Damit kein Irrtum aufkommt: Die Atmosphäre eines alten, romantischen Fischerdörfchens wird man hier nicht finden, aber alt und romantisch ist in dieser Ecke Teneriffas sowieso nichts.

Die Urlaubskataloge versprechen Sonne, Strand und eine komplette Urlauberinfrastruktur, und diese Versprechen löst Los Cristianos ein. Die Südwestküste ist zudem windstiller als die Südostküste. Die Bucht und das Bergmassiv des Guaza schützen zusätzlich. Angenehm für Strandfreaks, weniger für Surfer, die woanders bessere Bedingungen finden.

Strände/Baden

Die **Bucht von Los Cristianos** bietet mit ihrem feinen Sandstrand einen der längsten natürlichen Badeplätze des Südens. Der Strand führt flach ins Wasser und ist durch die Hafenmole und den Berghang des Guaza geschützt. Für Kinder ist er deshalb geeignet. Brandungsbaden entfällt allerdings. Süßwasserduschen und Rettungswacht, Sonnenschirm- und Tretbootvermietung sind vorhanden, direkt hinter dem Strand an der Promenade gibt es jede Menge Eisläden und Restaurants.

Am besten besucht ist die **Playa de las Vistas,** ein großer Badestrand mit feinem hellem Sand. Er wurde aufgeschüttet und mit Molen abgesichert. Die Playa de las Vistas ist ein schöner, sauberer Strand mit allen oben genannten Einrichtungen. Auch hier befinden sich im Hintergrund Bars/Cafés und Restaurants. Der Strand ist barrierefrei und für Rollstuhlfahrer geeignet.

Die Playa de las Vistas ist einer der beliebtesten Strände

Die Strände von Playa de las Américas und Costa Adeje sind von Los Cristianos aus über die Promenade zu Fuß zu erreichen. Die besten Naturstrände, nicht nur des Südens, sondern ganz Teneriffas, liegen bei El Médano. Kilometerlang und mit hellem Sand direkt in der Bucht von El Médano, dahinter mit etwas dunklerem Sand die Playa La Tejita. Wenn der Wind stark von Osten bläst, sind sie allerdings nicht zu empfehlen. Sie erreichen El Médano mit dem öffentlichen Bus (siehe dort).

Urlaub ohne Barrieren

Spätestens auf der Promenade erkennt jeder an der Zahl der Rollstuhlfahrer: Barrieren sind abgeschafft. An der Playa de las Vistas sind Strand- und Wasserzugänge entsprechend gestaltet, und am Wachturm stehen spezielle Rollstühle für das Bad im Meer. Die Gemeinde Arona, zu der Los Cristianos und Playa de las Américas gehören, ist schon seit einigen Jahren Vorreiter für diesen Service. Wichtig sind dabei Hotels wie das Mar y Sol, in dem alle Wohneinheiten entsprechend eingerichtet sind (→ Übernachten). Die Gemeinde Arona hat einen eigenen Reiseführer dazu herausgegeben. Sie können ihn anschauen und downloaden unter www.arona.travel/de-de („Reise organisieren – Barrierefreier Tourismus").

Private Anbieter erweitern die Serviceleistungen: LeRo, der größte vor Ort, macht nicht beim Verleih elektrischer Rollstühle mit Reparaturservice halt, vielmehr sind Programme mit Spaßfaktor angesagt. Boottrips, Ausflüge, Tauchen, Golfen und demnächst auch Wandern, nahezu alles ist möglich. Auch die Entlastung der Angehörigen durch ambulante Pflegedienste wird organisiert.

Die Gemeinde Adeje nebenan ist dem Beispiel mittlerweile gefolgt und hat ihren größten Strand, die Playa Fañabe, barrierefrei angelegt. Dort werden ebenfalls Spezialrollstühle angeboten.

▪ LeRo, Av. de Amsterdam 8, ☏ 922-750289, www.lero.net. Die Angebote gelten nicht nur für Rollstuhlfahrer, sondern für alle körperlich eingeschränkten Menschen. Ein Teilprogramm bietet LeRo auch in Puerto de la Cruz an.

Sehenswertes/Spaziergänge

Ohne weit zurückreichende Geschichte und auf Wüstengrund gebaut, ist die Umgebung von Los Cristianos mit attraktiven natürlichen oder gar historischen Zielen für Spaziergänge nicht reich bestückt. Empfehlenswert ist ein Gang durch den **Hafen.** Auf der großen Mole kann man mit weitem Ausblick aufs Meer spazieren. An ihre Wand haben Tierschützer das Unterwasserleben auf 4800 m² gemalt.

Im Foyer des **Kulturzentrums Los Cristianos** in der Calle General Franco gibt es immer wieder wechselnde Skulpturen- und Gemäldeausstellungen, die Bücherei enthält auch eine Abteilung mit fremdsprachigen Büchern. Im Konzert- und Theatersaal *Auditorio* finden regelmäßig Tourneetheateraufführungen und Konzerte statt.

Lange **Spaziergänge** können Sie nach Playa de las Américas und weiter die Costa Adeje entlang bis La Caleta

Der Süden → Karte S. 46

unternehmen. Eine etwa 18 km lange Promenade verbindet alle Orte (→ S. 66). Busse fahren fast ständig in den Parallelstraßen zur Promenade, Sie können also Abschnitte oder eine Strecke im Bus zurücklegen. Es geht fast ständig am Meer, an der Felsenküste sowie an natürlichen und künstlichen Stränden entlang. Grünanlagen und Palmenhaine schaffen Schattenplätze, und für Einkehrmöglichkeiten sorgen viele Restaurants und Terrassencafés am Weg. Bei entsprechendem Wellengang bieten die Surfer und Wellenreiter auf Höhe des Parque Santiago ein interessantes Schauspiel. Interessant ist auch die neue Skulpturenmeile am Ufer. Nur auf Höhe des Barranco del Rey berührt der Weg kurz die Straße.

Machen Sie aus dem Mangel an historischen Bauten eine Tugend und werfen Sie einen Blick in die eine oder andere **Hotelanlage** in Playa de las Américas und Costa Adeje. Solange Sie in den öffentlichen Bereichen wie Hotelhalle, Restaurants oder Gärten bleiben, hat kaum jemand etwas dagegen. Sie werden aus dem Staunen nicht herauskommen, was den Architekten und Bauherren unserer Zeit alles einfällt, um gut zahlende Kundschaft für sich zu gewinnen. Ganz edel wird es im neueren, nördlichen Abschnitt ab dem Hotel Bahía del Duque.

Vorsicht ist bei freundlichen, manchmal auch aufdringlichen jungen Leuten geboten, die Sie mit dem Satz „Entschuldigung, sprechen Sie Deutsch?“ ansprechen. Es sind meist die Schlepper von Timesharing-Unternehmen (→ Kasten, S. 222).

Basis-Infos

Information Ein Büro der **Touristeninformation** befindet auf der Promenade an der Playa de las Vistas, ein zweites an der zentralen Busstation. Es gibt Stadtpläne, Landkarten und Prospekte, dazu werden Fragen beantwortet. Keine Zimmervermittlung. Die Gemeinde organisiert regelmäßig kulturelle Veranstaltungen mit Open-Air-Konzerten. Die Programme bekommen Sie hier. Mo–Fr 9–16 Uhr, ✆ 922-787011, www.arona.travel.

Verbindungen Los Cristianos liegt in der Nähe der **Autobahn Sur** und ist damit verkehrstechnisch optimal angebunden.

Von der zentralen **Busstation,** der Estación de Guaguas, lassen sich alle Bezirke Teneriffas problemlos erreichen. Einen aktuellen Busfahrplan für Fahrten ab Los Cristianos bekommen Sie am Informationstand, an dem Sie auch das Bonoticket **ten +** (→ S. 209) erwerben können.

Zum nebenan gelegenen Playa de las Américas und weiter entlang der Costa Adeje fahren im Abstand von wenigen Minuten Busse fast aller Linien. Weitere wichtige Verbindungen:

Linie 110/111, Santa Cruz, mindestens alle 30 Min., Linie 111 hält auch am Südflughafen.

Linie 342, Vilaflor – Nationalpark del Teide, 1-mal täglich.

Linie 470, El Médano, stündlich.

Linie 473/477, Los Gigantes, alle 30 Min.

Linie 40, Aeroexpress (Südflughafen), zwischen 7.15 und 21.15 Uhr alle 30 Min.

Linie 343 fährt 10-mal tägl. über beide Flughäfen nach Puerto de la Cruz.

Die Nachtlinie 711 verbindet Costa Adeje, Los Cristianos/Flughafen und Santa Cruz.

Apotheke Av. Los Playeros 38.

Autoverleih An nahezu allen Ecken finden Sie Büros und Agenturen von Autoverleihern.

Banken Alle größeren spanischen Banken unterhalten Filialen im Ort.

Medizinische Versorgung **Centro de Salud,** Av. Juan Carlos 1 im Valdes Center, gegenüber der Busstation; **Hospital del Sur,** Carretera de Arona (Landstraße nach Arona Ortsteil El Mojón), ✆ 922-174756. Es gibt daneben private medizinische Zentren in Playa de las Américas.

Post Montaña Chica, in einer Fußgängerzone.

Sport Die meisten Anbieter von Sporteinrichtungen haben sich im benachbarten Playa de las Américas niedergelassen. Windsurfen können Sie allerdings in El Médano besser.

Der Süden → Karte S. 46

Golf: Zwei große Plätze liegen zwischen Ort und Autobahn (→ Playa de las Américas).

Tauchen: Die Tauchschule **Buceo en Tenerife** oberhalb des Hafens bietet Kurse und Tauchgänge an. Paseo Rincon del Puerto, ✆ 922-797361. Alternative ist das **Ocean Dreams Tenerife** in der Calle el Coronel 8, ✆ 922-752362.

Taxi Vor dem Kulturzentrum, Plaza del Pescador, Radio-Taxi/24 Std. ✆ 922-731594, 922-795 414.

Übernachten

Los Cristianos verfügt über mehr als 50 Hotels, Apartmentanlagen und Pensionen. Bis auf die Pensionen und einfachen Hotels haben alle Verträge mit Touristikkonzernen. Es kann deshalb schwierig sein, an Ort und Stelle noch ein Zimmer zu bekommen. Erfahrungsgemäß sind die guten Mittelklasseanlagen und die preiswerten Pensionen zuerst belegt. Falls Sie in Los Cristianos kein Glück haben: In El Médano stehen die Chancen besser.

Hotels ****** Hotel Reverón Plaza 6**, elegantes Haus direkt an der Plaza im Ortszentrum, die meisten Zimmer liegen aber zu ruhigen Seitenstraßen. Viel Luxus, mit Sauna und Sporteinrichtungen. Av. los Playeros 26, ✆ 922-757120, www.labranda.com. **€€€€**

****** Hotel Big Sur 14**, gutes Hotel mit 171 Zimmern, direkt an der Promenade. Der Garten mit großem Pool, Planschbecken und Außenbar schafft den nötigen Abstand zur Bummelmeile. Einer der Hotelpioniere von Los Cristianos, aber kürzlich anspruchsvoll renoviert. Restaurant und Bar, abends wird ein Unterhaltungsprogramm geboten. Av. Juan Carlos I, ✆ 922-790366, www.H10hotels.com. **€€€€**

Tourismusentwicklung in den Gemeinden Arona und Adeje

Bis Mitte der 1970er-Jahre gab es hier nichts als helle Geröllwüste an einer überwiegend schroffen, felsigen, nicht sehr ansehnlichen Küste. Für die Entscheidung, gerade hier Hotelburgen zu bauen, sprachen neben der Nähe zum neuen Flughafen und dem trockenen, warmen und windstillen Klima die relativ flache Küste und zwei Strände, die Playa del Troya und die Playa del Bobo: mit feinem, dunklem Sand und wunderbarer Brandung ein Lieblingsplatz von Teneriffas Surfern. Dann begann die touristische Bebauung. In den ersten Jahren entstanden überwiegend Komplexe der einfacheren Kategorien, z. B. im Zentrum. Es gibt wenige hübsche Ausnahmen in dem frühen Einerlei.

Später kombinierten die Verantwortlichen das Motto Masse bringt Kasse mit der offiziellen kanarischen Losung Klasse statt Masse in Klasse und Masse = Kasse. Nach dieser Vorgabe wurde und wird seither gehandelt. Neuer Baugrund wurde in Richtung Norden erschlossen, ganz neue Strände wurden vor die felsige Küste gelegt und die Umgebung bepflanzt. Der Küstenstrich hat damit den Beweis dafür angetreten, dass man aus jeder Landschaft, selbst aus einer Geröllwüste mit Felsenküste, ein grünes, blühendes Strand- und Badeparadies machen kann. Die Hotelkonzerne ziehen mit. Für ihre neuen Bauten hatten sie vor allem eine Vorgabe: möglichst fünf Sterne, mindestens vier.

Die Rechnung ist aufgegangen, die Besucherzahlen haben längst alle früheren Hochs überflügelt und schwingen sich von Jahr zu Jahr zu neuen Rekorden auf. Selbst in den Krisenjahren 2009/10 wankten sie nur kurz. Schon im darauffolgenden Jahr waren die Besucherzahlen wieder auf dem vorherigen Niveau und kletterten weiter in die Höhe.

Zwei Gemeinden waren und sind beteiligt: Arona, zu der auch Los Cristianos gehört, und Adeje im Norden. Die „Grenze" bildet der Barranco del Rey, der sich zwischen dem Park Hotel Troya und den Centros Comerciales Verónicas erstreckt.

***** Hotel Sol Arona Tenerife 10,** Hochhaus mit großen, sehr gut ausgestatteten Zimmern. Pool und Liegeterrassen. Av. Juan Carlos I 25, ✆ 922-753030, www.melia.com. **€€€**

**** Hotel Andrea's 2,** in zentraler Lage und deshalb nicht unbedingt ruhig. Kein Luxus, aber preiswert, sauber und unbürokratisch. Die Gäste können sich auf den Zimmern Tee und Kaffee zubereiten. Garage für Räder. Mindestaufenthalt 2 Nächte. Av. del Valle Menendez 6, ✆ 922-790012, www.hotel-andreas.com. **€€**

*** Pensión La Paloma 7,** älteres Haus im Zentrum unweit der Plaza Galdós mit zehn einfachen, sauberen DZ und drei Bädern. Transversal Juan XXIII/Calle Paloma/Calle Berlin 7, ✆ 682677571. Achtung: telefonisch nur Anfragen, keine Reservierungen. **€**

*** Pensión Playa 8,** direkt hinter der Plaza Galdós in einer ruhigen Seitenstraße des alten Viertels gelegen. Älteres, etwas dunkles Haus. 15 Zimmer mit drei Bädern. Es gibt auch Zimmer für 3 Pers. Calle La Paloma 9, ✆ 646-172 480. **€**

Apartments ***** Kurhotel Mar y Sol 13**, für seine hervorragenden behindertengerechten Einrichtungen bekanntes Apartmenthotel. Die Apartments und Studios liegen in zwölf Häusern auf einem schönen Gartengrundstück. Drei Schwimmbäder, eins davon ständig auf 32 Grad beheizt. Verschiedene traditionelle und alternative Kuren sind möglich. Man hat die Wahl zwischen normaler und Vollwertkost. Regelmäßig Vollwertkochkurse. Buchbar nur mit Halbpension . Av. Amsterdam 8, ✆ 922-750540, www.marysol.org. **€€€€**

***** Aparthotel HG Cristian Sur 4**, große Anlage mit Garten und mehreren Pools. Nur eine geringe Zahl von Apartments liegt zur Straße. Die Wohneinheiten sind sehr hübsch (wenn auch beim letzten Check etwas abgewohnt) und praktisch eingerichtet, alle haben Balkon oder Terrasse. Eher verkehrsgünstige als attraktive Lage innerhalb des Ortes, aber unmittelbar am Strand befinden sich ohnehin kaum Apartmentanlagen. Av. Amsterdam 4, ✆ 922-792600, www.hghoteles.com. **€€€**

***** Checkin Bungalows Atlántida 9**, in einer ruhigen Seitenstraße mit parkähnlicher Umgebung und relativer Nähe zum Strand. Die Apartments/Bungalows sind recht groß und nett mit hellen Möbeln eingerichtet. Av. Londres 3, ✆ 922-790908, www.checkinatlantida.com (keine telefonische Information und Reservierung). **€€€**

Der Süden → Karte S. 46

Essen & Trinken / Nachtleben

→ Karte S. 61

Das gastronomische Angebot von Los Cristianos ist nur auf den ersten Blick langweilig und von Fastfood, Pizza und Pasta bestimmt. Gute und reichliche Fischgerichte bekommt man in Hafennähe, auch hausgemachte Paella. Die größte Restaurantdichte bietet das CC San Telmo an der Playa de las Vistas. Darunter auch originelle Lokale und solche mit vegetarischer Küche. Die kanarische Hausmannskost genießt man am besten außerhalb in den Dörfern.

Rincón del Marinero 12, mit großer Terrasse, vor der ein Boot auf dem Trockenen liegt, am Durchgang zur Playa de las Vistas. Solide und gut zubereitete Fisch- und Meeresfrüchte kommen auf den Teller. Die Preise richten sich nach dem Gewicht der Fische (ca. 25 €/kg), hinzu kommen noch die Beilagen. Pro Portion muss mit 10–14 € gerechnet werden. Anspruchsvolleres wird jeweils für 2 Pers. zubereitet wie Paella de Mariscos oder der Meeresfrüchteeintopf Zarzuela (ca. 30 €). 13–23 Uhr, Mo geschlossen. Am Durchgang zur Playa de las Vistas.

Abordo 11, das Restaurant mit Terrasse in der Nähe des Hafens serviert neben gegrilltem Fisch und Meeresfrüchten auch Paella. Gäste loben das Preis-Leistungs-Verhältnis. Frischer Fischer wird nach Gewicht berechnet. 12–23 Uhr, Mi geschlossen. Calle Juan Bariajo 2, ✆ 822-667971.

Rincón del Arroz 1, etwas abseits, aber trotzdem meist voll. Hier gibt es nicht nur Paella, sondern auch in Brühe mit Gemüse und Fleisch gegarte Reisgerichte, zudem stehen Asiatisches und Orientalisches auf der Speisekarte. Hauptspeisen ab 14 €, mit Langusten 18 €. Sonntagabend und Mo geschlossen, an den anderen Tagen 13–16 und 19–22 Uhr. Calle Los Sabandeños, Edificio (Gebäude) Soledad, ✆ 922-777741.

Im Centro Comercial San Telmo Zugang jeweils von der Straße. Alle Restaurants mit Terrassen:

Sal Negra 3, an der Playa de las Vistas gelegenes Restaurent mit schönem Blick auf das Meer, wenn man einen der begehrten Sitzplätze ergattert. Auf der Karte stehen Fisch, Meeresfrüchte, Pasta, aber auch Reisgerichte. Hauptgerichte ab 15 €. Tägl. 13–24 Uhr.

Habibi 5, orientalisches Flair schon am Eingang. Man kann auf niedrigen Sofas relaxen und dabei eine Wasserpfeife schmauchen. Orientalisch (libanesisch) ist auch die Küche. Gemüse spielt dabei die Hauptrolle. Viele Vorspeisen und Hauptgerichte ohne Fleisch und Fisch. Verschiedene Lammgerichte um 13 €, besonders sympathisch: Kinderteller ab 5 €. Di–So 13–23 Uhr. Calle C. San Telmo/Av. La Habana, ✆ 922-750951.

Nachtleben Abends bummelt die Urlaubergemeinde über die Strandpromenaden und durch die Fußgängerzonen und kann an so manchem guten Freiluftkonzert teilnehmen, das die großen Terrassencafés veranstalten. Sänger und Musikgruppen kommen meist von der britischen Insel, von dort kommen auch ihr Publikum und die Tradition dieser Art von Abendunterhaltung. Spanische und lateinamerikanische Musik hört man in den Musicpubs im **Centro Comercial San Telmo** an der

Playa de las Vistas. Die richtige Discoszene versammelt sich in Playa de las Américas im **Centro Comercial Las Verónicas** (siehe dort). Beide Zentren sind auch Treffpunkte für einheimische Jugendliche, meist wird kein Eintritt verlangt. In Playa de las Américas findet auch das elegantere Nachtleben von Show bis Spielcasino statt.

Einkaufen

Supermärkte Mehrere im Ortszentrum. Besonders große Auswahl an frischem Brot, Gemüse und Fleisch hat der Supermarkt Hyperdino hinter der zentralen Busstation.

Fisch Frischen Fisch bekommt man Di–So 8–12 Uhr in den Buden am Hafen.

Bauernmarkt In Chafiras, inmitten von Verkaufs- und Lagerhallen, breiten am Samstag und Sonntag jeweils am Vormittag die Bauern der Umgebung ihre Produkte aus. Anfahrt mit dem Bus 111 oder Pkw über die Autobahn Richtung Santa Cruz.

Internationale Presse In mehreren Zeitschriftenläden im Ortszentrum.

Bücher Alles über die Kanaren, Reisebücher und deutsche Bücher, auch preiswerte Urlaubslektüre aus zweiter Hand, führt die **Librería Bárbara,** Calle Juan Pablo Abril.

Kunsthandwerk, Souvenirs Garantiert einheimisches Kunsthandwerk finden Sie in dem Kiosk von **Artenerife** auf der Promenade an der Playa de las Vistas. Geschenkartikel, allerdings meist nicht auf den Kanaren hergestellt, gibt es in den Läden an der Av. de Suecia.

Rastro/Markt Jeden Sonntagvormittag auf der asphaltierten Freifläche an der Promenade neben dem Arona Gran Hotel: Im Angebot sind Handgeschnitztes und Geflochtenes aus Afrika, jede Menge preiswerte Kleidung, Lederwaren und gestickte Decken.

Veranstaltungen/Fiestas

Die Gemeindeverwaltung organisiert das ganze Jahr über Feste und Veranstaltungen, z. B. ein Jazzfestival im Juli und ein Theaterfestival im Herbst. Die aktuellen Programme bekommen Sie im Kulturhaus und in der Touristeninformation.

Karneval Die Inselhauptstadt Santa Cruz wetteifert jedes Jahr mit Rio de Janeiro um die größten und aufwändigsten Festivitäten. Der Süden feiert zwar außer Konkurrenz, aber kein bisschen leiser. Die aktuellen Programme bekommen Sie bei der Touristeninformation.

Semana Santa Die **Karwoche** wird in allen Gemeinden mit Büßerumzügen am Gründonnerstag und Karfreitag begangen.

Fiestas in der Umgebung **Adeje:** im Januar Fest zu Ehren von San Sebastián; im Oktober Fest der Encarnación.

Arona: im Januar Fest zu Ehren von San Antonio.

San Juan und Alcalá: am 16. Juli Fest zu Ehren der heiligen Carmen, der Schutzheiligen der Fischer.

An der Küste zwischen Playa de las Américas und Costa Adeje

Der Süden → Karte S. 46

Playa de las Américas und Costa Adeje

Hinter diesem Doppelnamen verbirgt sich der größte Teil der Haupt-Urlauberzone Teneriffas, eine Ortsgrenze ist nicht mehr auszumachen. Die Siedlung besteht aus mehr als hundert Hotels und Apartmentanlagen mit 90.000 oder mehr Betten, diversen Einkaufs- und Vergnügungszentren, zehn Stränden, einem Yachthafen und 16 km Promenade. Saison ist das ganze Jahr über.

Die Urlauberzone besteht aus Hotel- und Apartmentanlagen, die meist einen ganzen Straßenblock einnehmen. Es gibt hier kein Wohngebiet und keine Altstadt, denn sie wurde „aus dem Sand (hier eher Fels) gestampft". In regelmäßigen Abständen sind den Hotelanlagen große *Centros Comerciales (CC)* zugeordnet. In diesen Einkaufszentren gibt es Supermärkte und jede Menge Geschäfte, meist auch Cafés, Bars und Restaurants oder gar eine Flipperhalle. Die Zentren sind auf die Kundschaft in ihrem Ortsteil eingestellt, deutsche Zeitungen bekommt man da, wo deutsche Reiseveranstalter buchen, z. B. in Fañabé. Auch das übrige Warenangebot richtet sich nach der Kundschaft. Schnäppchenjäger kommen in den edlen Geschäften des *CC del Duque* nicht auf ihre Kosten. wohl aber auf dem nahen Rastro, dem Markt für dies und das.

In Playa de las Américas und Costa Adeje gibt es keine Sehenswürdigkeiten im herkömmlichen Sinn, also keine historischen Bauten, keine besonderen Naturschönheiten. Aber interessante, wenn auch nicht immer preisverdächtige Gebäude gibt es reichlich zu sehen. Die neuen, großen Vier- und Fünf-Sterne-Hotelpaläste wie „Bahía del Duque" oder „Mediterranean Palace" lohnen eine Besichtigung (→ Übernachten). Lohnenswerte Ziele außerhalb sind der Puerto de Colón und am Ende der Promenade La Caleta. Dieser Ort war noch vor wenigen Jahren ein Fischerdorf. Inzwischen sind die Hotels in der Umgebung angekommen, aber einige ursprüngliche Ecken gibt es noch.

Spaziergang entlang der Promenade

Die Küstenpromenade, der Paseo Marítimo, führt von Los Cristianos an der immer gut besuchten Playa Vistas entlang und danach ruhig und von Grünflächen und Palmen gesäumt weiter. Sie ist die Hauptverkehrsader für Fußgänger, fast alle Ecken und Einrichtungen lassen sich von diesem Bummelboulevard aus leicht erreichen. Er ist auf der Seite zum Meer nicht bebaut, sodass man immer einen freien Blick hat. Von Süd nach Nord hat der beschriebene Abschnitt ca. 16 km. Wenn die Füße schmerzen, sind ein Café und eine Busstation meist in der Nähe.

Kunst am Strand von Playa de las Américas

Los Morritos: Im südlichsten Ortsteil liegen auf Höhe der Playa del Camisón mit dem Doppel „Mediterranean Palace" und „Sir Anthony" Glanzlichter des Beherbergungsgewerbes. Es folgen die Gartenanlagen des Parque Santiago, auch die Grünflächen der Promenade sind hübsch gestaltet. Entlang der Küste finden sich moderne Installationen und Skulpturen. Dieser Küstenabschnitt ist noch ganz natürlich, auch felsig und nicht durch Molen geschützt – mit der Folge, dass die Brandung immer wieder den Sand entführt. Gerade deshalb ist sie Anziehungspunkt für Ruhe liebende Urlauber. Die sich anschließende Playa de las Américas zeigt nur bei Ebbe einen schmalen Sandstreifen, aber häufig eine fantastische Brandungswelle. Für Surfer und Wellenreiter eine tolle Herausforderung. Sie haben ihn in Playa Maui Beach umgetauft, nach dem Superhotspot im Archipel von Hawaii.

Urbanización Playa de las Américas: Etwa auf Höhe des CC Américas Shopping beginnt ein lebhafterer Promenadenabschnitt. Restaurants und Läden säumen ihn, hier beginnt einer der zu allen Tages- und Nachtzeiten bevölkerten Treffpunkte von Playa de las Américas. Die umtriebigsten Gebiete mit Centros Comerciales, Kasino, Post, Informationsbüro und Restaurants liegen entlang der Durchgangsstraße, die hier Avenida Rafael Puig Lluviña heißt. Auf Höhe der Centros Comerciales Verónicas begegnen sich Promenade und Durchgangsstraße. Abseits der Küste zeigt sich ein großstädtisches Ambiente mit breiten Straßen, hoher Bebauung sowie Einkaufs- und Vergnügungszentren. Über eine Brücke überqueren Promenade und Straße den Barranco del Rey.

San Eugenio: San Eugenio ist wie Playa de las Américas nebenan ein lebhaftes

Viertel. Entlang der Durchgangsstraße hat es fast städtischen Charakter mit reichlich Verkehr, Einkaufszentren, Krankenhaus, Restaurants und hoher Bebauung. Nach Osten wird San Eugenio von der Autobahn nicht begrenzt, es wächst dahinter als San Eugenio Alto weiter den Hang hinauf. Zum Meer hin ist die Bebauung aufgelockerter, mit Villen und Bungalowanlagen zwischen den Hotels und viel Grün in den Außenanlagen.

Der Spaziergang auf der Promenade führt weiter nach Norden. Es folgen vier kleinere Strandbuchten, die Playa las Cuevitas, die beiden Playas de Troya und die Playa del Bobo. Sie entstanden aus dem früheren Naturstrand Playa de Troya. Die Strände verfügen über das vollständige Angebot für Badeurlauber: Süßwasserduschen, Liegestuhl- und Sonnenschirmverleih und Restaurants (→ Essen & Trinken, Monkeys Beach Club). Die Straßen bleiben zurück, die Promenade steigt an und bietet einen Blick von der Felsenküste. Sie passieren den schönen Bade- und Restaurantclub Las Rocas, er gehört zum Hotel Jardín Tropical. Unterhalb sehen Sie jetzt schon den Puerto de Colón, den Sporthafen. Das CC Cristal trennt ihn von der Promenade. Ist die Kommerzzone erst einmal überwunden, wirkt der Yachthafen trotz seiner Größe geradezu beruhigend und beschaulich. Anmeldungen zu Bootsexkursionen und Whalewatching sind bei den Agenturen oder auch direkt an Bord einiger Boote möglich. *Watersportstenerife* bietet die gesamte Palette von Jet-Ski bis Ausflugsfahrten.

Wenn Sie keine Lust auf den Geruch von Waffelbäckern, Fish and Chips und Boutiquen-Gedudel haben, sollten Sie die nach Norden anschließende, kleine Strandbucht der Playa La Pinta schnell durchschreiten.

Torviscas und Fañabé: Über die Promenade ist der große, helle Doppelstrand Playa Torviscas – Playa de Fañabé der nächste Punkt. Letzterer ist barrierefrei angelegt. Zwischen Strand und Hotelzone breitet sich einmal mehr eine Kommerzzone aus. Sie bietet mit mehreren Promenaden viel Platz für eine unendlich erscheinende Anzahl von Restaurants und Beachbars. Gleich zu Beginn am CC Torvisvas Costa blinkt der Minileuchtturm der größten Diskothek der Insel (Lounge Club Bling-Bling, → Nachtleben). Hinter dem Strand liegen die Ortsteile: Torviscas in Richtung Süden, ein etwas älteres Viertel mit höherer Bebauung, und nach Norden Fañabé, ein ruhiges, sehr gepflegtes Viertel mit vielen Gärten und niedriger Bebauung. Vor allem das neuere und elegantere Fañabé wird viel von deutschen Reiseveranstaltern gebucht.

Der Weg über die Promenade steigt in einer Gartenanlage an. Von oben haben Sie einen schönen Blick auf eine restaurierte, auf dem Felsvorsprung Las Toscas hinter Bäumen liegende Gebäudegruppe. Sie wirkt wie eine Festung, ist aber ein Privathaus. Über eine Felsenbucht erreicht man den nächsten Ortsteil.

Bahía del Duque: Der bisher jüngste Ortsteil ist auch der eleganteste und teuerste. In den vergangenen Jahren entstanden hier ein Dutzend Vier- und Fünf-Sterne-Hotels in großzügigen Parks und Gärten. Das größere Centro Comercial, passenderweise mit Designergeschäften, liegt etwas zurückversetzt an der Plaza del Duque. Die vormals steinige Küste wurde in die Playa del Duque, ein Strandparadies, verwandelt. Durch das Fehlen von aufdringlichem Kommerz wirkt der Strand natürlich, kein Gedudel stört die Ruhe. Die Restaurants im Hintergrund nehmen das dezente Ambiente der Luxushotels auf. Am nördlichen Ende scheint ein altes Luxusanwesen zu liegen, aber beim Besuch entpuppt es sich als CC El Mirador. Wie eine kleine Stadt aus dem 16. Jh. ist es angelegt. Nur Nobeladressen durften sich hier ansiedeln.

Die Promenade führt weiter durch Gartenanlagen auf einen Aussichtshügel und an den Luxushotels Sheraton La Caleta und Costa de Adeje Palace vorbei. Dann geht es an der neuen Playa de la Emarada entlang. Sie zeigt sich noch natürlich mit grauem Sand. An ihrem Ende liegt der ruhige Ort La Caleta.

Basis-Infos

Information Es gibt mehrere Informationsbüros.

Die **Büros der Gemeinde Arona** für Playa de las Américas finden Sie an der Ecke des City Center an der Av. Rafael Puig und auf der Promenade an der Playa de las Vistas. Mo–So 9–16 Uhr. ✆ 922-797668.

Die **Büros der Gemeinde Adeje** für den nördlichen Teil von San Eugenio bis La Caleta: Playa de Troya, im Pavillon auf der Promenade, tägl. 10–17 Uhr, ✆ 922-788955; Playa de Fañabe, in einem Holzhaus auf der unteren Promenade, Mo–Fr 10–17 Uhr, ✆ 922-716539.

In allen Büros erhalten Sie eine Inselkarte, Stadtplan, eine Liste der aktuellen Busabfahrtszeiten, diverse Prospekte der kommerziellen Freizeitanbieter und freundliche, kompetente Antworten auf Ihre Fragen.

Verbindungen Als eines der ganz großen urbanen Zentren Teneriffas ist Playa de las Américas/Costa Adeje verkehrstechnisch optimal angebunden. Der **Flughafen Reina Sofía** ist 15 km entfernt, ein Linienbus stellt die Verbindung her. Die **Autobahn** verläuft direkt hinter dem Ortszentrum. Im Ortsteil San Eugenio steht auf Höhe der Autobahn der **Busbahnhof,** mit Informationen, einem sehr detaillierten Fahrplan für den Süden und „ten +"-Ticket-Verkauf. Er ist Start- und Zielstation für mehrere Buslinien. Fast alle Busse haben an den Durchgangsstraßen Haltestellen. Alle Busse nach Osten und Santa Cruz halten in Los Cristianos. Die wichtigsten Verbindungen:

Linie 40, Aeroexpress Costa Adeje – Flughafen Reina Sofía, 7.15–20.15 Uhr halbstündlich.

Linien 110 u. 111, Santa Cruz über Flughafen Reina Sofía, tagsüber mindestens halbstündlich.

Linie 342, Nationalpark Las Cañadas, El Portillo, nur 1-mal täglich, Abfahrt 9.15 Uhr in Playa de las Américas, 15.15 Uhr Abfahrt in El Portillo.

Linie 448, La Caleta, tagsüber stündlich.

Linie 467, La Caleta halbstündlich.

Linie 460, Icod de los Vinos (tausendjähriger Drachenbaum) über Los Gigantes tagsüber meist stündlich.

Linie 470, El Médano, ab Los Cristianos, tagsüber stündlich.

Linie 471, Playa Paraíso, alle 30 Min.

Linie 473, Callao Salvaje und weiter bis Los Gigantes, alle 30 Min.

Die Nachtlinie 711 verbindet Costa Adeje, Los Cristianos/Flughafen und Santa Cruz.

Apotheken In fast allen Centros Comerciales, außerdem in der Anlage Las Terrazas, beim Ärztezentrum im Ortsteil Playa de las Américas.

Autoverleih An nahezu allen Ecken finden Sie Büros und Agenturen von Autoverleihern, z. B. Avis, Park Club Europa, Av. Rafael Puig.

Banken Es gibt 26 Bankfilialen und noch viel mehr Bankautomaten, kaum ein Centro Comercial ohne Bank.

Medizinische Versorgung **Centro de Salud,** Calle Derechos Humanos, ✆ 822-171754.

Hospital del Sur → Los Cristianos, ✆ 922-174756.

Deutsches Ärztezentrum (privat), Av. Centenario, im CC Club Paraíso del Sol, Mo–Fr 9–15 Uhr, Sa 10–12 Uhr, 24-Std. Rufbereitschaft unter ✆ 922-792908. Deutschsprachige Ärzte verschiedener Fachrichtungen.

Hospital Quirónsalud Costa Adeje, private Klinik und Gesundheitszentrum mit Übersetzerdienst und 24-Std.-Aufnahmeservice in San Eugenio auf der Höhe der Autobahnauffahrt, ✆ 922-752626.

Post Am CC Pueblo Canario.

Taxis Mehrere Stationen entlang der Durchgangsstraße und vor großen Hotels, z. B. vor den Centros Comerciales Verónicas, auf Höhe der Playa de Troya, vor dem Hotel Gran Tenerife, vor dem Hotel Las Palmeras oder Radio-Taxi mit 24-Std.-Dienst, ✆ 922-715407.

Veranstaltungen/Fiestas Die Urlauberzone hat als Kunstort keine traditionellen Feste zu bieten. **Karneval** wird aber auch hier geeiert. Die Gemeinde Arona veranstaltet darüber hinaus **Kulturfestivals,** Infos gibt's bei der Touristeninformation. Fiestas in der Umgebung → Los Cristianos.

Der Süden → Karte S. 46

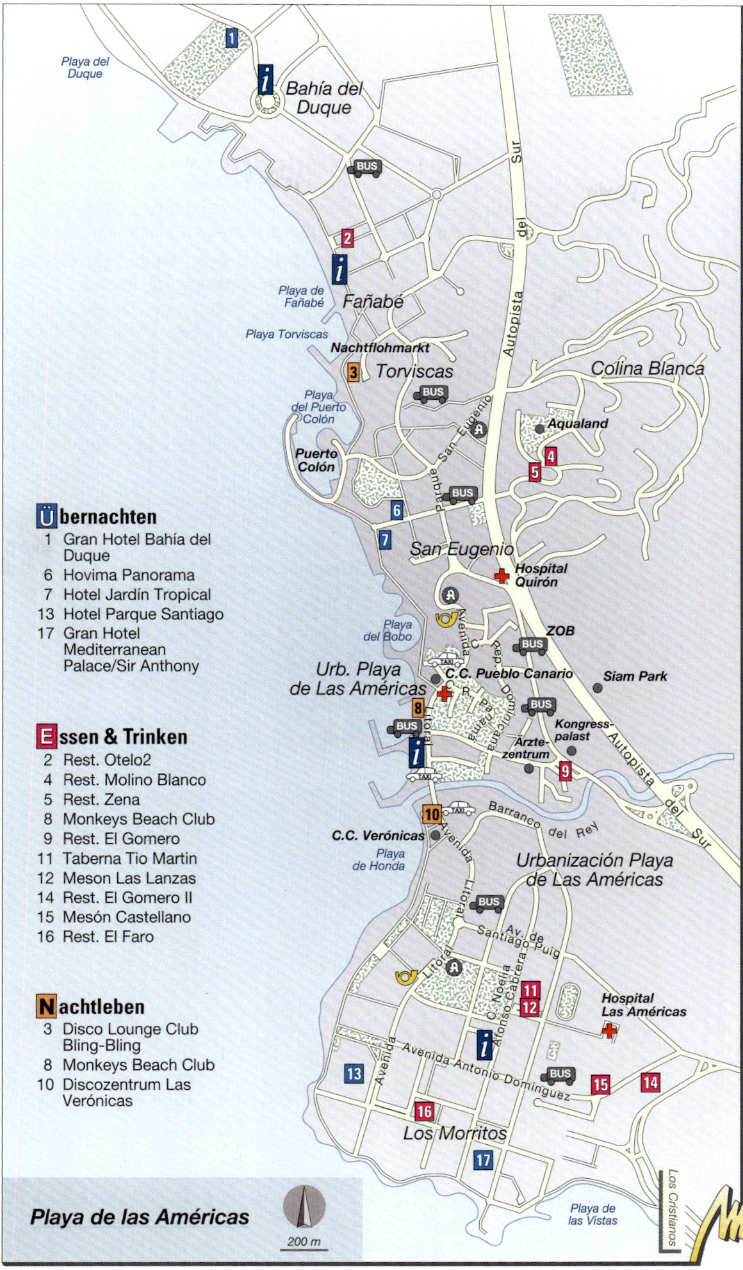

Übernachten

→ Karte S. 69

Die genannten Hotels der Luxusklasse fallen in die Kategorie „Sehenswürdigkeit", sie lassen sich z. B. bei einem Cafébesuch erkunden. Die drei letztgenannten Hotels/Anlagen sind vom Preis-Leistungs-Verhältnis her empfehlenswert. Die ruhigsten Gebiete liegen im Norden. Wer ungestört schlafen möchte, sollte eine Unterkunft in der Nähe der Centros Comerciales meiden.

Hotels ***** **Gran Hotel Bahía del Duque** **1**, das Flaggschiff der neuen Hotelgeneration. Das Hotel ist nicht als ein Gebäude, sondern als Stadtlandschaft konzipiert. Die Häusergruppen sind Kopien von Stadthäusern und Villen in Santa Cruz aus den ersten Jahren des 20. Jh. Dazwischen Gassen und Plätze und mittendurch ein Wasserlauf, der sich hier und da zu einem See erweitert: die Badeanlage. Der Hotelgast soll sich wie zu Hause oder wie auf Besuch beim Duque fühlen. Ganz privatissimo auch die 362 Zimmer und Suiten, alle mit individueller Ausstattung. Selbst das Personal lässt keinen Gedanken an Massentourismus aufkommen, eher an ein Museumsdorf. Sechs Restaurants und vier Bars stehen den Gästen zur Verfügung. 38008 Adeje, Av. Bruselas, ✆ 922-746900, www.bahia-duque.com. **€€€€**

An das „Bahía del Duque" schließen sich nach Norden die Hotelbauten aus jüngster Zeit an. Viele sind in einem maurisch-kanarischen Stil gehalten. Als derzeit ultimatives Luxushotel gilt das **Sheraton La Caleta,** ein Bau, der wohl zu einer neuen Phase der Hotelarchitektur zählt, die sich als „Ethnostil" bezeichnen lässt. Ganz anders sieht es im Süden aus.

***** **Gran Hotels Mediterranean Palace** und **Sir Anthony** **17**, das Hotel-Doppel bildet das Gegenstück zum „Duque oder Ethnolook"-Angebot. Es liegt am südlichen Ende von Playa de las Américas, unweit von Los Cristianos. Die Promenade führt vorbei. Die beiden Gebäude sind riesige, gläserne Kreiselemente. Av. de las Américas, 38660 Arona, Playa de las Américas, ✆ 922-757545, www.expogrupo.com. **€€€€**

Wem diese Hotels zu futuristisch sind, der kann nebenan einen Blick zurück in die Menschheitsgeschichte werfen. Dort ist das **Mare Nostrum Resort** entstanden, es gehört zum selben Konzern. Sein Stolz ist der Kongress- und Showpalast, eine Nachbildung der Pyramide von Chichén Itzá (Mayakultur Mexikos), bewacht von einer steinernen Kohorte Dianas (römisch). Zugang über ein griechisches Portal,

Die Apartmentanlagen im Parque Santiago integrieren sich vorbildlich in die Landschaft

die dahinterliegenden Hotels heißen Cleopatra und Marco Antonio Palace.

****** Hotel Jardín Tropical 7**, eines der schönen, kitschfreien älteren Häuser von Costa Adeje. Es liegt zentral und dennoch ruhig. Der Puerto de Colón liegt in der Nähe, zu den schönsten Stränden sind es aber einige hundert Meter. Das Hotelgebäude ist ganz im maurischen Stil gehalten, die Gartenanlage dem Namen entsprechend eher tropisch. Große, komfortable Zimmer. Neben dem Garten und Süßwasserpool am Hotel gibt es eine weitere exklusive Freizeitanlage mit Meerwasserschwimmbecken, Bar und Restaurant (durch einen Tunnel unter der Promenade zu erreichen). 38660 Costa Adeje, Calle Gran Bretaña, ✆ 922-746000, Reservierung unter ✆ 911-229855, www.dreamsjardintropical.com. **€€€€**

***** Hovima Panorama 6**, fast nebenan, aber in der zweiten Reihe. Terrassenförmig angelegtes, schlichteres Haus. Alle Apartments und Studios mit Balkon oder Terrasse. Außenanlage mit Pool. Zweckmäßige, hübsche, helle Einrichtung. Bar und Buffetrestaurant. Online gibt es häufig gute Rabatte. 38660 Costa Adeje, Av. Gran Bretania 8, www.hovimapanorama.com. **€€€–€€€€**

***** Parque Santiago 13**, fünf Aparthotelkomplexe gehören zur Besitzerfamilie. Zumindest die Komplexe 1 bis 4 befinden sich in sehr guter Lage im Süden von Playa de las Américas, gegenüber der schönen Playa Camisón oder an einem besonders schönen, ruhigen Promenadenabschnitt. Die im kanarischen Stil gehaltenen Gebäude liegen in weiträumigen Parks mit Badeseen. Die Apartments sind hübsch und praktisch eingerichtet. Familienfreundlich, neben Studios und Apartments mit einem Schlafzimmer gibt es auch solche mit zwei und drei Schlafzimmern. Auf dem Gelände gibt es sowohl Einkaufszentren als auch Restaurants. Av. Litoral, 38660 Arona, ✆ 922-746104, 922-746107, www.parquesantiago.com. **€€€**

Der Süden → Karte S. 46

Essen & Trinken

→ Karte S. 69

Kanarische Küche El Gomero 9, rustikales Restaurant mit allen Varianten der deftigen kanarischen Küche. Spezialität sind *Platos variados*, gemischte Platten, Hauptgerichte ab 10,50 €. 11–24 Uhr, So geschlossen. Urbanización Playa de las Américas, Av. Centenaria 1, Anlage Las Terrazas, ✆ 922-791168.

El Gomero II 14, die Dependance mit vergleichbarem Angebot, 11–24 Uhr, Sa geschlossen. Av. Antonio Dominguez 17.

Otelo2 2, Ableger des gleichnamigen Restaurants in Adeje. Die gesamte Palette der kanarischen Küche gibt es im eher schlichten Speiseraum und auf der Terrasse. Hauptgerichte ab 9 €. Tägl. 11–23 Uhr. Im CC Litoral an der Playa Fañabe.

Traditionelle spanische Küche Das Gebäude El Camisón in der Av. Antonio Dominguez gilt als sichere Adresse für gute traditionelle spanische Küche:

Mesón Castellano 15, traditionell ist hier auch das Ambiente. Große Tapas-Auswahl, wechselnde Hauptgerichte mit Fleisch und Fisch. Alles wird frisch zubereitet. Hauptgerichte 14–30 €. Für ein „normales" Menü sollte man mit 30 € rechnen, es können aber auch 140 € werden. 13–23 Uhr, So geschlossen. Residencial El Camisón, ✆ 922-792136.

Spanische und internationale Küche Molino Blanco 4, ziemlich touristisch, mit Musikdarbietungen vom singenden Koch, aber hier sitzt man besonders schön in einem Innenhof. Gute spanische Küche. Tägl. 18–24 Uhr, Av. Austria 5, in Torviscas (über die Autobahn).

Zena 5, zwei Brüder aus Genua (Zena) haben es geschafft, schon bald nach der Eröffnung zum Geheimtipp aufzusteigen. Im hellen, freundlichen Speiseraum und auf der Terrasse servieren sie die Palette eines echten Ristorantes. Da gibt es zwar Pizza und Pasta, aber noch viel mehr von Fisch und Fleisch, Risotto-Gerichte und Süßes. 18–23 Uhr, So geschlossen. Av. Austria.

Meson Las Lanzas 12, gut geführtes, etwas gehobenes Restaurant mit Außenterrasse. Im Angebot sind u. a. hausgemachte Kroketten mit Serano-Schinken, außerdem der typische Pulpo auf galicische Art (in Scheiben geschnittener Oktopus mit Olivenöl und Paprika). Darüber hinaus stehen verschiedene Meeresfrüchte und speziell zubereitete Fleischgerichte auf der Karte. Vorspeisen ab 8,50 €, Hauptspeisen mit Fleisch oder Fisch ab 15 €. Sehr gute Weinauswahl. Tägl. 13–16 Uhr und 19–23.30 Uhr. Calle Noelia Afonso Cabrera, ✆ 922-791172.

Taberna Tio Martin 11, gleich neben dem Las Lanzas bietet die Taverne eine ebenso gute Auswahl an typisch spanischen Gerichten. Draußen sitzt der Gast an Holzfässern. Beide Lokale gehören zur Residencia Las Viñas in einem ruhigeren, eher weniger touristischen Bereich. 13.30–23 Uhr, So nur bis 16 Uhr, Mo geschlossen.

El Faro 16, gepflegter Speiseraum im kanarischen Landhausstil und große Terrasse. Ausgezeichnete spanische und internationale Küche, auf der Karte steht Bäuerlich-Kanarisches wie Conejo in Salmorejo (gebeiztes Kaninchen), aber auch Châteaubriand. 18–24 Uhr. Parque Santiago V, ✆ 922-753827.

Exotisches – auch für die späte Stunde

Monkeys Beach Club 8, Café, Restaurant und Cocktailbar in einem, und das Ganze in attraktiver Lage an der Strandbucht der Playas de Troya. Kein Dschungelkitsch, sondern drinnen und auf den Terrassen mit Rattan und vielen Kissen gemütliches Karibikambiente. Zu jeder Tageszeit gibt es die passenden Speisen und Getränke. Serviert wird Karibisches vom Grill, darunter Fleischportionen mit feurigen Soßen. Regelmäßig Gastköche aus den Spitzenrestaurants Teneriffas. Gute Musik, an mehreren Tagen in der Woche live. Hauptgerichte um 15 €. Tägl. 13–23 Uhr. Auf der Promenade an der Playa de la Troya, ✆ 922-790656.

In der Umgebung Die beste Gelegenheit zum Fischessen bietet der kleine Nachbarort **La Caleta** (siehe dort).

In den ländlichen Gebieten der Umgebung isst man meist typisch kanarisch. Das hier genannte Lokal liegt zwischen der Autobahn und Arona:

Las Gangarras, hier sitzt man sehr rustikal auf Bänken unter Palmendächern draußen oder in kleinen Hütten wie in einem Dorf. Die Spezialitäten kommen vom Grill. Regelmäßig Folkloreprogramm. 12–23 Uhr, Mo geschlossen. Buzanada, Camino Machín.

Nachtleben

→ Karte S. 69

Das Nachtleben beginnt auf Teneriffa üblicherweise um 24 Uhr. Hier aber zieht es die Nordländer schon ab 22 Uhr auf die Piste, dann beginnt im Zentrum, d. h. im Bereich von Playa de las Américas und San Eugenio, zwischen Hotel Conquistador und Centro Comercial Pueblo Canario an vielen Ecken das Leben draußen und drinnen mit Musik und Tanz.

Diskothek/Lounge Club Bling-Bling 3, an der Playa Torviscas, ganz oben am Minileuchtturm. Der einzige Club der Insel, der jedem internationalen Vergleich standhält. Neben Cocktail-Lounge und Discos gibt es regelmäßig Livekonzerte. Eintritt 15 €, dafür bekommt man auch ein Getränk. Tägl. außer Mo ab 19 Uhr. ✆ 922-712841.

Pirámide de Arona, Showpalast im Mare Nostrum Resort. Große Tanz- und Musikveranstaltungen von Oper bis Flamenco finden hier statt. Tournee-Ensembles treten hier auf, es gibt aber auch eigene Produktionen. Av. de las Américas, Richtung Los Cristianos.

Casino, im Hotel Gran Tenerife, Eingang Paseo Marítimo. Hier rollen die Roulettekugeln. Preiswerter ist der Einsatz für die ebenfalls vorhandenen einarmigen Banditen.

Vergnügungszentren Es gibt Centros Comerciales, in die sich fast ausschließlich Musikkneipen, Bierlokale, Flipperhallen und Diskotheken eingemietet haben. Die Geräuschkulisse ist entsprechend. Die bekanntesten Vergnügungszentren sind die **Centros Comerciales Verónica I und II 10,** sie liegen unmittelbar am Barranco del Rey. Hier finden Sie mehrere extrem einfache Teeniediscos, Flipperhallen, aber auch ausgesprochen gesellige Musiklokale mit Livemusik, auch für jenseits der 90er Geborene.

Viele Musikkneipen beherbergt auch das **Centro Comercial Centroamerican Shopping.** Hier ist es etwas ruhiger als in den Verónicas. Irish Folk und andere Kneipenmusik ist angesagt. Im **Centro Comercial Pueblo Canario** spielen im Innenhof wechselnde Gruppen spanische und kanarische Musik.

Einkaufen

An Einkaufsgelegenheiten herrscht wahrlich kein Mangel. Größtes Centro Comercial ist das Siam Mall in der Av. Siam neben dem Siam Park, das täglich von 10–22 Uhr geöffnet ist.

Supermarkt Eine gute Einkaufsmöglichkeit für Selbstversorger ist die Filiale von **Mercadona** im Centro Comercial Eugenio (Mo–Sa 10–21 Uhr, meist auch So 10–20 Uhr). Wer motorisiert ist, findet an der Autobahn, z. B. bei Adeje, Einkaufsmeilen.

Kunsthandwerk Garantiert echte Handarbeiten und Kunsthandwerk von Teneriffa bieten die zwei staatlichen Geschäfte von **Artenerife** an. Sie sind an der Uferpromenade auf Höhe der Playas de Troya bei der Touristeninformation und etwas oberhalb des Puerto de Colón untergebracht.

Bücher Ein schmales Angebot an deutschsprachigen Büchern, vom Krimi bis zum Heimatroman, bekommen Sie in vielen Supermärkten und Zeitungsgeschäften. Eine gute und große Auswahl, auch Sachbücher zu Teneriffa, Wanderführer und Karten, gibt es in der **Librería Barbara** in Los Cristianos (siehe dort).

Markt/Rastro Viel Gedränge und viele Stände. Im Angebot sind ausrangierte Radios und Vasen, Schnitzereien aus Afrika und jede Menge preiswerte Textilien. Do–Sa 10–14 Uhr, auf der Parkfläche an der Av. de Bruselas, im Ortsteil Bahía del Duque. Einen **Nachtmarkt** finden Sie montags von 19–23 Uhr an der Playa Torvicas.

Sport/Wellness

Wassersport spielt natürlich die größte Rolle in Playa de las Américas und Costa Adeje. An mehreren Stränden kann man Sportgeräte wie Wasserbobs, Wasserski oder Surfbretter mieten.

Tauchen Tauchgänge und Kurse bieten mehrere Veranstalter an:

Ocean Trek, arbeitet ebenfalls unter deutscher Leitung. Mo–Sa 9.30–18 Uhr. Calle Valencia, ✆ 922-753472, www.tauchenteneriffa.net.com.

Ayua marina Dive Center, Hotel Oro Blanco Paseo Verode, spanische Tauchschule mit mehrsprachigen Tauchlehrern. ✆ 678-662670, www.ayuamarina.com.

Weitere Tauchanbieter → Los Cristianos.

Paragliding Kann man hier bei den gleichmäßigen Winden gut lernen, es gibt Kurse für Anfänger und Fortgeschrittene. Brisa **Paragliding Tenerife,** Calle Conception Garcia Alvarez 6, ✆ 666-888843.

Segeln Zentrum des Segelsports ist der Sporthafen Puerto de Colón, aber auch an der Playa del Bobo und den Playas de Troya finden Sie entsprechende Angebote. Kleinere Boote und Katamarane werden an vielen Punkten des Hafens auch direkt von den Eignern mit und ohne Skipper angeboten.

Tennis In den Vier- und Fünf-Sterne-Hotels sind eigene Tennisplätze eine Selbstverständlichkeit, ebenso in den meisten Apartmentanlagen mit höherem Standard. Tennis- und Squashplätze, die auch Nichtgästen zur Verfügung stehen, finden Sie im **Hotel Las Palmeras.** Reservierung nur persönlich an der Rezeption. Av. Rafael Puig 28, Playa de las Américas.

Biken **Free Motion,** Verleih von Fahrrädern für die Straße und fürs Gelände, geführte Fahrradtouren. Calle Filandes, Los Cristianos. www.freemotion.com.

Golf Zwei Golfplätze liegen direkt beim Urlaubergebiet: **Golf Costa Adeje,** ✆ 922-710000, www.golfcostaadeje.com, und **Golf Las Américas,** ✆ 922-752005, www.golf.tenerife.com. Jeweils mit 18-Loch-Plätzen und Par 72. Beide Plätze mit Golfschulen, Restaurant u. a. Drei weitere Plätze mit 9, 18 oder 27 Löchern liegen in der benachbarten Urlauberzone Costa del Silencio (siehe dort).

Reiten **Centro Hípico del Sur,** außerhalb in Buzanada, bietet Reitstunden, Ausflüge und Reittherapie. 9–13 und 16–20 Uhr. Camino los Migueles 82, ✆ 922-720643, www.centrohipicodelsur.com.

Wellness/Spa Die großen, neuen Hotels verfügen über entsprechende Einrichtungen. Wer woanders wohnt, kann folgende Thermalbäder besuchen: **Aqua Club Termal,** Freizeitanlage mit Poollandschaft und mehr als 300 Wasserstrahlern, Gesundheits- und Schönheitspflege. In Torviscas Alto, C/Galicia, ✆ 922-716555, www.aquaclubtermal.com.

Spa Vitanova Tenerife, elegant wie die Hotels in diesem Ortsteil. 1000 m^2 Wellnessbereich, Meerwasserthermalbäder, Thalassotherapie und vieles andere. Im Ortsteil Bahía del Duque, C. Alcalde Walter Paetzman, ✆ 922-719910, www.spavitanova.com.

La Caleta

Der Tourismus hat nun auch diesen noch vor wenigen Jahren winzigen und verträumten Ort erreicht. Dennoch ist es hier viel ruhiger als in den großen Nachbarorten. Hier kann man noch entspannt auf einer ruhigen Restaurantterrasse sitzen und aufs Meer schauen.

Großräumig umgeben neue Luxus-Apartmenthäuser und Villen das ehemals kleine Fischerdorf. Der Ortskern und die schwarze Felsenbucht aber sind fast unverändert geblieben. Strahlend weiße Fischerhäuschen stehen dicht gedrängt auf einer Seite. Mehrere Fischerkneipen mit bunten Markisen und Tischen auf den Terrassen prägen nach wie vor das Bild, dazugesellt haben sich inzwischen auch ein paar mehr oder weniger edle Restaurants. Man hört nur das Plätschern der Wellen und die leisen Gespräche der Mittagsgäste, kein Strandgetümmel, keine Musikbox. Wenn man nicht nach Süden schaut, sieht man die Häuserlandschaft der Costa Adeje und Playa de las Américas nicht, und die Idylle ist perfekt. Geradeaus liegt nur das blaue Meer, auf das die Sonne Lichtreflexe zaubert, am Horizont ist Gomera zu sehen, davor schaukeln ein paar Boote, kein T-Shirt-Verkäufer, kein Ausflugsboot, kein Wasserski.

Anfahrt/Verbindungen **Pkw:** La Caleta ist ab Playa de las Américas ausgeschildert.

Blick von La Caleta auf die Küstenlinie bei Costa Adeje

Bus: Buslinie 448 nach Costa Adeje und 467 weiter nach Los Cristianos, stündlich bzw. halbstündlich.

Übernachten ****** Hotel Costa Adeje Palace,** das Hotel der H10-Kette sticht schon optisch durch seinen warmen Farbton heraus und hebt sich durch den mediterranen Baustil von den übrigen touristischen Hotels des Inselsüdens ab. Sehr ruhige Meereslage mit einer schönen Garten- und Poollandschaft, östlich von La Caleta. Am Abend kann man einen Spaziergang nach La Caleta unternehmen. Playa de la Enramada. ✆ 922-714171, www.h10hotels.com.

***** Aparthotel Hovima Jardín Caleta,** das einzige etwas ältere Hotel. neue Nobeladressen finden Sie in den Katalogen der Reiseveranstalter. Drei- und vierstöckig gebaute Anlage mit weiten Innenhöfen, Pools, Garten und Bar/ Restaurant. Gute, dem Standard entsprechende Ausstattung. Gute Angebote online. Av. Las Gaviotas 32, ✆ 922-710976, www.hovimajardin caleta.com. **€€€**

Essen & Trinken **Celso,** Traditionslokal am Südende der Bucht und damit noch relativ ruhig gelegen. Auf der kleinen Terrasse und im großen Speiseraum werden Fische und Meeresfrüchte nicht nur gegrillt, sondern in vielen Variationen zubereitet. *Cazuela marinera* (Meeresfrüchteeintopf) oder Seezunge à la Menieure (mit Butter und Kapern) sind empfehlenswert. Die Preise richten sich nach dem Gewicht der verarbeiteten Fische (29 €/kg). Tägl. 12–23 Uhr.

La Masia del Mar, großzügiges und in der Hochsaison sehr beliebtes Restaurant in bester Lage am Meer. Fisch und Meeresfrüchte gibt es in allen Variationen, Fleisch spielt eher eine untergeordnete Rolle. Sehr gute Fischsuppe und gute Auswahl an Weinen. Wer aus der Vitrine den Tagesfang wählt, zahlt um die 28 € pro Kilo. Durchgehend warme Küche, täglich 11–23 Uhr. Calle el Muelle 3, ✆ 922-710895.

La Vieja, eines der neuen, edleren Restaurants. Maritimes Ambiente innen und auf der Terrasse. Aus der Küche kommen Fisch und Meeresfrüchte. Wem das nicht behagt, der kann auch eines der Reisgerichte wählen. Menü für 2 Pers. 55–70 €. Tägl. 12.30–23 Uhr. Edificio Terrazas de la Caleta 1, ✆ 922-711548.

El Caldero, eines der ersten Lokale am Ort. Es gibt frischen Fisch und gegrillte Meeresfrüchte, dazu reicht man kanarische Soßen und die typischen Runzelkartoffeln. Gutes Preis-Leistungs-Verhältnis. Frischer Fisch wird nach Gewicht berechnet. Tägl. 10–23 Uhr. Calle Cabeso 8, ✆ 922-168099.

Kommerzielle Freizeitangebote im Süden

Themenparks

Rund um das Urlauberballungsgebiet liegen verschiedene Themen- und Vergnügungsparks. Für alle wird in den Hotels und in den Büros der Touristeninformation mit Prospekten geworben. Zu Fuß oder mit einem Gratisbus lassen sich die größten Badespaßanlagen **Siam Park** und **Agualand** erreichen. Zum 3 km entfernten **Jungle Park** fährt ebenfalls ein Gratisbus, zum **Camel Park** und **Aloe Park** ist die Anfahrt im eigenen Pkw erforderlich. Die Freizeitparks mit der Familie zu besuchen, schlägt allerdings große Löcher in die Urlaubskasse. Sie kosten zwischen 38 € pro Erwachsenem und 26 € pro Kind (Siam Park), der Aloe Park liegt bei 12 bzw. 6 €.

Whalewatching/Bootstouren

Delfine und mehr als 20 Walarten tummeln sich in den Gewässern der Kanarischen Inseln. Sie einmal aus der Nähe zu sehen, wünschen sich immer mehr Urlauber. Entsprechend groß ist das Angebot an Schiffsausflügen zum Whalewatching. Früher fuhren die Boote nah an die Wale heran, um den Gästen einen Nervenkitzel zu bieten. Stress und Desorientierung der Tiere wurden in Kauf genommen. Seit die Ruhezonen der Wale nicht mehr angefahren werden dürfen und das Meer vor der Süd- und Westküste zum Naturpark, mit Auflagen für Boote, erklärt wurde, kommt es nicht mehr zu derartigen Störungen. Delfine sehen Sie unterwegs mit großer Wahrscheinlichkeit.

Ab Los Cristianos und dem Puerto de Colón legen **Ausflugsboote und -schiffe** täglich ab zur Fahrt entlang der Westküste. Viele verfügen über einen Glasboden, durch den sich die Unterwasserwelt beobachten lässt. Delfine begleiten die Schiffe häufig. Einschließlich Mittagessen und Getränken bezahlen Erwachsene je nach Dauer zwischen 20 und 50 €, Kinder meist die Hälfte. Kartenverkauf über Agenturen, aber auch direkt am Hafen. Anfahrt im Gratisbus oder privat.

Im neuen Yachthafen Marina San Miguel taucht dreimal täglich das **U-Boot von Submarine Safaris** ab. Für eine Stunde unter Wasser zahlen Erwachsene 53 €, Kinder 23 €. Reservieren können Sie im Hafen, an der Hotelrezeption, bei Ihrer Reiseleitung oder online (10 %Rabatt) unter www.submarinesafaris.com.

Gokarts

Wer heimlich vom Nürburgring träumt, kann hier schon mal üben. Sieben Runden in den kleinen Flitzern kosten 22–30 €, für Kinder gibt es Miniausgaben, auf denen sie zwölf Runden für 9–14 € drehen können. Zwei Gokart-Bahnen liegen in Teneriffas Süden:

Karting-Club Tenerife, Carretera de Cho, neben der Autobahn, zwischen den Ausfahrten Guanza und Las Chafiras, ✆ 922-730703, 639-508792, www.kartingtenerife.com.

Karting Las Américas, Carretera General del Sur, Adeje, neben der Autobahn in Richtung Adeje, am Ortsende von Playa de las Américas, ✆ 922-713096.

Der Süden → Karte S. 46

Einsame Berglandschaft oberhalb von Arona

Das Hinterland

Über nahezu alle Höhenstufen und damit über viele Klima- und Vegetationszonen reicht das Hinterland des Südens. Regen gibt es hier selten, entsprechen karg zeigt sich die Landschaft vielerorts. Auf seit vielen Jahren aufgegebenen Terrassen wurde dem Boden im Trockenfeldanbau Getreide abgerungen. Seither verfallen die Terrassenmauern, Tabaibabüsche und Kakteen erobern sich das Gelände zurück.

Außer Wein müssen die Landwirte alle Kulturen bewässern, das gilt selbst für die mittleren Zonen. Erst bei Vilaflor, dem höchsten Ort Teneriffas auf über 1400 m Höhe, lohnt sich der Kartoffelanbau ohne Bewässerung. Die kunstvoll angelegten Terrassenfelder müssen dennoch mit einer dicken Schicht von weißen Lapillisteinchen vor dem Austrocknen geschützt werden. Oberhalb beginnen Pinienwälder, die bis an den Nationalpark heranreichen.

Für den Tourismus war das Hinterland bis vor wenigen Jahrzehnten ein weißer Fleck auf der Landkarte. Erst seit Wanderer die Pinienwälder in der bizarren Vulkanlandschaft für sich entdeckten und Individualisten den Landurlaub, gibt es mehr Unterkünfte in restaurierten Landhäusern und einfachen Pensionen. Bei Vilaflor steht gar ein elegantes großes Landhotel mit Kur- und Spa-Einrichtungen. Die Zahl der rustikalen und anspruchsvollen Restaurants ist ebenfalls gestiegen. An der Ruhe, die das Gebiet ausstrahlt, hat sich dennoch nichts geändert.

Adeje

Adeje ist die schönste und älteste Stadt des gesamten Südens. Sehr stimmungsvoll ist die Hauptstraße mit großen Indischen Lorbeerbäumen. Restaurants haben auf beiden Seiten der Straße Tische in den Schatten der Bäume gestellt.

Am Rand des Barranco del Infierno, der wasserreichsten Schlucht Teneriffas, war das Gebiet von Adeje schon immer fruchtbarer als seine Umgebung. Wenige Jahre nach der Eroberung durch die Spanier wurde der Grundstein für die älteste und bedeutendste Kirche des Südens, Santa Ursula, gelegt und die erste Gemeinde gegründet. Im 16. Jh. fielen große Ländereien an die Genueser Familie Ponte, die hier Zuckerrohr von schwarzen Sklaven anbauen ließ. Das Familienoberhaupt trug den Titel eines spanischen „Marqués". Ihr Wohnsitz war die Casa Fuerte unweit der Kirche Santa Ursula. Im 17. Jh. errichteten dann die Franziskaner in Adeje ein Kloster.

Mithilfe der Einnahmen aus den touristischen Zonen an den Küsten konnte die Gemeindeverwaltung Wohngebiete und Straßen großzügig und mit vielen Grünanlagen ausbauen.

Sehenswertes

Kirche Santa Ursula: Sie steht am oberen Ende der Hauptstraße. Der massive, zweischiffige kanarische Bau entstand im 16. Jh. Besonders schön ist die Holzdecke im Mudéjarstil, im Altarraum ist die Decke bemalt. Im Altaraufsatz ist die einzige Kopie der Jungfrau von Candelaria zu sehen. Lokalpatrioten behaupten, es sei keine Kopie, sondern das Original, das auf geheimnisvollem Weg hierher gelangt sei.

Franziskanerkloster: Die Anlage aus dem 17. Jh. befindet sich neben und hinter dem Rathaus. Von dem teilweise verfallenen Gebäude wird nur noch die Kirche genutzt.

Casa Fuerte: Den Familiensitz des Marqués von Adeje findet man folgendermaßen: am oberen Ende der Hauptstraße der Kurve nach links folgen und dann geradeaus bis zur Kanone. Durch einen Brand ist die ursprüngliche Anlage weitgehend zerstört, es stehen noch Teile der Befestigungsanlagen und die Kanone davor. Die Sklavenhändlerfamilie Ponte, die unter anderem auch Grafen von Adeje waren (→ Garachico), musste sich ihrerseits vor arabischen Sklavenhändlern schützen, die gern Angehörige des Adels gefangen nahmen, um Lösegeld zu erpressen. Das Gelände ist Privatbesitz, es stehen keine historischen Bauten mehr darin.

Barranco del Infierno (Höllenschlucht)

Die steile und wasserreichste Schlucht Teneriffas oberhalb von Adeje ist das beliebteste Wandergebiet im Süden. Der Eingang/Ausgang liegt am oberen Ende der steilen Straße vor der Casa Fuerte. In den Büros der Touristeninformation des Südens gibt es ein sehr informatives Faltblatt zu Ursprung, Geschichte und Vegetation des Barrancos sowie zu den Auflagen für Wanderer, die sich in dem sensiblen Ökosystem entsprechend umsichtig verhalten müssen.

Praktische Infos

Verbindungen **Bus:** Linie 447 ab/bis Los Cristianos stündlich, 448 ab/bis La Caleta, 460 ab/bis Icod de los Vinos alle 2 Std., 473 alle 2 Std. ab/bis Los Gigantes. Jede Linie Sa/So und an Feiertagen seltener.

Mit dem **Pkw** über die Autobahn.

Der Süden → Karte S. 46

Essen & Trinken Adeje gilt bei vielen Urlaubern aus Playa de las Américas als kulinarischer Geheimtipp für typisch kanarisches Essen, Spezialität: Hühnchen in rotem Mojo geschmort mit *papas arrugadas*. Gemessen an den vielfältigen kanarischen Gerichten, die anderswo im Angebot sind, eher wenig originell.

mein Tipp **Otelo,** in diesem Restaurant gibt es typisch kanarische Speisen. Es bietet darüber hinaus einen fantastischen Weitblick über den Süden, denn es liegt oberhalb des Ortes am Zugang zum Barranco del Infierno. Hauptgerichte 9–12 €. Tägl. 13–22 Uhr. Calle de los Molinos 44, ✆ 922-780374.

Wanderung 1: Im Barranco del Infierno (Höllenschlucht) → S. 243
Der spannende Weg durch die Schlucht ist für botanisch Interessierte ein Erlebnis.

Arona und Umgebung

Der Ort war früher Kreisstadt einer reinen Agrargemeinde, heute ist er auch Verwaltungssitz für mehrere Urlaubszentren an der Küste. In der Umgebung wird Wein angebaut und auf bewässerten Feldern Frühkartoffeln und Gemüse. Das Ortsbild ist weitgehend von neuen Wohnhäusern bestimmt. Kanarisches Ambiente hat noch die Plaza vor der **Kirche San Antonio Abad** zu bieten. Auch hier findet man die großen, Schatten spendenden Indischen Lorbeerbäume. Die Kirche ist ein typisch kanarischer Bau des 17. Jh. mit dicken, verputzten Natursteinwänden und schöner Holzdeckenkonstruktion.

Mirador de la Centinela

Den schönsten Aussichtspunkt des Südens finden Sie knapp 7 km südöstlich von Arona, an der Landstraße TF-28 zwischen Valle de San Lorenzo und San Miguel. Vom Parkplatz führen einige Stufen nach oben, und schon liegt Ihnen der gesamte Südosten zu Füßen.

Granadilla de Abona

Früher war die Stadt ein rein landwirtschaftliches Zentrum. Heute hat sie mit der Restaurierung und Umwandlung alter großer Höfe zu Landhotels den Anschluss an den ländlichen Tourismus geschafft. Zudem hat sich Granadilla einen Namen unter Liebhabern von gutem Essen gemacht.

Der Ort wird von zwei Landstraßen zerschnitten und lädt nicht unbedingt zum Bummeln ein. Zum Verwaltungsbereich der Kreisstadt mit Kleinstadtatmosphäre gehören der Flughafen und das Bade- und Surfermekka El Médano.

Verbindungen Granadilla liegt an der Landstraße TF-21 auf dem Weg vom Süden zum Nationalpark, **Buslinien** 416 (Los Cristianos) und 467 (Costa del Silencio – Costa Adeje).

Übernachten/Essen **Hotel Rural Senderos de Abona,** hier haben sich Leser sehr wohlgefühlt. Das frühere Postamt, ein altes kanarisches Hofgebäude (vermutlich war der Posthalter im Hauptberuf Gutsherr), wurde sorgfältig restauriert und als Landhotel ausgebaut. Alle zehn Zimmer sind in ihrem alten Zuschnitt erhalten geblieben. Sie haben noch die rustikalen Holzdecken und sind mit Originalmöbeln aus der Zeit des Hausbaus eingerichtet. Im Hof, wo früher die Hühner gackerten, befindet sich jetzt ein Pool mit schöner Liegewiese. Calle de la Iglesia 5, 38600 Granadilla, ✆ 922-770200, www.senderosdeabona.es. **€€€**

Tasca La Cantera, oberhalb von Granadilla de Abona. Ein urgemütliches, in den Felsen gebautes Lokal mit höhlenähnlichem Ambiente. Variantenreiche Küche mit optisch ansprechenden Speisen. Stimmiges Preis-Leistungs-Verhältnis. Hauptspeisen ab 9,50 €. Do–Mo 13–16.30 und 19.30–22.30 Uhr. Calle La Cantera 5-7, ✆ 922-772954.

Kulturprojekt Mariposa

Am Anfang stand die Kunst, und deshalb ist das Gelände zuerst einmal ein Kunstpark. Der Impuls zu diesem Projekt ging von dem 2009 verstorbenen Galeristen Jürgen Müller aus. Seine Idee war, einen Beitrag zur Erhaltung der Kultur zu leisten. Das 1984 begonnene Projekt ist inzwischen eine Stiftung, die ihre Ziele erweitert hat. Sie will Zukunftswerkstatt und Thinktank sein, Künstler, Wissenschaftler und Politiker miteinander ins Gespräch bringen, und sie bietet die Infrastruktur für Künstlergruppen, die vor Ort arbeiten.

■ Aktuelle Infos über die Homepage www.kulturpark-mariposa.com. Camino Túnez 63A, Arona-Tunez.

Der Süden → Karte S. 46

Vilaflor

Auf dem Weg aus dem Süden in den Nationalpark passieren Sie das mit 1400 Metern Höhe höchstgelegene Dorf Teneriffas. Es ist ein sehr ruhiges Fleckchen, das einen kurzen Stopp oder für Wanderer und die Stille liebende Urlauber auch einen längeren Aufenthalt lohnt.

Am Berghang gelegen, ist der Ort von ausgedehnten Pinienwäldern umgeben. Im Frühjahr blüht in verschwenderischer Fülle gelber Mohn auf den Feldern und an Wegrändern. Unterhalb des Ortes sind Terrassenfelder kunstvoll angelegt, auf denen Wein, Kartoffeln und Gemüse angebaut werden. Eine Decke aus weißen Lapillisteinchen schützt den Boden vor Sonne und Wind. Zahlreiche Mandelbäume in der Umgebung geben der ohnehin lieblichen und blütenreichen Landschaft ab Januar zusätzlich einen weißrosa Schimmer. Die frische Luft riecht würzig nach Harz und Kiefern. Berühmt ist Vilaflor auch für seine **Mineralwasserquellen** Pinalito und Fuente Alta, deren Wasser im Ort abgefüllt wird. Vilaflor hätte die besten Voraussetzungen für einen Kurort.

Im oberen Teil des Dorfes mit der mächtigen Kirche San Pedro aus dem 17. Jh., der von Falschen Pfefferbäumen (Mastixbäumen) umstandenen Plaza und den kleinen Gassen ist noch viel alte Bausubstanz erhalten. Im unteren Teil dominieren zweistöckige Neubauten.

Die Menschen in Vilaflor sind fleißige Kunsthandwerker. Die Frauen stellen die für Teneriffa typischen Durchbruchstickereien her und mithilfe einer Spanntechnik Rosetas, filigrane, runde Deckchen, die zu großen Decken zusammengenäht werden. Schnitzarbeiten sind hingegen die Domäne der Männer.

Vilaflor ist ein beliebter Ort für Sonntagsausflüge, Ausgangs- und Endpunkt für Wanderer und Zwischenstation auf dem Weg in den Nationalpark. Es gibt deshalb relativ viele Restaurants und Geschäfte, die Kunsthandwerk und Souvenirs anbieten.

Sehenswertes

Plaza und Kirche San Pedro Apostol: Die große, gedrungen wirkende, dreischiffige Kirche besitzt eine sehr schöne Holzkassettendecke, einen schlichten Glockenturm und ein ausdrucksvolles Portal. Das Haus des Bischofs, ebenfalls ein Beispiel für traditionelle kanarische Architektur, trägt auf der Plaza die Hausnummer 2. Auf der Rückseite der Plaza liegt noch ein Gebäude aus dem 17. Jh., die Casona de los Soler.

Auf Hermano Pedro de San José Bethencourt ist Vilaflor besonders stolz. Handelt es sich bei ihm doch um den ersten und bisher einzigen Heiligen der kanarischen Inseln. San Pedro, geboren 1616 in Vilaflor, war Franziskanermönch und widmete sich in Guatemala insbesondere der Krankenpflege. Er gründete einen eigenen Krankenpflegeorden, den der Bethlehemiter-Brüder. Sein Denkmal steht in der Calle la Callita.

El Pino Gordo: Die dicke Pinie steht an der Landstraße oberhalb des Ortes. Sie hat einen Stammumfang von 9,30 m und eine Höhe von 45 m. Die größten Pinien des kanarischen Archipels wachsen hier. Bei El Pino Gordo wurde ein Rastplatz mit Parkplatz angelegt. Mit 56 m höher, aber etwas schlanker ist „El Pino de las dos Perñadas" auf der gegenüberliegenden Straßenseite. Die Pinien sind entscheidend für die Fruchtbarkeit der Insel. Ihre bis zu 30 cm langen Nadeln wachsen immer in Büscheln zu dritt. Damit kann die Pinie wie kein anderer Baum die Wolken und Nebelschwaden, die der Pas-

Vilaflor ist einer der schönsten Orte Teneriffas

satwind an ihr vorbeitreibt, „melken". Man hat im Waldboden unter den Pinien dreimal mehr Feuchtigkeit als unter anderen Bäumen gemessen. Pinien wie El Gordo sind mehrere hundert Jahre alt. Die meisten Pinien in der Umgebung von Vilaflor wurden erst Anfang der 1970er-Jahre aufgeforstet, denn in früheren Jahrhunderten waren die natürlichen Wälder für die Landwirtschaft gerodet worden (→ S. 190).

Paisaje Lunar – Mondlandschaft: Die Gruppen von hellen Tuffsäulen, die aus dem Pinienwald ragen, gehören zu den eindrucksvollsten Naturerscheinungen Teneriffas. Wer sie anschauen möchte, muss sich auf eine längere und anstrengende Wanderung begeben. Auf der Plaza vor der Kirche steht eine Informationstafel zur Wanderung, und an der Plaza beginnt auch der ausgeschilderte Weg. Mit weniger Steigung kommt aus, wer an der Landstraße in der zweiten Linkskurve oberhalb des Pino Gordo beginnt (ebenfalls ausgeschildert). Eine genaue Beschreibung der Wanderung finden Sie in Teneriffa-Wanderführer von Marion Helbig (→ S. 224).

Praktische Infos

Information Das Infobüro in einem Kiosk finden Sie auf der Hauptplaza San Pedro Apostol. Mo–Fr 8–15 Uhr, Juli/Aug./Sept. bis 14 Uhr, ✆ 922-709020.

Verbindungen Vilaflor liegt an der Landstraße TF-21 auf dem Weg vom Süden zum Nationalpark, die **Buslinie** 342 fährt einmal täglich (Costa Adeje – Nationalpark).

Kunsthandwerk **La Roseta** an der Plaza und **Delsina** in der Calle Hermano Pedro. Hier ist es etwas teurer als bei den fliegenden Händlern an den Strandpromenaden, aber die Qualität ist hervorragend, und die Waren werden hier vor Ort und nicht etwa in China hergestellt. Preisbeispiel: Tischdecke mit sechs Servietten ab 60 €.

Souvenirs Empfehlenswerte, schnell vergängliche Erinnerungen an Vilaflor sind die hier hergestellten **Kekse** mit Mandeln und Honig. Die besten gibt es in der **Dulcería Vilaflor,** Calle Candelaria, unterhalb der Kirche.

Übernachten ****** Hotel Spa Villalba,** in die herrliche Wald- und Berglandschaft harmonisch eingefügter, neuer Komplex im kanarischen Baustil. Die 22 Suiten sind ebenso wie das Restaurant und die Gesellschaftsräume in edlem, modernem Landhausstil gehalten. Großzügige Bäder, umfangreiche Bade- und Kureinrichtungen. Carretera San Roque, 38613 Vilaflor, ✆ 922-709930, www.reveronhotels.com. **€€€**

Pensión Germán, in dem alten kanarischen Haus wurden 15 Zimmer mit Bad ausgebaut. Alle sind schlicht, aber ausreichend mit hellen Holzmöbeln ausgestattet. Zur Pension gehört ein preiswertes Restaurant. Calle Hermano Pedro/Santo Domingo, ✆ 922-709028. **€**

Essen & Trinken Mehrere Restaurants, die typische Gerichte dieser Gegend zubereiten. Typisch heißt im kühleren Bergdorf Vilaflor: deftige Suppen, Gemüseeintöpfe und Fleischgerichte. Hier serviert man Ihnen z. B. *Garbanzas* (Kichererbsen) und den wunderbaren *Puchero Canario* (in Brühe gegartes Fleisch und Gemüse). Sollten Sie in einem der kulinarisch unterentwickelten Touristenorte wohnen, testen Sie hier die Küche der Canarios.

Casa Pana, hinter dem Speiseraum gibt es eine schöne, schattige Terrasse. Im Restaurant wird die traditionelle örtliche Küche zubereitet. Leser aßen Ziegenfleischragout und waren sehr zufrieden. Große Dessertauswahl. Calle los Castanos 7, ✆ 922-709070. ▪ **Lesertipp**

Fuente Hermano Pedro, direkt am Marktplatz von Vilaflor gelegen. Bei schönem Wetter sitzt man draußen auf der Terrasse. Typische Gerichte wie gegrillter Ziegenkäse oder hausgemachte Kroketten. 10–21 Uhr, Fr geschlossen.

Tasca Rincon de Roberto, gemütliches Lokal mit kleiner Außenterrasse. Das Restaurant ist auf Fleischgerichte spezialisiert. Mi/Do geschlossen. AV. Hermano Pedro 27.

Chicho, großer, alter Speiseraum mit Kamin und Miniprivatmuseum mit Pütt, Pann und altem Ackergerät. Auf der Karte steht deftige Bauernküche, u. a. Eintöpfe. Hauptgerichte zwischen 6 und 12 €. Calle Santa Catalina.

Der Süden → Karte S. 46

Der Westen und das Tenogebirge

Zwischen den Hotelriesen der Costa Adeje und der gigantischen Steilküste von Los Gigantes erstreckt sich ein Küstenstrich mit eher ruhigem Tourismus. Erst im Norden, bevor die Felsen des Tenogebirges 450 m tief ins Meer stürzen, wird es wieder lebhafter. Im Tenogebirge selbst hat sich wenig verändert.

Ein attraktives Ausflugsziel ist der Sporthafen von Los Gigantes. Hier legen nicht nur Sportboote an und ab, sondern auch die Boote der Hochseeangler oder Ausflugsboote, die zu Wal- und Delfinbeobachtungen aufbrechen. Von den Restauranterrassen der Promenade lässt sich das Treiben entspannt beobachten.

Einige der vormaligen Fischerorte an der Westküste öffnen sich inzwischen dem Tourismus und sind Anlaufpunkte für Urlauber. Dazwischen aber wird noch Landwirtschaft betrieben, wachsen Bananen und Tomaten. Das Tenogebirge hingegen ist seit mehr als 25 Jahren durch Gesetze geschützt und hat sich seine Ursprünglichkeit bewahren können.

Was anschauen?

Alcalá: Einer der ehemaligen Fischerorte, in denen sich rund um die Plaza und am früheren Hafen authentische Winkel erhalten haben. Dass nebenan ein neuer Hotelpalast steht, bemerkt man dort kaum. → S. 88

Vulkanische Felsenküste zwischen Puerto de Santiago und Los Gigantes: Eine schön gestaltete Promenade führt an der Küste aus schwarzer Lava entlang. In Puerto de Santiago liegt der kleine, alte Fischerhafen, ein Eckchen mit ursprünglicher Atmosphäre. Das Museo del Pescador, ein kleines Fischermuseum, befindet sich gleich um die Ecke. → S. 91

Acantilados – die Steilküste von Los Gigantes: Die wahrhaft gigantischen, 450 m hohen Felswände des Tenogebirges begrenzen den gleichnamigen Ort nach Norden. Den besten Blick darauf hat man von der Promenade auf Höhe des Hotels Santiago. → ab S. 91

Tenogebirge: Einer der landschaftlich reizvollsten und ältesten Flecken Teneriffas ist der Nordwestzipfel. Mehrere Millionen Jahre haben tiefe Schluchten in den Fels genagt. Selbstverständlich steht die gesamte Zone unter Schutz. Schon die aussichtsreiche Fahrt über den Pass Degollada del Cherfe bietet unvergleichliche Blicke – erst hoch zum Teide und danach hinunter in die Schluchten. Während im westlichen, regenarmen Teil Kakteen und Palmen dominieren, hat im feuchteren Norden in dichten Wäldern immergrüne Lorbeervegetation überlebt. → **S. 95**

Masca: Mitten im wildromantischen, schluchtenreichen Tenogebirge liegt Teneriffas schönstes Dorf auf drei Felsrücken. Es ist von Obstbaumterrassen und Palmengruppen umgeben. Masca und die anderen Gebirgsdörfer stehen unter Denkmalschutz. Sie sind ein Musterbeispiel kanarisch-ländlicher Architektur, bei der die Häuser in Trockenbauweise – ohne Mörtel – errichtet wurden. → **S. 97**

Wo baden?

Die schönsten Strände findet man im Norden mit der **Playa de la Arena** und der **Playa de los Guíos.** Letztere liegt geschützt zwischen dem Sporthafen und der Steilwand (→ S. 91). Beide sind gepflegt und bestehen aus dunklem feinem Sand. Aber auch alle anderen Küstenorte haben Badeplätze.

Was und wo essen?

Playa San Juan: Frischen Fisch, Meeresfrüchte und Paellas kommen in Playa San Juan im gleichnamigen Restaurant auf den Teller. Für ihre große Auswahl an Tapas sind im Ort gleich mehrere Lokale bekannt. → **S. 87**

Puerto de Santiago: Kastilische Gerichte, zu denen deftige Fleischspeisen gehören, gibt es im Restaurant La Pergola. Von der Terrasse kann man dabei den herrlichen Meerblick genießen. → **S. 91**

Los Gigantes: Als eins der besten Restaurants im Westen gilt El Rincón de Juan Carlos in Los Gigantes. Aus der Küche kommen spanische Gerichte. → **S. 91**

Masca: Traditionell, bäuerlich und auch Vegetarisches isst man im zauberhaften Masca. Im Restaurant El Guanche sitzt man dabei im von tausend Blüten überwucherten Garten. → **S. 97**

Wo wandern?

Eines der schönsten Wandergebiete Teneriffas ist das **Tenogebirge.** Herrliche Wege führen durch die Schluchten und über Bergkämme. Im feuchteren Norden gibt es noch Reste des Lorbeerwaldes. Die wohl spannendste Wanderung führt durch die **Schlucht von Masca.** Streckenweise ist der Schluchtgrund nur wenige Meter breit. Der Weg endet am Meer. Weiter geht es per Boot. → **Wanderung 2, S. 245**

Die Westküste

Zwischen den Hotelriesen der Costa Adeje und der gigantischen Steilküste des Tenogebirges erstreckt sich ein touristisch eher ruhiger Küstenstrich. Sport wird hier großgeschrieben, und es gibt noch Fischerorte, die zumindest im Zentrum ihren ursprünglichen Charakter bewahrt haben. Im Norden, bevor die Felsen des Tenogebirges bis 500 m tief ins Meer stürzen, wird es wieder lebhafter.

Die Westküste liegt im Windschatten des Passats und eignet sich deshalb besser als der Süden für die Landwirtschaft, insbesondere den Anbau der windempfindlichen Tomaten und Bananen. Aus rund 50 Wasserstollen, die oberhalb von Guía de Isora in den Fels getrieben wurden, wird das kostbare Nass auf die Felder in Küstennähe geleitet. Bananenplantagen prägen das Bild entlang der Landstraße TF-47 von Adeje nach Los Gigantes.

Die Hotelkonzerne und die politisch Verantwortlichen haben mit dem Konzept des „Edeltourismus" in den letzten Jahren auch hier für rege Bautätigkeit gesorgt. Playa Paraíso und Callao Salvaje sind reine Urlaubsorte, der Fischerort Playa de San Juan kommt noch ohne Hotels aus. In seiner Sichtweite ragt wie ein riesiger, roter Termitenhügel das Luxusresort Abamagolf in die Landschaft. Auch die Gäste der Fünf-Sterne-Herberge am Ortsrand von *Alcalá* können beim Verlassen ihrer klimatisierten Räumlichkeiten im Dorf authentisches kanarisches Leben schnuppern. Was aber nur die wenigsten tun, wie man im Ort erstaunt feststellt.

Verbindungen Die **Buslinie** 473 verbindet bis auf Playa Paraíso alle Orte an der Westküste (von Los Cristianos über Costa Adeje bis Los Gigantes), tagsüber alle 30 Min.

Die **Landstraße** TF-47 zweigt nördlich von Adeje nach Westen ab und verbindet alle Orte bis Los Gigantes.

Zwischen den Felsen liegen versteckte Badeplätze

Der Westen und das Tenogebirge → Karte S. 84

Playa Paraíso

Der bis vor Kurzem noch schlichte Urlaubsort hat mit Armeñime einen Nachbarn bekommen. Das gleichnamige Dorf in Hinterland hat sich an der Küste einen Ortsteil mit großer Hotelanlage gegönnt. Er besteht aus dem Resort Bahía Príncipe Costa Adeje sowie Reihenhäusern und Villenneubauten aller Stilrichtungen.

Auch am Urlauberangebot von Playa Paraíso selbst ändert sich derzeit viel. Der kleine Urlaubsort ohne attraktive Strände war mit vier bescheidenen Hochhäusern auf einen Drei-Sterne-Tourismus ausgerichtet. Aber die neuen Entwicklungen hin zu Resorthotels, die in ihren weitläufigen Anlagen für Urlauber alles bieten, hat auch Playa Paraíso für Investoren interessant gemacht. Heute rahmen ihn Reihenhaussiedlungen ein, vor der Küste steht eine Reihe neuer Luxusanlagen im Vier- und Fünf-Sterne-Bereich, und auch die Hochhäuser werden dieser Entwicklung mit kompletten Umbauten angepasst. Zwei davon wurden zu Fünf-Sterne-Hard-Rock-Hotels umgebaut.

Das Herz der Ansiedlung bildet nach wie vor ein Einkaufszentrum mit Supermarkt, Boutiquen, Apotheke und Autovermietungen. Vor dem Zentrum hält der Bus. Weiter unten, an den Hotels und Apartmenthäusern vorbei, liegt ein Sandstrandstreifen mit Badeanlage. Die Felsenküste ist ein ideales Revier für Taucher, die hier direkt ins Wasser steigen können. Eine Promenade zieht sich an der Küste entlang. Die Brandung rauscht zumindest im Herbst und Winter mit gewaltiger Kraft dagegen. Dieses Schauspiel und den allabendlichen Sonnenuntergang hinter der Silhouette von Gomera anzuschauen, ist ein echtes Erlebnis. Die Promenade führt im Süden bis zum neuen Ortsteil von Armeñieme: Mit seinen kunterbunten Fassaden erinnert das Resort Bahía Príncipe an eine Kleinstadt. Unterwegs passiert man einen steinigen Strandstreifen, ein Sturm hat die Verschönerungen hinweggefegt.

Verbindungen Die Buslinie 471 (Los Cristianos – Costa Adeje – Playa Paraíso) verkehrt alle 20–45 Min.

Baden Zwei Ministrände sind empfehlenswert: Einer liegt vor dem Zentrum an der Badeanlage mit Schwimmbecken, Duschen und Liegeplätzen zwischen Palmen und Kakteen. Er ist feinsandig und gepflegt. Die Playa de los Galgas liegt in der Bucht weiter nördlich, mit hellerem feinen Sand.

Tauchen Der **Aguanautik Club Teneriffa** (deutsche Leitung) hat in Playa Paraíso seine Station. Die gesamte Palette für Taucher und die, die es werden wollen, ist im Angebot. Selbstverständlich alle Tauchkurse mit Zertifikat. Av. Playa Paraíso, Lokal 4, Anmeldung unter ✆ 629-554172, www.tauchen-auf-teneriffa.com.

Callao Salvaje

Eine familiär wirkende Urlaubersiedlung, daran hat auch das neue Gran Hotel Callao direkt an der Landstraßenabfahrt nichts geändert. Die Küste, meist steil und felsig, wird ihrem Namen „wilder Felsenstreifen" gerecht.

Mehrere Wohnkomplexe mit Tennisplätzen und Schwimmbädern direkt auf den Klippen sehen aus wie Hotels, sind aber Gebäude mit Eigentumswohnungen. Die Hotel- und Apartmentanlagen scheinen vollständig bei skandinavischen und englischen Reiseveranstaltern unter Vertrag zu sein. Auch im Einkaufszentrum dominieren auf dänische und englische Kundschaft eingestellte Restaurants, Geschäfte und Autovermieter. Aufdringlichen Kommerz findet man hier nicht. In der Bucht liegt ein gepflegter Strand mit Mole, Schattenplätzen und Strandbar/-restaurant.

Verbindungen Die Buslinie 473 verbindet alle 30 Min. Callao Salvaje mit Los Cristianos und Los Gigantes.

Tauchen Mit **Paradise Divers** für Anfänger und Profis. Alle Kurse umfassen Versicherung, Ausrüstung und Transport. Calle el Jable 41, ✆ 922-740961, www.paradisedivers.co.uk.

Übernachten **Aparthotel Atlantic Holiday Center**, direkt an der Küste steht dieses sympathische Hotel. Kein Protz stört den geschmackvoll schlichten, skandinavischen Stil. Es gibt Restaurant, Bar, Tennisplatz und selbstverständlich Pools. Calle la Lava 10, ✆ 922-740023, www.atlantic-holiday.com. **€**

Playa de San Juan

Im Grünen, umgeben von Bananen- und Tomatenplantagen, liegt der Fischerort an der schwarzen, gezackten Lavaküste. Den Hafen und die Strandbucht schützt eine hohe Betonmole gegen die Brandung.

Mit Fischerdorf-Romantik kann Playa de San Juan nicht aufwarten. Der Ort ist eher nüchtern mit seiner ein- bis zweistöckigen Flachdach-Architektur. Playa de San Juan ist ausgesprochen ruhig, denn der Verkehr wird hinter dem Ort vorbeigeführt. Zum schön angelegten Strand und zur am gesamten Küstensaum entlang verlaufenden Promenade gelangt man, wenn man gleich nach Erreichen des Ortes nach links unten abbiegt. Der Strand hat die Blaue Flagge für Sauberkeit und guten Service.

Nur wenige Touristen verirren sich nach Playa de San Juan. Taucher zieht es hierher und Tagesausflügler, doch nach einem Gang durch den Hafen und einer Erfrischungspause in einem der kleinen Restaurants gegenüber der Promenade fahren die meisten weiter. Dabei bietet die Plaza mit ihren hohen Bäumen, Bänken, einem Terrassencafé und der Kirche auch einen schönen Treffpunkt für den Abend.

Information Zwischen Strand und Hafenzugang steht ein hübscher Informationspavillon mit viel Material über die Gemeinde Guía de Isora und Teneriffa. ✆ 922-138987, tägl. 9–13 Uhr.

Verbindungen Buslinie 473 → Callao Salvaje; Linie 477, Los Cristianos – Los Gigantes, hält hier alle 40 Min.

Linie 493/4, Guía de Isora – Los Gigantes, hält hier 8-mal täglich.

Baden Die Strandbucht mit natürlichem, dunklem Sand ist schön angelegt. Plankenwege führen ins Meer.

Einkaufen **Bauernmarkt,** Mi 10–14 Uhr auf der Plaza de la Iglesia und an der Playa.

Fiestas Am 16. Juli feiern die Fischer von Playa de San Juan das Fest ihrer Schutzpatronin „Nuestra Señora del Carmen“.

Sport **Actividades Nauticas de Tenerife,** im Hafen hat die Gemeinde einen Standort für viele Wassersportarten eingerichtet. Hier kann man die entsprechenden Kurse belegen und die Geräte ausleihen, wie Surfbretter, Kajaks und Segelboote. ✆ 678-673047, www.velatenerife.es.

Guidos Bubble Club-Teneriffa, Vier-Sterne-Tauchlehrer Guido bietet das gesamte Spektrum für Taucher an. Er hilft auch bei der Reservierung von Unterkünften im Ort. Sie finden ihn in Strandnähe, Calle la Marina 8. Tägl. außer Freitag 9–18Uhr, ✆ 609-414457, www.guidos-bubble-club.de.

Abama Golf Resort, verfügt über eine 18- und 9-Loch-Anlage direkt über der Küste, angeschlossen sind eine Golfakademie und ein Tennisclub. Mehr Infos unter www.abamagolfresort.com.

Übernachten **Apartamentos Carlomar,** gegenüber der Promenade gelegen, mit 18 Apartments. Kein Superluxus, aber komfortabel, sauber und ordentlich eingerichtet. Die Zimmer zur Meerseite haben große Balkone. Hier waren Leser sehr zufrieden. Calle Isla del Hierro 55, ✆ 922-138800, www.carlomarplaya.es. **€–€€**

Apartamentos Carla, über ihrem Restaurant Calana vermietet Carla mehrere sehr gut ausgestattete Apartments, mit einem oder zwei Schlafzimmern. Alle mit Balkon und Blick zum Meer. Av. Emigrante 6, ✆ 922-138317. www.alojamientoscarlacom. **€–€€**

Essen & Trinken Die meisten Lokale liegen am Strand und gegenüber der Promenade an der Avenida Emigrante. Der Name Avenida Emigrante erinnert übrigens daran, dass in den vergangenen Jahrhunderten viele Bewohner der Umgebung von hier per Boot nach Mittel- und Südamerika emigrierten.

Playa San Juan, am Strand mit großer Terrasse und schönem Gastraum. Hier werden als Spezialitäten Gerichte mit frischem Fisch, Meeresfrüchten und Paellas serviert. Tägl. 10–22 Uhr.

Der Westen und das Tenogebirge → Karte S. 84

Taberna Maritima Agua y Sal, sehr gutes Fischrestaurant mit zwei weiteren Ablegern in Tajao und Los Cristianos. Fisch wird nach Gewicht berechnet. Di–Sa 12.30–22.30 Uhr. Av. Emigrante 24.

Brisa Marina Taberna Marinera, Gegrilltes, aber auch eine Auswahl an kleinen und großen spanischen und mediterranen Gerichten mit Fisch und Meeresfrüchten serviert das Lokal in der Av. Emigrante 16. Fr–Mo 11–22.30 Uhr.

El Aljibe, serviert eine gute Tapas-Auswahl und Paella in gepflegtem Ambiente innen und auf der Terrasse. Av. Emigrante 8. Mi geschl., sonst 8–20 Uhr.

La Vinoteca, Tapas und kanarische Gerichte, Fleisch und Fisch stehen auf der Karte des Lokals. Tägl. 10–22 Uhr. Av. Emigrante 16.

Alcalá

Einer der Fischerorte, in dem sich rund um die Plaza und am früheren Hafen die alte Dorfstruktur erhalten hat. Der Tourismus ist in Form eines Luxusresorts am nördlichen Ortsrand angekommen.

Die Landstraße teilt den Ort. Oberhalb stehen neuere Wohnhäuser, unterhalb liegt der alte, ruhige ehemalige Fischerort mit noch unversehrten, hübschen Ecken und alten Straßenzügen. An der Promenade steht der Pavillon der Touristeninformation. Sie haben zwei Möglichkeiten, von dort die Umgebung zu erkunden:

Nach Süden geht es an der Küste entlang hinunter zum früheren Hafen. In der größten Bucht, von einer Mole geschützt, liegen jetzt nicht mehr Fischerboote (denn die sind nach Playa de San Juan umgezogen), sondern Urlauber in der Sonne. Dies ist auch ein beliebter Startplatz für die Tauchclubs in der Umgebung. Oben an der Steilküste kleben hübsche, frisch gestrichene, alte Fischerhäuser. Nur wenige Schritte weiter über Treppenwege auf und ab erreichen Sie die unveränderte, beschauliche Plaza. Dass in unmittelbarer Umgebung ein Hotel mit Hunderten von Urlaubern steht, bemerkt man hier kaum.

Geht man vom Pavillon aus nach Norden, passiert man eins der ganz großen Resorts, das Gran Meliá Palacio de Isora. Mit seinem Bau wurde eine neue Promenade entlang der Küste nach Norden angelegt. Spiel- und Sportplätze gibt es am Weg, natürliche Felsbadebecken und einen größeren, schönen, dunklen Sandstrand.

Verbindungen **Buslinie** 473, 477 und 494 → Playa de San Juan. **Pkw:** Landstraße TF-47 bis zum Verkehrskreisel im Norden von Alcalá fahren, dort die Ausfahrt zur Küste nehmen und bis zu den Parkplätzen an der Promenade durchfahren.

Baden Im ehemaligen Hafen und längs der Promenade nach Norden.

Tauchen Die Küste vor Alcalá ist einer der interessantesten Tauchspots. Alle Veranstalter an der Westküste kommen hierher. Anbieter vor Ort: **Divería Diving Center,** Calle La Plaza, ✆ 682-267168.

Einkaufen Supermärkte im Ort, **Bauernmarkt** Mo 10–14 Uhr auf der Plaza de Llano.

Fiestas Am 16. Juli feiern die Fischer von Alcalá wie in allen Fischerorten Spaniens das Fest ihrer Schutzpatronin „Nuestra Señora del Carmen".

Übernachten *** Pensión Alcalá,** einfache Unterkunft, die dem neuen Edelboom trotzt. 22 Zimmer sind Sammelpunkt für Individualisten. Das Haus, zu dem auch ein Restaurant gehört, ist von außen mit Wandbildern und Skulpturen geschmückt. Innen ist es eher schlicht. Es gibt Einzel- und Doppelzimmer mit und ohne Bad und ein Apartment. C. Marruceos 2, ✆ 922-865457, www.pensionalcala.com. **€**

Apartments Alcalá Tenerife, alle Wohnungen des Hauses sind ausreichend komfortabel eingerichtet. Calle La Tosquita 2, ✆ 634-320549. **€€**

Hotel rural El Navio, etwas außerhalb zwischen Bananenplantagen liegt das kleine, sehr persönlich geführte Hotel. Die Zimmer und Suiten sind hell und hübsch im Landhausstil eingerichtet. Terrassen und Pool. Vom Verkehrskreisel ca. 600 m weiter nach Norden, dort ausgeschildert. Av. Los Pescadores, ✆ 922-865680, www.elnavio.es. **€€–€€€**

****** Gran Melia Palacio de Isora,** das neue Resort am Ortsrand bietet allen erdenklichen Luxus. Es lohnt sich, auf die Website zu schauen, dort gibt es häufig günstige Angebote. Urbanización La Jaquita, ✆ 922-869000, www.melia.com. **€€€€**

Essen & Trinken Die meisten Lokale finden Sie auf der Plaza. Dort stellen Cafés und Restaurants Tische und Stühle in den Schatten von Bäumen und Markisen.

Tasca Tu Rincón, sehr beliebtes, kleines Lokal mit Terrasse. An der Tafel stehen viele Tapas und kanarische Gerichte zu günstigen Preisen. Calle la Plaza 22.

Sauco, mit großer Terrasse, die einen weiten Meerblick bietet, direkt an der Promenade. Serviert wird lokale und mediterrane Küche mit viel Fisch und Meeresfrüchten. Di geschlossen, Mi–Mo 9–16 und 19–22 Uhr. Calle la Fábrica.

Rincón Canario, für Vegetarier gibt es sowohl eine Vorspeisenkarte als auch eine Karte mit Hauptgerichten. Insgesamt aber überwiegen deftige lokale Gerichte mit Fisch und Fleisch. Tägl. 19–23 Uhr. Calle de Nuñez de Balboa10, ✆ 636-848698.

Querensia de Domingo, gehört zur o. g. Pension Alcalá und ist eines der urigsten Restaurants weit und breit. Gekocht wird Südamerikanisch. Die Wände sind mit Malereien und Skulpturen geschmückt. Wer genug geschaut hat, kann sich mit südamerikanischen Tapas und anderen kleinen Gerichten stärken, Spezialität ist Kürbissuppe. 18–22 Uhr, Di geschlossen. Calle Carrero 1.

> Hersteller der Kunstobjekte im Querensia ist der frühere Besitzer von Pension und Restaurant, der verstorbene **Domingo Lugo Negrín,** der ein bewegtes Leben hatte. Von Gomera emigrierte er mit seiner Familie nach Venezuela. Als Kämpfer gegen die Diktatur verbrachte er zwei Jahre in Gefängnissen. Seine Kunstwerke sind nicht nur in Alcalá zu sehen. Domingo beschickte mehrere Ausstellungen, auch in Deutschland.

Alcalá hat seine hübschen Ecken bewahrt

Der Westen und das Tenogebirge → Karte S. 84

450 m hoch erhebt sich die Steilwand Los Gigantes aus dem Meer

Playa de la Arena, Puerto de Santiago und Los Gigantes

Feine Sandstrände, eine schmale, felsige Hafenbucht, bizarre vulkanische Ufersäume und eine wahrhaft gigantische Steilküstenkulisse – das sind die natürlichen Schätze dieses Küstenabschnittes. An ihm reihen sich Hotels an Apartmenthäuser und Bungalowsiedlungen über Ortsgrenzen hinweg und haben die drei Urlaubsorte zu einem zusammenwachsen lassen.

In den Drillingsorten überwiegt eine flache Bauweise mit kanarischen Elementen wie dunklen Holzgeländern und roten Ziegeldächern, Hotels und Apartmenthäuser liegen inmitten tropischer Gärten. So entsteht trotz der Ausdehnung des Ortskonglomerats kein Großstadtgefühl. Der Verkehr stört nur an der Durchgangsstraße, alle anderen Straßen sind wenig befahren und häufig als Sackgassen angelegt, um Autos fernzuhalten.

Im Puerto Deportivo, dem Sporthafen von Los Gigantes, dümpeln Yachten und Ausflugsboote. Vorher gab es hier in der Gegend nur einen winzigen, natürlichen Fischerhafen in einer schmalen Felsenbucht und ein Fischerdorf, Puerto de Santiago. Vom alten Puerto de Santiago sind noch ein paar Häuser an der Bucht und ein paar Fischerboote übrig geblieben. Einige der Fischer wohnen inzwischen in Apartments, und so manch einer wirft nicht mehr selbst die Angel aus, sondern schippert Touristen auf Fischfangtour.

Da die Gegend vor dem Bau der Hotels und Apartmenthäuser kaum besiedelt war, gibt es keine historisch oder architektonisch bedeutsame Altstadt zu bewundern.

Playa de la Arena

Hauptattraktion ist der gepflegte **Strand,** der als einer der schönsten von Teneriffa gilt und mit der blauen Flagge der EU für seine Sauberkeit und guten Einrichtungen ausgezeichnet ist. Er liegt in einer großen, von bizarren Felsen eingerahmten Bucht. Am Strand gibt es jeglichen Service: Duschen, Liegestuhlverleih und Rettungswacht. Das Meer hat zeitweilig eine hohe Brandung, Vorsicht ist auch wegen der Unterströmungen geboten. Hinter dem Strand beginnt eine Promenade, die ein kleines Stück an der Küste entlangläuft.

Puerto de Santiago

Sehenswert ist die bizarre Küstenlandschaft aus schwarzer Vulkanschlacke. An ihr liegen die neue, weitläufige Plaza und etwas weiter nach Norden der kleine, alte Hafen, ein Eckchen mit ursprünglicher Atmosphäre. Am Hafen beginnt eine schön gestaltete Promenade, die an der Küste entlang in Richtung Los Gigantes führt.

Museo del Pescador: Das kleine Fischermuseum gibt Einblicke in das harte Leben der Fischer in den vergangenen Jahrhunderten. Ihre Gedanken zur Gegenwart zeigen Künstler des 21. Jh., die regelmäßig Raum für Ausstellungen im Museum bekommen.

▪ Mo–Fr 9–13 und 15.30–17 Uhr, Sa/So geschlossen. Avenida Quinto Centenario 14.

Los Gigantes

Der Ort grenzt unmittelbar an die grandiose Steilküste. Vor heftiger Brandung geschützt liegt der Strand **Playa de los Guíos** zwischen der Marina und den Felsen *Acantilados de Los Gigantes* (man geht hinter dem Häuserblock entlang). Er ist sehr gepflegt, mit schwarzem, feinem Sand. Jeglicher Strandservice ist vorhanden, in der Nähe gibt es auch mehrere Restaurants. Ein künstliches Wasserparadies ist **El Laguillo:** Seen, Wasserfall und tropische Insel, dazu Kinderspielplatz, Bars und Restaurants (tägl. 10.30–18.30 Uhr, Eintritt 4,50 €, Kinder die Hälfte; zum Zeitpunkt der letzten Recherche wegen Renovierungsarbeiten geschlossen).

Attraktives Ausflugsziel ist der Sporthafen, der **Puerto Deportivo,** in dem immer allerhand Betrieb herrscht. Schiffsanlege- und Ablegemanöver lassen sich beobachten oder fast handzahme Fische füttern. Von den Molen hat man einen schönen Blick auf die Steilküste und das Meer. Oberhalb von Los Gigantes bieten zwei Miradores (Aussichtsplätze) einen herrlichen Rundblick.

Ausflüge in die Umgebung

Die Steilküste von Los Gigantes bildet der Felsabsturz des Tenogebirges, eines der schönsten und romantischsten Gebiete Teneriffas. Mitten im Gebirge liegt das zauberhafte Gebirgsdorf Masca (→ S. 97).

Das Tenogebirge ist zudem ein ideales Wandergebiet. Wenn Sie sich mit dem Bus dorthin aufmachen, müssen Sie einen genauen Zeitplan einhalten, denn Linie 462 fährt nur bis Santiago del Teide. Von dort starten die wenigen Verbindungen der Linie 355 nach Masca und zurück.

Arguayo, das Töpferdorf, kann man nur per Pkw erreichen (→ S. 94).

Praktische Infos

Information In Playa de la Arena befindet sich ein **Informationsbüro für Touristen** im Einkaufszentrum gegenüber der Playa im ersten Stock. Mo–Sa 8–14.30 Uhr, www.santiagodelteide.org.

Verbindungen Die Haltestellen der **Buslinien** liegen an der Carretera General, der Verbindungsstraße, die sich durch Playa de la Arena (dort heißt sie Av. Marítima Puerto de Santiago) und Puerto de Santiago zieht, etwas oberhalb von Los Gigantes verläuft und danach zur Bushaltestelle in seinem Zentrum führt.

Linie 325, Los Gigantes – Puerto de la Cruz über Santiago del Teide. Dort umsteigen für Fahrten nach Masca!

Linie 473, Callao Salvaje, alle 30 Min.

Linie 477, von Los Cristianos alle 40 Min. die Küste entlang bis Los Gigantes.

Linie 493/4, Playa San Juan und weiter bis Guía de Isora, wenige Abfahrten.

Apotheke Im Einkaufszentrum von Playa de la Arena und in Los Gigantes in der Calle Flor de Pascua.

Autoverleih Agenturen in den meisten Einkaufszentren.

Bootsausflüge Vom Sporthafen in Los Gigantes starten mehrmals täglich Boote zu Ausflügen und Angeltouren. Eines der Ausflugsboote hat einen Glasboden mit bester Sicht auf die Unterwasserwelt. Die Gewässer sind besonders fischreich. Häufig tummeln sich Delfine in unmittelbarer Nähe, mehr als hundert Pilotwale halten sich an der Südwestküste auf. **Whalewatching** (Walbeobachtung) bieten mehrere Veranstalter an. Meist bleibt Zeit für eine Pause am Strand von Masca. Informationen dazu gibt es am Sporthafen. Die Preise liegen je nach Dauer und Tour zwischen 15 und 30 €.

Der **Masca express** übernimmt auch den Transfer für Wanderer vom Strand von Masca nach Los Gigantes oder umgekehrt, Anmeldung erforderlich. Calle Poblado Marinero, Lokal 20, ✆ 922-862120, www.mascaexpress.com.

Auch **Hochseeangeln** wird angeboten, Kostenpunkt je nach Dauer zwischen 70 und 120 € mit Speisen und Getränken.

Tauchen Im Sporthafen befindet sich eine Tauchbasis, die Tauchgänge und Tauchkurse anbietet. Kompletter Kurs mit Abschlussprüfung und Zertifikat. **Los Gigantes Diving Center,** Poblado Marinero, Lokal N, ✆ 922-860431, www.divingtenerife.co.uk.

Segeln **Sporting Point,** im hinteren Abschnitt des Hafens werden auch Segelkurse (englisch) angeboten.

Einkaufen Supermärkte und Boutiquen gibt es in den Einkaufszentren von Playa de la Arena, gegenüber vom Strand und im Centro Comercial Vigilia Park, Carretera General, sowie im Centro Comercial Tenir, Calle de la Hondura.

Medizinische Versorgung **Centro de Salud** (öffentliches Gesundheitszentrum), Calle Herrador 18 in Puerto de Santiago.

Post Puerto de Santiago, Carretera General/ Ecke Calle de la Hondura.

Taxis In Los Gigantes gegenüber dem Hotel Los Gigantes, in Puerto de Santiago gegenüber der Post, in Playa de la Arena vor dem Strand.

Übernachten Wie im Süden sind die Hotels auch hier auf Pauschaltouristen und nicht auf Individualurlauber eingestellt. Leser berichteten, dass ihr Wunsch nach einer Unterkunft in allen Hotels vor Ort auf Unverständnis stieß. Sie fuhren dann weiter nach Alcalá und waren dort sehr zufrieden.

****** Hotel Barcelo Santiago 5,** in malerischer Lage zwischen Los Gigantes und Puerto de Santiago auf einer Landzunge im Meer. Alles sehr komfortabel, die Zimmer ebenso wie die Außenanlagen. Tennisplatz, Schwimmbecken, Bars und Restaurants. ✆ 927-860912 www.barcelo.com. **€€€€**

***** Hotel Los Gigantes 2,** großes Haus in guter Lage an der Küste. Von den Balkonen hat man einen weiten Blick auf das Meer und die Steilküste. Calle Flor de Pasqua, ✆ 922-861020, www.hotellosgigantes.com. **€€€**

Hotel Landmar Costa Los Gigantes 7, familienfreundliches Hotel in Los Gigantes, etwas zurückgelegen, mit Poollandschaft und Spielbereich für Kinder. Alle Zimmer mit Balkon und Blick auf die Küste, den Atlantik und La Gomera. Infos und Reservierung unter ✆ 922-862991. C/Juan Manuel Capdevielle 8, Los Gigantes, www.landmarhotels.com. **€€€**

Essen & Trinken **Pancho 8,** in Playa de la Arena, direkt neben dem Strand, in einem großen Garten mit hohen Bäumen. Hier werden die traditionellen kanarischen Gerichte an die leichtere modernere Küche angepasst. Mittlere Preise, tägl. außer Mo 13–16 und 19–22 Uhr geöffnet.

La Pérgola 6, gute Lage. Innen sitzt man angenehm, am schönsten ist es aber auf der Terrasse. In der Küche werden spanische, insbesondere kastilische Gerichte zubereitet. Deftige Fleischspeisen gehören dazu. Guter Service, angemessene Preise, etwas über dem Durchschnitt. 12–15 und 18.30–22 Uhr, Mi/Do geschlossen. Im CC Marblanca neben dem Hotel Santiago, Calle la Hondura 10, ✆ 922-860347.

El Rincón de Juan Carlos 3, gilt als das beste Restaurant im gesamten Gebiet. Schönes Ambiente, hervorragendes Essen und exzellenter Service. Obere Preisklasse. Tägl. ab 19 Uhr. Etwas versteckt gelegen, Pasaje Jacaranda 2, die Gasse liegt zwischen der Calle Flor de Pascua und Dorfplatz Plaza Bouganvilla in Los Gigantes. ✆ 922-868040, www.webelrinconde juancarlos.com.

Livemusik In den Drillingsorten überwiegen englische Gäste, und die bevorzugen am Abend Livemusik. Der beliebteste Treff ist das **T.Js 1** vor dem Hotel Los Gigantes in Los Gigantes. Häufig treten englische „Stars" auf.

Um 18 Uhr öffnet auch **The Wine Bar and Terrace 4** mit Livemusik. Es gibt diverse Cocktails und auch eine Speisekarte. Av. José Gonzales Forte.

Im Hinterland

Guía de Isora

Oberhalb von Guía de Isora sind die Kiefernwälder besonders schön. Nahe dem Nationalpark stehen sie über weite Strecken in tiefschwarzen Lavadünen. An der Landstraße zum Nationalpark hinauf befinden sich mehrere Ausflugslokale, die kanarische Küche anbieten. Die Menschen in der Umgebung leben von der Landwirtschaft, ihre Produkte können Sie vor Ort erwerben.

Der Verwaltungssitz der Gemeinde ist ein eher ruhiger, unauffälliger Ort. Schmucklose Bauten bestimmen das Stadtbild. Die Pfarrkirche ohne besondere Sehenswürdigkeiten stammt erst aus dem 19. Jh.

Der Westen und das Tenogebirge → Karte S. 84

Fiestas Der 21. September ist der Festtag von „Nuestra Señora de la Luz“ mit Umzug und Tanz auf der Plaza.

Ferien auf der Finca Auch in der Umgebung von Guía de Isora gibt es für den Urlaub restaurierte Landhäuser, Infos und Reservierung → S. 213.

Arguayo

Das kleine, stille Bergdorf war das Töpfereizentrum Teneriffas. In den Zeiten, als Metalltöpfe noch unerschwinglich waren, arbeiteten in jedem Haus Frauen an der irdenen Ware. Heute werden die Produkte nur noch in einem Haus hergestellt, in einem wunderschön rekonstruierten kanarischen Bauernhof am oberen Ende der Durchgangsstraße. Das Haus ist gleichzeitig ein Museum.

Centro Alfarero – Töpfereimuseum: Schon die Anlage ist sehenswert. Um einen Innenhof gruppieren sich die Häuser aus Natursteinen in der traditionellen Bauweise. Im Gebäude links neben dem Eingang befindet sich eine Ausstellung mit historischen Fotos und Erzeugnissen aus der Blütezeit der Töpferei. Die Technik ist einfach und die Produkte sind schlicht, aber es gab nicht nur Töpfe für den Haushalt, sondern auch für jede Verrichtung bei der Milchverarbeitung ein eigenes Gefäß. Eine Glasvitrine zeigt vorspanische Keramikfunde und stellt sie der alten Berberkeramik gegenüber. Die Gemeinsamkeiten bei Herstellungstechnik und Formen gelten als Indiz für die Verwandtschaft der Urbevölkerung der Kanaren, der Guanchen, mit den Berbern Nordafrikas. Im Raum nebenan steht die Produktion der letzten Wochen.

■ Di–Sa 10–13 und 16–19 Uhr, So 10–14 Uhr. Eintritt frei.

Töpfern wie vor tausend Jahren

Die Herstellung in Arguayo ist noch Handarbeit pur. Im Töpfereimuseum kann man bei der Arbeit zuschauen. Einziges Hilfsmittel auf der Arbeitsplatte ist ein Stein, der zum Glätten benötigt wird. Bei der Aufbautechnik (ohne Drehscheibe) werden aus Tonstückchen schmale, lange Würstchen gerollt und übereinander auf eine gewölbte Platte gelegt. Um sie zu verbinden, wird mit der Hand und einem Holzspatel darübergestrichen, bis das Gefäß die gewünschte Form und Höhe hat. Vor dem Brennen auf einem Holzfeuer muss die Form mehrere Tage trocknen.

Aussichtsreiche Fahrt durch das Tenogebirge nach Masca

Das Tenogebirge

Als gigantische Steilküste (Los Gigantes) stürzt das wilde, schluchtenreiche Tenogebirge ins Meer. Die steile Bergwelt mit ihren schmucken Dörfern wurde erst spät an das allgemeine Straßennetz angeschlossen. Bevor jedoch der Fortschritt in Form grauer Zementblockhäuser oder Hotelburgen einziehen konnte, hatte die kanarische Regierung das Tenogebirge zum Landschaftsschutzgebiet erklärt.

Die Dörfer, die komplett unter Denkmalschutz stehen, sind ein Musterbeispiel kanarisch-ländlicher Architektur. Es dominieren die aus Natursteinen in Trockenbauweise, d. h. ohne verbindenden Mörtel, errichteten Bauernhäuser. Masca im Zentrum des Tenogebirges gilt als das schönste Dorf Teneriffas. In den letzten Jahren hat es sich nach dem Nationalpark zum meistbesuchten Ort für Tagesausflüge entwickelt. Das schafft Arbeit und Einkommen und hält die Bewohner in der Gegend.

Unvergesslich ist der Blick vom Pass **Degollada del Cherfe,** oberhalb von Santiago del Teide, über die unbändige Felsenlandschaft zum Meer und von dort hinüber zur Insel Gomera, bei guter Sicht nach El Hierro und La Palma. Gegenüber bietet sich, nicht weniger beeindruckend, der Blick auf den Teide. Neben der Straße hinunter nach Masca erstreckt sich die unberührte Landschaft.

Das Tenogebirge wird nur im Norden mit Niederschlägen verwöhnt. Dort haben sich noch Reste des Lorbeerwaldes gehalten. Die kargen, vulkanischen Höhen des Südteils wirken umso rauer, seine Gipfel erscheinen unbezwingbarer, die Schluchten wecken Lust auf Abenteuer. Im Frühjahr duftet der weißrosa Ginster süß und eine seltene Tabaiba-Art bedeckt rot blühend die Hänge.

Das Tenogebirge ist eine der ältesten Landschaften Teneriffas. Vor etwa 17 Millionen Jahren entstand es als eigene

Vulkaninsel. Seither haben Wind und Wetter die weicheren Gesteinsschichten abgetragen, geblieben sind die härteren, wie der rötliche Trachit, schroff und bizarr geformt. Bei späteren Beben und Ausbrüchen vor 2–3 Millionen Jahren entstanden Risse im Gestein, in die basaltische Lava gepresst wurde. Sie durchziehen als Gesteinsgänge das Gebirge. An einigen Stellen verwitterte der Stein, der die Gänge umgibt, und der harte Basalt blieb als Scheiben oder Mauern stehen. Gut zu sehen ist dieses Phänomen im Verlauf der Wanderung 2 durch die Schlucht von Masca.

Verbindungen **Bus:** Die Linie 325 verbindet täglich 4- bis 6-mal Los Gigantes und Puerto de la Cruz über Santiago del Teide. Linie 355 verbindet täglich 4- bis 6-mal Santiago del Teide mit Masca und Buenavista.

Pkw: Von Süden kommend in Los Gigantes die TF-464 bis Tamaimo und dort die TF-82 bis Santiago del Teide. Hier biegt die TF-436 ins Tenogebirge und nach Masca ab. Sie führt steil hinauf auf den Pass Degollada del Cherfe, dann genauso steil wieder abwärts bis Masca. Von Norden kommend in Buenavista del Norte die TF-436 in Las Portelas, dort biegen Sie entweder nach rechts zum Informationszentrum und nach Teno Alto ab oder folgen der Straße weiter zum Pass Degollada de Tabaiba und Masca.

Santiago del Teide

Das Bergdorf mit seinen kaum mehr als 500 Einwohnern, die sich früher mehr schlecht als recht mit Wein- und Mandelanbau sowie Viehwirtschaft über die Runden brachten, ist mittlerweile zu Geld gekommen. Auf dem zur Gemeinde gehörenden Ödland an der Küste, an dem es zuvor nur einen winzigen Fischerhafen und einige Bananenplantagen gab, entstanden ab den 1970er-Jahren drei Urlaubszentren, die inzwischen zusammengewachsen sind: Los Gigantes, Puerto de Santiago und Playa de la Arena. Der frühere Gemeindesitz mit maurisch anmutender Kirche ist für die meisten Urlauber ein Durchgangsort und wichtig als Ausgangspunkt für die Fahrt nach Masca. Die ausgeschilderte Landstraße dorthin zweigt gegenüber vom Kirchplatz im Ort ab. Man muss schon ein wenig abenteuerlustig sein, um die serpentinenreiche Fahrt über den grandiosen Pass Degollada del Cherfe hinunter ins Tal von Masca auf sich zu nehmen. Vorausschauendes Fahren und frühzeitiges Anhalten in Ausweichbuchten bei Gegenverkehr erleichtern die Anfahrt ins Bergdorf enorm.

Weinpresse vor dem Landhotel La Casona del Patio

Information Gegenüber der Kirche liegt das Büro der **Touristeninformation,** in dem eine gut informierte Dame Material zur gesamten Gemeinde bereithält und gern weiterhilft. Mo–Fr 9–15 Uhr

Das **Besucherzentrum Tierra de Volcanes** widmet sich in beeindruckender Weise der Entstehung der Vulkane (Film auch in Deutsch). Dokumentiert ist der letzte Vulkanausbruch auf Teneriffa, der Ausbruch des Chinyero 1909 oberhalb des Ortes, und seine Folgen für die Landschaft und die Menschen. Am Ortseingang (von Los Gigantes kommend). Di–Sa 9–15 Uhr, Eintritt frei.

Übernachten **La Casona del Patio,** wer auf halber Strecke in den Süden ländlich übernachten möchte, kann das in diesem hübsch restaurierten Haus mit moderner Einrichtung unter Berücksichtigung des kanarischen Stils tun. Die Zimmer sind großzügig angelegt, einige verfügen über eine Terrasse. Außerdem gibt es ein Restaurant, in dem man ein Abendessen (mit vorheriger Reservierung) einnehmen kann. Das Hotel befindet in der Nähe der Kirche (von der eukalyptusgesäumten Straße etwas zurückgelegen). Av. de la Iglesia 68, Santiago del Teide, ✆ 922839293, www.lacasonadelpatio.com. **€€€€**

Masca

Als schönstes Dorf Teneriffas wird Masca gerühmt, und das ist nicht übertrieben. Masca war ebenso wie auch die anderen Flecken im Tenogebirge bis vor 35 Jahren weitgehend vom Verkehr abgeschnitten, eine vergessene Ecke im westlichen Zipfel der Insel. Damit es nicht, wie andernorts geschehen, durch „moderne Hohlblockbauten" verschandelt wird, steht es unter Denkmalschutz.

Häuser aus kunstvoll aufeinander geschichteten, dunklen Natursteinen schmiegen sich an den Fels und drängen sich auf schmalen Bergrücken zusammen. Die typisch kanarischen, mit roten Pfannen gedeckten Dächer waren schon eine Neuerung, früher hatte man sie hier in der Gegend noch mit Stroh und Schilfrohr gedeckt.

Das Besondere an Masca ist seine unglaubliche Lage. Die Ortsteile liegen auf drei steilen, durch Schluchten getrennten Felsrücken. Den mittleren Ortsteil überragt die Felsnadel **El Catán** – kein Künstler hätte es besser komponieren können. Der Blick geht durch die wilde Schlucht von Masca über das Meer bis nach Gomera. Das Dorf ist umgeben von steilen Terrassen, auf denen Mandel- und Obstbäume blühen, Palmengruppen umrahmen Häuser und Terrassenfelder. Kurzum, man muss Masca gesehen haben. Schon die Fahrt in den Ort ist überwältigend. Einen traumhaften Blick auf Masca hat man von Süden kommend am Degollada del Cherfe und von einer Parkbucht unterhalb; von Norden kommend am Cruz de Hilda, bei Kilometer 14,7 an einer Aussichtsterrasse mit Café.

Das Dorf zwischen den wilden Schluchten ist nach dem Nationalpark der Ort, den die meisten Tagestouristen aufsuchen. Für die Einwohner bringt das nicht nur eine gewisse Unruhe, sondern auch Vorteile, denn die Besucher essen hier, trinken ein Glas des hiesigen Weines und kaufen die Früchte der Umgebung und geflochtene Palmstrohhütchen.

▪ Die ersten Ausflugsbusse kommen nicht vor 10 Uhr, der letzte fährt zwischen 17 und 18 Uhr. Vorher und nachher ist also reichlich Zeit, den Ort in aller Ruhe zu durchstreifen.

Spaziergang

Vom Kirchplatz in Masca sollte man den steilen, steingepflasterten Weg hinunterspazieren bis auf den flachen Bergrücken vor der Felsnadel. Von dort kann man besonders gut in die steile Schlucht von Masca schauen. Anschließend geht es ein Stück zurück und auf den gepflasterten Weg nach Lomo de Masca, der auf halber Höhe nach rechts abzweigt. Dieser Ortsteil wirkt dörflicher, die mehrstöckigen Häuser stehen enger beieinander als in Masca. Auf einem alten Bauernhof in Lomo de Masca hatte der inzwischen verstorbene Ariaz Besuchern seine private Sammlung von alten Haus- und Hofgerätschaften in Eigeninitiative gezeigt. Sie hat sich zu einem kleinen **Heimatkundemuseum** gemausert, dem ein Informationsbüro angegliedert ist (Öffnungszeiten und Eintritt → Information).

Bilderbuchdorf Masca

Hübsch ist es, ein kleines Stück in die mit Obstbäumen bestandenen Terrassengärten zu spazieren, die sich am Berg entlangziehen. Zurück zum Ausgangspunkt geht es wieder über den Weg auf halber Höhe.

Praktische Infos

Information Im Ortsteil **Lomo de Masca** gibt es ein kleines Heimatkundemuseum, das auch als Touristeninformation dient (ausgeschildert). Mo–Fr 10–17 Uhr, Sa 10–14 Uhr, Eintritt 1,50 €. Direkt unterhalb des Dorfplatzes und der Kirche hat man ein **Besucherzentrum** eröffnet (Centro de Visitantes de Masca). Hier kann man sich u. a. über die Masca-Schlucht und deren Biodiversität informieren. Außerdem erhält man hier das Equipment (Helm) für die Durchquerung der Masca-Schlucht (→ Wanderung auf S. 245).

Anfahrt/Verbindungen **Bus:** Die Buslinie 355 verbindet 4- bis 6-mal täglich Masca mit Buenavista und Santiago del Teide.

Der Ort ist Ziel von **Bustagesausflügen,** Preis ca. 35 €. Die Veranstalter von **Wandertagestouren** haben Wanderungen im Tenogebirge mit Stopp in Masca im Programm.

Pkw: Für einen Ausflug ins Tenogebirge und nach Masca lohnt sich ein Leihwagen. Anfahrt entweder über Buenavista oder Santiago del Teide. Legen Sie einen Stopp auf dem Pass oberhalb von Santiago del Teide ein. Der Blick ist unvergleichlich schön. Ab 10 Uhr sind Parkplätze rar. Man darf nur noch max. 2 Std. in den vorgesehenen Parknischen parken. Entsprechende Schilder weisen darauf hin. Parksünder werden kostenpflichtig abgeschleppt.

Die Landstraße führt oberhalb an den drei Ortsteilen vorbei: von Santiago del Teide kommend zuerst an Lomo de Masca, dann an Masca und etwas entfernt und durch eine breitere Schlucht getrennt an La Vica. Als Hauptort gilt Masca, wo die Kirche steht und sich fast alle Restaurants befinden. Autos und Fahrräder müssen in allen Ortsteilen oben bleiben.

Einkaufen Typische und lohnende Mitbringsel sind kulinarischer Natur: **Feigen, Mandeln** und **Honig,** entweder pur oder zu Kuchen verarbeitet. Wenn Sie gern kochen, sollten Sie bei **Azafrán** zugreifen, es ist zwar nicht der kostbare Safran aus Krokussamenfäden, sondern nur der Samen der Färberdistel, der hier verkauft wird, aber er macht Fischsuppe und Kuchen genauso „geel". Im Angebot sind auch der **Käse** und der **Wein** der Gegend und **Apfelsinen, Mandarinen** und anderes Obst aus den Bauerngärten. Typisches Handwerkserzeugnis aus der Gegend sind aus **Palmstroh** geflochtene Matten, Körbe, Hüte und Taschen.

Übernachten **Casa Morro Catana,** restauriertes Bauernhaus im Hauptort von Masca, unterhalb der Kirche ausgeschildert. Wohnzimmer, Küche, Bad sowie zwei Schlafzimmer für bis zu 4 Pers. Terrasse vor dem Haus. Reservierung auf Spanisch. ✆ 922-863409 und 696-465838, www.morrocatana.com. **€–€€**

In Carrizal einige Kilometer weiter nördlich können drei Häuser des **Turismo rural** gemietet werden. Sie finden mehr Infos zu den Casas El Chorro, La Tinta und Las Piedras unter www.booking.com.

Essen & Trinken Bleiben Sie nicht gleich bei den ersten Lokalen hängen, ein Stück den steilen, gepflasterten Weg hinunter wird es schöner und romantischer.

El Guanche – Alte Schule, gegessen wird auf der von Ranken und Blüten überwucherten Gartenterrasse, die den schönsten Blick in die Schlucht bietet. Gekocht wird nach traditionellen Rezepten (auch vegetarisch), kombiniert mit neuen Ideen. Herausgekommen sind ungewöhnliche Menüs mit Maispfannkuchen und Bananen-/Palmenhonigcreme. Kleine Karte. Tägl. außer So 10–18 Uhr geöffnet. Den steilen, gepflasterten Weg im Hauptort Masca ganz durchgehen und dann unten nach rechts, zwischen den Terrassen entlang. ✆ 922-863027.

La Piedra, restauriertes kanarisches Haus mit großer Terrasse unterhalb der Kirche. Gute einheimische Küche. 10–18 Uhr, So geschlossen.

Bar Blanky/Casa Fidel, im Hauptort vor dem alles überragenden Felsen. An den Abhang geklebte, kleine Bar mit frisch gepressten Fruchtsäften und den typisch kanarischen Speisen. Den im Teig frittierten Ziegenkäse mit hausgemachter Marmelade sollte man unbedingt probieren.

Casa Riquelme, in Lomo de Masca 10. Kleines Lokal mit leckeren, frischen Gerichten. Beim Essen hat man einen fantastischen Blick auf Masca, die Schlucht und das Meer. Von Masca nimmt man den gepflasterten Verbindungsweg nach Lomo de Masca – oder, wenn man direkt von der Straße kommt, etwa 150 m nach unten. ▪ **Lesertipp**

Mirador Cruz de Hilda, kleines und feines Terrassenlokal mit phantastischem Blick auf Masca und seine Umgebung. Kaffee und Kuchen sind im Angebot sowie frisch gepresste Säfte aus lokalen Früchten. Wer Herzhaftes bevorzugt, bestellt den gegrillten Ziegenkäse mit den kanarischen Kartoffeln und den beiden Mojosoßen.

Achtung: Die meisten Restaurants in Masca schließen spätestens um 18 Uhr!

Wanderung 2: Durch die Schlucht von Masca → S. 245
Spannender Weg durch die nur wenige Meter breite Schlucht

Der Westen und das Tenogebirge → Karte S. 84

El Palmar und Teno Alto

Vom Pass Degollada de Tabaiba nach Norden weitet sich die Landschaft zu einem Hochtal. In seinem Zentrum liegt El Palmar, die größte geschlossene Ortschaft. Die Menschen hier leben von der Land- und Viehwirtschaft. Am Ortsrand steht ein auffälliger, von Schneisen durchzogener Vulkanhügel, hier hat man Baumaterial entnommen. Das eher unscheinbare Dorf ist ein Zentrum des Naturschutzgebietes **Parque Rural del Teno.** Ein Besucherzentrum informiert darüber. An der Landstraße liegen zwei beliebte Ausflugslokale, in denen am Sonntagmittag die Leute aus der Umgebung im Großfamilienkreis speisen.

Bei El Palmar biegt eine Straße nach Teno Alto ab, nach ca. 100 m liegt links das **Informations- und Besucherzentrum Finca Los Pedregales,** in dem auch die Parkverwaltung für das Tenogebirge untergebracht ist. Eine Ausstellung informiert über die Flora, Fauna und Landwirtschaft im Tenogebirge. Sie bekommen dort Informationsmaterial und Wanderbeschreibungen.

▪ Juli/Aug./Sep täglich 9–20 Uhr, in den übrigen Monaten 10–19 Uhr, ✆ 922-447970.

Während der Fahrt hinauf nach Teno Alto wird die Landschaft immer grüner. Die häufig hier hinaufziehenden Wolken lassen Baumheide, Faya und Gins-

Blick auf das fruchtbare Tal von El Palmar im Tenogebirge

ter wachsen. Oben liegt windumtost der Weiler El Bailadero – für hiesige Verhältnisse am Ende der Welt.

Teno Alto hat eine Plaza, eine Kapelle, eine Bar mit Laden und ein Restaurant, denn es ist am Wochenende ein beliebtes Ausflugsziel der Einheimischen. Auf dem Teno Alto kreuzen sich viele Wanderwege. Man kann aber auch noch ein Stück mit dem Wagen in Richtung Westen fahren und befindet sich wenige Minuten später in einer eindrucksvollen Landschaft aus gelb-orangefarbenen Tuffsteinfelsen.

Verbindungen → Tenogebirge, S. 96.

Bauernmarkt **Mercadillo,** die Landwirte des Tenogebirges verkaufen ihre Produkte jeden Sonntag auf dem Gelände der Finca Los Pedregales.

Übernachten Im Tenogebirge gibt es zahlreiche Ferienhäuser des Turismo rural (→ S. 148), Information in Buenavista del Norte (→ S. 98) und Vermietungen bei Masca.

Albergue Bolico, etwas außerhalb des Dorfes Las Portelas liegt die modern gestaltete, neue Herberge mitten im Grünen. Geschlafen wird in Sälen mit 10–14 Doppelstockbetten und in 4- bis 6-Bett-Räumen, die man auch exklusiv mieten kann. Im Schlafsaal 15 €, als EZ 30 €, als DZ 50 €. ✆ 922-127938, www.alberguebolico.com.

Essen & Trinken in El Palmar **El Palmar,** das Restaurant ist der Hähnchenspezialist der Gegend. Die *pollos* werden aufgeschnitten und flach geklopft, dann über einem riesigen Grillkamin geröstet. Zum Nachtisch sollte man sich einen „Barraquito" gönnen: einen kleinen Kaffee mit süßer Kondensmilch, Likör, Zitrone und Zimt. Sehr preiswert: Hähnchen ab 6 €, Kaffeespezialität 2,50 €. ■ **Lesertipp**

Essen & Trinken in Teno Alto **El Bailadero,** einfaches Lokal, im Speiseraum kann man sich die Spezialität *Cabra en salsa*, in Soße geschmortes Ziegenfleisch, schmecken lassen. Öffnungszeit nach Kundenaufkommen. **Terazza La Pinata,** Lokal mit guter kanarischer Küche. Die Terrasse kann man allerdings nur bei schönem Wetter genießen. 10–18 Uhr, Di geschlossen.

Bar Teno Alto, wo, wenn nicht hier, gibt es den klassischen Ziegenkäse von Teno Alto? Auch der passende Rotwein der Insel wird in der einfachen Bar von den Besuchern gut angenommen. Die Öffnungszeiten richten sich nach dem Besucherstrom, der in aller Regel gegen Abend abnimmt.

Bar/Tienda, gegenüber dem Restaurant liegt eine kleine Bar mit Laden, in dem man Wein probieren kann. Dazu bestellt man sich am besten eine Auswahl der verschiedenen Ziegenkäse.

Das Bergdorf Masca ist ein touristischer Anziehungspunkt

Das Orotavatal und die Nordküste

Hier liegt das Traumbild von Teneriffa – grün und fruchtbar. Hier ist sie Blumeninsel, liegen die Wälder, Steilküsten, an denen sich schäumend die Brandung bricht, rustikale Fincas, historische Städte mit alten Kirchen und Klöstern. Werbeaufnahmen für die Insel werden im Norden geschossen.

Kunst aus Sand und Blüten

Am Tag vor Fronleichnam schmücken die Bewohner von La Orotava Straßen und Plätze mit kunstvollen Blütenteppichen. Auf den Hauptplätzen entstehen riesige Bilder aus farbigem Lavasand.

Vom Klima und von der Feuchtigkeit verwöhnt, war der Norden nicht nur das Hauptsiedlungsgebiet der Ureinwohner, auch die spanischen Eroberer ließen sich hier nieder. Sie bauten Zuckerrohr bei Orotava und Wein bei Icod de los Vinos an, ihren Reichtum dokumentieren heute noch malerische Haciendas. Mehrere Städte wurden gegründet. Über Häfen wie Garachico, einen der wichtigsten Handelsplätze im 16. und 17. Jh., und später Puerto de la Cruz (damals Puerto de Orotava) gediehen Handel und Händler.

Auch der Tourismus nahm hier seinen Anfang. Nachdem Alexander von Humboldt vor mehr als 200 Jahren über die Schönheit und Vielfalt Teneriffas berichtet hatte, kamen Schwärme von Botanikern und in ihrem Gefolge interessierte Feriengäste – denn nicht baden war vor 100 Jahren deren Wunsch, sondern sich im milden Klima in herrlichen Landschaften und tropischen Gärten zu ergehen. Auch der massenhafte Ansturm sonnenhungriger Urlauber begann vor 50 Jahren bei Puerto de la Cruz. Den meisten Urlaubern ist heute eine Sonnengarantie wichtiger als eine reiche Pflanzenwelt. Der Süden hat deshalb den Norden als Urlaubsziel abgehängt.

Was anschauen?

Altstadt von La Orotava: Sie blieb fast völlig von der Abrissbirne verschont. Einen der schönsten Stadtbummel können Sie hier machen. Mit ihren jahrhundertealten Kirchen, Klöstern Palästen und Gärten steht sie in ihrer Gesamtheit unter Denkmalschutz und ist anerkannt als Kulturerbe Europas. **→ S. 126**

Garachico: Bietet das Bild einer unverbauten historischen Kleinstadt. Gemächlich kann man durch Gassen schlendern. Die meisten Paläste und Häuser aus glanzvollen Zeiten sind keine Museen, sondern nach wie vor bewohnt. **→ S. 140**

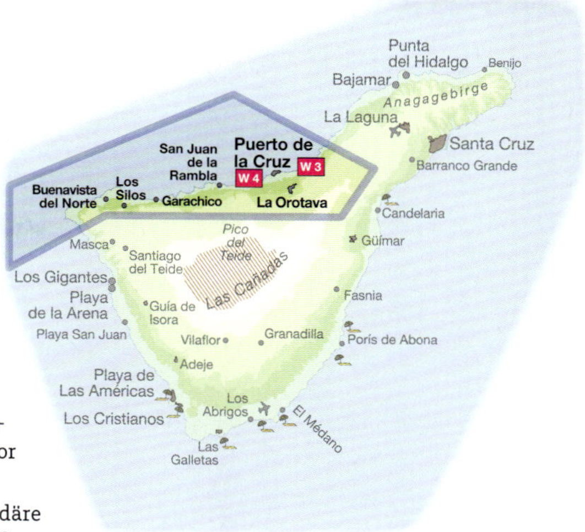

Icod de los Vinos: Der legendäre Drachenbaum, der Drago milenario, am Rande eines schönen Altstadtviertels ist die große Attraktion dieses Ortes. Oberhalb können Sie in der Cueva del Viento einen Abstieg in die Unterwelt wagen. **→ S. 136**

Puerto de la Cruz: Der Urlaubsklassiker und das genaue Gegenteil zu den Ferienorten im Süden. Seine herrlichen Grünanlagen, wie der botanische Garten und seine Umgebung, sind damals wie heute Gründe für einen Besuch. **→ S. 106**

Was unternehmen?

Fiestas besuchen: Wein, Tanz und Gesang sind Teil der bäuerlichen Fiestas, die im Mai ihren Höhepunkt erreichen. Farbenfrohe Trachtenumzüge, in denen auch Ochsenkarren unterwegs sind, können Sie in La Orotava und Los Realejos erleben (→ S. 125 und S. 123).

Wo baden?

Costa Martiánez: Eine Landschaft mit acht künstlichen Badeseen. Keiner erinnert auch nur entfernt an ein Olympiaschwimmbecken. Sie sind eingefasst mit Lavasteinen, umstanden von Palmen und Skulpturen. So sieht die Alternative zu den Stränden in und um Puerto de la Cruz aus. **→ S. 109**

Wo wandern?

Zu einsamen Stränden: Die schönsten Strände der Nordküste liegen nebeneinander im Ortsteil El Rincón. Ab Puerto de la Cruz kann man den ersten in weniger als einer Stunde erreichen. **→ Wanderung 3, S. 247**

Höhenweg mit Panoramablick: Herrliche Weitblicke über den Norden bietet diese Wanderung im Orotavatal. Kondition sollten Sie mitbringen. **→ Wanderung 6, S. 253**

Was und wo essen?

Puerto de la Cruz: Auf mehr als 100 Restaurants bringt es allein Puerto de La Cruz. Kanarische Küche gibt es hier, beliebt ist auch die Küche aus Galicien *(gallego)*. Fündig werden Sie immer im Ortsteil La Ranilla (Hafen). **→ S. 119**

La Orotava: Casa Lercaro und Victoria sind zwei stilvolle Restaurants für anspruchsvolle Gäste. **→ S. 132**

Buenavista del Norte: Gute Fischgerichte bekommt man im El Burgado. Schon die Lage direkt am Wasser und am Rand der Felsenküste des Tenogebirges wird Sie begeistern. **→ S. 148**

Das Orotavatal

Lieblich, harmonisch, romantisch, im oberen Teil der herrlichste Naturpark, im mittleren Teil grün von Weingärten und Obstplantagen, am Ufer brandet das Meer an Felsenküsten und an Strände – mit seiner auf Teneriffa einzigartigen Schönheit hat das Orotavatal durch die Jahrhunderte immer wieder Reisende begeistert.

Der berühmteste Gast, Alexander von Humboldt, Weltreisender und Forscher, besuchte Teneriffa 1799. Er schrieb über die Schönheit von Teneriffas Norden: *Ich habe im heißen Erdgürtel Landschaften gesehen, wo die Natur großartiger ist, reicher in der Entwicklung organischer Formen. Aber nachdem ich die Ufer des Orinoko, die Cordilleren von Peru und die schönen Täler Mexicos durchwandert habe, muss ich gestehen, nirgends ein so mannigfaltiges, so anziehendes, durch die Verteilung von Grün und Felsmassen so harmonisches Gemälde vor mir gesehen zu haben.*

Die geschmeichelten Tinerfeños tauften einen Aussichtsplatz am Rand des Orotavatals *Mirador de Humboldt*, Humboldt-Blick.

Seit Humboldts Besuch hat sich einiges verändert, auch in Teneriffas Norden. Die Reichhaltigkeit der Vegetation wich in Küstennähe monokultureller Landwirtschaft. Heute sind es Bananenplantagen, die dort das Bild bestimmen. Arbeitsplätze in der Landwirtschaft hatten den Zuzug von Menschen aus kargeren Gegenden zur Folge. Sie brauchten Häuser und machten das untere Orotavatal zu einem der am dichtesten besiedelten Gebiete Teneriffas. Dann lasen Generationen von Touristikmanagern den Reisebericht Alexander von Humboldts. Sie bauten mit

an einem der für lange Zeit größten Urlauberzentren der Kanarischen Inseln: Puerto de la Cruz. Vermögende Ruheständler trugen bei zur Parzellierung und genießen hier ihren Lebensabend in schmucken Villen und Bungalowsiedlungen.

In den mittleren Zonen von 500 bis 900 Höhenmetern, wo die Wolken so manchen kühlen, nebligen und regnerischen Tag bringen, ist fast alles beim Alten geblieben. Die Menschen leben in Dörfern unter sich und bebauen nach wie vor ihre Terrassenfelder mit Obstbaumkulturen, Wein, Kartoffeln und Gemüse.

Noch etwas höher bis direkt unterhalb des Nationalparks Teide erstrecken sich Kiefern- und Erikawälder wie riesige natürliche Parkanlagen, eröffnen Plateaus und Aussichtspunkte immer wieder den Blick auf den Teide und die Küste. Eine herrliche Landschaft, wie sie Alexander von Humboldt beschrieben hat, erstreckt sich beiderseits der Landstraße zum Nationalpark hinauf. Es lohnt sich, sie zu erwandern; das Wegenetz ist gut ausgebaut und markiert.

La Villa de Orotava, die Stadt im Tal, war bis ins 19. Jh. eines der wirtschaftlichen und kulturellen Zentren Teneriffas. Ihre Altstadt ist unversehrt, voll von architektonischen Schmuckstücken und steht in ihrer Gesamtheit unter Denkmalschutz.

Vorspanische Geschichte: *Taoro* hieß das Tal bei den Guanchen. Es war schon vor der Eroberung durch die Spanier ein beliebtes Siedlungsgebiet, denn die Passatwolken und mehrere ganzjährig fließende Bäche machten es fruchtbar. Der letzte Guanchenfürst von Taoro und oberster Mencey von Echine (Teneriffa) *Bencomo* galt als der umsichtigste und tapferste der neun Inselfürsten. Ganz wesentlich war es der von ihm organisierte Widerstand, der dazu führte, dass die Spanier Teneriffa erst 1496 als letzte der Kanarischen Inseln erobern konnten. Die letzte Bastion der Guanchen war das Orotavatal. Noch 1494 hatten sie unter der Führung Bencomos die spanischen Truppen in eine Schlucht westlich des Orotavatals gelockt und dort vernichtend geschlagen. Nur neunzig Mann,

Der Humboldtblick liegt östlich im Tal von La Orotava

unter ihnen der damalige Befehlshaber Alonso de Lugo, entkamen dem Blutbad. Den Ort ihrer Niederlage tauften die Spanier später *La Matanza*, das Gemetzel, und so heißt er noch heute. Knapp zwei Jahre später hatten sie Grund, einen anderen Ort an der Grenze zum Tal *La Victoria* zu nennen, nachdem sie die durch eine eingeschleppte Epidemie und Viehdiebstahl geschwächten Guanchen in offener Feldschlacht am 25. Dezember 1495 überwältigt hatten. Bis zur Kapitulationserklärung dauerte es dann trotzdem noch mehrere Monate. Die Spanier nahmen sie von Bencomo in *Los Realejos* (Die königlichen Feldlager) im Zentrum des Orotavatals entgegen. Seine Worte bei der Übergabe des Tals entsprachen der Stimmung vieler Guanchen: *Ich werde mich niemals einem anderen Menschen unterwerfen. Ich bin frei geboren und werde auch nur so leben.* Viele entzogen sich der Gefangennahme und Sklaverei durch einen Sprung vom Gipfel des Tigaiga (heute Aussichtsplateau in Richtung Icod). Die Eroberungsgeschichte lässt sich im spannenden Roman „Der König von Taoro" von Horst Uden nachlesen.

Nach dem endgültigen Sieg teilten die Spanier das Land und das Wasser als Kriegsbeute (→ Stadtgeschichte La Orotava und Los Realejos). Welcher Partei die Sympathien der Menschen von Teneriffa gehören, ist spätestens klar, wenn man das Wandbild von La Matanza direkt an der Autobahn passiert: Es zeigt den Sieg der Guanchen.

Puerto de la Cruz

Die Stadt, häufig auch nur kurz Puerto genannt, ist der kanarische Urlaubsklassiker schlechthin. Seit mehr als 120 Jahren kommen Urlauber hierher. Sie genießen das ausgeglichene Klima, die üppige Vegetation und die traumhafte Lage am Ende des Orotavatals.

Etwa 30.000 Urlauberbetten stehen in Puerto de la Cruz und Umgebung zur Verfügung. Die Fremden sind damit auch in der Hochsaison in der Minderheit, denn ihnen stehen ca. 45.000 Einwohner gegenüber. Es ist keinesfalls allein der Tourismus, der die Stadt prägt. Hier ist nicht alles für die Urlauber ein- und hergerichtet, sondern ebenso für die Einwohner der Stadt. Es gibt Ortsteile, in denen die kleinen Hotels und Pensionen neben Wohnhäusern stehen, ohne dass man auf den ersten Blick erkennen könnte, wo die Urlauber und wo die Einheimischen wohnen. Auch die zentrale Plaza del Charco teilen sich Einheimische und Urlauber einträchtig. Sonntags und in den Sommerferien sind die Familien von Puerto am Strand in der Überzahl.

Die Jahre haben ihre Spuren in der Architektur der Stadt hinterlassen, die jeweils aktuellen Bautrends haben das Stadtbild geprägt. Das Gebäude der ersten Nobelherberge, das ehemalige Gran Hotel Taoro, thront nach wie vor über der Stadt; bis 2005 war es noch Sitz des Spielkasinos, als Kongresszentrum mit angeschlossenem Hotel ist es kein Erfolg, 2022 war im Gespräch, dass ein Investor ihm wieder zu altem Glanz verhelfen soll.

Gemessen an den ersten spanischen, auf Massentourismus ausgerichteten Urlauberzentren hatte Puerto den Anspruch, die elegante, urbane Variante zu sein. Inzwischen ist es, was die Zahl der Luxusherbergen betrifft, von der Costa de Adeje im Süden überholt worden – urban wie in Puerto ist es dort allerdings nicht. Ausruhen kann sich Puerto darauf aber nicht, das kann sich die Stadt nicht leisten. Sie hat beim Werben um die zahlenden Gäste gegenüber der Konkurrenz im Süden zwei erhebliche Nachteile: das Wetter – Teneriffas Norden hat deutlich weniger Sonnenstunden – und so manche Altlast aus den Anfängen des Massentourismus. Sie bescherten der Stadt breite, von Hochhäusern gesäumte Straßenschneisen beiderseits der Innenstadt, aber auch 20-stöckige Einsprengsel im Zentrum. Genau die sind jetzt das Problem. Was vor 50 Jahren als Luxus galt, dafür finden sich heute nicht einmal genug Gäste aus dem Mittelklassesegment. Platz, um (wie im Süden) an der Küste entlang neue Bauplätze für Luxusherbergen zu erschließen, hat Puerto de la Cruz nicht. Da hilft nur, das Vorhandene den gewachsenen Ansprüchen anzupassen. Das gilt für die Hotels ebenso wie für die öffentlichen Anlagen.

Die Playa Jardín, der Gartenstrand, wurde nach den Plänen von César Manrique, dem bekanntesten Künstler der Kanaren, angelegt. Den wichtigsten Küstenstreifen, die Avenida Cólon, hat die Stadt in eine autofreie Promenade verwandelt und die berühmte Badeanlage Costa Martiánez gebaut.

Immer mehr Straßen werden verkehrsberuhigt und begrünt. Stillstand ist nicht vorgesehen. Irgendwann sollen die Arbeiten vor dem westlichen Küstenabschnitt beginnen. Angedacht sind Park- und Badeanlagen sowie ein Sporthafen zwischen Hafen und Castillo San Felipe.

Ortsteil La Paz und El Botánico

Im Ortsteil La Paz präsentiert sich Puerto von seiner grünen und noblen Seite. Die erste Begegnung mit der Stadt ist **El Botánico,** der botanische Garten. Kühle, Schatten, Ruhe und ein beschaulicher Spaziergang zwischen seltenen Gewächsen beginnen dahinter. Der Garten wurde bereits 1788 als botanisches Experiment angelegt. Der König wünschte sich die tropischen Pflanzen seiner Kolonien für die Palastgärten auf dem spanischen Festland.

Im subtropischen Klima Teneriffas sollten sie sich akklimatisieren. Das Experiment misslang, denn auf Teneriffa gedieh alles prächtig, aber nur wenige Ableger überstanden die europäischen Winter. Der botanische Garten aber blieb Puerto de la Cruz erhalten. Rund 3000 exotische Pflanzen sind zu dichtem Grün zusammengewachsen. Ein erholsamer Ort, nicht nur für bota-

Im botanischen Garten

nisch Interessierte. Es gibt ungewöhnliche Bäume wie den Riesengummibaum aus Südamerika mit seinen auffälligen Luftwurzeln im Zentrum des Parks oder den Palo Borracho, den betrunkenen Pfahl, dessen stachelbewehrter Stamm wie ein Betrunkener schwankt. Besonders still und romantisch ist es am Seerosenteich.

▪ Carretera Botánico/La Paz, der Eingang befindet sich in einem maurisch anmutenden Gebäude in der Seitenstraße Calle Retamar. Anfahrt mit Buslinie 102. Tägl. 9–18 Uhr, außer 1. 1., Karfreitag und 25.12. Eintritt 3 €, Kinder frei.

Weiter in Richtung Zentrum wird die Landstraße zur Einkaufsstraße für den Ortsteil La Paz, eine noble Wohngegend mit Hotels der gehobenen Kategorie. Dass viele Deutsche hier leben und noch mehr hier ihren Urlaub verbringen, zeigen die Hinweise auf deutschen Werbetafeln.

Einen wundervollen Blick aufs Meer und einen guten Überblick über Puerto hat man vom **Mirador Los Llanos de la Paz.** Dazu verlässt man die Carretera vor der großen Linkskurve auf der Höhe des großen Supermarktes nach rechts und hält sich bei nächster Gelegenheit links. Gegenüber der Kapelle von San Amaro liegt der Aussichtspunkt. Direkt am Mirador beginnt eine Promenade nach Osten. Das Ortszentrum erreicht man zu Fuß über den *Camino San Amaro* und den *Camino de las Cabras* (Ziegenpfad), einen Treppenweg.

Orchideengarten Sitio Litre: Wer noch einen weiteren Garten anschauen möchte, geht oder fährt die Carretera del Botánico ein Stückchen weiter hinunter. Direkt am Barranco Martiánez liegt in einem Fußgängerbereich der älteste Privatgarten. Hier genossen schon Alexander von Humboldt und Agatha Christie Gastfreundschaft, Klima, Pflanzen und Umgebung. Der Garten ist kleiner als El Botánico, eindrucksvoll ist jedoch die Orchideenabteilung.

▪ Tägl. 9.30–18 Uhr, im Sommer bis 14.30 Uhr. Eintritt 4,75 €, Kinder frei.

Rundgang durchs Zentrum

Zwischen der Ermita San Telmo und der Plaza del Charco liegen alle wichtigen öffentlichen Gebäude der Stadt, die Altstadt, die Hauptkirchen, Museen, der Fischerhafen, die schönsten Plazas und dazu noch Promenaden und Einkaufsstraßen, Restaurants und Hotels bzw. Apartmenthäuser. Bei alledem ist das Ortszentrum nicht einmal besonders groß, nicht überladen und weitgehend von Hochhäusern verschont geblieben. Mit einem Bummel durch diesen Teil der Stadt stimmt man sich am besten auf einen Urlaub am Ort ein.

Ausgangspunkt des Spaziergangs ist die **Playa Martiánez.** Mit dem Bau der großen Hotels musste sich die Stadt ernsthaft Gedanken über weitere Badeplätze machen, denn innerhalb des Ortes gab es lange Zeit nur diesen einen Strand. An allen anderen Küstenplätzen waren Felsen vorgelagert, von denen aus man nur an Molen und Treppen oder durch Geländer geschützt im Meer baden konnte. Um auch als Badeort attraktiv zu werden, engagierte die Stadt den Künstler und Landschaftsgestalter César Manrique. Er schuf 1968 ein Badeparadies auf den Felsen.

Costa Martiánez: eine riesige Landschaft mit acht künstlichen Meerwasser-Badeseen. Keiner erinnert auch nur entfernt an ein Olympiaschwimmbecken. Die Beckens sind eingefasst mit Lavasteinen, umstanden von Palmen und Skulpturen. Zu jeder vollen Stunde verschwindet eine künstliche Insel hinter dem Wasservorhang riesiger Fontänen. Auch Kioske und Restaurants gibt es. Von hier aus ging die Idee der Spaßbäder um die Welt. Für Gehbehinderte gibt es einen speziellen Wasserrollstuhl.

▪ Eintritt 5,50 €, Kinder 2,50 €, es gibt auch günstige Karten für mehrfachen Besuch.

Ermita San Telmo: Sie bummeln die Promenade an der Badeanlage entlang zur schlichten Kapelle. Sie wurde 1780 von der Vereinigung der Seefahrer gestiftet und ihrem Schutzpatron geweiht. Sie wird zu den Messen (auch der deutschen katholischen Gemeinde) geöffnet. Der kleine Platz war früher ein Geschützstand, und was wie ein dekoratives Mäuerchen aussieht, ist der Rest einer Originalpalisade.

Der Spaziergang führt die Treppe hinunter auf den **Paseo San Telmo,** eine breite Promenade. Rechts erstreckt sich die flache Felsenküste mit Mole, Badeplateaus und Treppen, bei ruhiger See ein kostenloser, zentraler Badeplatz. Links reihen sich Hotels, Boutiquen, Cafés und Eisläden. Am Ende des Paseos liegt die Terrasse **Punta del Viento** genau in Windrichtung, deshalb der Name. Weiter geht es jetzt nach rechts in die Calle de Santo Domingo, vorbei an dem ehemaligen **Convento San Pedro Gonzáles Telmo** aus den 17./18. Jh. und dem neuen, architektonisch gut eingepassten Rathaus. Geradeaus führt der Weg nun auf die Casa Miranda zu, rechts davon liegt die Plaza Europa. Die **Casa Miranda** ist ein schönes Beispiel für ein Patrizierhaus aus dem 18. Jh. Die **Plaza Europa** war einst der Geschützstand zur Absicherung des Hafens. Von seinen Mauern hat man einen besonders schönen Blick zurück auf die Küste.

Es geht weiter durch das Gässchen **Las Lonjas.** Diese Gasse gilt als einer der malerischsten Winkel der Stadt. In den alten Gebäuden befinden sich die Vereinigung der Fischer und die angeschlossenen Fischgeschäfte. In einem kleinen Museum (Eintritt frei) kann man Seekarten, Schiffsmodelle und Fotos aus dem vergangenen Jahrhundert der Fischerei anschauen. Auf der Dachterrasse liegt das Restaurant der Kooperative.

Das Orotavatal und die Nordküste → Karte S. 104/105

Die Straße führt, an der sorgfältig restaurierten **Casa de la Aduana** (Zollhaus) aus dem Jahr 1620 vorbei, zum **Fischerhafen.** Im Zollhaus sind die Touristeninformation und ein Kunstgewerbegeschäft mit Ausstellung untergebracht. Im Pavillon auf der anderen Hafenseite führt *Arte tenerife* ausschließlich einheimisches Kunstgewerbe. Bunte Fischerboote liegen auf dem schmalen Strandstück im Hafen. Mit etwas Zeit können Sie die Ankunft der Fischerboote erleben. Die Boote auf den Strand zu ziehen, ist immer eine Gemeinschaftsleistung. Um den Fang zu entladen, braucht es meist nicht viele Hände. Der geringe Ertrag wird wenige Minuten später am Hafenrand oder im Laden nebenan verkauft. Der kleine Hafen von Puerto de la Cruz war im 17. und 18. Jh. der wichtigste Güterumschlagsplatz Teneriffas. Von hier aus starteten die Amerikafahrer und von hier aus wurde der Wein der Insel nach ganz Europa verschifft. Die Schiffe lagen auf Reede, d. h. außerhalb des Hafens vor Anker und wurden über Boote be- und entladen. Gegen die häufigen Piratenangriffe war die Anlage durch einen eigenen Geschützstand gesichert, der mit der Plaza Europa rekonstruiert wurde.

Der Spaziergang führt vom Hafen aus zum beliebtesten Platz Puertos. Sein voller Name lautet **Plaza del Charco de los Camerones,** Platz der Krabbenpfütze. Bevor der Platz befestigt und gegen Überschwemmungen geschützt wurde, hatten die Einwohner ihn als Gezeitentümpel und damit zum Krabbenfang genutzt. Eine historische Zeichnung finden Sie am Eingang des *Rincón del Puerto,* eines der restaurierten, alten kanarischen Häuser am westlichen Rand der Plaza. Zur Erinnerung an alte Zeiten schmückt ein bepflanzter Ziertümpel den Platz. Auf der Plaza halten Einheimische wie Touristen Siesta unter den schattigen Kronen der Lorbeerbäume, schlürfen Eiscafé im Terrassenrestaurant oder schauen einfach den Kindern beim Spiel zu. Um die Plaza herum gibt es Beispiele kanarischer Architektur aus dem 17. Jh. In den restaurierten Häusern sind heute Banken, Restaurants und Einkaufspassagen untergebracht; sie können also betreten werden.

Die Casa de la Aduana ist eines der ältesten Gebäude der Stadt

Von der Plaza del Charco geht es über einen Treppenweg zurück. Er gehört zur Einkaufsstraße Calle de Quintana, einer Fußgängerzone. Am ersten quer verlaufenden Sträßchen, der Calle San Juan, steht gleich links die **Kapelle San Juan,** das älteste erhaltene Gebäude der Stadt. Es wurde 1608 fertiggestellt. Verbunden ist sie mit der nur wenig jüngeren **Iglesia de San Francisco.** Wer sich etwas vom lebhaften Stadtleben zurückziehen will, kann das an diesem ruhigen und kühlen Platz tun. Zurück auf der Calle de Quintana, steht an der Ecke Calle de Agustín de Béthencourt das **Institut für hispanische Studien,** ein Kulturhaus, in dem auch ständig wechselnde Ausstellungen gezeigt werden (tägl. 10–13 Uhr, Eintritt frei).

Nur wenige Schritte weiter stehen Sie an der Plaza de la Iglesia, dem parkähnlichen Kirchenplatz der Hauptkirche **Iglesia de la Peña de Francia.** Unter Schatten spendenden Bäumen sitzend, kann man in Ruhe die Vorbeiflanierenden beobachten. Die Kirche wurde im 17. Jh. gebaut, der Glockenturm kam aber erst Ende des 19. Jh. dazu. Sie verfügt über Bilder der bekanntesten Maler der Insel aus dem 17. und 18. Jh. Gegenüber vom Kirchplatz stehen an der Calle de Quintana zwei der alten, stimmungsvollen Hotels von Puerto de la Cruz, beide im kanarischen Stil, mit schönen Patios, Galerien und Caféterrasse, von denen aus man das städtische Leben an sich vorbeiziehen lassen kann: das Hotel Monopol und das Hotel Marquesa, das älteste Hotel im Stadtgebiet, es wurde bereits 1887 eröffnet (→ Übernachten). Nur wenige Schritte weiter mündet die Calle de Quintana auf den Paseo San Telmo und beendet damit den Rundgang.

Zwischen Pfützenplatz und Gartenstrand

Westlich der Plaza del Charco ist es tagsüber sehr ruhig, nur wenige Geschäfte locken Touristen in diesen Stadtteil. Abends allerdings ist das alte Fischerviertel **La Ranilla** (Fröschlein) sehr belebt. Zwischen hübschen, kanarischen Häusern und normalen zwei- bis dreistöckigen Allerweltsbauten verbergen sich einfache und anspruchsvolle Restaurants. Hier ist kulinarisch für jeden etwas geboten. Mehr als 25 Restaurants soll es innerhalb dieses alten Wohnbezirks geben, dazu zehn Hotels und Apartmenthäuser. Allerdings fallen sie überhaupt nicht auf, sind ebenso klein oder zurückhaltend wie die Gebäude ihrer Umgebung. Nach den Motto „Die Stadt als Leinwand" haben 13 Künstler Häuserwände im Viertel in Kunstwerke verwandelt. Schauen Sie beim Spaziergang nach oben. Allein längs der Calle El Lomo werden Sie zahlreiche Bilder entdecken. Einen kleinen kostenlosen Katalog dazu erhalten Sie bei der Touristeninformation.

Um das Viertel zu durchqueren, nimmt man am besten die autofreie Calle El Lomo. Auch das **Archäologische Museum** finden Sie dort. Das fruchtbare Orotavatal war ein Hauptsiedlungsgebiet der Guanchen. Zahlreiche Ausstellungsstücke, Werkzeuge und Knochenfunde dokumentieren ihr Leben im „Tal von Taoro", so hieß das Orotavatal bei ihnen.

■ Calle El Lomo 9a. Mo–Fr 10–15 Uhr. Im August geschlossen. Eintritt frei.

An Restaurants und winzigen Hotels vorbei, erreicht man die neu gestaltete winzige **Plaza Perez Galdos.** Sie hat sich zu einem beliebten Treffpunkt für den Abend entwickelt. Unter Palmen kann man hier essen, Wein oder Cocktails schlürfen. Die Plaza wird auf der ebenfalls neu gestalteten und verkehrsberuhigten Calle Mequínez verlassen. An ihrem Ende steht **La Pena,** ein romantischer Pavillon auf einem Felsen. Über eine Wendeltreppe lässt er sich erklimmen.

Geradeaus an den öffentlichen Schwimmanlagen vorbei, führt der Weg zum **Castillo de San Felipe,** einem Bauwerk des Italieners Leonardo Torriani. Im Auftrag der spanischen Krone leitete er Anfang des 17. Jh. den Festungsbau auf den Kanaren. Ganz privat sammelte er Informationen über die Guanchen, beobachtete die noch lebenden, nicht integrierten Nachfahren und führte zahlreiche Gespräche. Das Ergebnis dieser Arbeit ist noch heute eine der wenigen verlässlichen Quellen für die Historiker. Das Castillo de San Felipe wurde in einen Ausstellungssaal für Malerei und Plastik umgestaltet.

▪ Nur bei Ausstellungen zu besichtigen. Di–Sa 11–13 Uhr, Di–Fr 18–21 Uhr, Eintritt frei.

Die sich anschließende **Playa Jardín** (Gartenstrand) ist ein echtes Schmuckstück Puertos. Wie könnte es anders sein, auch hier hatte der verstorbene César Manrique die Federführung beim Entwurf. Er machte virtuos vor, dass Strand nicht einfach Sand am Meer ist. Da es sich beim Ort der Gestaltung um ein Stück Küste handelte, dem die heftige Brandung zuvor immer wieder den Strand entführt hatte, wurde zunächst ein künstliches Felsenriff in einigen hundert Metern Abstand im Meer versenkt. Danach entstanden Felsenbuchten, Grotten mit Wasserfällen und Lagunen zum Planschen für die Kleinen und Cafeterias für die Großen. Darüber ein Park voller Blumen und Palmen, von dem man einen schönen Ausblick auf Punta Brava und das Meer hat. Spazierwege, Kinderspielplätze, Restaurants und Terrassencafés gibt es hier. Alles wirkt ganz natürlich und harmonisch. Dazu gehört auch, dass der aufgespülte Sand dunkel ist wie alle natürlichen Strände Teneriffas. Der Strand ist für Rollstuhlfahrer barrierefrei zu erreichen. Im Sommer finden in der Gartenanlage Freizeitveranstaltungen für Groß und Klein statt.

Der Taoropark oberhalb von Puerto de la Cruz

Die Playa Jardín wird im Westen von **Punta Brava,** einem der alten Fischerviertel Puertos, begrenzt. Auf einer Landzunge gelegen, ist Punta Brava fast rundherum vom Meer umgeben. Dicht an dicht drängen sich die kleinen Häuser bis an die Felsenküste. Der Autoverkehr beschränkt sich auf eine Straße und der Tourismus auf kleine empfehlenswerte Restaurants (→ S. 120).

Auf der gegenüberliegenden Seite der Landstraße befindet sich der **Loro Parque,** das größte kommerzielle Freizeitangebot auf der Insel.

Parque de Taoro

Wenn einem La Paz zu deutsch, die Innenstadt zu kommerziell und zu lebhaft ist, dann ist man reif für den Parque de Taoro, ein Plateau direkt über der Stadt. Man kann hier oben ein paar entspannte Stunden oder den ganzen Urlaub verbringen. Einige Hotels in großen, üppigen Gärten bieten ihren Gästen nicht nur mehr Ruhe als anderswo, sondern auch Aussicht auf den Teide, auf das Orotavatal und auf die Stadt.

Der günstigste Zugang befindet sich auf der Höhe der Anlage Belair, einem weithin sichtbaren Apartmenthochhaus. Gegenüber der Fußgängerampel liegt der unscheinbare Aufgang. Bald danach wird es aber breiter. Die Wege führen über Aussichtsterrassen und vorbei an Ruheplätzen mit Keramikwandbildern aus der Geschichte Teneriffas nach oben bis zum weithin sichtbaren ehemaligen Gran Hotel Taoro. Dazwischen liegen Blumengärten und Palmenhaine. Bei der Überquerung der künstlichen Wasserläufe neben dem großen Wasserfall hat man das Gefühl, im dichtesten Dschungel zu sein.

Oben angekommen, gibt es mannigfache Möglichkeiten, mit botanischen oder kulinarischen Schwerpunkten den Spaziergang fortzusetzen. Man kann einen Spaziergang am ehemaligen Kasino vorbei machen und eine kleine Rast im dahinterliegenden, französisch angelegten Garten einschieben oder weiter zu den neuen Grünanlagen auf der anderen Straßenseite gehen. Am Abend ist das der Treffpunkt der Jogger. Wem der Spaziergang zu kurz war, der geht an der Carretera del Taoro weiter bis zum **Hotel Tigaiga** und schaut sich dort den bekannten **Kakteengarten** an.

▪ Jeden Mi um 16 Uhr gibt es eine Führung durch den botanischen Garten des Hotels (ca. 1 Std.). Sie ist für die Hotelgäste kostenlos, Nichtgäste zahlen 5 €. Genaue Auskünfte erhalten Sie an der Hotelrezeption.

Wer eher die englischen Landschaftsgärten liebt mit weiter Rasenfläche, Schatten spendenden, blühenden Bäumen und Büschen, dazu einen Teich mit schnatternden Enten, bei alledem auch noch mit Traumblick über Puerto, der sollte in den **Cafégarten von Risco Bello** einkehren. Ganz zweifelsfrei ist dies eine der schönsten privaten Gartenanlagen Puertos. Besonders sympathisch ist, dass dieses Kleinod nicht genutzt wird, um so viel Geld wie möglich zu machen. Nur wenige Tische stehen weit verstreut unter den Bäumen. Bei so viel Schönheit muss man allerdings eine äußerst knappe Speisekarte in Kauf nehmen.

Kommerzielle Freizeitangebote

Loro Parque: Der größte kommerzielle Freizeitpark der Kanaren bietet die größte Papageiensammlung der Welt und außerdem Krokodile, Delfine, Haie (in einem begehbaren Aquarium mit Glastunnel), Pinguine in einer Antarktislandschaft mit entsprechenden Temperaturen und Schneefall, Affen und andere Tiere. Sie leben in einem über 60.000 m² großen Garten voller subtropischer und tropischer Pflanzen. Der Loro Parque ist Zoo und botanischer Garten, Tiershowbühne mit Delfin-, Seelöwen- und Papageiendressur und bei alledem auch noch von Tierschützern anerkannt. Der Park erfüllt die Bedingungen artgerechter Tierhaltung und leistet sich darüber hinaus Zonen, die für Besucher nicht zugänglich sind. Sie dienen als Rückzugsgebiete für besonders sensible und seltene Tiere, beispielsweise für die letzten

Gigantisches Aquarium im Loro Parque

Paare mehrerer Papageienarten aus dem Amazonasgebiet. Ein Zuchtprogramm soll ihr Überleben sichern. Dennoch gibt es unter unseren Lesern auch kritische Stimmen. Sie sind der Auffassung, dass auch diese Art der Haltung für die Tiere Gefangenschaft bedeutet.

▪ Beginnen Sie einen Besuch am Vormittag, dann haben Sie genügend Zeit, um alles mit Muße anzuschauen. Einlass tägl. 9.30–17.30 Uhr, Stadtteil Punta Brava. Ab der Mole am Fischerhafen fährt eine Gratisbimmelbahn. Eintritt 38 €, Kinder 6–12 J. 26 €, unter 6 J. frei.

Mansión ÁBACO: Dieses auf das Prächtigste restaurierte, möblierte und dekorierte kanarische Landhaus ist eher schon ein altkanarischer Palast in einem tropischen Garten, in dem Musik- und Tanzgruppen auftreten. Die aktuellen Programme liegen in Hotels und bei der Touristeninformation aus. In den Monaten Oktober bis April gibt es jeden Sonntagnachmittag ein klassisches Konzert.

▪ Ortsausfahrt El Botánico, im Ortsteil El Durazno. Kurz hinter dem botanischen Garten beginnt die Ausschilderung mit „Casa Grande" und dem Museumsschild.

Baden außerhalb von Puerto

Bollullo-Strand: feinsandiger Strand mit Brandung in einer großen Felsenbucht östlich von Puerto de la Cruz. Am Wochenende und im Sommer sehr beliebt bei den Einheimischen. In der übrigen Zeit spielt sich ein eher ruhiges Badeleben ab. Ein Kiosk, an dem es auch kleine Gerichte gibt, organisiert den Verleihservice (Liegestuhl mit Sonnenschirm). Ein Restaurant ist gleich in der Nähe. Sie erreichen den Strand über die einfache Wanderung 3 (→ S. 247) oder per Pkw.

Essen & Trinken **Playa Bollullo Beach,** gut gelegenes Lokal oberhalb der Playa Bollullo mit großer Karte und großer Terrasse, Fischgerichte ab 15 €.

Für Reisende, die mit dem Auto unterwegs sind, eine Empfehlung in El Rincón am Ende der gut ausgebauten Landstraße in Richtung Meer:

San Diego, im oberen Geschoss liegt das beliebte und gut besuchte Restaurant, leider ohne Terrasse. Deftige, gut zubereitete kanarische Hausmannskost, leckere Vorspeisen, Fleisch vom Holzofengrill und viele Fischgerichte. Hauptgerichte ab 12 €.

Playa del Pozo/Playa los Patos und Playa del Ancón: in El Rincón. Diese großen, herrlichen Sandstrände schließen sich östlich an den Bollullo-Strand an. Man erreicht sie über Wanderung 3 (→ S. 247) oder mit dem Pkw ab der Zufahrt Botánico. In den Sommerferien vergnügen sich viele einheimische Familien dort. Vorsicht, die Zugangstreppen reißen die Winterstürme regelmäßig ab. Für 2023 ist der Bau einer sicheren Treppe zur Playa los Patos angekündigt. Brandung und Strömung sind gefährlich. Kein Strandservice. Die Playa Ancón erreicht man ebenerdig.

El Socorro: westlich von Puerto. Beliebtes Revier für Wellenreiter. Schmaler Sandstrand. Im Sommer Strandservice mit Surfschule und Kiosk. Die Playa bekam die Blaue Flagge der EU.

Wanderung 3: Zu einsamen Stränden östlich von Puerto de la Cruz → S. 247
Aus der Stadt heraus an Stränden und Steilküsten entlang

Wanderung 4: Auf die Rambla de Castro → S. 249
Küstenwanderung zu Plantagen und Haciendas

Basis-Infos

Information **Oficina de Turismo** in der Casa de Aduana, dem alten Zollhaus am Fischereihafen. Hier gibt es kostenlos einen Stadtplan von Puerto de la Cruz und Umgebung sowie von Teneriffa. Neben Informationsmaterial von diversen Veranstaltern erhalten Sie hier den Kultur- und Veranstaltungskalender. Fragen werden gern und sachkundig beantwortet. Keine Zimmervermittlung. Öffnungszeiten: Mo–Fr 9–15 Uhr. ✆ 922-388777, www.visitpuertodelacruz.es, auch auf Deutsch.

Verbindungen Der zentrale **Busbahnhof** (Estación de las Guaguas) liegt am Rand des Stadtteils Ranilla in der Calle el Pozo. Sie bekommen dort einen kostenlosen Busfahrplan *(horario),* und die kostensparende Karte **ten +** (→ S. 209). Die grünen Busse der TITSA starten von hier aus in alle Richtungen. Für Fahrten in das Anagagebirge gibt es ab La Laguna drei eigene Linien. Das Tenogebirge und Masca erreicht man nur nach Umsteigen in Buenavista del Norte oder in Santiago del Teide.

Stadtbusse: Linie 381, Av. Colon – Punta Brava; Linie 382, Av. Colon – San Antonio.

Darüber hinaus halten die meisten anderen **Buslinien** mehrfach auf ihrem Weg in die/aus der Stadt, so z. B. die Linie 102 nach Santa Cruz auf der Carretera Botánica (Stadtteile La Paz und El Botánico) und die Linien 352/353 ins Orotavatal an der Carretera del Norte (Stadtteile San Antonio/Parque de Taoro).

Linie 102, nach Santa Cruz und nach La Laguna, 6.05–23 Uhr stündlich.

Linie 103, nach Santa Cruz und La Laguna, zwischen 5.55 und 20 Uhr stündlich.

Linie 325, Los Gigantes, 6-mal täglich, zwischen 5.45 und 18.55 UhrLinie 343, Aeroexpress zum Flughafen Nord und Süd (Reina Sofía) sowie weiter nach Los Cristianos, zwischen 5.20 und 21.20 Uhr stündlich.

Linie 30, Aeroexpress zum Flughafen Nord zwischen 6.30 und 22.50 Uhr halbstündlich und stündlich.

Linie 345, Aguamansa, Wandergebiet in den Bergen oberhalb des Orotavatals, zwischen 8.45 und 18.10 Uhr alle 45 Min. bis stündlich.

Linie 348, Nationalpark Las Cañadas (Teide), nur 1-mal täglich: hin um 9.30 Uhr, zurück um 16 Uhr.

Linien 352/353, zirkulieren im Orotavatal, von Puerto de la Cruz nach Orotava und Los Realejos und zurück, zwischen 5.30 und 1 Uhr, nahezu alle 10 Min. eine Abfahrt.

Banken 10 Bankfilialen gibt es im Stadtzentrum, z. B. in der Calle San Juan und auf der Calle Zamora.

Deutsche Gottesdienste **Evangelische Gemeinde:** jeden Sonntag 17 Uhr, Englische Kirche im Taoro Park, Gemeindezentrum: Carretera Taoro 13, ✆ 922-384815.

Katholische Gemeinde: San-Telmo-Kapelle, auf dem Paseo San Telmo. Dort sind die Termine außen angeschlagen.

Fiestas in Puerto de la Cruz und Umgebung 6. Januar: **Heilige Drei Könige,** mit Umzug am Vorabend in Puerto.

Februar: **Karneval** (größer wird er in Santa Cruz gefeiert).

März/April: **Karwoche** mit Büßerprozessionen in Puerto (die eindrucksvollste findet aber am Karfreitag in La Laguna statt).

Mai: **Romerías de San Isidro,** Volksfeste mit Umzügen in Trachten in La Orotava und Los Realejos.

Juni: **Corpus Cristi,** mit Prozessionen über Straßenbildteppiche aus Blumen und farbigem Vulkansand in La Orotava. Die genauen Termine weichen zum Teil von den Kalenderterminen ab, damit sich die Städte nicht gegenseitig Konkurrenz machen. Für Orotava ist bereits festgelegt: 18–21. Juni 2020, 10–13. Juni 2021, 23–26. Juni 2022, 15–18 Juni 2023.

23./24. Juni: **Fiesta de San Juan** mit Johannisfeuern. Am Vormittag werden traditionell die Ziegenherden aus der Umgebung nach Puerto de la Cruz getrieben und im Fischerhafen gebadet. Ein einmaliges Spektakel.

16. Juli: Fiesta zu Ehren der Schutzheiligen der Fischer **Nuestra Señora del Carmen** in Puerto.

Internetcafés (Ciber Centros) Mehrere im Stadtgebiet, z. B. **Ciber de Canarias** im Zentrum, Calle Mazaroco 23.

Leihwagen Zahlreiche Vermietungsbüros im Stadtzentrum, auf den Avenidas und im Stadtteil La Paz.

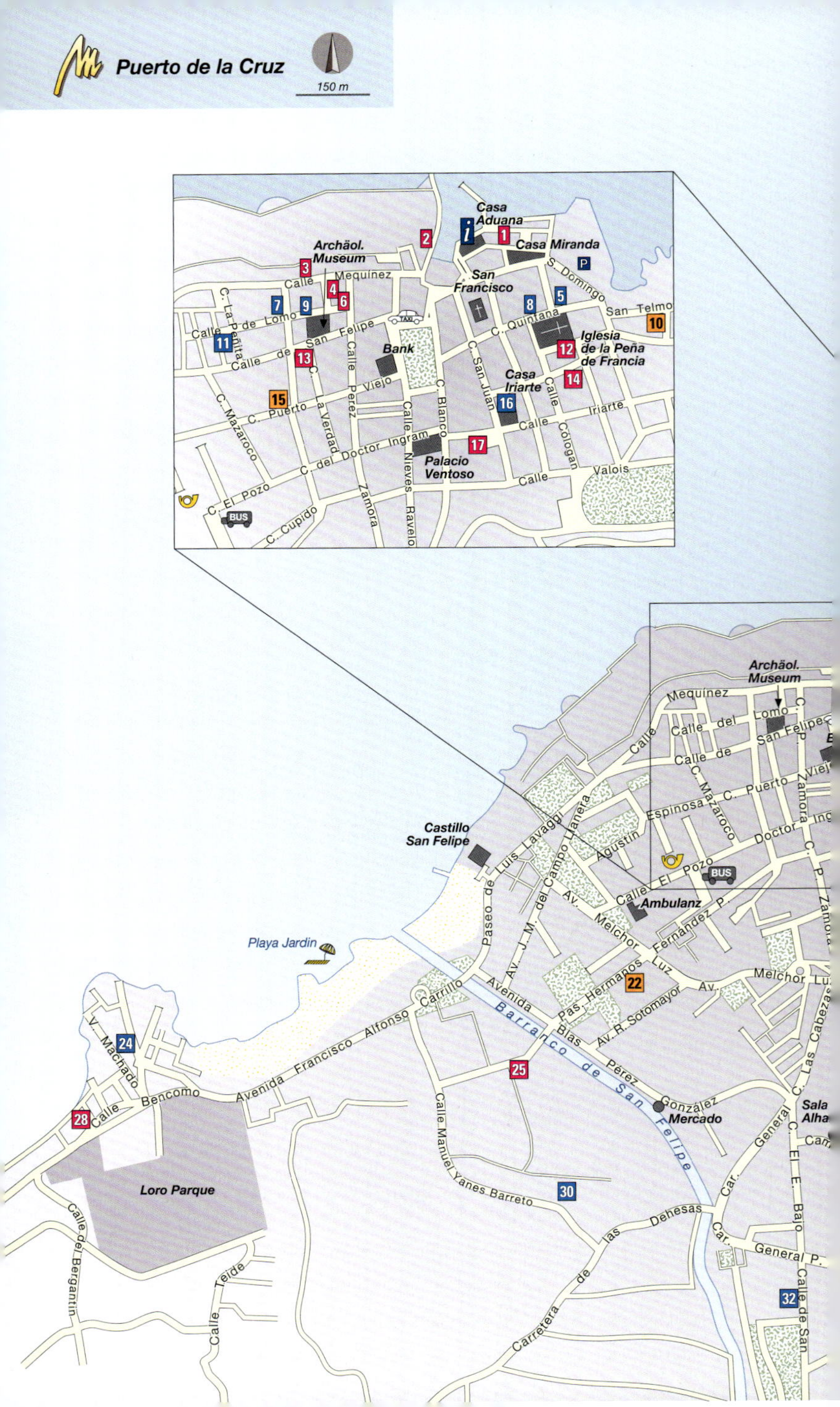
Puerto de la Cruz
150 m
Casa Aduana
Casa Miranda
Archäol. Museum
Calle Mequínez
San Francisco
S. Domingo
San Telmo
C. La Peñita
Calle de Lomo
Calle de San Felipe
C. Quintana
Iglesia de la Peña de Francia
Bank
Calle Perez
C. La Verdad
C. Blanco
C. San Juan
Casa Iriarte
Calle Iriarte
Calle Cologan
C. Mazaroco
C. Puerto Viejo
Calle Nieves Ravelo
C. del Doctor Ingram
Palacio Ventoso
Zamora
Calle Valois
C. El Pozo
C. Cupido
BUS
TAXI
P
1
2
3
4
5
6
7
8
9
10
11
12
13
14
15
16
17
Castillo San Felipe
Paseo de Luis Lavaggi
Av. J. M. del Campo Llanera
Agustín
Espinosa
Ambulanz
Av. Melchor Luz
Fernández P.
Pas. Hermanos
Av. R. Sotomayor
Avenida Blas Pérez González
Mercado
Barranco de San Felipe
Playa Jardín
Avenida Francisco Alfonso Carrillo
V. Machado
Calle Bencomo
Loro Parque
Calle del Bergantín
Calle Teide
Calle Manuel Yanes Barreto
Carretera de las Dehesas
Car. General
Car. General P.
C. El E. Bajo
C. Las Cabezas
Calle de San
Sala Alha
22
24
25
28
30
32

Übernachten

5 Hotel Monopol
7 Hotel Puerto Azul
8 Hotel Marquesa
9 Pension Los Geranios
11 Hotel Sun Holidays
16 Hotel DWO Nopal
23 Hotel Riu Garoe
24 Puerto Nest
26 Hotel Gran lujo Botánico
27 Hotel Tigaiga
30 Hotel Aluasoul Orotava Valley
31 Ap.Tigaiga Suites
32 Los Dragos del Norte

Essen & Trinken

1 La Cofradía
2 Chiringuito Pipo
3 Bodega Julián
4 Mil Sabores
6 El Bistro de Antonio Agiuar
12 Café Eban
13 Casa Paché
14 El Limon
17 Arcon Tapas
20 Cafe Alba
21 Terraza Taoro
25 Petit Los Angeles
28 Bar Punta Brava
29 Alberto's Bar

Nachtleben

10 Bodega Mario
15 Tejas Verde
18 Bolero Sala de Baile
19 Azucar
22 Hotel Noelia

Medizinische Versorgung **Ambulanz** in der Calle del Pozo hinter dem Busbahnhof, ✆ 922-389541. **Centro de Salud** im Ortsteil Las Dehesas, Carretera de las Dehesas 8, ✆ 922-478208. **Hospital Bellevue,** Privatklinik im Ortsteil San Fernando, Calle Alemania 4, ✆ 922-383551. **Clinica Avvril,** im Ortsteil La Paz (auch Deutsch sprechend), Calle Acevino 4, 922-384223. **Dr. Heinsch,** Arzt für Allgemeinmedizin, am Plaza de Charco (gegenüber Taxihalteplatz), Edif. Banco Ex. C./La Marina 10, 922388738.

Post (Correos) Calle del Pozo, gegenüber dem Busbahnhof, Plaza Casañas/Calle Cólogan.

Übernachten

→ Karte S. 116/117

In den Wochen um Ostern und Weihnachten/Neujahr ist es ohne Reservierung schwer, eine Bleibe zu finden. Von Juni bis September sind einige Anlagen voll mit spanischen Gruppen. Häuser, die mit deutschen Reiseveranstaltern arbeiten (z. B. im Ortsteil La Paz), haben häufig noch freie Plätze. Bei der Entscheidung aus dem vielfältigen Angebot ist aber nicht nur die Zahl der Sterne wichtig, sondern auch die Lage der Unte rkunft: ruhig im Grünen in Parque Taoro, mitten im prallen Leben im Zentrum oder preiswert im alten Fischerviertel Ranilla.

Hotels/Pensionen ***** **Gran lujo Botánico 26,** das edelste Hotel im Norden, hier ist auch die königliche Familie schon abgestiegen. Das Hotel ist bekannt für seine schönen Gartenanlagen und seine Wellness-Einrichtungen. Verschiedene Angebote für Wochenenden oder Wochen mit Spa im Internet. Av. Richard Yeoward 1, ✆ 922-381400, www.hotelbotanico.com. **€€€€**

**** **Hotel Riu Garoe 23,** komfortables Riu-Hotel in guter Lage in der Nähe des botanischen Gartens. Zimmer überwiegend ruhig gelegen und mit Balkon und schönem Ausblick. Eine Sauna und ein Spabereich befinden sich in der unteren Etage. Sonderangebote in der Nebensaison. **€€€€**

**** **Hotel Tigaiga 27,** ruhige Lage mitten im Parque de Taoro, große Gartenanlage mit Tennisplatz und Pool, viele Extras wie deutschsprachiges Satellitenfernsehen. Parque de Taoro 28, ✆ 922-383500, www.tigaiga.com. **€€€€**

**** **AluaSoul Orotava Valley 30,** ruhige Lage mit gutem Blick oberhalb des Ortszentrums. Optisch gut gelöst, das Gebäude mit 174 Zimmern in einer Gartenanlage erweckt den Anschein, als handle es sich um mehrere kleinere Häuser. Unterschiedlich große Wohneinheiten, z. T. mit zwei Zimmern, immer mit einer kleinen Küchenzeile. Gut ausgestattet. Calle Manuel Yanes Barreto 13, ✆ 922-370087, www.aluahotels.com. **€€€**

*** **Hotel DWO Nopal 16,** neu renoviertes, kleines und schickes Stadthotel in der Fußgängerzone von Puerto de la Cruz. Die Zimmer

Blick auf Loro Parque, Punta Brava und Puerto de la Cruz

sind gepflegt und haben viel Atmosphäre. Die Gäste loben das tolle Frühstück, das man auf der Dachterrasse einnimmt, die Aussicht zum Teide gibt es gratis dazu. Calle San Juan 17, ✆ 922-961112, www.dwonopal.com. €€

***** Hotel Monopol 5,** traditioneller kanarischer Bau mit schönem Innenhof. Es liegt in der Fußgängerzone im Zentrum. Pool und Whirlpool auf der Dachterrasse. Gepflegtes Ambiente, unterschiedlich große Zimmer. Calle Quintana 15, ✆ 922-384611, www.monopoltf.com. €

***** Hotel Marquesa 8,** traditioneller kanarischer Bau mit Innenhof. Das Marquesa gehört zu den Pionieren des Tourismus, schon Ende des 19. Jh. stiegen hier die ersten Gäste ab. Sehr unterschiedliche Zimmer. Auf der Dachterrasse gibt es einen Pool. Calle Quintana 11–13, ✆ 922-383151, www.hotelmarquesa.com. €

**** Hotel Puerto Azul 7,** neu renoviertes und modern gestaltetes Hotel in der Fußgängerzone mitten im Wohngebiet Ranilla. Das kleine Hotel verfügt über unterschiedlich große Zimmer. Einige mit Balkon, andere mit Terrasse, alle mit WLAN und TV. Calle El Lomo 24, ✆ 922-383213, www.puerto-azul.com. €€

*** Hotel Sun Holidays 11,** ebenfalls im Fußgängerbereich des Stadtteils Ranilla. Einfaches und älteres, aber komplett renoviertes Haus. Unterschiedliche Zimmer, auf der Dachterrasse liegt noch ein Apartment ab 42 € (es kann dort sehr warm werden). Calle la Peñita 6, ✆ 922-380087, www.hotelsunholidays.com. €

*** Pension Los Geranios 9,** einfache, ordentliche Pension mit 14 Zimmern, alle mit Bad, ruhig in der Fußgängerzone des Stadtteils Ranilla gelegen. Calle El Lomo 14, ✆ 922-382810. €

Hostel Puerto Nest 24, im Fischerviertel Punta Brava, kleines renoviertes Haus mit 5 Zimmern, davon 2 Mehrbettzimmer für 6 und 10 Personen und 3 Doppelzimmer. Letztere mit separatem Bad. In einer Gemeinschaftsküche verpflegt man sich selbst. Pro Bett im Gemeinschaftszimmer 18 €, im DZ 52 €. Calle Victor Machado 12, ✆ 628-991703, www.nestshostels.com.

Apartments ** Tigaiga Suites 31,** am Rand des Parque de Taoro in einer Gartenanlage mit Pool, sehr ruhig. Das gesamte Gebäude wurde 2017 komplett renoviert und neu ausgestattet. Die Apartments sind großzügige 70–100 m² groß, elegant und komfortabel eingerichtet. Alle mit Terrasse oder Balkon, von wo man bei klarem Wetter den Teide sieht. Im Garten gibt es einen Pool. Reservierung über www.tigaiga.com oder Hotelportale. €€€–€€€€

**** *Los Dragos del Norte 32,** große, saubere und geräumige Apartments mit Balkon, Frühstück ist immer dabei. In unmittelbarer Nähe zu den Apartments Tigaiga Suites gelegen. Av 8 Marzo 4, ✆ 922-386700, www.hoteles-losdragos.com. €

Weitere Unterkünfte → Los Realejos, denn die Orte grenzen aneinander.

Essen & Trinken

→ Karte S. 116/117

Nahezu 200 Restaurants gibt es in der Stadt und ihrer Umgebung. Die Preise sind überwiegend moderat. In einigen bekommt man auch abends ein ordentliches Menü für 15 €. Neben typisch kanarischen Gerichten ist auch die *cocina gallega* oder *catalán,* die galicische bzw. katalanische Küche aus Spaniens Norden, zu empfehlen. Dort ist insbesondere die Fischzubereitung variantenreicher als auf den Kanaren. Fündig wird man immer im Stadtteil La Ranilla (Hafen).

Lokale in besonders schöner Lage Terraza Taoro 21, auf der oberen Terrasse im gleichnamigen Park sitzt man mit herrlichem Blick über Puerto de la Cruz. Auf der Karte stehen nur wenige, aber gute Gerichte, Kaffee und Kuchen, Eis und Cocktails. Preise für Hauptgerichte 11–15 €. Tägl. 10–22 Uhr. Man kann auch mit dem Pkw hinauffahren. Carretera El Taoro 9, ✆ 922-388868.

Cafe Alba 20, beliebtes Terrassen-Café im Ortsteil La Paz unterhalb vom Mirador de La Paz. Bei Sonnenuntergang sollte man sich frühzeitig einen Platz sichern, denn von hier oben hat man einen herrlichen Blick auf die Stadt Puerto de la Cruz mit der Playa Martiánez. Es gibt Kuchen, Cocktails und eine kleine wechselnde Karte. Tägl. 11.30–22 Uhr.

Alberto's Bar 29, Kaffee und Kuchen, Tapas, kleine Gerichte, Pizza, Pasta und Cocktails bekommt man in der traumhaft schön am Rande des Taoro-Parks gelegenen Terrassenbar. Der Besuch lohnt sich vor allem bei Sonnenuntergang, der Blick geht über Puerto, die Westküste und auf den Teide. Nur zu Fuß zu erreichen, entweder über einen ausgeschilderten Weg hinter dem Hotel Tigaiga oder über einen nicht ausgeschilderten Weg oberhalb der Tigaiga Suites.

Café Eban 12, nicht mit Aussicht, aber herrlich ruhig im Zentrum gelegen, mit Terrasse an der Rückseite der Hauptkirche. Ein klassisches Café mit großer Auswahl an herrlichen Torten und Kuchen und zahlreichen Kaffee- und Teespezialitäten. Tägl. 9.30–24 Uhr, Calle La Hoya 2.

Restaurants im Ortszentrum **La Cofradía 1**, die Genossenschaft der Fischer hat auf der Dachterrasse ihres Gebäudes mit Blick auf den Hafen ein Fischrestaurant eröffnet. Im Glasschrank sucht man sich den Fisch aus und bestellt an der Theke, wie er zubereitet werden soll. Der Fisch kostet 24–30 €/kg, pro Portion mit Beilagen muss man mit 15–20 € rechnen. Calle Las Lonjas 5, ✆ 922-383409.

Chiringuito Pipo 2, ganz versteckt und ganz einfach, aber gut und sehr preiswert. Garantiert frische Zutaten, Fisch und Meeresfrüchte vor allem, als Tapas, halbe oder komplette Portionen. Den Kiosko muss man an der Muelle Pesquero hinter Hafengebäuden auf der westlichen Seite des Hafenbeckens suchen. Kennzeichen sind die roten Coca-Cola-Sonnenschirme. Man sitzt auf Plastikstühlen und muss sich die fleißigen Kellner meist mit vielen anderen Gästen teilen. Portionen ab 8 €. Täglich 11–17 Uhr, Calle de la Marina.

Petit Los Angeles 25, oberhalb der Playa Jardín. Hier gibt es keine französische Küche, sondern es kommt typisch Kanarisches frisch zubereitet auf den Teller. Spezialität: Fisch im Salzmantel mit leckerer Soße. Gutes Preis-Leistungs-Verhältnis. Tägl. außer Mi 12–23 Uhr. Calle Antonio Ruiz Álvarez, oberhalb vom Playa Jardín, neben dem Hotel Alua Tenerife.

Restaurants in La Ranilla (Hafenviertel) **Mil Sabores 4**, tausend Geschmacksrichtungen verspricht der Name des Restaurants. Auch hier wird kreativ gekocht, allerdings mediterran. „Wir schaffen neue Tendenzen," sagt man stolz in der Küche Am Wettbewerb um die niedrigsten Preise nehmen sie nicht teil. Die Gäste sind damit einverstanden. Tägl. 12–23 Uhr, So auch 13–15.30 Uhr. Calle Cruz Verde 5, ✆ 922-372247.

El Bistro de Antonio Agiuar 6, das Lokal war früher als Casa LaLa der Klassiker für kanarische Küche. Der Name hat sich geändert, aber die Küche nicht. Mehrere Gäste waren sehr zufrieden. Viele Gerichte um 12 €, 18–22.30 Uhr. Calle El Lomo/Calle Perez Zomora.

Casa Paché 13, in einer schmalen, aber sehr hübschen Gasse in La Ranilla versteckt sich dieses Restaurant. Familiäres Ambiente, sehr gute kanarische Küche, viele Gerichte um 10 €. 13–22.30 Uhr, Mi geschlossen. Calle la Verdad 6, ✆ 922-372525.

meinTipp **Arcon Tapas 17**, empfehlenswertes, kleines, gut besuchtes Restaurant mit hübsch gedeckten Tischen und Außenterrasse. Ein Geschmackserlebnis ist die kanarische Mojo aus Mandeln, die Alvaro seinen Gästen auf dem Teller zelebriert. Seine Tapas kann man auch als halbe Ration bestellen. Kanarischer Hauswein und gutes Preis-Leistungs-Verhältnis. Plaza de Concejil 2/Calle Iriate, oberhalb vom Plaza del Charco. Mo–Fr 12–15 Uhr und 18–22 Uhr. ✆ 922375131.

Bodega Julián 3, nettes Restaurant, in dem man gut kanarisch essen kann. Zu später Stunde greift der Wirt zur Gitarre. Am Rand von La Ranilla, Calle Meguinez 20.

Restaurants in Punta Brava Im Stadtteil auf der Landzunge, die an die Playa Jardín grenzt, verstecken sich kleine Restaurants mit Terrassen zum Meer.

Bar Punta Brava 28, alteingesässenes Traditionslokal gegenüber vom Loro Parque. Hier kommen Sardinen, Tintenfische *(chocos)* und frische Fische schlicht gebraten auf den Tisch. Portion mit Salat und Kartoffeln 10 €. 12–21 Uhr, Mo/Di geschlossen.

Vegetarische Küche **El Limón 14**, großes Restaurant mit Terrasse. Auf der Karte finden sich Menüs für Groß (10,50 €) und Klein (5 €), viele Salate- und Gemüsekombinationen. Tägl. 12–23 Uhr. Calle Esquivel 4, hinter der Hauptkirche, ✆ 922-381619.

Nachtleben

→ Karte S. 116/117

Während der örtlichen Fiestas finden abendliche und nächtliche Musik- und Tanzveranstaltungen auf den Plazas statt (Programme gibt es in der Touristeninformation). Die Diskotheken mit spanischem Publikum öffnen zwar ab 22 Uhr, vor 24 Uhr sind Sie dort aber mit dem Barmann allein. Die Höhepunkte des Nachtlebens finden Samstag auf Sonntag ab 2 Uhr statt. Angenehm ist, dass viele Discos keinen Eintritt nehmen. Die Getränkepreise sind zwar etwas höher als im Straßencafé, aber es wird nicht geneppt.

Viele große Hotels bieten für ihre Gäste abends Programme an, von Pianogeklimper bis zur mittelgroßen Show. Im Hotel Atlantis z. B. Jazz, im Hotel Las Vegas Show- und Animationsprogramme. Gäste aus anderen Hotels werden normalerweise akzeptiert, Eintritt wird nicht verlangt.

Azucar 19, Disco, von Hip-Hop bis Latinosound. Mi–Sa 23–6 Uhr. Calle Obispo Perez Caceres.

Bolero Sala de Baile 18, Tanz- und Nachtclub, in dem vorwiegend lateinamerikanische Rhythmen live und aus der Konserve gespielt werden. Geöffnet Fr und Sa 22–4 Uhr, Av. Familia Betancour y Molina 43, Ap. Martina.

Hotel Noelia 22, Calle Hermanos Fernandez Perdigon. Hier gibt es jeden Abend von 20 bis 24 Uhr Tanz und Musik mit Livebands.

Tejas Verde 15, uriges, kleines Lokal, in dem die einheimische Combo kanarische und lateinamerikanische Evergreens anstimmt. Auch von Einheimischen besucht, manchmal ausgelassene Stimmung, wenn Gäste und die Band gemeinsam Musik machen. Calle Puerto Viejo 28.

Bodega Mario 10, nette Musikkneipe mit kanarischer und südamerikanischer Folklore, gute Stimmung ab 22 Uhr, Calle Corales, Seitengasse vom Paseo San Telmo.

Mansión ÁBACO, etwas außerhalb in El Durazno, mit Bar und Konzerten. Das stilvolle restaurierte Herrenhaus verwandelt sich je nach Tageszeit in ein Museum oder einen eleganten Nachtclub. Eintritt je nach Programm 8–30 €. www.abaco-tenerife.com. → Kommerzielle Freizeitangebote, S. 113.

Einkaufen

Lebensmittel **Mercado municipal,** in der Markthalle mit großem Parkhaus gibt es auf drei Stockwerken ein gutes und breites Angebot an Obst, Gemüse, Fleisch und Käse.

Supermärkte findet man in jedem Stadtteil und außerhalb der reinen Hotelzonen an (fast) jeder Ecke. Große Auswahl und reelle Preise im **Supermercado Mercadona** im Centro Comercial Martiánez.

Naturkost erhält man im **Reformhaus Botánico** (Carretera Botánico, Canary Center im Ortsteil La Paz) oder im Zentrum bei **La Vida** (Calle La Hoya 45). 9–21 Uhr, Sa bis 17 Uhr.

Puerto hat mehrere **Einkaufszentren.** Das größte, **La Villa,** lässt sich nur mit dem Pkw oder den Buslinien 352 und 353 erreichen. Es befindet sich außerhalb direkt an der Autobahn (Salida 36), etwas westlich der Stadt. Riesiger Supermarkt und viele Fachgeschäfte.

Wanderausrüstung **Outdoor Center Teneriffa,** wen erst auf Teneriffa die Wanderlust packt, der kann sich im Laden bei den Experten Marion und Jörg vom Wanderstab mit Markenware ausrüsten. Im Ortsteil La Paz gegenüber dem Hotel Botanico, Av. Marques Villanueva del Prado, www.outdoorcenter-teneriffa.com oder www.derwanderstab.de.

Souvenirs Kunsthandwerk garantiert aus Teneriffa führt der schön gestaltete Laden im alten Zollhaus und im Pavillon gegenüber am Fischerhafen.

Rastro/Markt Auf dem Vorplatz der Markthalle Mi und Sa 9–14 Uhr.

Sport/Aktivitäten

Geführte Tageswanderungen Puerto de la Cruz ist der ideale Ausgangspunkt für Wanderer. Entsprechend haben sich hier einige Wanderveranstalter niedergelassen, die über ausgelegtes Material u. a. bei der Touristeninformation, und in Hotels werben.

Heidis Wanderclub, man fährt mit öffentlichen Bussen in die jeweiligen Wandergebiete und trifft sich am Busbahnhof in Puerto de la Cruz. www.heidis-wanderclub.de.

mein Tipp **Der Wanderstab** mit Marion Helbig, Dipl.-Sportlehrerin, und Jörg Brandt, Wanderführer mit Zertifikat. Marion ist auch Autorin unseres Wanderführers *Teneriffa MM-Wandern.* Wer geführte Wanderungen mit botanischen und geologischen Erklärungen sucht, kann

Das Orotavatal und die Nordküste → Karte S. 104/105

sich im Laden vom Wanderstab (s. o.) zu den Öffnungszeiten direkt anmelden oder die Touren über die Website www.derwanderstab.de buchen. Die Abholung der Gäste erfolgt mit eigenen Bussen ab Hotel. Wanderausrüstung kann im Outdoor-Center ausgeliehen werden. Av. Marques de Villanueva del Prado gegenüber dem Hotel Botanico. ✆ 922-376007, 663-417272.

Baden Innerhalb des Stadtgebietes **Playa Martiánez:** durch Molen geschützte Sandbucht am östlichen Ortsende.

Costa Martiánez (Badelandschaft): eine der Attraktionen von Puerto mit künstlichen Seen, Inseln und Wasserfällen, mehreren Restaurants und Kiosken.

Felsenküste von San Telmo: kein Strand, aber über Plattformen, Molen und Treppen kann man ein kostenloses Bad im Atlantik nehmen. Bei aufgewühlter See gefährlich.

Playa Jardín (Gartenstrand): schöne Strandanlage mit allem Komfort. Mehrere Buffetrestaurants bieten preiswerte kleine Gerichte und Getränke an.

Radeln/Biken **Ride Base Tenerife,** Radverleih und geführte Touren oberhalb vom Strand. Mo–Fr 17–19 Uhr. Martiánez Calle Avenida Francisco Afonso Carillo 44, Edifcio Playa Bahia, ✆ 822-610487, 620-005998, www.ridebase tenerife-.com.

Tauchen **Tauchschule Atlantik,** im Hotel Maritim in Los Realejos. Tauchgänge mit Gerödelverleih, Schnuppertauchen und Kurse. Ein kompletter Lehrgang für Anfänger schließt mit einem Tauchgang im Meer und einem international anerkannten Tauchschein ab. ✆ 922-362801, www.atlantik-tauchen.de.

El Cardumen, mit Laden für das Gerödel. 10–20 Uhr. Av. Melchor Luz 3, Edificio Principado, local 63, ✆ 922-368468, 670-383007, www.elcardumen.es.

Surfen **La Marea Surfschool,** nicht Windsurfen, sondern Wellenreiten wird hier gelehrt, das Zubehör kann geliehen werden. Anmeldung und Unterricht an der Playa Martiánez. ✆ 922-105534, www.lamareasurfschool.es.

Golf **Club de Golf la Rosaleda,** etwas außerhalb an der Carretera del Botanico. Neun Löcher, Par 3, mit Golfschule. Camino Carrasco 17, ✆ 922-373000, www.golflarosaleda.ces.

Stadtstrand von Puerto ist die Playa Jardín

Los Realejos

Der Name der Gemeinde und der Orte bzw. Ortsteile, Realejo Alto und Realejo Bajo, geht auf das königliche Feldlager zurück (span. realejo = königlich), die der Eroberer Teneriffas, Alonso de Lugo, hier errichtete, um die Kapitulationserklärung der Guanchen entgegenzunehmen.

Auf Grund des Wasserreichtums entwickelte sich die Gemeinde schnell zu einem landwirtschaftlichen Zentrum. Alonso de Lugo sicherte sich die Flächen mit den fruchtbarsten Böden und machte ein Vermögen mit Zuckerrohranbau. Auf seinen ausgedehnten Ländereien, der *Hacienda de los Príncipes* in Realejo Bajo, blieben viele Gebäude erhalten. Es sind die ältesten Baudenkmäler Teneriffas. In den letzten Jahren wurden sie restauriert.

Stadtspaziergang

Los Realejos liegt auf einem sehr steilen Gelände beiderseits des Barranco de Godinez. Realejo Alto, der Hauptort auf der östlichen Seite, hat weniger Sehenswertes zu bieten, dafür aber die erste Kirche Teneriffas. Weil es dort kaum Parkplätze gibt, empfehle ich Ihnen, mit der Buslinie 353 bis zur Haltestelle *Iglesia del Apóstol Santiago* zu fahren. Dann sind Sie schon am wichtigsten Punkt und müssen nicht über hundert Höhenmeter heraufschnaufen. Hier befinden sich auch die sehr gut ausgestattete Touristeninformation und ein Aussichtsplatz. Von dort könnte sich ein ca. einstündiger Spaziergang in das interessantere Realejo Bajo anschließen. Der *Casco Histórico* von Realejo Bajo kann mehr historische Bausubstanz vorweisen. Zu ihm gehört auch die Hacienda de los Príncipes am westlichen Ortsrand.

Iglesia del Apóstol Santiago: Unmittelbar nach Abschluss des Feldzuges von Alonso de Lugo 1496 wurde an Ort und Stelle eine einfache Kapelle zum Dank für den Sieg gebaut. Gewidmet ist sie dem spanischen Nationalheiligen Santiago. In den vergangenen Jahrhunderten erfuhr sie mehrere Umbauten und Erweiterungen im klassischen kanarischen Stil. Lediglich der Turm fällt aus diesem Rahmen. Öffnungszeit während der Messe täglich 18-19 Uhr. Eine ausführliche Beschreibung (auf Deutsch) der Architektur und der Kunstschätze bekommen Sie in der Touristeninformation. Gegenüber liegen das neue und das alte Rathaus.

Drago de San Francisco: Bevor Sie nach Realejo Bajo aufbrechen, sollten Sie vom Aussichtsplatz nach links abwärts schauen. Am Schluchtrand sehen Sie deutlich einen großen Drachenbaum, er zeigt die Richtung an. Am Rathaus geht es entlang und nach wenigen Schritten nach rechts in die Calle de Godinez, mit der Sie die Schlucht umrunden. Auf ihr bleiben Sie, bis Sie den Drachenbaum Drago de San Francisco erreichen, ein mehrere hundert Jahre altes Gewächs (→ Kasten S. 139).

La Concepción: Weiter auf der Straße abwärts erreichen Sie die prächtige Pfarrkirche La Concepción mit ihrem terrassenförmig angelegten Vorplatz. Ein Drachenbaum und Pinien schaffen eine einmalige Atmosphäre. Der Grundstein für die Vorläuferkapelle wurde im 16. Jh. gelegt. Ihre jetzige Gestalt erhielt die Kirche 1697–1701. Prunkvolle Renaissanceportale zieren die Fassaden. Zahlreiche Kirchenschätze, Bilder und Skulpturen aus den vergangenen Jahrhunderten schmücken die Kirchenschiffe. Geöffnet ist die Kirche während der täglichen Messe am Nachmittag.

Hacienda de los Príncipes: Von der Kirche aus erreichen Sie die ausgeschilderten, mit Informationstafeln versehenen Bauten der Hacienda de los Príncipes. Insgesamt sind hier zehn Gebäudegruppen aus den letzten 400 Jahren restauriert worden.

Zurück geht es auf demselbem Weg oder über die Brücke La Alhóndiga über die Schlucht und weiter abwärts in die Calle Alhóndiga. Sie bringt sie zur Kirche **Santuario de Nuestra Señora del Carmen.** Eine Busstation ist in der Nähe.

Die Umgebung

Dank der Fruchtbarkeit der Böden sichert noch heute die Landwirtschaft 20 % der Einwohner den Lebensunterhalt. Das gute Klima und die relative Ferne zum Urlauberzentrum an der Küste hat Los Realejos zu einer beliebten Wohngegend gemacht. Zur Gemeinde gehört der Küstenstreifen westlich von Puerto de la Cruz ab dem Hotel Maritim. Einer der wenigen landschaftlich besonders schönen und kaum bebauten Küstenstreifen ist die **Rambla de Castro.** Obwohl sie wegen ihres Wasserreichtums immer schon landwirtschaftlich genutzt wurde, heute für Bananenanbau, hat sich hier eine reichhaltige Küstenflora mit wild wachsenden Palmen und Drachenbäumen gehalten. Sie erreichen die Rambla de Castro über die ab S. 249 beschriebene Wanderung 4 von Puerto de la Cruz aus. Alternativ und schneller vom Mirador San Pedro an der Landstraße zwischen Los Realejos und San Juan de la Rambla (ebenfalls bei Wanderung 4 beschrieben).

Praktische Infos

Information Büro in Realejo Alto neben der Hauptkirche Iglesia del Apóstol Santiago, Plaza de la Unión. Sehr gut informierte und interessierte Angestellte und viel gutes Infomaterial, u. a. auch zu Wanderwegen in der Gemeinde. Mo–Fr 10–13 Uhr, ✆ 922-346181, www.losrealejos.travel.de.

Verbindungen Buslinie 352/3 → Puerto de la Cruz; Linie 108 halbstündlich von und nach Santa Cruz.

Baden **El Socorro,** westlich von Puerto. Beliebtes Revier für Wellenreiter. Eher kleinerer Sandstrand. Im Sommer Strandservice mit Surfschule und Bar/Cafeteria. Die Playa bekam die Blaue Flagge der EU.

Fiestas **Tag des Kreuzes** am 3. Mai. In der gesamten Gemeinde werden alle Kreuze von Nachbarschaftsgruppen im Wettbewerb aufwendig geschmückt. Die anschließende Prozession wird von Feuerwerken begleitet.

Die **Romería von San Isidro,** dem Schutzheiligen der Bauern, in der 3./4. Maiwoche gehört zu den ganz großen Festen Teneriffas. Tagelang wird getanzt, gesungen und getrunken. Höhepunkt ist der Umzug der Landgemeinden. Die mit Feldfrüchten üppig geschmückten Wagen begleiten Hunderte in traditionelle Trachten gekleidete Menschen.

Übernachten **Hotel Rural Bentor,** das 2010 eröffnete Gästehaus liegt im Casco Histórico von Realejo Bajo. Im restaurierten Gebäude aus dem 17. Jh. gibt es 19 DZ und Suiten mit Terrasse/Balkon und viel Komfort wie Sat-TV und Internetanschluss. Restaurant und kleiner Pool. Calle del Cantillo de Abajo 6, 38410 Los Realejos, ✆ 922-353458, www.hotelruralbentor.com. **€**

Hotel Rural Casablanca, oberhalb des Ortes gelegen. Im Anwesen aus dem 18. Jh. gibt es 20 stilvolle Zimmer, Terrassen (mit schönem Blick), Pool und Höhlenrestaurant. DZ 38–60 €, Suiten 52–65 €. Calle Real 146, Icod El Alto, 38414 Los Realejos, ✆ 922-359621, www.hotelruralcasablanca.es.

***** Apartments Playa de los Roques,** über einer Klippe gelegene, ruhige Anlage in La Romantica mit schönem Blick auf die Felsen Los Roques und Puerto de la Cruz. Ein tropischer Garten mit Pool umgibt die Apartmentanlage. Die Zimmer sind offen und gemütlich eingerichtet und besitzen einen Balkon oder eine Terrasse. Wanderer können direkt loslaufen, denn der Küstenweg beginnt direkt hinter der Hotelanlage. Für Reisende mit Auto eher geeignet. ✆ 922-365030. **€€**

Essen & Trinken **Mesón El Monasterio,** das vielleicht beliebteste Restaurant im Norden. In und um die Gemäuer eines alten Klosters ist ein Komplex mit Cafeteria, Restaurants, Weinstuben und Terrassencafé entstanden. Alles ist sehr stilvoll eingerichtet. Es wirkt auf den ersten Blick touristisch, ist aber auch bei den Einheimischen sehr beliebt. Im großen Restaurant im Keller kehren häufig Reisegruppen ein, da ist man besser im kleinen Restaurant aufgehoben. Kanarische und spanische Küche. Fleisch wird hier gegrillt, auf dem heißen Stein serviert oder im Fonduetopf gegart. Tägl. 10–24 Uhr, abends und am Wochenende ist Tischreservierung sinnvoll: ✆ 922-340707. Zwischen Puerto de la Cruz und Realejo Bajo an der Carretera General de la Montaña. Die Busse der Linie 352 fahren direkt daran vorbei.

Mirador San Pedro, am Felsen gelegenes Restaurant oberhalb des Naturschutzgebietes Rambla de Castro mit herrlicher Terrasse und weit reichendem Blick gen Westen Richtung San Juan de la Rambla. Ordentliche Karte mit Fisch- und Fleischgerichten sowie gegrilltem Ziegenkäse. Wer nach dem Essen einen Verdauungsspaziergang machen möchte, kann direkt vom Mirador aus den exotischen Palmenhain besuchen. Das Lokal liegt von Puerto aus kommend an der Küstenstraße TF-5 (ca. 50 m hinter dem Tunnel). Tägl. 10–23 Uhr.

La Orotava

Die Stadt La Orotava hat die schönste Lage im Orotavatal. Aus üppigem Grün von Obstgärten hat man den besten Blick auf die Berge und die Küste. Anders als in den meisten Städten Teneriffas blieb die Altstadt fast völlig von der Abrissbirne verschont. Mit ihren Kirchen, Klöstern und Palästen steht sie in ihrer Gesamtheit unter Denkmalschutz und ist anerkannt als Kulturerbe Europas.

Stadtgeschichte

Das Stadtgebiet war schon vor der Eroberung besiedelt. Ausschlaggebend waren dafür nicht nur die spektakuläre Rundumsicht, sondern vielmehr die fruchtbaren Böden und die Lage zwischen mehreren Barrancos (Schluchten), die ganzjährig Wasser führten. Aus genau diesem Grunde sicherten sich auch die Anführer der spanischen Invasionstruppen diesen Landstrich und sein Wasser als Kriegsbeute.

Spaniens Adlige wurden vom König mit wertvollem Land im Orotavatal beschenkt. Sie ließen Zuckerrohr anbau-

La Orotava und seine sehenswerte Altstadt

en und, nachdem der Markt dafür zusammengebrochen war, Wein. Ein eigener Hafen, Puerto de la Cruz (damals Puerto de la Orotava), diente lange Zeit ausschließlich dem Warenumschlag von La Orotava. Die reichen Handelshäuser Europas errichteten in La Orotava ihre Niederlassungen, die großen Orden bauten prächtige Kirchen und Klöster. 1648 erhielt La Orotava die Stadtrechte. 1704–1705 zerstörte ein Erdbeben den nördlichen Teil der Stadt, die Kirche Nuestra Señora de la Concepción und die umliegenden Gebäude. Der Reichtum Orotavas machte aber einen schnellen Aufbau im damals favorisierten Barockstil möglich.

Im 19. Jh. sank der Stern der Stadt. Mehltau und Reblaus hatten die Weinstöcke vernichtet, der Bau des Hafens von Santa Cruz nahm ihr die Bedeutung als Handelsstadt. Mit dem Anbau von Bananen konnte La Orotava sich im 20. Jh. wirtschaftlich stabilisieren, gewann aber seine Vormachtstellung nicht mehr zurück.

Obwohl die besten Strände der Nordküste, Bollullo, El Pozo/Los Patos und El Ancón, zum Gemeindegebiet zählen, verpasste La Orotava den Anschluss an die Tourismusentwicklung. Dieser Umstand beschert dem Orotavatal die größte küstennahe, vom Tourismus nicht zersiedelte Zone: El Rincón. Der Versuch der Gemeindeverwaltung Ende der 1980er-Jahre, die Touristenströme auf ihr Gebiet umzulenken, misslang, Dank einer breiten Front von Umweltschützern und Tourismusmanagern. Die Entwicklung war einmal mehr über La Orotava hinweggegangen.

Die Altstadt

Der historische Stadtkern entwickelte sich um zwölf ländliche Anwesen herum und wird deshalb heute noch *Doce Casas,* zwölf Häuser, genannt. Die Bauherren legten den Ort so an, dass sie von allen großen Häusern und zentralen Plätzen den herrlichen Blick auf die Küste und die Berge genießen konnten. Die Stadtgeschichte vom ländlichen Zentrum zur Handelsmetropole und der Aufbau nach dem Erdbeben im 18. Jh. bescherte der Altstadt ein uneinheitliches, dennoch interessantes Bild. Der kanarische Landhausstil des 16. und 17. Jh. ist vertreten, spanischer Barock, späte Renaissance, Rokoko und der Klassizismus. Prägend sind jedoch die typischen Elemente der kanarischen Bauweise, die auch in Gebäude aller Stilepochen übernommen wurden: Vorderfronten mit großzügigen, senkrechten Fenstern und reich geschmückten Balkonen und eine Raumaufteilung mit Innenhof, um den sich auf jedem Stockwerk umlaufende Galerien gruppieren.

Theatralische Stadtführung (auch auf Deutsch): Von Oktober bis April führt das Künstlerpaar Jaster und Luis mit Schauspielern und Musikern, Erzählungen und Tanz durch die Stadt. Unterwegs gibt es auch kulinarische Kostproben. Teilnahme nur nach Reservierung. Kostenbeitrag 20 €. www.jasterluis.com.

Stadtrundgang

Start ist an der Information, Teobaldo Power, Calle Calvario 4. Dort bekommen Sie einen Stadtplan, in dem alle historischen Häuser verzeichnet sind, sowie aktuelle Informationen. Wer hier den Prospekt **mait** mitnimmt, hat freien Eintritt ins Museo de Artesanía Iberoamericana. Von der Information folgen Sie dem Straßenverlauf und erreichen die **Plaza de la Constitución.** Wie von einem Balkon schaut man über die typischen Ziegeldächer kanarischer Landhäuser, auf den Turm der Kirche Santo Domingo und auf das Tal bis hinunter zur Küste. Die Nordostseite des Platzes bilden die **Kirche** und das ehemalige **Kloster San Agustín,** erbaut im 17. Jh. Ein reich geschmücktes Portal aus dunklem Vulkanstein bildet den Eingang in das frühere Kloster, heute

An Festtagen schmückt man die Holzbalkone mit bunten Fahnen

die *Casa de La Cultura*. Rechts davon liegt am Ende einer gewaltigen, von Blumenrabatten begleiteten Treppe der klassizistische Bau des **Liceo de Taoro.** Das ehemalige prachtvolle Privathaus wird für Kulturveranstaltungen und als Bar, Restaurant und Cafeteria genutzt (→ Essen & Trinken).

Sie biegen nach unten in die Calle Tomás Zerolo. An ihrem Anfang stehen Stadtvillen aus dem 18. und 19. Jh., dahinter zieht sich auf beiden Straßenseiten eine ganze Zeile mit Häusern aus dem 16. bis 19. Jh. abwärts. Die Nr. 27 ist die **Casa Torrehermosa,** in der die Inselverwaltung authentisches, wirklich schönes kanarisches Kunsthandwerk ausstellt und verkauft (Mo–Fr 9–15 Uhr, Sa bis 14 Uhr). Allein das Haus aus dem 16. Jh. mit Innenhof, Terrassen und Gärten ist sehenswert. Genau gegenüber stehen die Kirche und das Kloster Santo Domingo aus dem 17. Jh. Im einstigen Kloster ist das **Museo de Artesanía Iberoamericana** (Spanisch-amerikanisches Kunsthandwerk) untergebracht. Es zeigt volkstümliche Musikinstrumente, kunstvolle Textilien und Keramik aus Lateinamerika und Spanien. Wechselnde Sonderausstellungen sind jungen Kunsthandwerkern gewidmet (Mo–Fr 9–15 Uhr, Eintritt mit Prospekt der Information, siehe unten, frei).

Gegenüber der Kirche biegen Sie links in die Calle Viera ein und bei nächster Gelegenheit noch einmal nach links. Bald darauf stehen Sie vor der seltenen barocken nach außen gewölbten Fassade der **Kirche Nuestra Señora de La Concepción.** Sie wurde nach ihrer Zerstörung durch das Erdbeben von 1704/05 wieder aufgebaut. Eine große Glaskuppel taucht das Kirchenschiff in ein geheimnisvolles, bläuliches Licht. Im Inneren sind der Hochaltar aus Marmor, Gemälde und Statuen kostbare Kunstschätze. Eine besondere Kostbarkeit, die Walkerorgel mit 1488 Pfeifen, wurde 1914 eingebaut und 2004/0 5 restauriert. Der Kirche ist ein Museum für Kirchenschätze, das **Museo de Arte Sacra,** angeschlossen (tägl. 9.30–13 und 16–18 Uhr, Eintritt 3).

Blumen- und Sandteppiche in La Orotava während der Fronleichnamsprozession

Weiter geht es die Calle Tomás Pérez hoch, bis Sie die Carrera del Escultor Estévez erreichen. Gegenüber steht das **Rathaus** im Stil des Neoklassizismus. Auf dem Platz vor dem Rathaus entstehen ab Anfang Juni in jedem Jahr seit 1847 großformatige Straßenteppiche aus farbigem Sand für die Fiesta Corpus Cristi, für die Orotava berühmt ist und die es zu einem eigenen Museum gebracht hat (→ S. 129). Die umgebenden Straßen werden von Nachbarschaftsgruppen in der Nacht davor geschmückt.

Im Haus Nummer 17, einem der ältesten kanarischen Landhäuser, das bald nach der Eroberung im 16. Jh. erbaut wurde, befindet sich im Innenhof das Restaurant Sabor Canario. Schauen Sie hinein, auch wenn Sie hier nicht essen möchten. Auf der Galerie der Halle liegen die acht Zimmer des Hotel Rural Orotava.

Kurz darauf mündet die Carrera del Escultor Estévez in die Calle San Francisco. Hier stehen prächtige Landhäuser. Zunächst geht es jetzt aber ein paar Schritte nach rechts. Hinter einer Gartenterrasse versteckt sich eine der letzten **Gofiomühlen,** die geröstetes Korn mahlen. Für Urlauber steht ein Probiersortiment zum Verkauf (Mo–Fr 8–13 und 14–18 Uhr). Ein Stück die Straße hinunter steht das Herrenhaus **Casa Lercaro** (1654) mit großem Garten im Innenhof und Terrassen mit Blick über das Tal. Die Räume im Erdgeschoss werden als Verkaufsausstellung für Antiquitäten, anspruchsvolle Möbel, Geschirr etc. genutzt. Am Innenhof liegt das gleichnamige Restaurant.

Zurück auf der Calle San Francisco erreichen Sie die wohl bekanntesten kanarischen Häuser im Landhausstil, die **Casas de los Balcones** aus dem 17. Jh. Herrlich sind sie anzuschauen mit ihrer großzügigen Fensterfront in den unteren Stockwerken und den reich mit Schnitzereien verzierten Holzbalkonen am oberen Stockwerk. Das erste

Haus auf der linken Seite, die **Casa Mendez-Fonseca** aus dem Jahr 1632, ist berühmt für seinen bepflanzten Innenhof mit üppig verzierten Holzgalerien. Das Gebäude beherbergt eine Stickereischule. Sie können den Stickerinnen bei der Arbeit zuschauen und die Erzeugnisse an Ort und Stelle kaufen. Im 1. Stockwerk befindet sich das **Museo Eladia Machado,** ein Zentrum für Kunsthandwerk mit Werkstätten (tägl. 10–19 Uhr, der Besuch des Patios, des Museums im 1. Stock und des Museums nebenan kostet zusammen 5 €).

Im Haus nebenan finden Sie das **Museo de las Alfombras.** Es stellt anhand vieler dokumentierter Beispiele die Tradition der Sandteppiche vor (Mo–Sa 11–14 Uhr, Eintritt 2 €).

Gegenüber residiert heute in einem nicht weniger eindrucksvollen Landhaus (1590) mit schönen Terrassen die **Casa de los Turistas,** ein Kunsthandwerkerladen mit dem wohl reichhaltigsten Angebot Teneriffas. Neben den obligatorischen Stickereien (nicht alle sind von der Insel) bietet das Geschäft auch Originalbilder, Drucke von historischen Stichen, Zigarren und Wein von Teneriffa an (tägl. 10–19 Uhr).

Weniger als 100 m weiter befinden sich die **Kirche San Francisco** und das **Hospital Santísima Trinidad,** dem früher ein Waisenhaus angeschlossen war. Beide Gebäude stammen aus dem 19. Jh., ihre Vorläufer zerstörte ein Brand. Wenn das Tor geöffnet ist, gelangt man auf einen offenen Hof mit dem wohl besten Blick auf das Tal und mit dem Eingang zum Hospital. In das massive Tor ist eine Holztrommel – Vorläufer der heutigen Babyklappen – eingearbeitet. Die Öffnungszeiten beziehen sich übrigens auf Krankenbesuche im Hospital!

Gegenüber in der steilen Gasse Doctor Domingo González García beginnt das **Mühlenviertel.** Hier waren seit dem 17. Jh. bis noch vor wenigen Jahrzehnten zehn Wassermühlen in Betrieb. Das Wasser für die Mühlen floss in einer Leitung, zum Teil als Aquädukt, in die Straße und in die Mühlen, die treppenförmig übereinander stehen. An dem offenen Wasserkanal zwischen den Mühlen gingen die Wäscherinnen ihrem harten Tagewerk nach. Sieben der klobigen, runden Mühlen und Teile der Wasserleitung stehen noch. Die Mühle mit der Nummer 3 gleich am Anfang der Gasse arbeitet sogar noch, heute allerdings mit Elektromotor. Hier stellt der Müller das traditionelle kanarische Gofio her und verkauft es warm, umgeben vom Duft des gerösteten Getreides. In seiner Mühle hängen Fotos aus der Zeit, als das ganze Viertel noch vom Rauschen des Wassers, vom Klappern und Rattern der Wasserräder und Mühlsteine und vom Klatschen der Wäsche erfüllt war (Mo–Fr 8–13 und 15–19 Uhr).

Durch die Querstraße Calle Nueva kommen Sie zur Calle San Juan mit der **Kirche San Juan del Farrobo** aus dem 18. Jh. Sie ist bekannt für ihre Skulpturen und die Holzdecke im maurischen Stil. Weiter geht es nach links an der Kirche entlang in die dahinterliegende Calle Leon und nun erst einmal steil bergab. Auch dies ist eine gut erhaltene Altstadtstraße, aber mit bescheidenen Handwerker- und Kleinbürgerhäusern. Auf der Höhe der Calle Hermano Apolinar liegen zwei herrliche Gärten – links der mit schmiedeeisernen Gittern eingezäunte **Hijuelo del Jardín Botánico,** Ableger des botanischen Gartens in Puerto de la Cruz. Er ist voller tropischer Bäume und Sträucher (tägl. 9–14 Uhr).

Auf der gegenüberliegenden Straßenseite geht es durch ein schmiedeeisernes Tor und ein steinernes Portal in die Gärten **Jardínes Marquesado de la Quinta Roja** (Mo–Fr 9–18 Uhr, Sa/So 10–15 Uhr). Sie wurden im 19. Jh. im Auftrag der Grafenfamilie Quinta Roja-Ponte von einem französischen Architekten angelegt. Zentrum der Anlage ist das Mausoleum des Grafen, der hier

Das Orotavatal und die Nordküste → Karte S. 104/105

seine letzte Ruhe fand, weil die Kirche sich geweigert hatte, ihn, einen bekennenden Freimaurer, auf dem Kirchhof zu bestatten.

Zurück zum Ausgangspunkt geht es die Calle Leon hinunter, an der nächste Ecke rechts durch die Calle San Agustín und zu einem Tässchen Kaffee auf die Plaza oder ins Liceo de Taoro.

Abseits des Stadtrundgangs und in der Umgebung

Centro de Visitantes Telesforo Bravo (Besucherzentrum des Teide-Nationalparks): Allein die Architektur des 2014 eingeweihten Hauses lohnt den Besuch, insbesondere der spektakuläre Ausstellungssaal. Der Rundgang informiert interaktiv über die Entstehung Teneriffas und des Nationalparks, seine Geologie, Geschichte, Natur, Kultur und seine Bedeutung für die Wissenschaft.

■ Tägl. 9–14 und 15.30–18 Uhr, Eintritt frei, Calle Doctor Sixto Perera Gonzalez, nahe am Museo de Artesanía Iberoamericana.

Mirador de Humboldt und Mirador Resbala: Der Aussichtsplatz, an dem Alexander von Humboldt auf das Orotavatal geblickt und die Schönheit der Gegend gepriesen haben soll, musste nach einem aufwendigen Ausbau geschlossen werden. Der kleinere Mirador Resbala in der Nähe ist dagegen geöffnet. Sie finden ihn an der alten Verbindungsstraße TF-211 von La Orotava nach Santa Ursula.

Praktische Infos

Information Informationsbüro für Touristen in der Calle Calvario 4. Neben Informationsmaterial zur Stadt bekommen Sie hier auch Wanderbeschreibungen für das Gemeindegebiet und eine gemeinsame Eintrittskarte für die drei Museen der Stadt. Mo–Fr 9–18 Uhr, ✆ 922-323041, www.laorotava.es.

Verbindungen **Busse:** Linien 345, 352, 353 → Puerto de la Cruz; Linie 107 nach Santa Cruz und Buenavista alle 2 Stunden. Vom Busbahnhof folgen Sie der davor verlaufenden Straße Obispo Benítez de Lugo bis kurz vor der Information.

Pkw: Von der Autopista del Norte folgen Sie den Ausschilderungen in die Stadt, dort der Ausschilderung „Teide" und dann sofort dem „P". Es leitet Sie zum Parkhaus, die Touristeninformation liegt gleich in der Nähe.

Einkaufen La Orotava bietet die besten Gelegenheiten zum Einkauf von Kunsthandwerk. Erste Adresse ist **Casa Torrehermosa** in der Altstadt. Hier wird in einem historischen Herrenhaus garantiert kanarisches Kunsthandwerk verkauft (→ Stadtrundgang). Mo–Fr 9–15 Uhr, Sa 9–14 Uhr geöffnet. Calle Tomás Zerolo 27.

Geradezu klassische Einkaufsstätten sind die **Casa de los Balcones** (Mo–So 10–18 Uhr, Eintritt 5 €) und die **Casa de los Turistas**. Beide Geschäfte liegen sich in den prächtigsten Altstadtbauten Orotavas gegenüber. Sie werden auf ihrem Rundgang ohnehin dort vorbeischauen. Großes Angebot an Kunsthandwerk, aber bei weitem nicht alles kommt von den Inseln. Calle San Francisco.

Fiestas Die wichtigsten Fiestas der Stadt folgen dicht aufeinander.

Romería de San Isidro: Volksfest zu Ehren des Schutzpatrons der Bauern mit viel Folklore, Musik und Tanz und einem Umzug der Landgemeinden in geschmückten Wagen. Ende Mai/ Anfang Juni.

Corpus Cristi: Fronleichnam, Anfang Juni. Zu diesem Anlass werden die weit über die Grenzen Teneriffas berühmten Straßenteppiche aus farbigem Vulkansand und Blumen erstellt. Das größte Bildensemble entsteht auf der Plaza vor dem Rathaus, schon Wochen vorher beginnt die Arbeit daran. In der Nacht vor der Prozession legen die Bewohner der Stadtteile Blumenteppiche auf die Straßen und Gassen der Innenstadt. Damit diese Arbeiten die ungeteilte Aufmerksamkeit der Bewohner ganz Teneriffas erhalten und nicht in Konkurrenz zu den Blumenteppichen anderer Städte treten, findet dieses Fest in La Orotava üblicherweise eine Woche nach dem Kalendertermin statt. Bereits festgelegt sind: 18.–21. Juni 2020, 10.–13. Juni 2021, 23.–26. Juni 2022, 15.–18. Juni 2023.

Post Plaza Casañas/Calle Cólogan.

Taxis Av. José Antonio/Calle Calvario und vor der Hauptkirche.

Übernachten **Hotel Villa Alhambra** **1**, mit Liebe zum Detail und ausschließlich mit Naturmaterialien luxussaniertes Stadtpalais aus

Das Orotavatal und die Nordküste → Karte S. 104/105

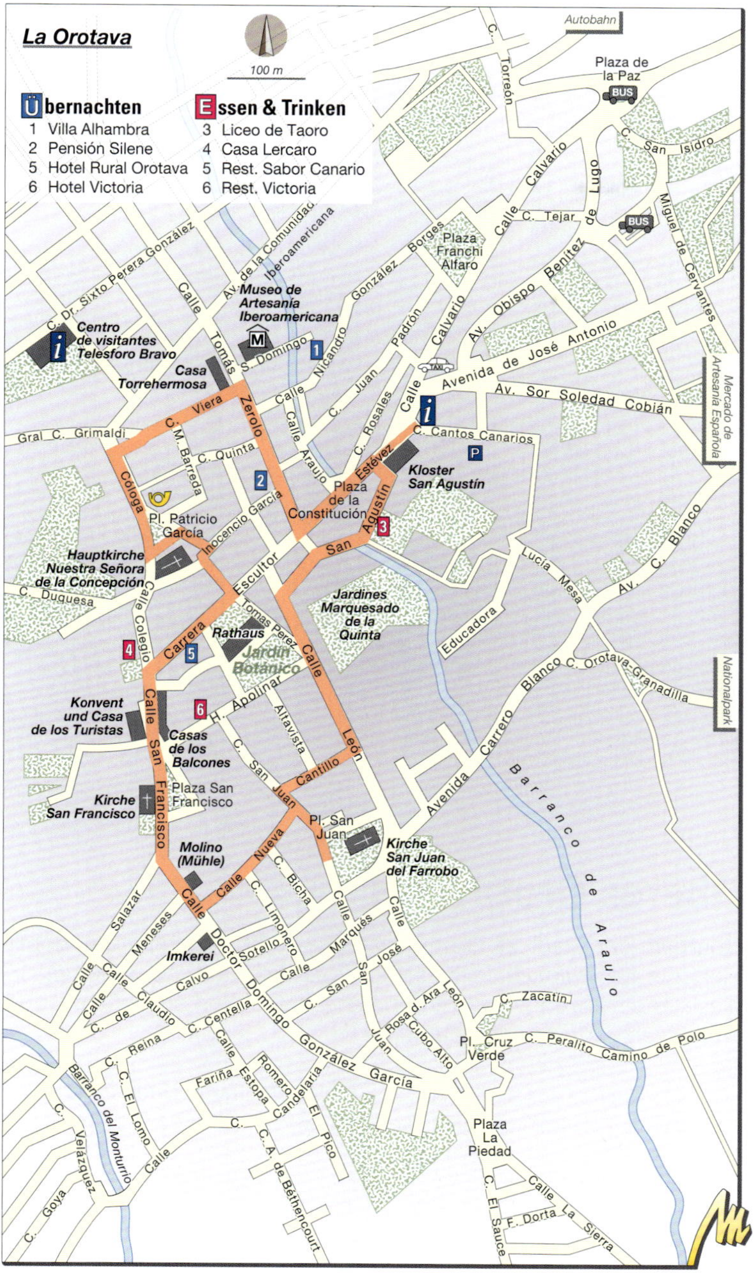

dem 18. Jh. Innen wurde das Faible der adligen Vorbesitzer für maurische Architektur aufgenommen. Als eigene Note ließ der jetzige Besitzer die Decken und Wände der Gesellschaftsräume von einem einheimischen Künstler ausmalen. Nur fünf exklusive, große Zimmer (bis 100 m²). Salons und Terrassen mit herrlichen Ausblicken auf den Teide oder das Orotavatal. WLAN, Spa. Nichtraucherhotel! Calle Nicandro González Borges 19, ✆ 922-320434, www.alhambra-teneriffa.com. **€€€**

Hotel Victoria 6, das 400 Jahre alte Herrenhaus wurde mit viel Engagement zur Erhaltung der alten Bausubstanz restauriert. Es ist zweifellos eines der schönsten kleinen Hotels auf Teneriffa. Es gibt 13 DZ und eine Suite. Absolut professioneller Service. Im Innenhof liegt ein Edelrestaurant. Calle Hermano Apolinar 8, ✆ 922-331683, www.hotelruralvictoria.com. **€€**

Hotel Rural Orotava 5, eines der ältesten Landhäuser Teneriffas, erbaut im 16. Jh., wurde saniert und zu einem Hotel mit Restaurant umgebaut. Die acht ganz verschiedenen, aber immer großzügigen Zimmer, alle mit modernen Bädern, gruppieren sich im Galeriegeschoss um einen Innenhof. Calle Carrera Escultor Estéves 17, ✆ 922-322793, mobil 609-166116, www.hotelruralorotava.es. **€€**

**** Pensión Silene 2**, mitten in der historischen Altstadt. Das Haus ist zwar keine offizielle Sehenswürdigkeit, geht aber immerhin auf das 19. Jh. zurück. Keine Luxusherberge, aber alle DZ mit Bad, Balkon und Blick über die Dächer des alten Orotava. Calle Tomás Zerolo 9, ✆ 922-330199, www.sileneorotava.es. **€**

Essen & Trinken **Liceo de Taoro 3**, im eleganten, klassizistischen Bau kann man in ebenso elegantem Ambiente ausgesprochen preisgünstig speisen. Neben dem Restaurant gibt es eine Cafeteria, in der Kleinigkeiten wie spanisches Omelette, russischer Salat oder Serrano-Schinken serviert werden. Tägl. außer Mi 10–23 Uhr.

Sabor Canario 5, im Innenhof des Hotel Rural Orotava (→ Übernachten). Rustikale Einrichtung, dekoriert mit vielen Ausstellungsstücken aus dem Museum, das hier früher untergebracht war. Hier gibt es u. a. 2 vegetarische Menüs zum Preis von 15 bzw. 17 €. 11–22 Uhr, Sonntagabend und Di geschlossen.

Casa Lercaro 4, in einem der Landhäuser aus dem 17. Jh. Im schönen Innenhof liegt dieses anspruchsvolle Restaurant. Serviert wird italienisch-spanische Küche, auf der Karte stehen auch vegetarische und vegane Gerichte. Terrasse mit Weitblick. Mo–Do 12–20 Uhr, Fr/Sa bis 22 Uhr, So geschlossen. Calle Colegio 5–7, ✆ 625-835100.

Victoria 6, im Hotel Victoria. Stilvoll wie das ganze Haus ist auch das Restaurant im Innenhof. Kreative internationale und spanische Küche. Gehobene Preise, aber das Tagesmenü bekommt man Mo–Fr schon für 10.50 €. Tägl. außer So 13–16.30 und 19.30–23 Uhr. Calle Hermano Apolinar 8, ✆ 922-331683.

Oberes Orotavatal

Oberhalb der Stadt La Orotava, ab etwa 500 Höhenmetern, dominiert die Landwirtschaft. Kartoffeln, Gemüse und Wein werden in dieser fruchtbaren Zone auf den Terrassenfeldern angepflanzt, und im Frühjahr blühen die Obstbäume.

Hier stehen mehrere Fincas des *Turismo rural* – Wohnen auf dem Lande für gestresste und zivilisationsmüde Touristen. Sie sind romantisch und komfortabel ausgebaut. Die begehrten Objekte sind meist auf Monate ausgebucht (→ S. 130).

Aguamansa und Umgebung

Die Gegend um Aguamansa ist ein ideales Wandergebiet. Von hier aus kann man sowohl durch die ländlichen Zonen hinunter nach La Orotava, Los Realejos und bis Puerto de la Cruz hinabsteigen, als auch auf gleicher Höhe die Wälder erkunden oder gar weiter nach oben bis in den Nationalpark wandern. An der Landstraße und an den Wanderwegen stehen zahlreiche *Chozas*, überdachte Picknickplätze, die sich als Wanderziele eignen.

In unmittelbarer Nähe des Dorfes Aguamansa befindet sich die Forststation und die **Verwaltung des Nationalparks** (tägl. 10–15 Uhr). Auch eine Rebhuhnzucht gibt es hier, ein angelegtes Wäldchen mit den typischen Pflanzen der Umgebung und ein kleines Erholungsgebiet mit Ententeich und Ruhebänken.

Einige hundert Meter oberhalb der Forsttation von Aguamansa ist der **Waldrastplatz La Caldera** nach links ausgeschildert. Er liegt am Ende des Sträßchens in einem schon lange erloschenen Vulkankrater. Im Kraterrund stehen Picknicktische und Bänke, gemauerte Grillplätze mit Feuerholz, Wasserzapfstellen und Toilettenhäuser. Einen Spielplatz gibt es auch. An Sonn- und Feiertagen rauchen alle Feuerstellen und sind fast alle Plätze besetzt, denn die Canarios lieben es, im Freien zu grillen, zu essen und zu trinken und danach ein Nickerchen zu machen, während die Kleinen auf dem Spielplatz toben. Wer sein Grillfleisch nicht mitgebracht hat, kann unterhalb bei Miguel im Restaurant Aguamansa einkehren.

Oberhalb von Aguamansa auf einer Höhe von etwa 900 Metern beginnt der Wald: Kiefern, Baumheide und Gagelbäume. Im Mai blühen dort im Unterholz zartrosa Zistrosenbüsche, erstrecken sich Kiefern- und Erikawälder wie riesige natürliche Parkanlagen, eröffnen Plateaus und Aussichtspunkte Blicke auf die Küste und den Gipfel.

Ab 1900 Metern Höhe, schon in der Nähe des Nationalparks, beginnt die jungvulkanische Zone. Das obere Orotavatal, insbesondere die Waldzone, ist geprägt von einer wilden und rauen Landschaft. Eine Fahrt hier hinauf und einen Spaziergang in diesem Gebiet sollte sich jeder Urlauber aus Puerto de la Cruz und Umgebung gönnen.

Anreise/Verbindungen Mit dem eigenen Fahrzeug oder dem öffentlichen **Bus:** Linie 345 von Puerto de la Cruz nach Aguamansa, halbbis dreiviertelstündlich.

Essen & Trinken **Restaurant Aguamansa,** sehr typisches, familär geführtes Lokal mit rustikaler Außenterrasse. Nach einer ausgiebigen Wanderung kann man es sich auch an kühlen Tagen bei Miguel im Gastraum neben dem offenen Kamin gemütlich machen. Gebratenen Ziegenkäse, Kaninchen, Tortilla und vieles mehr bringt Miguel schwungvoll auf den Tisch, dazu eigenen Wein aus dem Orotavatal. Empfehlenswerte kanarische Küche zu niedrigen Preisen. Tägl. 11–19 Uhr (die Öffnungszeiten können je nach Wetterlage und Gästeaufkommen variieren). Von La Orotava Richtung Teide liegt das Lokal links an der TF-21 (unterhalb der Forststation Aguamansa).

Wanderung 5: Runde zu den Orgelpfeifen → S. 251
Gemütlicher Weg durch Kiefernwälder, Felder und über Dorfstraßen

Wanderung 6: Höhenweg mit Panoramablick → S. 253
Nach einem Aufstieg erwarten Sie Stunden mit fantastischen Ausblicken

Wanderung 7: Höhenwanderung zur Hütte Choza de Chimoche → S. 255
Einfacher Rundweg in herrlicher Umgebung

Küstenwanderweg nach Las Aguas

Die Nordküste

Vom Orotavatal nach Westen, an der Küste entlang in Richtung Tenogebirge, zeigt sich die Landschaft an vielen Stellen wie in der Teneriffawerbung: sattgrüne Bananenplantagen vor blauem Ozean, mittendrin stattliche Gutshöfe.

Die Gemeinden des Nordwestens haben sich unter dem Namen *Isla Baja* zusammengeschlossen, um gemeinsam einen sanften Tourismus in ihrer Region zu entwickeln. Hübsche und besuchenswerte Städtchen wie San Juan de la Rambla, die Innenstadt von Icod de los Vinos und Garachico machen diesen Abschnitt zu einem interessanten Ausflugsziel.

Wirtschaft/Geschichte: Bald nach der Eroberung entwickelte sich an den sanfteren und fruchtbareren Hängen um Icod de los Vinos und in den wasserreichen, flachen Küstenzonen eine intensive Landwirtschaft. Während an der Küste mit Zucker gute Geschäfte gemacht wurden, konzentrierten sich die Besitzer der Ländereien von Icod de los Vinos sehr früh, wie der Name schon verrät, auf den Weinanbau. Ihr Malvasía, ein Dessertwein, war in Europa und der Neuen Welt so begehrt, dass man die Nachfrage kaum befriedigen konnte. Der Ort Garachico profitierte davon als Handelszentrum und wichtigster Hafen Teneriffas. Ein Ende des Reichtums brachte ein Vulkanausbruch 1706 (→ Garachico). Icod de los Vinos versank, seines Transportweges beraubt, in die Bedeutungslosigkeit. Nachdem die Landtransportwege ausgebaut worden waren und der Weinhandel wieder florierte, zerstörte Mehltau im 19. Jh. auch hier die Weinstöcke. Die Wirtschaftskatastrophen, die den Lavamassen und dem Mehltau folgten, hatten zwei der vielen Auswanderungswellen der Kanarischen Inseln zur Folge. Ein Denkmal auf dem Felsen über dem Hafen von Garachico erinnert an die verarmten Menschen, die in eine ungewisse Zukunft nach Amerika flohen.

Das Orotavatal und die Nordküste → Karte S. 104/105

San Juan de la Rambla

Das hübsche, gut erhaltene Städtchen ist einen Ausflug wert, zumal man vom unteren Ortsteil Las Aguas einen schönen Küstenspaziergang unternehmen kann. (Das Meerwasserschwimmbad ist leider seit Jahren geschlossen.)

Es lohnt sich, einen Bummel durch die Gassen und über die kleinen Plätze zu machen. Einige der alten Häuser haben noch die typischen Aussichtstürme, die dazu dienten, ankommende Schiffe frühzeitig identifizieren zu können. Die ersten Gebäude wie die Kirche entstanden bereits im 17. Jh, viele gehen auf das 18. Jh. zurück. Das ganze Ortsensemble mit seinen schmalen, kopfsteingepflasterten Gassen und zweistöckigen Häusern, im sog. arabischen Stil mit weißem Verputz und der typischen Dachform, ist erhalten und steht unter Denkmalschutz. Es drängt sich auf einer natürlichen Küstenterrasse zusammen.

Die Grundform der zweischiffigen **Kirche San Juan Bautista** entstand im 17. Jh. Ihre Decken zeigen die typischen Mudéjar-Elemente, im linken Schiff mit besonderer Dekoration und bemalt in der Kapelle. Im barocken Hauptaltar steht als wertvollste Figur der heilige Petrus. Die älteste Skulptur jedoch ist eine kleine Vírgen del Pino (Jungfrau von der Pinie) in der Nische neben dem Hauptaltar.

Der Ortsteil **Las Aguas** liegt in östlicher Richtung direkt an der Küste. Tropisch grün zeigt sich die Umgebung auf dem Weg dorthin. Die Häuser von Las Aguas stehen ebenfalls zusammengedrängt auf einem Felsen. Eine schlichte Promenade führt an der Bucht entlang.

Spaziergang

Neben dem Schwimmbad beginnt ein besonders schöner Küstenweg. Der alte Camino real, der Verbindungsweg zwischen den Küstenorten, führte bis nach Puerto de la Cruz. Der Weg führt fast ständig an der Steilküste entlang und ist nicht immer durch Geländer gesichert. Er ist völlig ungefährlich und bequem, für kleine Kinder aber nicht ideal. Der Weg ist immer gut zu erkennen, eine Beschreibung des Verlaufs erübrigt sich deshalb. Er ist mit Sicherheit einer der hübschesten Möglichkeiten auf Teneriffa, an der Küste entlangzugehen. An diesem Abschnitt gibt es nur Natur, kleine Plantagen, Gemüsegärten und alte Gehöfte und Dörfer im Schmuck ihrer Gärten. Nach knapp einer Stunde erreicht man den Ort El Rosario und die Schlucht Barranco de Ruiz. Es geht auf demselben Weg zurück.

Praktische Infos

Information Das Büro finden Sie im Kulturhaus, nehmen Sie von der Ortszufahrt die Straße nach links. Der Besuch lohnt sich, denn Sie werden ausführlich von einer Deutsch sprechenden Dame informiert und es gibt gutes Material über die Gemeinde, ihre Sehenswürdigkeiten und ihre Wanderwege. Mo–Fr 9–15 Uhr, ✆ 922-350240. Möglicherweise ist das Büro im Moment ihrer Ankunft nicht besetzt, dann lohnt es sich, später noch einmal vorbeizuschauen, denn die Dame macht auch geführte Rundgänge.

Verbindungen **Bus:** Linie 106 stündlich, Santa Cruz – Buenavista bzw. Icod de los Vinos; Linie 325, 354, 363 halbstündlich ab Puerto de la Cruz.

Essen & Trinken Die Restaurants befinden sich im Ortsteil Las Aguas:

El Sotano, ein schlichtes, dafür typisches Fischlokal, untergebracht im alten Dorfhaus mit Terrasse. Den frischen Fisch kann man sich an der Theke aussuchen (24 €/kg), dazu gibt es Kartoffeln, Mojo und Salat. Tägl. außer Mo 12–21 Uhr. Am Ortseingang von Las Aguas. ✆ 922-360244.

Las Aguas, gilt als eines der besten Restaurants an der Küste. Es bietet nicht nur einen fantastischen Blick. Im gepflegten, gemütlichen Gastraum und auf den Terrassen serviert das aus Andalusien stammende Gastwirtspaar am liebsten seine Spezialitäten: Reis- und Meeresfrüchtegerichte. Reisgerichte für 2 Pers. ab 26 €. Tägl. 13–15.30 Uhr, Mi–Sa 19.30–22 Uhr. ✆ 922-360428.

Icod de los Vinos

Ein Besuch der Stadt gehört zum Pflichtprogramm, zumindest für die Urlauber, die an der Nordküste ihre Ferien verbringen. Angesteuert wird Icod de los Vinos wegen des Drago milenario, des tausendjährigen Drachenbaums, der in einer Parkanlage steht. Aber daneben sind viele weitere Orte besuchenswert.

Nach dem Besuch des Parque del Drago kann man sich in der unmittelbaren Umgebung die Altstadt mit ihren ausgesprochen hübschen Winkeln, schönen Plazas und die Kirche San Marcos anschauen. Unterwegs bietet es sich an, in Weindegustationen die Erzeugnisse der Gegend zu probieren: schweren, fruchtig-süßen Malvasía ebenso wie leichte, frische Weißweine.

Spaziergang in der Altstadt

Sie gehen vom Parkhaus kommend die Treppe hoch zu einer weitläufigen Plaza mit einem luftigen Pavillon. Die starke Hanglage machte es erforderlich, den Platz an dieser Stelle als Terrasse anzulegen, und so kann man von ihm wie von einem Balkon auf die unteren Stadtteile von Icod bis zum Meer schauen. Eine schmale Straße trennt die Plaza von einer Parkanlage. Unterhalb finden Sie die Touristeninformation, in der Sie sich einen Ortsplan mit allen Sehenswürdigkeiten besorgen können. Danach geht es wieder hoch zur schönen Parkanlage. Unter hohen, schattigen Bäumen kann man an der Kirche San Marcos und schön renovierten Patrizierhäusern vorbeiflanieren. Geradeaus haben Sie etwas erhöht stehend einen guten Ausblick auf den Drago.

Die **Kirche San Marcos** aus dem 17. Jh. hat ein besonders schönes Renaissanceportal. Innen beherrscht der große, ganz aus getriebenem Silber gearbeitete Barockhauptaltar das Bild. Ebenfalls aus Silber und für ihre feine, ziselierte Ausführung berühmt ist die Monstranz. Die meisten Kirchenschätze werden im angeschlossenen Museum gezeigt. Der Kirchenschatz dokumentiert nicht nur den Wohlstand der Adeligen und Bürger Icods im 17. Jh., sondern auch die Verbindungen nach Übersee. Das Silber kam aus den mittel- und südamerikanischen Minen, und die Kunstwerke sind Schenkungen ehemaliger Bürger von Icod, die dort auf dem Rücken indianischer Sklaven mehr Reichtum zusammenraffen konnten als ihre zurückgebliebenen Familien mit dem Weinanbau. Die Darstellung des heiligen Marcos, eine flämische Figur im gotischen Stil, stammt aus dem 15. Jh. Als größte Silberfiligranarbeit gilt ein 2 m hohes Kreuz, das Mitte des 17. Jh. aus mexikanischem Silber in Kuba hergestellt wurde (Kirchenmuseum und Kirche tägl. 10–17 Uhr, Eintritt 1 €).

Von der Parkanlage gelangt man über Treppen zu einer höher gelegenen, kleinen Plaza mit hoch gewachsenen, schlanken Palmen, der **Plaza de la Constitución,** im Volksmund *Plaza La Pila* (Waschtrog) genannt. Sie gilt als eine der architektonisch und künstlerisch ausdrucksstärksten Plazas von Teneriffa. Um einen kleinen Garten mit Brunnen, in dem ein stattliches Exemplar der seltenen Kandelaberpalmen wächst, gruppiert sich eine komplett erhaltene Runde von Häusern aus dem 16. bis 18. Jh. Auch in der weiter nach oben führenden Straße San Antonio stehen noch viele Gebäude aus dieser Zeit. Das erste Haus links an der Plaza ist das Kulturhaus **Casa de los Cáceres** aus dem späten 18. Jh. mit Innenhof und Galerien. Hier werden wechselnde Ausstellungen gezeigt (Mo–Fr 9–20 Uhr, am Wochenende eingeschränkte Öffnungszeiten).

In zwei Häusern gegenüber sind Weinprobierstuben untergebracht. Weiter geradeaus steht die Kapelle Nuestra Señora del Petrocino. Wenn Sie hier links abbiegen, gehen Sie auf den ehemaligen **Convento de San Francisco** zu, heute die Bibliothek. Teil des Konventes ist die Kapelle **Capilla de los Dolores** mit ihrem eindrucksvollen vergoldeten Altar. Von hier geht es zurück.

Weitere Sehenswürdigkeiten

Parque del Drago und Mariposario (Schmetterlingshaus): Der *Drago milenario*, der älteste und größte Drachenbaum der Welt, ist eine zweifellos eindrucksvolle, archaische Pflanze, ein Überlebender der Eiszeit. Ihn umgibt eine eigene Parkanlage, die mit einer hohen Natursteinmauer eingefasst ist. Reptilien und Vögel können den Park frei genießen. Neben dem Drago kann man botanische Gärten, Nachbildungen aus dem Guanchenleben, eine Weinpresse und eine Vulkanhöhle besichtigen. Sie erreichen den Drachenbaum, indem Sie vom Parkhausausgang nach oben gehen. Dabei passieren Sie das Schmetterlingshaus im Pavillonstil.

▪ Park: tägl. 9–20 Uhr, im Winter bis 18.30 Uhr, Eintritt 5 €, Kinder 2,50 €, unter 8 J. frei. Mariposario del Drago: tägl. 9–18 Uhr, Eintritt 9,50 €, Kinder 3–12 J. 5 €, www.mariposario.com.

Casa del Plátano: Nur wenige Schritte vom Mariposario entfernt können Sie ein altes kanarisches Anwesen besuchen und gleichzeitig alles über das wichtigste landwirtschaftliche Produkt Teneriffas erfahren – die Banane ...

▪ Mo/So/Do 10–18 Uhr, Eintritt 5 €, Calle Hercules 4.

Museo Muñecas (Puppenmuseum): Die sehr schöne Ausstellung ist in einem ebenfalls sehenswerten altkanarischen Haus untergebracht. Es liegt etwas abseits im Ortsteil Santa Barbara, Camino del Moleiro 21. Zum Zeitpunkt der Recheche vorübergehend geschlossen.

▪ Do–So 10–18 Uhr. Eintritt 10 €, Kinder 4,50 €. Mehr Infos unter www.artlandya.com.

Cueva del Viento: Um Superlative ist Icod de los Vinos nicht verlegen. Zum ältesten Drachenbaum kommt eines der längsten Vulkanröhrensysteme der Welt mit Höhlen und Galerien auf mehreren Ebenen. Ein Besucherzentrum informiert und organisiert geführte Touren in Tunnel und Höhlen. Die „Höhlen des Windes" und das Besucherzentrum liegen oberhalb des Ortes am Hang. Der Weg dorthin ist an der Hauptstraße ausgeschildert (Beschreibung → S. 187).

Praktische Infos

Information Calle San Sebastián 6, am Hauptplatz, mit umfangreichem Material, Stadtplan mit Sehenswürdigkeiten und Plan der Gemeinde. Mo–Fr 10–20 Uhr, ✆ 922-869600.

Verbindungen **Bus:** Linie 108, Schnellverbindung von und nach Santa Cruz, Mo–Fr halbstündlich, Sa/So stündlich; Linie 325, 363, Puerto de la Cruz – Buenavista del Norte alle 30 Min.; Linie 460 nach Süden bis Adeje alle 2 Std.

Pkw/Parken: Die Verlängerung der Autopista del Norte TF-5 führt von Osten nach Icod de los Vinos, von Westen und Süden die Landstraßen TF-42 bzw. 82. Im Ort den Schildern „Drago" folgen. Sie führen zum Parkhaus, dessen untere Ebene 5 mit Wandbildern von Künstlerhand geschmückt ist. Eine weitere Ausschilderung mit *Museo Guanche* führt Sie ins kostenlose Parkhaus des Einkaufszentrums CC Magalona.

Apotheke Calle San Sebastián 3.

Einkaufen In mehreren **Weinstuben** an der Plaza de la Constitución (Plaza La Pila) kann man Wein probieren und kaufen. Daneben werden weitere Spezialitäten der Gegend (Liköre, Ziegenkäse und Süßigkeiten aus Mandeln und Honig) angeboten.

Kunsthandwerk/Souvenirs: Ein großes Angebot aus Teneriffa und (fast) aller Welt ist im umgebauten Gutshof hinter dem Drachenbaum zu besichtigen.

Das **Einkaufszentrum** CC Magalona mit großem Supermarkt ist ausgeschildert.

Medizinische Versorgung **Centro de Salud,** Calle Francisco Miranda 2.

Taxi Calle Perez Cristo.

Übernachten in der Altstadt In der Altstadt kann man in zwei edel restaurierten Herrenhäusern aus dem 18. Jh. stilvoll übernachten:

Hotel Emblemático San Agustin, die geräumigen Zimmer gruppieren sich um den Innenhof. Sie sind mit Antiquitäten und jeglichem modernem Komfort ausgestattet. Calle San Agustín, ✆ 922-813194, www.hotelsanagustin.es. **€€€**

Hotel Emblemático San Marcos, das Gebäude ist mit dem o. g. Hotel vergleichbar, die Inneneinrichtung erinnert an ein Schlosshotel mit wertvollen Teppichen u. Ä. Calle Hercules 11, ✆ 922-816509, www.sanmarcos-hotel.com. **€€€**

Übernachten oberhalb des Zentrums **Casa Rural Piedra Redonda,** drei rustikale, gepflegte Landhäuser für 2–6 Personen, die in grüner, ländlicher Umgebung liegen. ✆ 922-810 568, 629-579650, www.piedraedonda.com.

Hostel Drago Nest, ruhig und ländlich gelegen. Kleines renoviertes Haus mit Mehrbettzimmern für 6 und 10 Personen sowie Doppelzimmern. Letztere mit separatem Bad. In einer Gemeinschaftsküche verpflegt man sich selbst, kann aber auch Frühstück bestellen. Pro Bett im Gemeinschaftszimmer 23 €, DZ ab 44 €. Calle Fray Cristóbal Oramas, Reservierung über www.nestshostels.com.

Essen & Trinken **Rest. Carmen,** im gemütlich eingerichteten Gastraum des historischen Hauses und auf der Terrasse isst man typisch kanarische Speisen, etwa gebratenen Ziegenkäse und Bacalao. Tägl. 12–21 Uhr. Av. de Canarias 1.

Rest. La Parada, im gepflegten, rustikalen Gastraum werden zu günstigen Preisen typische kanarische Gerichte serviert. Wem die Portionen zu groß sind, kann nach nebenan in die Tasca gehen, dort gibt es leckere Tapas. Auf der Rbla. Perez del Cristo 2 gegenüber vom Park.

Der älteste und größte Drachenbaum der Welt

Drago – der Legendenbaum

Allein schon sein Name Drago (lateinisch für Drache) spricht für Magie. Das berühmteste Exemplar steht in Icod de los Vinos: 17 m hoch und mit einem Stammumfang von 6 m. Wer ihn gesehen hat, wundert sich nicht mehr über die Sagen und Legenden, die sich um den Baum ranken. Drago milenario heißt der älteste Vertreter seiner Art. Und damit beginnen schon die Legenden: Nur 500 Jahre schätzen einige Botaniker. 1000–3000 Jahre lautet die offizielle Version.

Das wahre Alter wird niemand erfahren, denn der Drachenbaum ist gar kein Baum. Eine Feststellung, bei der ausnahmsweise einmal Einigkeit herrscht. Er bildet deshalb auch keine Jahresringe, die eine Altersbestimmung möglich machen würden. Anhaltspunkte über die Dauer seines bisherigen Lebens bieten nur die Verzweigungen. 15 Jahre wächst die Pflanze kerzengerade in die Höhe, dann kommt sie in die „Pubertät", blüht, bildet Früchte und verzweigt sich. Diesen Fruchtbarkeitsrhythmus sollte sie beibehalten, aber sie tut es einfach nicht immer, ganz so, als wolle sie ihre Geheimnisse bewahren.

Zu welcher Gattung von Pflanzen der Drago gehört, darüber werden ebenfalls ständig neue Theorien gehandelt. Bis vor kurzem bestand Übereinstimmung darüber, dass es sich um ein Liliengewächs handelt; aber neuerdings tendieren die Botaniker eher zu der Variante, die Pflanze sei eine Agave. Bei soviel Unklarheit halten wir uns lieber an die sichtbaren Dinge und vielleicht auch an die Legenden. Drachenblut heißt der Saft, der bei Verletzungen austritt. Er ist orangerot. Ihm werden viele wundersame Dinge nachgesagt, tatsächlich enthält er konservierende Substanzen. Er soll bei Krankheiten helfen, losen Zähnen und Knochenbrüchen. Die Guanchen nutzten ihn zum Einbalsamieren. Die Ergebnisse lassen sich noch heute im archäologischen Museum von Santa Cruz besichtigen.

Begehrt war der Saft auch als Färbemittel. Während die Ureinwohner der Kanarischen Inseln damit noch Gefäße verzierten und ihre Haut mit Mustern schmückten, zauberten die adligen Damen Venedigs mit ihm den beliebten rotgoldenen Ton in ihr Haar. Das schuf natürlich Nachfrage. Ganze Zapferkolonnen versuchten mit dem Saft das schnelle Geld zu machen und schafften es beinahe, die ganze Art auszurotten. Heute stehen die Dragos unter Naturschutz. Es gibt nur noch wenige alte Exemplare auf Teneriffa. Für Nachwuchs ist allerdings reichlich gesorgt, neben Palmen sind Dragos die beliebtesten Pflanzen in privaten Gärten und öffentlichen Grünanlagen.

Wenn Sie sich so einen Legendenbaum in die Wohnstube holen möchten, sammeln Sie die orangefarbenen, murmelgroßen Früchte oder kaufen Sie ein Samentütchen. Vor dem Einpflanzen sollten die Samen etwas im Wasser liegen, dann brauchen Sie einen Pflanztopf mit guter Drainage. Ein sonniger Standort und wenig Feuchtigkeit sind die Bedingungen, die er liebt – und viel Geduld.

Playa San Marcos

Der bei Urlaubern wenig bekannte kleine Strand liegt in einer tief eingeschnittenen Felsenbucht. Mit seinem feinen, dunklen Sand ist er der bevorzugte Badeplatz der Einwohner der Umgebung.

Ferien- und Wochenendwohnungen ziehen sich in mehrstöckigen Häusern die Felswände hoch. Vermietet werden die Wohnungen allenfalls privat. Der Strand ist von einer Promenade mit Terrassenrestaurants umgeben. In der Bucht liegt auch der Fischerhafen mit vielen bunten, kleinen Fischerbooten, ein Kran hievt sie von der Mole ins Wasser.

Die Playa San Marcos ist eine ruhige, beschauliche Ecke. Der Strand ist zwar nicht sehr groß, aber nur am Wochenende und in den Sommerferien, wenn die Familien aus Icod an den Strand ziehen, wird es lebhaft.

Verbindungen Die **Buslinie 362** verkehrt stündlich von und nach Icod de los Vinos.

Essen & Trinken Gegrillte **Sardinen** sind die Spezialität von Playa San Marcos, und weil man sie sonst selten auf Teneriffa bekommt, sollten Sie sie hier probieren. Es gibt mehrere Fischrestaurants, die sich in Qualität und Preis kaum unterscheiden.

Garachico

Schon aus der Ferne ist das Stadtbild sehenswert. Garachicos weiße Häuser strahlen auf schwarzem Lavagestein. Der Ort liegt am Fuß des Tenogebirges auf einer Halbinsel aus bizarr geformter Schlacke im tiefblauen Meer, dem Wind und Wellen weiße Gischtkronen aufsetzen.

Die beste Sicht hat man von der steilen, serpentinenreichen Landstraße TF-82 Icod de los Vinos – Santiago del Teide. Kurz hinter dem Ortsausgang von San Juan del Reparo liegt ein Aussichtsrestaurant und daneben der Mirador de Garachico.

Stadt und Hafen wurden unmittelbar nach der Eroberung Teneriffas noch im Jahr 1496 von dem Genueser Bankier Cristóbal de Ponte gegründet. In kaum mehr als hundert Jahren entwickelte sich Garachico zur bedeutendsten Hafen- und Handelsstadt Teneriffas. Von hier verschiffte man Zucker und den berühmten und begehrten Malvasíawein, der in der Gegend um Icod de los Vinos angebaut wurde. In dieser Zeit entstanden in der Stadt prächtige Paläste, Kirchen und Klöster. 1645 überstand die Stadt einen Erdrutsch, bei dem 100 Menschen ums Leben gekommen und 40 Handelsschiffe versenkt worden waren.

1706 jedoch kam das wirtschaftliche Ende. Ein Vulkanausbruch schickte seine Lavamassen in Richtung Garachico. Der Lavastrom teilte sich, ein Fluss begrub den Hafen unter seinen glühenden Gesteinsmassen, der zweite verschüttete und verbrannte einen Teil der Stadt, ihre Paläste, die Kirche, das Kloster von Santa Clara und die Lagerhäuser der Händler. Von diesem Schlag hat Garachico sich nie mehr erholt. Todesopfer gab es keine zu beklagen, denn der Lavastrom wälzte sich so langsam vorwärts, dass allen die Flucht gelang. Viele wanderten nach Südamerika aus Angst vor der nun folgenden

Das gut erhaltene Hafenstädtchen Garachico

Armut oder weiteren Vulkanausbrüchen aus. Trotz seines raschen Wiederaufbaues versank Garachico in die vollkommene Bedeutungslosigkeit einer ländlichen Kleinstadt. Die großen Handelshäuser verschifften noch im selben Jahr ihre Waren von Puerto de Orotava aus, dem heutigen Puerto de la Cruz. Der Lavastrom blockiert noch heute den Hafen.

Die vom Lavastrom verschonten Gebäude stehen nahezu unverändert, die nach der Katastrophe wieder aufgebauten Klöster, Kirchen und Wohnhäuser passen sich ein, und die räumliche Entfernung zu den Wirtschaftszentren hat die Stadtlandschaft vor Hochhäusern und Betonplatten verschont. Garachico ist heute ein verschlafenes Provinznest mit vielen Baudenkmälern und nahezu ohne Brüche in der Architektur.

Die Menschen leben vom Fischfang, den Bananenplantagen und Gemüsefeldern. Erst seit wenigen Jahren wird die Stadtgeschichte auch kommerziell genutzt. In edel restaurierte Paläste sind Hotels gezogen, die Zahl der Restaurants hat sich erhöht, kleine private Museen sind entstanden, und es gibt einen großen Souvenirladen. Die meisten Paläste und Wohnhäuser aus glanzvollen Zeiten dienen weiterhin als privater Wohnraum. Die alten Klöster fungieren heute als Rathaus und Altersheim.

Die historischen Gassen und Plätze sind autofrei. In Garachico kann man durch das historische Stadtbild spazieren, dem vorgeschlagenen Stadtrundgang folgen oder eigene Entdeckungen machen.

Stadtrundgang/Sehenswertes

Ein kompletter Stadtrundgang und der Besuch der geöffneten Kirchen und Museen bieten Stoff für einige interessante Stunden. Wer nicht so viel Zeit hat, beschränkt sich auf eine kleinere Runde vom Hafen ins Zentrum und zurück.

Am Hafen (Parkplatz) steht der Pavillon der Touristeninformation. Sie gehen auf der gegenüberliegenden Straßenseite in Richtung Zentrum und nehmen die erste breite Straße (Plaza Juan González de la Torre) nach rechts. Geradeaus liegt der gleichnamige Park **Plaza de Juan González de la Torre,** den Sie sich für den Rückweg merken sollten. Die schöne, alte Parkanlage bietet schattige, erholsame Plätzchen, z. B. den *Rincón de las Poetas,* die Dichterecke, mit großen, leuchtenden Bougainvilleen und Wasserspielen.

Weiter geht es in die Calle Pérez Zamora. Sie passieren die **Kirche Santa Ana.** Nach der Zerstörung im frühen 18. Jh. wurde die Kirche, die ursprünglich aus dem Jahr 1509 stammte, wieder aufgebaut. Heute ist sie die Pfarrkirche von Garachico. Zu den Kirchenschätzen, die den Vulkanausbruch überstanden, zählen die Darstellungen im klassizistischen Hauptaltar, der Gekreuzigte (Sevilla 1640) und die rechts und links davon stehenden Figuren der heiligen Ana und des heiligen Joachim, beide von tinerfeñischen Künstlern im 17. Jh. geschaffen. Beachtenswert ist der Barockaltar im linken Seitenschiff.

Die Kirche bildet die Westseite der **Plaza de la Libertad.** Der Platz ist schön angelegt mit einem Pavillon und einem Standbild von Simón Bolívar, dem Freiheitshelden Südamerikas. Die Plastik hier in Verbindung mit dem Namen Freiheitsplatz unterstreicht, dass die Sympathien der Canarios eindeutig auf Seiten der Rebellen und nicht auf der Seite des Mutterlandes und seiner königlichen Machthaber lagen. Nicht nur weil die Auswanderungswellen zu intensiven verwandtschaftlichen Beziehungen nach Südamerika geführt hatten, sondern auch weil sich viele Canarios selbst als von Spanien ausgeplündert und ihre Inseln als spanische Kolonie empfanden. Gegenüber auf der Südseite steht der **Palacio de los Condes de la Gomera.** Das Palais aus dem 17. Jh. mit der eindrucksvollen Steinfassade wurde 2005 restauriert und wird für wechselnde Ausstellungen genutzt.

Convento de San Francisco

Einge Schritte weiter liegen das Rathaus (Ayuntamiento) und der Eingang in den ehemaligen **Convento de San Francisco.** Die Gebäude von Kloster und Kirche stammen aus dem 16. Jh. Das Kloster wird heute als Kulturhaus und Gemeindebibliothek genutzt. Früher war dieses Gebäude das örtliche Museum. Wenn das Haus geöffnet ist, schauen Sie hinein. Das Zentrum bildet ein großer, mit Palmen bestandener Innenhof. Um ihn sind auf mehreren Stockwerken mit umlaufender Galerie die Räume gruppiert. Beachtenswert sind die Holzarbeiten und die Böden, sie sind mit Mustern aus Kieseln geschmückt. Teile der Museumsausstellungen stehen in den oberen Stockwerken. In der Kirche sind die prächtige Holzdecke im Mudéjarstil und Skulpturen aus dem 17. Jh. besonders sehenswert: ein in Demut sitzender Christus von einem Künstler aus Gomera und eine Prozession.

Direkt gegenüber dem Rathaus steht der schöne massive Bau der **Casa Quinta Roja;** er ist komplett restauriert und beherbergt heute das Hotel Quinta Roja. Im Eingangsbereich befindet sich ein Kunstgewerbeladen, Sie können das Gebäude also betreten und dabei den hübschen Innenhof anschauen. Hier verlassen Sie die Plaza und biegen in die nächste Querstraße Calle Esteban Ponte ein. Auf der rechten Straßenseite stehen hintereinander zwei Häuser aus dem 16. Jh., die heute zusammen das Hotel San Roque (→ Übernachten) bilden: das **Haus der Familie del Ponte** und das **Haus der Marqueses de la Quinta Roja.** Letzteres ist als Wohnturm gebaut. Diese Bauform war in den Hafenstädten sehr häufig, weil man von oben Ausschau nach Schiffen halten konnte.

Gegenüber steht das ehemalige Kloster **Convento Agustino de San Julián** aus dem frühen 17. Jh. Bemerkenswert ist seine schlichte Architektur, die durch dekorative Holzarbeiten belebt wird. Im Inneren liegt ein von Steinsäulen umgebener Patio. 1697 vernichtete ein Feuer große Teile des Gebäudes, trotz einer Wiederherstellung verfiel es ab dem 19. Jh. Erst kürzlich wurde es restauriert und wiedereröffnet. Schauen Sie am Tor einmal auf die Steinpflasterung: Die tiefen Rillen haben Räder im Laufe der Jahrhunderte eingekerbt.

Die **Klosteranlage der Franziskanerinnen** nimmt einen ganzen Block zwischen den Straßen Calle Esteban Ponte und San Diego ein. Der beim Vulkanausbruch zerstörte Bau war ein von Mönchen geführtes Hospital, nach dem Wiederaufbau im 18. Jh. übernahmen es Nonnen als Krankenhaus. Auch heute noch leben in dem Gebäude Franziskanerinnen in strenger Klausur.

Wer genug gesehen hat, biegt an der nächsten Querstraße zur Küste ab und geht am Schwimmbad und den Naturschwimmbecken entlang zum **Castillo de San Miguel:** Die restaurierte Befestigungsanlage des Hafens stammt aus dem 17. Jh. Über dem Portal sind (von links nach rechts) die Wappen zu sehen von Carlos I von Teneriffa, dem ehemaligen Gouverneur, und dem Marquis de Adeje, einem der Stifter. Heute ist es ein Museum und zeigt eine Sammlung von Schnecken, Muscheln und Mineralien (Mo–Fr 10–18 Uhr, Sa/So 10–14 Uhr, Eintritt 1 €). Auf der gegenüberliegenden Hafenseite steht das **Monumento al Emigrante Canario.** Es ist den kanarischen Auswanderern gewidmet.

Mit mehr Zeit können Sie sich noch einige Sehenswürdigkeiten am östlichen Ortsrand (von außen) anschauen:

Die beim Vulkanausbruch verschüttete Kapelle **Ermita de San Roque** wurde 1736 wieder aufgebaut. Die **Gutshöfe** der Grafen von Villafuerte und der Familie El Llarena blieben wegen ihrer erhöhten Lage ebenso vom Lavastrom verschont wie der **Convento Santo Domingo.** Die Gebäude des ehemaligen Dominikanerklosters und seiner Kirche sind von Platanen und einem französischen Garten umgebenen und gehen auf das Jahr 1601 zurück. Das Kloster, das mit seinen vielen typischen Holzbalkonen besonders malerisch aussieht, beherbergt heute ein Altersheim. In der Klosterkirche ist ein **Museum für moderne Kunst** (Museo de Arte Contemporáneo) untergebracht. In den Seitenkapellen sind die Werke junger, zum Teil noch unbekannter Künstler ausgestellt.

Simón Bolívar – ein Sohn Garachicos

Simón Bolívar (1783–1830) war der Führer der Unabhängigkeitsbewegungen in den damaligen spanischen Kolonien. Als Oberbefehlshaber ihrer Truppen ging er siegreich aus den Schlachten gegen das spanische Mutterland hervor. So konnte er Venezuela 1813 befreien und wurde deshalb zum *Libertador* (Befreier) proklamiert. Später gelang es ihm auch, die spanischen Truppen aus Ecuador und Peru zu vertreiben.

Die Großmutter Bolívars emigrierte von Garachico aus nach Caracas. Vermutlich hatte der Vulkanausbruch von 1706 auch ihre Familie vertrieben. So ist es für die Einwohner der Stadt keine Frage, dass der große Libertador ein Sohn Garachicos ist.

Praktische Infos

Information Ein Kiosk der Touristeninformation steht am Hafen. Tägl. 10–17 Uhr. ✆ 922-133461. Zum Zeitpunkt der Recherche vorübergehend geschlossen.

Verbindungen **Bus:** Busstationen an der Av. Tomé Cano auf Höhe des Castillos.

Linie 108, Santa Cruz – Icod de los Vinos, tagsüber alle zwei Stunden, dort umsteigen in die Linie 363, Puerto de la Cruz – Buenavista del Norte, über Icod de los Vinos, tagsüber alle 30 Min.

Apotheke Calle Esteban Ponte 8.

Baden **El Caletón,** natürliche, von Lava geschaffene Becken. Kein Strand, aber schön angelegt mit kleinen Ruheplattformen. Ins Meer steigt man über Treppen und Leitern. Bei stürmischer See nicht zu empfehlen.

Einkaufen In der **Tabaquería Arturo** dreht der Besitzer Zigarren noch selbst, wer Lust hat, schaut zu. Gegenüber vom Castillo.

Los Limoneros, Souvenirsupermarkt. Viele Produkte stammen nicht von hier, sondern aus Ländern der Dritten Welt. Aber es gibt auch kanarische, handgearbeitete Zigarren und selbst gemachte Liköre. Gegenüber vom Castillo.

Symbol der kanarischen Geschichte: der Auswanderer

Mehrere **Lebensmittelgeschäfte** im Ort, für den großen Einkauf fährt man nach Icod de los Vinos.

Fiestas Um den 16. August findet alle fünf Jahre (das nächste Mal 2020) die **Romería de San Roque de las Tradiciónes** statt, eines der größten Volksfeste Teneriffas mit viel Folklore und einem Umzug mit geschmückten Wagen. Begleitet wird er von den festlich in Trachten gekleideten Einwohnern von Garachico und den umliegenden Gemeinden. Höhepunkt ist „La Noche de los Magos" am 16. August mit Festmahl auf der Plaza.

Medizinische Versorgung **Ambulanz** in der Calle Martín de Andújar 5.

Übernachten in Garachico (→ Karte S. 145) **Boutique Hotel San Roque 1,** wohl das architektonisch interessanteste und eins der exklusivsten Hotels Teneriffas. Seine 16 DZ und vier Suiten befinden sich in zwei nebeneinander liegenden Stadtpalais aus dem 16. Jh. Die sorgfältig restaurierten Gebäude wurden mit modernen Klassikern der Innenarchitektur und Kunst extravagant ausgestattet. Kein Zimmer gleicht dabei dem anderen, alle haben etwas Besonderes: eine runde Badewanne in Bettnähe das eine Zimmer, in einem anderen schläft der Gast auf einer Galerie. Hinzu kommen unendlich viele kostenlose Extras. im Katalog von Airtours. Calle Esteban Ponte 32, ✆ 922-133435, www.hotelsanroque.com. €€€€

Hotel La Quinta Roja 3, ebenfalls ein restaurierter Palast aus dem 16. Jh. Auch hier wurde die alte Bausubstanz erhalten bzw. sorgfältig rekonstruiert. Die Einrichtung im Landhausstil ist modern und komfortabel. Es gibt 20 DZ, Cafeteria und Bar, Whirlpool, Innenhof und Dachterrasse. Das Gebäude liegt direkt an der Plaza, ist aber durch die weitläufige Fußgängerzone ruhig. Glorieta de San Francisco, ✆ 922-133377, www.quintaroja.com. €€€€

Garahotel rural 5, ebenfalls in einem restaurierten Altstadthaus liegt dieses Hotel mit 16 Zimmer auf zwei Etagen, zwei sind behindertengerecht ausgestattet. Die obere Etage ist in jedem Fall vorzuziehen. Besonders schön ist der Blick von der Terrasse auf das Meer und die Dächer der Stadt. Internetverbindung, Sauna (kostet extra). Calle Esteban Ponte 7, 38450 Garachico, ✆ 922-831168, www.garahotel.com. €€€

Übernachten außerhalb der Stadt Die Grafenfamilie Ponte, allgegenwärtig in Garachi-

co, besitzt östlich der Stadt an der Küste eine 60 Hektar große Bananenplantage mit Gutshaus und diversen Nebengebäuden. Am Meer befindet sich ein natürliches, durch Felsen geformtes Schwimmbecken. Auf dem Gelände und in den Gutshofgebäuden sind drei Unterkunftsvarianten geschaffen worden. Zufahrt: Von Icod und von Garachico kommend von der TF-42 nach El Guincho (ausgeschildert) abbiegen. Im Ort dem kleinen Hinweisschild „Hotel El Patio" auf die Finca folgen.

Hotel El Patio, im Hauptgebäude des Gutes. Schon beim Blick durch das große schmiedeeiserne Tor auf die Palmenallee wird deutlich: Dies ist ein echtes Grafenanwesen. Die Hotelzimmer liegen im Haupthaus und in einem Anbau. Im Haupthaus wohnen Sie inmitten von Antiquitäten, aber mit modernen Bädern. Die Zimmer im Anbau sind mit viel Holz und Korbmöbeln eingerichtet, alle haben ein Bad und eine eigene Terrasse. Pool und Tennisplatz. Finca Malpais El Guincho, 38450 Garachico, ✆ 922-133280, www.hotelpatio.com. **€€€€**

Malpais 13, zwei neue Häuser im Landhausstil mit acht DZ inmitten eines gepflegten Gartens. Auch im Katalog von TUI. Finca Malpais El Guincho (Zufahrt wie Hotel Patio), 38450 Garachico, ✆ 922-830064, www.malpaistrece.es. **€€€**

Essen & Trinken Viele Restaurants bieten gute Küche und eines auch, eine schöne Aussicht.

Tasca El Muelle Viejo 9, Tapas, variantenreich zubereitet, gibt es in der schick gestalteten und gut angenommenen Bar am Hafen von Garachico. Mo/Di geschlossen. Av. República de Venezuela 17, Local 2, ✆ 922-830016.

Aristides 6, stets frischer Fisch, gute Paella und freundlicher Service sprechen für dieses Restaurant. Etwas teurer als anderswo, aber angemessen. Tägl. außer Do 12.30–22 Uhr. Direkt an der Plaza de la Libertad. Mit Terrasse.

La Perla 7, ein schlichtes, aber freundlich eingerichtetes Lokal, in dem jedes Gericht erst nach der Bestellung frisch zubereitet wird. Auf der Speisekarte stehen kanarische und spanische Gerichte. Sehr freundlicher Service und überwiegend einheimische Gäste, günstige Preise. Calle 18 de Julio 8.

El Caletón 2, schönes Terrassenrestaurant mit variantenreicher Küche in den alten Hafenbefestigungsanlagen neben dem Castillo mit Blick auf die Badeanlagen. Fischgerichte ab 15 €. Av. Tomé Cano.

Bodegón Las Cucharitas 8, hübsches Lokal mit schönem, mit Blumen geschmücktem Innenhof. Kanarische Küche, am Wochenende wird gegrillt. Fisch- und Fleischgerichte ab 10 €. Gegenüber vom Hafen. Tägl. 11–23 Uhr. Zum Restaurant Las Cucharitas gehört das **Eiscafé El Abuelo.**

Bodegón Plaza Casa Juan 4, kleines, schlichtes Lokal, in einem Altstadthaus mit kanarischer Küche, auch typische Hausmannskost wie im Salzmantel gebackene Makrelen oder Bacalao-Eintopf (auf der Karte heißen sie Salzfisch). Hauptgerichte ab 8 €. Unterhalb der Plaza de la Libertad. Tägl. 12–18 Uhr.

Los Silos

Der Ort ist das Zentrum der gleichnamigen Landgemeinde. Im 16. Jh. wurde wegen des Wasserreichtums, den die Berge bescherten, auch hier Zuckerrohr angebaut und verarbeitet.

Im 18. Jh. befand sich hier ein Zentrum der Seidenraupenzucht. *Moras,* Maulbeerbäume, deren Blätter die einzige Nahrung der Seidenraupen sind, stehen noch immer in den höheren Zonen der Gemeinde. Heute arbeitet jeder zweite Beschäftigte in den Bananenplantagen.

Der Ort verfügt nur über wenige Sehenswürdigkeiten. Es gibt eine sehr hübsche **Plaza** mit Kiosk und Caféterrasse. Die **Kirche Nuestra Señora de la Luz** ist ein völlig unkanarischer Bau im Zuckerbäckerstil. Auf dem Hauptaltar steht die Statue der Namenspatronin aus vergoldetem Silber im Strahlenkranz. Ganz im kanarischen Baustil des 16./17. Jh. ist hingegen das restaurierte **Zisterzienserkloster San Bernardo** gegenüber der Plaza gestaltet. Das Gebäude hat eine wechselvolle Geschichte hinter sich: Nachdem es als Kloster geschlossen wurde, diente es als Schule und Rathaus und heute als Kulturzentrum.

Information Im ehemaligen Kloster an der Plaza. Von dort können interessierte Besucher, ausgestattet mit einem Infoblatt, einen Ortsrundgang starten. Mo–Sa 9–14 Uhr.

Verbindungen Busse → Garachico

Übernachten/Essen **Casa Amarilla,** von Los Silos in Richtung La Caleta de Interian liegt ein alter Gutshof inmitten einer Bananenplantage. Hier und im neuen Anbau vermietet man acht Zimmer mit Bad. Die Zimmer sind unterschiedlich groß, z. T. 30 m2, und im alten Gebäude sehr stimmungsvoll mit ihren antiken, hohen Holzdecken. Reservierung auf Spanisch. 38470 Los Silos, Ortsteil La Caleta de Interian, Calle San Jose 23, ✆ 696-987601, www.fincacasamarilla.com. **€€**

****** Hotel Luz del Mar,** an der Küste. Eleganter, großer Neubau mit gut eingerichteten Zimmern und viel Komfort, Pool, Restaurant,

Der Leuchtturm von Los Silos

Wellnessbereich. Die direkte Umgebung sorgt kaum für Abwechslung, deshalb bietet das Hotel eine Themenwoche mit Spa, Wandern und Golf an. ✆922-841623, www.luzdelmar.de. **€€€€**

La Morada, kanarische ländliche Küche und frischer Fisch, guter Service, günstige Preise. Calle San José 79, Puertito de los Silos.

Buenavista del Norte

Auch hier stimmt der Name des westlichsten Ortes Teneriffas mit dem der dazugehörigen Gemeinde überein. Die meisten der 5500 Gemeindemitglieder leben von der Landwirtschaft.

Der Ort Buenavista hat auf den ersten Blick nicht viel Abwechslung zu bieten, außer der obligatorischen, hübsch mit Blumen geschmückten Plaza mit Cafeteria-Kiosko und einer restaurierten einschiffigen Kirche, deren Bau Ende des 16. Jh. begonnen und mit dem Bau des Glockenturms erst im 20. Jh. beendet wurde. Das Informationsbüro hat Material über die ältesten und interessantesten Ecken und Gebäude (z. B. Ruine des Convento de San Francico, Casa la Vuada) zusammengestellt. Etwas außerhalb gibt es aber mehr zu sehen.

Karg und wildromantisch ist die Landschaft, in die man über Buenavista gelangt. Ab dem Ortszentrum kann man einen ausgeschilderten Küstenspaziergang bis **Playa de las Arenas** (ca. 1 Std.) unternehmen und dort in einem guten, herrlich gelegenen Restaurant einkehren (→ Essen & Trinken).

Die **Punta del Teno,** die einsamste Westecke Teneriffas, ein Naturschutzgebiet, versteckt sich hinter den Klippen des Tenogebirges. Die nur für Anlieger offene, abenteuerliche Straße TF-445 führt hin. Seit 2019 können Auswärtige sie mit dem Bus Linie 369 zwischen 10.10 und 18.05 Uhr stündlich erreichen. Die Haltestelle finden Sie an der Plaza, hinter der Kirche. Die Straße schlängelt sich an den Felswänden entlang. In den vergangenen Jahren gab es Steinschläge und zeitweise Sperrungen.

Wer nicht zur Punta del Teno fahren möchte, dennoch die Küste besuchen will, kann zur **Playa de la Arena** fahren. Die Bademöglichkeiten sind wegen der Felsbrocken im Wasser und der Strömung begrenzt, aber im Restaurant *El Burgado* kann man bei gutem Essen und herrlicher Aussicht schöne Stunden genießen. Dafür biegen Sie nach Verlassen des Ortes von der TF-455 bei erster Gelegenheit (Ausschilderung Golfplatz) nach rechts ab, an der Gabelung dann erneut nach rechts.

Information Im Touristenbüro arbeitet eine sehr engagierte junge Frau, die kenntnisreich Auskunft gibt und Sie mit viel Infomaterial ausstatten kann. Große Teile des Tenogebirges liegen im Gemeindegebiet, deshalb bekommen Sie hier auch dazu Material und Wanderbeschreibungen. Mo–Fr 10–15 Uhr. Calle Los Remedios 2, neben der Plaza, ✆922-128080, auf Facebook turismo.buenavistadelnorte (nur auf Spanisch).

Verbindungen **Bus:** Linie 363 → Garachico, alle 30–48 Min.; Linie 365/355, Masca, 6-mal tägl., Linie 369, Punta del Teno, zwischen 10.10 und 18.05 Uhr stündlich.

Einkaufen **Bauernmarkt,** jeden Samstag verkaufen die Bauern von 8.30 bis 14 Uhr ihre Produkte auf der Plaza de Los Remedios.

Wandertouren **Wanderführer Sergio** veranstaltet interessante Streifzüge in die nur wenig bekannte Umgebung. Sie erreichen ihn in der Calle Molino 15, ✆608-630552, auf Facebook serigotenerifewalking.

Golf **Golfplatz Buenavista,** direkt auf der Steilküste mit fantastischem Rundumblick. Für Leser ist er einer der schönsten Plätze Europas. Entworfen hat ihn der spanische Spitzengolfer

Golf spielen vor großartiger Bergkulisse in Buenavista del Norte

Severiano Ballestros. 18 Löcher, fünf Greens. Anfahrt über Buenavista und von dort über die TF-445 in Richtung Punta del Teno, dann ausgeschildert. ✆ 922-129034, www.buenavistagolf.es.

Übernachten ***** **Hotel Hacienda del Conde,** eines der neuen Luxusresorts der Melia-Hotels auf Teneriffa, das gemeinsam mit dem Golfplatz gebaut wurde. Es verfügt über 117 DZ und Suiten, Poollandschaft, Restaurants, Sport- und Wellnesseinrichtungen. La Finca, 38480 Buenavista del Norte, ✆ 922-061700, www.melia.com. **€€€€**

B & B Buenavista del Norte, zentral an der Plaza neben der Information gelegen. In dem älteren Haus werden vier einfache DZ mit einem Gemeinschaftsbad vermietet. Plaza de Los Remedios 3, ✆ 606-670347. Fotos bei www.booking.com. **€**

Tabaiba Guesthouse, in einem restaurierten Stadthaus ist eine Mischung aus Hotel und Jugendherberge entstanden. Es gibt Doppelzimmer für 62 €, Familienzimmer mit 4 Betten für 81 € und Mehrbettzimmer mit Doppelstockbetten für 25 € pro Bett, jeweils mit Frühstück. Einer der Gastgeber ist der örtliche Wanderführer, da lassen sich an Ort und Stelle interessante Touren vereinbaren. Calle Ravelo 2, ✆ 608-934607, www.tabaibaguesthouse.com.

In der Umgebung werden zahlreiche Häuser über **Turismo rural** vermietet. Eine komplette Liste erhalten Sie im Touristenbüro und finden Sie im Internet.

Essen & Trinken **Pescador,** im hellen, großen Speiseraum werden Sie kaum auf Touristen treffen. Aus der Küche kommen sehr gute Fischgerichte. Es gibt, sonst selten, auch gekochten *„vieja"*, die beste Art, diesen Papageienfisch auf den Tisch zu bringen. Zubereiteter Fisch wird zum Kilopreis angeboten. 9–24 Uhr, Mo/Di geschlossen. Calle Los Molinos 27.

El Burgado, direkt am Wasser gelegen, bietet das Restaurant von der großen Terrasse oder vom Panoramafenster des Innenraums, einen freien Blick auf die Klippen des Tenogebriges. Im Westen sehen Sie bei gutem Wetter die Nachbarinsel La Palma. Suchen Sie sich einen Fisch aus dem Tagesfang aus. Tägl. 12–21 Uhr, Playa de La Arena, ✆ 922-127831.

Weiterfahrt ins Tenogebirge

Hinter der Küstenzone erhebt sich das schroffe Tenogebirge nach Westen und Süden. Ackerbau gibt es nur auf winzigen Terrassenfeldern in den Tälern oder weit entfernt von den Dörfern auf fast unzugänglichen Bergkuppen.

Eine serpentinenreiche Straße TF-436 führt von Buenavista, vorbei an Aussichtspunkten und Dörfern, durch die herrliche Landschaft über Masca nach Santiago del Teide durch das Gebirge. Sie ist erst in den 1990er-Jahren fertiggestellt worden. Die Jahre zuvor lagen die Dörfer abgeschieden und nur über staubige Pisten erreichbar im Dornröschenschlaf. Sie blieben noch mehr als die Dörfer des Anagagebirges unangetastet vom Fortschritt mit seiner gesichtslosen Betonarchitektur. Masca im Zentrum des Tenogebirges gilt als das schönste Dorf Teneriffas. Informationen zum Tenogebirge, seinen Dörfern und Ausflugszielen finden Sie hierab S. 95.

Weniger spektakulär, aber Zeit sparender als die kurvenreiche Straße von Buenavista del Norte durch die Schluchten des Tenogebirges ist die Landstraße TF-82 von Icod de los Vinos nach Santiago del Teide. Sie passiert fruchtbare, grüne Landschaften und eine Reihe von Dörfern. An der Strecke liegen mehrere große Restaurants, denn die Gegend ist beliebt für Sonntagsausflüge der Tinerfeños und wird zudem von den Bussen, die Inselrundfahrten anbieten, angesteuert. Das sollte Sie aber nicht davon abhalten einzukehren, denn hier wird kanarisch gekocht. Preiswert sind die Restaurants zudem.

Kurz nach dem Ortsende von San Juan de Reparo an der Strecke nach El Tanque hat man vom **Mirador de Garachico** einen hinreißenden Blick auf die Stadt. Der Aussichtspunkt liegt neben dem auffälligen Ausflugslokal Mirador. Eine kurvenreiche Straße führt von hier über das untere **El Tanque** hinunter in das sehenswerte Städtchen.

An der Strecke wartet im Freizeitpark **Camello Center** eine Kamelherde auf zahlende Reiter. Ein touristisches Spektakel, das nicht ganz in die feuchte, grüne Landschaft passt.

Über den Pass von Puerto de Erjos gelangt man in die Hochebene und nach Santiago del Teide. Mitten im Ort Santiago del Teide biegt die Straße nach Masca über den grandiosen Pass **Degollada de Cherfe** ab (ausgeschildert). Sie können hier auf die Autopista wechseln oder weiter oberhalb der Westküste fahren.

Etwa 1 km südlich von Santiago del Teide zweigt von der Landstraße nach Puerto del Santiago eine Straße zum nur 3 km entfernten Töpferdorf Arguayo ab (→ S. 94).

Essen & Trinken **Restaurant Paganini,** in El Tanque. Hier serviert man italienische Küche mit Pizza aus dem Holzofen. Wer auf Edelambiente verzichten kann, ist hier richtig. Rustikale Atmosphäre, ehrliche Preise und leckere Pizza. Av. Príncipes de España, ✆ 922-136638. ■ **Lesertipp**

Ziegenfinca oberhalb von Santiago del Teide

La Laguna und der Nordosten

La Laguna, über Jahrhunderte die Hauptstadt Teneriffas, hat eine der am besten erhaltenen Altstädte im Archipel. Die UNESCO erklärte sie zum Kulturerbe der Menschheit.
Das Anagagebirge im Norden schiebt sich mit seinen Schluchten bis in die Stadt. Nur wenige Kilometer liegen zwischen den quirligen Geschäftsstraßen und den Bergdörfern.

Semana Santa in La Laguna

Die Feierlichkeiten während der Karwoche mit ihren Büßerprozessionen sind in La Laguna ein besonders großes Spektakel (→ S. 195).

Die wild zerklüftete Landschaft des Anagagebirges bildet die nördliche Kulisse von La Laguna. Die steilen Schluchten und bizarren Bergformen aus Zacken und spitzen Kegeln auf den Höhen lassen sich von den Miradores (Aussichtspunkte) entlang der Cumbre-Straße betrachten.

Was anschauen?

Herrenhaus des Eroberers: Alonso de Lugo gründete mit La Laguna die erste spanische Siedlung. In seinem inzwischen rund 520 Jahre alten Haus befinden sich hinter massiven Mauern ein herrlich bepflanzter Patio und massive Holzkonstruktionen an Fenstern, Türen und Galerien. Heute residiert hier die Touristeninfo. Schauen Sie hinein! **→ S. 152**

Aussicht vom Kirchturm: Den Turm der Iglesia de la Concepción, der ältesten Kirche La Lagunas, können Sie besteigen. Von oben lässt sich erkennen, dass der historische Stadtkern schachbrettartig angelegt ist. Man bekommt sogar Einblicke in grüne Patios, die sich in jedem Gebäudekarree verstecken. **→ S. 153**

Naturpark Anaga: Wie Däumling im Urwald fühlen Sie sich, wenn über Ihnen in schwindelerregender Höhe die Erika weiß und rot blüht. Als Baum kann sie hier bis zu 15 m hoch werden. Auch Farne und Glockenblumen erreichen ungeahnte Ausmaße im Anagagebirge. Schon wenn Sie nur wenige Schritte vom Besucherzentrum Cruz del Carmen ins Gelände machen, stehen Sie mittendrin. **→ S. 167**

Höhlendorf Chinamada: Im letzten Höhlendorf der Insel leben die Bewohner nach wie vor in schmuck ausgebauten Berghöhlen. Man muss aber zweimal hinschauen, um den Unterschied zu einem herkömmlichen Haus zu erkennen, denn die Fronten sind wie mit Mauerwerk verkleidet, verputzt, gestrichen, mit Türen und Fenstern versehen und von Blumen umrankt. Ambiente und Raumklima können Sie im Restaurant La Cueva ausprobieren. → S. 168

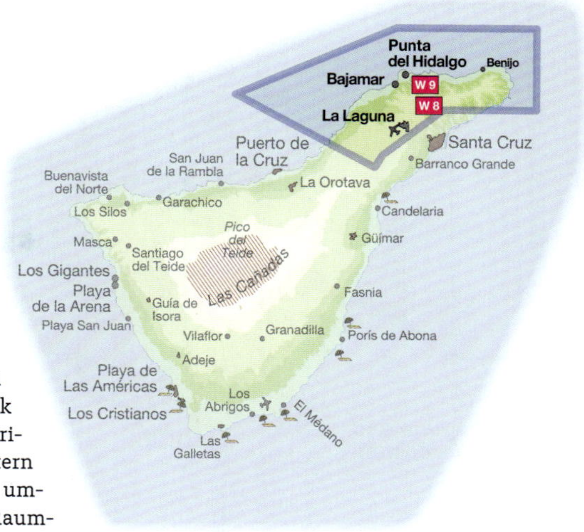

Was unternehmen?

Weinprobe in El Sauzal: Der kleine Ort auf der Steilküste beherbergt das Weinmuseum *Casa del Vino La Baranda* in einem Gutshaus aus dem 17. Jh. Alles, was Sie immer schon über Weinanbau wissen wollten, erfahren Sie hier. In der Probierstube können Sie ihren Favoriten erschmecken und anschließend mit nach Hause nehmen. → S. 160

Lorbeerblätter für die Suppe pflücken: Das könnten Sie im Laurisilva, dem Lorbeerwald, auch er ist ein Teil des Naturparks Anaga. Vier verschiedene Lorbeerbaumarten sind hier heimisch. 20–30 m erreichen sie und bilden einen kühlen, schattigen Laubwald. Für die Suppe eignen sich allerdings nur die Blätter des Kanaren-Lorbeers. Reiben Sie die Rückseite der Blätter, dann entfalten sie ihr Aroma. → S. 190

Wo baden?

Der Atlantik rauscht in Meerwasserbecken und damit brandungs- und gezeitenunabhängig bei **Punta del Hidalgo** und **Bajamar** (→ S. 164 und S. 163). Am Strand von **Roque de Bodegas** (→ S. 169) und an der **Playa Benijo** sind Brandung, Gezeiten und Strömungen zu beachten. Eine Strandbucht und ein Meerwasserbecken besitzt **Mesa del Mar.** Allerdings ist die Umgebung nicht besonders ansehnlich (→ S. 162).

Wo wandern?

Von Cruz del Carmen nach Punta del Hidalgo: Mitten im Erika-Urwald beginnt diese Tour. Die Mittagspause können Sie im Höhlendorf Chinamada einlegen, und am Ende wäre noch ein Bad im Meerwasserbecken möglich. → Wanderung 8, S. 256

Auf alten Maultiertreiberpfaden: Auf einem einfachen Rundweg geht es durch ländliche Zonen mit herrlichen Aussichten ins Höhlendorf Chinamada. → Wanderung 9, S. 259

Was und wo essen?

Frischen Fisch und Meeresfrüchte bekommt man in allen Küstenorten. Direkt am Wasser sitzt man in **Punta del Hidalgo** im Restaurant La Caseta (→ S. 166). Höhlenfeeling hat man beim Essen in **Chinamada** – das Restaurant La Cueva (→ S. 169) befindet sich in einer Höhle. Zu diesem Ambiente passend werden rustikale Gerichte aufgetragen.

La Laguna

Mit vollem Namen heißt die Stadt San Cristóbal de la Laguna. Ab 1510 war sie über mehrere Jahrhunderte das geistige und politische Zentrum Teneriffas, über viele Jahre auch des gesamten Archipels. Die erste und bis 1989 einzige Universität der Kanaren hat hier ihren Sitz. 1999 erklärte die UNESCO La Laguna zum Kulturerbe der Menschheit.

Herrschaftliche Adelspaläste, Kirchen und Klöster mit reich verzierten Portalen und geschnitzten Holzbalkonen, ganze Stadtviertel sind erhalten. Ein etwa zweistündiger Rundgang führt durch die schachbrettartig angelegte Innenstadt zu den historisch wichtigsten und schönsten Gebäuden.

Die Geschichte La Lagunas begann aber nicht erst 1510. Schon die Guanchenfürsten verlegten ihre Residenz in den Sommermonaten auf die kühlere Hochebene an die Lagune, einen inzwischen ausgetrockneten See. Der Eroberer und erste Gouverneur Teneriffas, *Alonso de Lugo*, gründete hier 1496 die erste Siedlung. Die Stadt ist noch immer das geistige Zentrum der Kanarischen Inseln. Die erste Universität auf den Kanaren wurde hier 1701 gegründet. Papst Clemens XI. gab dazu den Auftrag.

Sehenswertes/Stadtrundgang

Der hier beschriebene Stadtrundgang beginnt an der Touristeninformation: Dort, wo die Verlängerung der Av. de la Trinidad die Calle Obispo Rey Redondo (La Carrera) quert, gehen Sie einige Schritte nach rechts und stehen vor einer Straßenfront restaurierter, farbig gestrichener Gebäude aus dem 16./17. Jh. Heute sind in den Häusern Rathaus, Stadtarchiv und das Hauptbüro der Touristeninformation untergebracht. Letzteres befindet sich in der Nr. 7, in der **Casa de los Capitanes,** einem der ältesten Gebäude der Stadt mit schönem Innenhof. Alle Häuser in dieser Zeile weisen die typischen kanarischen Elemente auf: wappengeschmückte Portale aus Vulkangestein, massive Holzarbeiten an Fenstern und Türen sowie Holzdeckenkonstruktionen im

Mudéjarstil. Sie sind – wie insgesamt 34 historisch wichtige Gebäude – mit einer Informationstafel versehen. In der Casa de los Capitanes residierten einst die militärischen Befehlshaber der Kanarischen Inseln.

Der Rundgang führt weiter durch die Fußgängerzone Calle Obispo Rey Redondo, auch Calle La Carrera genannt. Nächster Besuchspunkt ist die **Plaza de la Catedral.** Sie beeindruckt durch ungewöhnlich hohe Palmen und Araukarien.

Catedral de Los Remedios: Ab 1511 gaben sich die Bauarbeiter hier die Kelle in die Hand, mehrere Jahrhunderte wurde an ihr gebaut, wurde sie erweitert und umgebaut. Seit Anfang 2014 ist sie nun wieder geöffnet. Erst im letzten Jahrhundert erhielt sie ihre klassizistische Front und die Kuppel. Der Innenraum hingegen ist verschwenderisch dekoriert. Der Hauptaltar ist eine kunstvolle Arbeit aus getriebenem Silber, ebenso der Altartisch aus dem 16. Jh. In der rechten Seitenkapelle steht ein mehrstöckiger Altar mit Goldschmiedearbeiten und flämischen Gemälden. Schlicht dagegen ist das Grabmal des Eroberers Teneriffas Alonso de Lugo, gleich rechts hinter dem Hauptaltar.

▪ Mo–Fr 10–20 Uhr, Sa 10–12.30 und 14–17 Uhr. Eintritt 5 € (diverse Ermäßigungen), mit Autoguiado/Tonträger für einen 45-Min.-Rundgang, auch auf Deutsch.

Weiter geht es die Fußgängerstraße hinunter. Hinter der klassizistischen Fassade mit der Nummer 54 verbirgt sich das 1915 eingeweihte **Teatro Leal.** Der Bau wurde bis vor einigen Jahren von außen und innen aufwändig unter Verwendung von viel Blattgold restauriert und 2008 vom damaligen spanischen Kronprinzenpaar eingeweiht. Das Theater kann nur während der Vorstellungen besichtigt werden. Nahezu jederzeit können Sie hingegen den im Jugendstil gehaltenen Innenhof des Hauses Nummer 55 anschauen. Er ist Teil des Hotel Aguerre.

Einkaufsbummel durch die alte Hauptstadt La Laguna

Iglesia de la Concepción: Die Straße erweitert sich zum Platz, auf dem die älteste Kirche steht. Mit dem Bau wurde im 16. Jh. begonnen. Sie beeindruckt durch einen siebenstufigen, mit Säulen geschmückten Glockenturm. Daneben liegt eine Nebenstelle der Touristeninformation. Besonderheiten sind die bemalte und reich verzierte Holzdecke und das Taufbecken, das schon in der Vorläuferkirche stand und in dem schon das Wasser zur (Zwangs-)Taufe der Guanchenfürsten verwahrt wurde.

▪ Mo 10–14 Uhr, Di–So 10–17 Uhr. Mit dem Kauf einer Eintrittskarte von 2 € können Sie den Turm besteigen und die Kirche besichtigen.

Convento San Agustín: Der Konvent ist eines der ältesten Gebäude Teneriffas. Baubeginn war direkt nach der Eroberung, noch Ende des 15. Jh. Nach Abschluss der Restaurierungsarbeiten des Klostergebäudes (die Kirche ist noch nicht restauriert) ist dieser Komplex wohl einer der schönsten der Kanaren. Er wird für Ausstellungen genutzt. Der Eingang befindet sich im Glockenturm. Sie betreten einen großen, zauberhaften Innenhof mit breitem Kreuzgang. Hier lässt es sich auch an den heißesten Tagen im Schatten lustwandeln. Ein weiterer Innenhof schließt sich an.

▪ Mo–Sa 10–14 und 17–19 Uhr. So und an Feiertagen 10–14 Uhr, Eintritt für die Ausstellung. Wenn keine Ausstellung gezeigt wird, bleibt der Konvent manchmal geschlossen.

Casa Salazar: Im Bischofspalast, der Ende des 17. Jh. erbaut wurde, arbeitet heute noch die Kirchenverwaltung. Die dunkle, reich verzierte Vulkansteinfassade ist dem Palacio Nava nachempfunden. Wenn das Tor geöffnet ist, können Sie den Kreuzgang entlangschreiten. Er rahmt einen Patio mit Rosengarten und Marienstatue ein.

Convento San Augustin

Casa Lercano / Museo de Historia de Tenerife: Das Haus beherbergt das *Museo de Historia de Tenerife*, das Historische Museum. Erbaut wurde es 1593. Selbst wenn Ihnen nach diesem Rundgang nicht mehr der Sinn nach Museum steht, sollten Sie hineinschauen, denn dies ist eine der wenigen Gelegenheiten, eines der herrlichen Patrizierhäuser aus dem 16. Jh. von innen zu sehen. Gleich hinter dem Eingang liegt der Innenhof mit umlaufender, geschlossener Galerie aus Tea-Holz. Es ist vollkommen mit Harz durchtränkt, resistent gegen Schädlinge und nahezu unverwüstlich.

Die Ausstellungen des Museums sind in mehrere Abteilungen gegliedert: Vorspanische Zeit – das Leben der Guanchen, die Eroberung Teneriffas, die Missionierung und die Rolle der Kirche sowie die wirtschaftliche und soziale Entwicklung Teneriffas. Im Erdgeschoss sind moderne Skulpturen ausgestellt.

▪ Mo, So und an Feiertagen 10–17 Uhr, Di–Sa 9–20 Uhr, Erw. 5 €, Kinder bis 8 J. frei, Studenten, Rentner, Kinder bis 16 J. 2,50 €, Fr und Sa ab 16 Uhr Eintritt frei.

Kunstraum der Caja Canarias: Hier stellen vornehmlich Künstler aus, die auf Teneriffa leben. 2019 wurden Werke von Salvatore Mangione gezeigt.

▪ Mo–Fr 10–14 und 17–20 Uhr, Sa 10–14 Uhr. Eintritt frei.

Casa Montañés: Das Haus dient heute als *Consejero de Canarias*, als Haus des Kanarischen Rates. Es befindet sich direkt neben dem Museum. Der Garten ist Mo-Fr 10-14 Uhr geöffnet. Hinter der Barockfassade liegen zwei Innenhöfe mit viel Grün und umlaufenden Galerien auf Holzsäulen.

Convento Santa Clara: Ein kleiner Abstecher an der nächsten Kreuzung nach links führt zum Convento Santa Clara, dem ältesten Nonnenkloster der Kana-

Am Eingang zum Bischofspalast

La Laguna und der Nordosten → Karte S. 152

ren. Ab 1577 lebten die Nonnen hier hinter dicken Mauern oder hinter Holzgittern.

Weiter geht es, indem Sie in die nächste Querstraße rechts einbiegen, in die Calle Nava y Grimón. Das Haus/Casino mit dem Eckgarten sollten Sie sich merken, falls Sie planen, den Rundgang mit einem Restaurantbesuch abzuschließen. Das nächste Haus in der Straßenzeile ist der Palast der Familie Nava.

Palacio Nava: Der Palast wurde Ende des 16. Jh. erbaut. Die Familie Nava dokumentierte ihren Reichtum mit einer kompletten Fassade aus kunstvoll bearbeitetem Stein, während andere Häuser lediglich steinerne Schmuckelemente an Fenster- und Türeinfassungen aufweisen und sonst aus verputzten Bruchsteinmauern bestehen.

Convento Santa Catalina: Durch hohe Mauern schirmt sich das Nonnenkloster deutlich von seiner Umgebung ab. Die ersten Nonnen zogen 1611 ein. Teile des Gebäudes sollen schon wesentlich früher gestanden und Alonso de Lugo als Residenz gedient haben. Das interessanteste bauliche Element an den abweisenden Mauern ist der *ajimez*, ein geschlossener und dennoch durch Holzgitter luftiger Pavillon oben auf einer Mauerecke. Dies war der einzige Ort, von dem aus die Nonnen auf die Straßen schauen durften. Sowohl der Name „ajimez" als auch die Konstruktion dieser Holzkabine ist dem maurischen Mudéjar-Baustil entlehnt. Bei den Mauren allerdings mussten sich nicht nur die Nonnen, sondern alle Frauen in solchen geschlossenen Abteilen verstecken.

■ Die Kirchenschätze können tägl. 11–18 Uhr besichtigt werden.

Plaza del Adelantado: Der zentrale Platz der Altstadt ist mit herrlichen, hohen Bäumen bestanden – Indischen Lorbeerbäumen, Drachenbäumen, Akazien und Platanen. In seiner Mitte prunkt ein mehrstufiger Marmorbrunnen. Rings um die Plaza stehen die ältesten Kirchen, Klöster und Residenzen.

Kapelle San Miguel: Die kleine ehemalige Kapelle befindet sich direkt neben einem Neubau am östlichen Platzrand. Erbaut wurde sie 1506, seither aber mehrfach umgebaut. Heute dient sie als Kulturhaus mit wechselnden Ausstellungen. Von der Plaza erreichen Sie nach rechts mit wenigen Schritten den Ausgangspunkt des Rundgangs oder geradeaus den Konvent Santo Domingo.

Kirche und Konvent Santo Domingo: Der Baubeginn des Priesterseminars der Dominikaner war im 16. Jh., aber es gab zahlreiche Erweiterungen und Umgestaltungen. Von außen bilden Kirche und Konvent eine schöne Anlage mit typisch kanarischem Glockenturm aus behauenem Vulkangestein. Im Innern sind wertvolle Gerätschaften zu sehen, das älteste und wertvollste ist eine gotische Monstranz, die einen ruhenden Christus zeigt.

Museo de la Ciencia y del Cosmos: Das Museum der Wissenschaft und des Kosmos liegt abseits des Rundganges. Hier kann man in den Weltraum horchen und sich an einen Lügendetektor anschließen lassen. In vier Abteilungen (Die Sonne, Die Erde, Der Kosmos, Der Mensch) stellt das zur Universität gehörende Museum die neuesten Entwicklungen und Erkenntnisse auf den jeweiligen Forschungsgebieten vor.

▪ Die Straßenbahn Tranvía hält direkt vor der Tür. Mit dem Pkw am besten die Av. Calvo Sotelo stadtauswärts fahren, dann in Richtung La Cuesta. Das Museum liegt in der Vía Láceta. Mo, So und feiertags 10–17 Uhr, Di–Sa 9–20 Uhr, Erw. 5 €, Kinder bis 8 J. frei, Studenten, Rentner, Kinder bis 16 J. 2,50 €, Fr und Sa ab 16 Uhr Eintritt frei.

Basis-Infos

Information In den Büros der **Touristeninformation** gibt es reichlich Informationsmaterial über La Laguna und das Anagagebirge, das zum Gemeindegebiet gehört, u. a. eine Liste der aktuellen Besuchszeiten der Kirchen und Museen und eine Liste des Übernachtungsangebotes im Norden der Insel. Öffnungszeiten der Büros: Mo–Fr 9–16.30 Uhr, im Sommer bis 15.30 Uhr. Hauptbüro: Calle Obispo Rey Redondo (La Carrera) 7, in der historischen Casa de los Capitanes, ✆ 922-631194, www.turismolalaguna.org. Eine App kann kostenlos geladen werden. Ein weiteres Infobüro neben dem Turm der Iglesia La Concepción. Von dort kann man auf den Turm steigen und den Blick über La Laguna genießen (Eintritt 2 €).

Die Stadt bietet **kostenlose Führungen**, auch auf Deutsch (Beginn um 11 Uhr). Sichere Terminabfrage und Anmeldung 48 Std. vorher unter o. g. Telefonnummer erforderlich.

Verbindungen La Laguna hat einen Intercambiador (Umsteigebahnhof für Bus und Tranvía) an der Autopista-Abfahrt 9 „La Laguna/La Esperanza“.

Die **Straßenbahn Tranvía** verbindet La Laguna mit Santa Cruz in 21 Min. Wer mit dem Bus anreist, kann am Intercambiador umsteigen. Das „ten +“-Ticket gilt auch für die Tranvía. Die Endstation liegt in der Av. de la Trinidad, in der Nähe des Altstadtzentrums, die man nach wenigen Minuten geradeaus erreicht.

Die wichtigsten **Busverbindungen:** Nach Santa Cruz und Puerto de la Cruz Linien 102 und 103.

Tacoronte/Mesa del Mar/El Pris Linie 021, 023, jeweils 6–7 Verbindungen täglich.

Bajamar/Punta del Hidalgo Linien 50 und 105, jeweils alle 30 Min.

Ins Anagagebirge: Cruz del Carmen (Besucherzentrum) fahren fast alle Linien an;

Linie 076, weiter über Las Carboneras nach Afur, 5-mal täglich, am Wochenende und an Feiertagen 3-mal täglich;

Linie 077, weiter über Taborno nach El Bailadero 1- bis 2-mal täglich;

Linie 273, nach Cruz del Carmen 2-mal täglich, dort Endstation;

Linie 275, weiter über Taboro nach Las Carboneras, 6-mal täglich, am Wochenende 3-mal täglich. Den Fahrplan genau anschauen, einige Orte werden nicht immer angefahren.

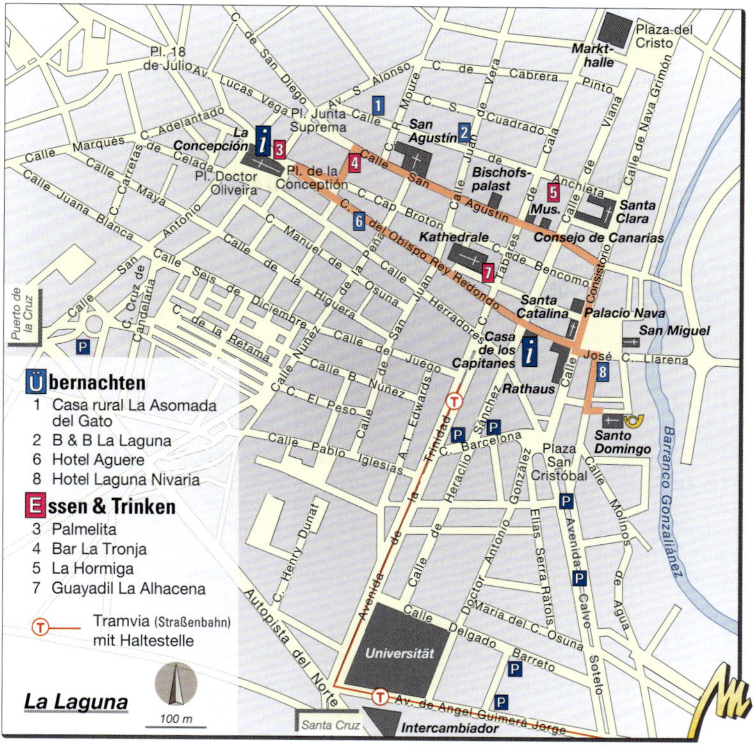

La Laguna und der Nordosten → Karte S. 152

Pkw/Parken: Für den Stadtrundgang nehmen Sie die Autobahnausfahrt 9, im folgenden Kreisel in die Av. de la Trinidad einbiegen. Dort gibt es weiter oben eine Tiefgarage.

Einkaufen **La Acequia,** großer Naturkostladen mit frischem Obst und Gemüse, etwas versteckt in der Avinda de Lucas Vega 61. Mo–Fr 10–18 Uhr, Sa bis 14 Uhr.

Migas Bakery, hier gibt es u. a. sehr gute Vollkornbackwaren, und das nicht aus der Retorte. Der Duft des Brotes und der Blick in die Backstube verrät es. Tägl. außer Mo 9–18 Uhr, Sa/So bis 14 Uhr. Calle Escultor Estevez 4, etwas abseits gelegen.

Apotheke Zum Beispiel in der Calle Obispo Rey Redondo 44.

Banken Mehrere Filialen in der Calle Obispo Rey Redondo.

Fiestas Februar/März: **Karneval.**

Karwoche: La Laguna begeht jedes Jahr die aufwändigsten Büßerprozessionen in der Karwoche, der **Semana Santa.** Bruderschaften ziehen während der gesamten Woche abends in der traditionellen Büßertracht mit verhülltem Gesicht und hohem Spitzhut durch die Straßen. Höhepunkte der Feierlichkeiten sind der Gründonnerstag und der Karfreitag.

Anfang Juni: **Corpus Cristi,** wie La Orotava schmückt auch La Laguna seine Straßen mit aufwändigen Teppichen aus farbigem Sand und Blumen. Die Arbeit an den großen Teppichen auf den Plazas dauert mehrere Wochen. In der Nacht vor der Prozession schmückt dann die Nachbarschaft auch die abgesperrten Straßen. Bitte den genauen Termin erfragen, der Kalendertermin von Fronleichnam wird nicht immer eingehalten.

Mitte Juli: **Romería San Benito.**

Medizinische Versorgung **INSALUD,** Gesundheitszentrum der Sozialversicherung, Av. Trinidad 50.

Taxis Plaza del Adelantado.

Übernachten

→ Karte S. 157

La Laguna wird von Touristen selten zu mehr als einem Stadtrundgang besucht, deshalb gibt es auch kein großes Übernachtungsangebot.

***** Aparthotel Nivaria 8,** an der Plaza del Adelantado in einem restaurierten Gebäude aus dem 18. Jh. Innen beeindruckende Mischung aus Alt und Neu, komfortabel, geschmackvoll und edel. Die Studios und Apartments sind relativ großzügig. Ein Spabereich ist angegliedert, außerdem gibt's Restaurant und Cafeteria. Plaza del Adelantado 11, 38201 La Laguna, ✆ 922-264298, www.lagunanivaria.com. **€€€€**

**** Hotel Aguere 6,** im Zentrum, in einem älteren Haus mit großem und hellem, stimmungsvollem Innenhof. Das gesamte Haus wurde 2017/8 renoviert und neu ausgestattet. Gepflegte, sehr schön eingerichtete Zimmer, alle mit Bad. Die beiden Zimmer 109/110 mit Fenster zum Innenhof werden nur im Notfall vermietet. Calle Obispo Rey Redondo/La Carrera 55, 38201 La Laguna, ✆ 922-314036, www.hotelaguere.es. **€€€**

Casa rural La Asomada del Gato 1, in einem restaurierten Herrenhaus mit Innenhof werden sieben hübsche Zimmer vermietet. Die meisten verfügen über ein separates Bad. Calle Anchieta 45, ✆ 922-263937, www.laasomadadelgato.es. **€€€**

B & B La Laguna 2, im historischen Zentrum in einem alten Haus mit Patio und Dachterrasse. Einfaches, aber in fröhlichen Farben und originell eingerichtetes Haus. Auch Gemeinschaftszimmer mit 4–6 Betten und eine Küche. Juan de Vera 21, ✆ 822-173608, www.bblalaguna.com. **€**

Essen & Trinken / Nachtleben

→ Karte S. 157

La Laguna und seine Umgebung sind bekannt für ihre gute und gehaltvolle Küche. An den nahen Hängen des Anagagebirges und auf der fruchtbaren Hochebene um La Laguna gedeihen nicht nur Gemüse aller Art, sondern auch Pilze in den Wäldern und in Zuchtkulturen. Hier weiden Ziegen- und Schafherden. Nicht Fisch und Meeresfrüchte bilden deshalb die Grundlage der Küche, sondern Fleisch und Gemüse.

Im Schatten von Lorbeerbäumen

Restaurants in La Laguna In der Fußgängerzone der Calle Obispo Rey Redondo/La Carrera und vor allem rund um die Iglesia de la Concepción und die angrenzenden Plätze haben sich Cafés und Terrassenrestaurants etabliert, die sich hauptsächlich an Tagestouristen wenden. Dort werden Tapas sowie solide internationale und kanarische Küche zu vernünftigen Preisen angeboten.

Bar La Tronja 4, typisch kanarisches Lokal mit günstigem und schmackhaftem Essen, gerne von Einheimischen besucht. Es gibt nur wenige Plätze innen oder auf der Terrasse. Mo und Mi 7–17 Uhr, Do–Sa bis 23 Uhr, So bis 21 Uhr. Calle San Augustin, Ecke Calle Ascanio y Nieves.

La Hormiga 5, hier kreiert man allerlei Köstlichkeiten – nicht nur für den Gaumen, sondern auch fürs Auge. Mi–Sa 13.30–16.30 und 20–23 Uhr, So bis 17 Uhr, Mo/Di geschlossen. Calle Anchieta 7.

Guayadil La Alhacena 7, helle Räume mit Designermöbeln und moderner Kunst an den Wänden. Junge, lockere Atmosphäre, beliebt auch zur Mittagszeit bei den Angestellten der umliegenden Büros. Viele kleine Gerichte 8–

11 €, Hauptgerichte 10–15 €. Mo–Sa 13–16 und 21–23.30 Uhr. In der Gasse Déan Palahi direkt hinter der Kathedrale.

Mein Tipp Die beste Kuchen- und Eisauswahl bietet das **Café Palmelita** **3** auf der Plaza de Concepción 14. Hier gibt es Mo, Do und Sa auch frisches Vollkornbrot .

Nachtleben Studenten treffen sich nicht nur tagsüber zu Tapas und Saft, La Laguna hat auch eine lebhafte Kneipenszene, z. B. die **Cerveceria La Catedral** und die **Bar de Tapas La Tahona,** Plaza San Juan Bautista 3. Das **Tintin's Corner** ist ein trendiges Lokal mit einer großen Auswahl an Biersorten; es versteckt sich in den alten Gemäuern der Stadt. 18–2 Uhr. Plaza de la Concepción 7, Local 5.

Restaurants in der Umgebung Zu besonderen Gelegenheiten wird von kanarischen Familien, bei entsprechenden finanziellen Möglichkeiten, eines der alteingeführten Restaurants aufgesucht, die entlang der alten Landstraße TF-152 (Carretera del Norte) zwischen La Laguna und Tacoronte liegen. Touristen verirren sich selten in diese Speiselokale abseits der Urlauberpfade. Den Anfang macht allerdings ein sehr preiswertes Lokal.

Mein Tipp **El Nervioso,** „Der Nervöse" ist ein typisches und sehr beliebtes Lokal in Portezuelo. Tagesgerichte stehen auf der Tafel, z. B. *Bacalao* (Stockfisch mit Gemüse und Kartoffeln) und *Carne de Cabra en salsa* (geschmorte Ziege in Soße). 12–18 Uhr geöffnet. Im Juli Betriebsferien. Die Autopista an der Abfahrt 11 zum Flughafen Los Rodeos in Richtung Tegueste verlassen, ca. 200 m hinter der Tankstelle nach rechts abbiegen, Hinweisschilder „TF-154" und „El Portezuelo". Das Restaurant liegt wenige Meter weiter auf der linken Straßenseite, der Parkplatz gegenüber.

La Hoya de Camello, sehr beliebtes Restaurant bei den Städtern. Kanarische und internationale Küche. Paella und andere Reisgerichte sowie Fleisch- und Fischgerichte in vielen Variationen ab 14 €, Gerichte mit Meeresfrüchten wie *Zarzuela* für 2 Pers. 36 €. Tägl. 13–16 und 19.30–23.30 Uhr, Sonntagabend geschlossen. An der Landstraße aus La Laguna kommend vor der Abfahrt Flughafen Los Rodeos. Carretera del Norte 128, ✆ 922-265105.

Los Limoneros, Landhausatmosphäre samt rustikaler Einrichtung und offenem Kamin. Prächtige Schinken hängen von der Decke, dünn aufgeschnitten sind sie eine der Spezialitäten, für die das Restaurant bekannt ist. In großen Bassins schwimmen Forellen, krabbeln Langusten und öffnen Austern ihre Schalen. Die umfangreiche Karte bietet auch Pilze vom Grill oder Blattspinat mit Pinienkernen. Gehobenere Preise. Vorspeisen ab 8 €, Hauptspeisen 15–25 €. Tägl. 13.30–24 Uhr. An der Carretera del Norte 453, ✆ 922-636637.

La Laguna ist bekannt für seine hübschen Drachenbäume

Gasthausbrauerei Tacoa, wem es nach einem frisch gezapften Bier gelüstet, der ist hier richtig. Bis zu acht verschiedene Biere sind im Angebot. Aus der Küche kommt dazu Deftiges vom Grill, aber es gibt auch hausgemachte Desserts und Eis. Tägl. 12.30–23 Uhr, Carretera General del Norte 122, auf Höhe von El Sauzal, ✆ 922-564173.

Natürlicher Whirlpool in Bajamar

An der Nordküste

Hohe, steile Klippen bilden die Nordküste Teneriffas. Das Meer ist hier nur an wenigen Punkten zugänglich. Im Hinterland liegt das fruchtbare und darum relativ dicht besiedelte Valle de Guerra. Der Weinanbau erlebte hier in den letzten Jahren einen Aufschwung.

El Sauzal

Oberhalb der Steilküste liegt das sehr gepflegte, schmucke Örtchen mit hübscher Plaza, viel Blumenschmuck und mehreren attraktiven Aussichtsplätzen/Miradores. Am schönsten ist der **Mirador La Garañona,** der wie ein weitläufiger Balkon hoch oben auf den Klippen hängt. In der Umgebung erstrecken sich die Villensiedlungen deutscher Ruheständler.

Casa del Vino La Baranda/Weinmuseum: Schon das Gebäude, ein ehemaliges Gutshaus aus dem 17. Jh., ist einen Besuch wert. Vom Eingang aus hat man einen herrlichen Blick auf die Nordküste und den Teide. Im Innenhof steht eine alte hölzerne Weinpresse, in den Ausstellungsräumen wird die über Jahrhunderte großartige Geschichte des Weinanbaus auf Teneriffa dargestellt. Weitere Räume zeigen in Schaukästen Anbau und Keltern.

Das Haus dient nicht nur als Museum, sondern ist die Einrichtung der Inselverwaltung zur Förderung des Weinanbaus und gleichzeitig das Winzerzentrum des Anbaugebietes Tacoronte-Acentejo. 26 Winzer hatten sich Mitte der 1980er-Jahre mit dem Ziel zusammengeschlossen, Qualität und Absatzmöglichkeiten ihres Weines zu verbessern. Beides ist ihnen geglückt. Sie können an einer Weinprobe teilnehmen und gleich an Ort und Stelle Ihren Lieblingswein kaufen.

Casa de la Miel/Honigmuseum: Das Honighaus ist der Casa del Vino angeschlossen. Auch diese Anlage dient zunächst der qualitativen und wirtschaftlichen Entwicklung der Honigproduktion. Im Museumsbereich werden die historischen Aspekte der Honigherstellung ebenso vorgestellt wie die Arbeitsschritte und die verschiedenen Honigsorten.

Anfahrt und Museen Am Verkehrskreisel vor der Ortseinfahrt sind die Museen ausgeschildert. Geöffnet sind sie Di–Sa 10.30–21 Uhr, So und an Feiertagen 10.30–18 Uhr. Eintritt frei. Aktuelle Information unter www.casadelvinotenerife.com (spanisch).

Essen & Trinken Im Museum befindet sich das **Restaurant Tasca** mit herrlicher Aussicht von seinen Terrassen und mit anspruchsvoller Küche. Ihre kanarischen Wurzeln werden hier kreativ abgewandelt. Selbstverständlich wird dazu Wein aus der Gegend serviert. Menüpreis 25 €. Di–Sa 10.30–23 Uhr, So 10.30–18 Uhr.

Die Casa del Vino mit Weinmuseum in El Sauzal

Mein Tipp **El Matraca,** Lokal mit Charakter einer Guachinche (→ S. 215), preiswertes Essen und guter Landwein. Tägl. 12.30–17 Uhr, Fr/Sa/So bis 23 Uhr. Camino San Diego in La Matanza.

Weitere Restaurants an der Carretera del Norte, Ausfahrt 23 → Essen & Trinken bei La Laguna.

Tacoronte

Die kanarische Kleinstadt bildet ein landwirtschaftliches Zentrum. Die fruchtbare, wasserreiche Gegend hat schon früh Siedler hierher gezogen.

1608 erhielt Tacoronte seine eigene Pfarrei, und der Bau einer eigenen dreischiffigen Kirche ließ nicht lange auf sich warten. Der massive Bau der **Iglesia Santa Catalina** im traditionellen Stil und das **Augustinerkloster** (Baubeginn 1664) sind die bedeutendsten Gebäude der Stadt.

Valle de Guerra heißt der Landstrich, der von Tacoronte aus in Richtung Bajamar durchfahren wird. Das weite Tal ist der Obstgarten Teneriffas, Plantagen und immer mehr Weinfelder säumen die Straße. Wer im Weinmuseum in El Sauzal gut hingeschaut hat, erkennt hier, dass die alte Technik, die Reben auf Gitter zu ziehen oder auf dem Boden kriechen zu lassen, vielerorts durch die auch auf dem Kontinent übliche Methode, den Wein an Stangen hoch zu binden, abgelöst wird.

Casa de Carta/Historisches Museum Teneriffas: Das Museum ist vor der Ortschaft Valle de Guerra ausgeschildert. In einem schönen kanarischen Gutshof aus dem 18. Jh. wird das traditionelle, ländliche Leben der Insel dokumentiert. Eine Dauerausstellung zeigt eine Sammlung von Trachten, Handwerkszeug und Exponaten des ländlichen Kunsthandwerks. Mit etwas Glück kann man Weberinnen und Töpferinnen bei der Arbeit zusehen; Möbel, verschiedene Räume wie Küche, Schlafzimmer und Wohnstube geben einen Eindruck vom Alltag des damaligen Lebens. Daneben zeigt das Museum aktuelle Ausstellungen.

▪ Tägl. 10–17 Uhr, Weihnachten/Neujahr geschlossen. Erw. 5 €, Studenten, Rentner, Kinder bis 16 J. 3,50 €, Fr und Sa 14–17 Uhr Eintritt frei.

Mesa del Mar

Fährt man von Tacoronte an der küstennahen Landstraße TF-163 nach Valle de Guerra, biegt nach halber Strecke eine Straße nach Mesa del Mar ab. Durch eine Villengegend mit üppigen, tropischen Gärten führt die Straße zur Steilküste. Vom Rand der Steilküste führt an der fast senkrechten Wand die Landstraße in vielen Serpentinen hinunter auf den „Meerestisch", eine brettflache Felsenplatte kaum über Meereshöhe.

Der ehemals bezaubernde Flecken mit romantischer Küste wird von Felsentürmen in zwei Buchten geteilt – die eine mit hübscher Meerwasserbadeanlage, die andere mit einer großen Sandstrandbucht. Mesa del Mar war immer schon ein beliebter Badeplatz für die Menschen in dieser mit Stränden nicht reich gesegneten Gegend. In den 1970er-Jahren haben Bauherren es geschafft, ihn nahezu komplett mit Hochhäusern für Wochenend- und Ferienwohnungen zu überziehen. Den Strand in einer halbkreisförmigen, geschützten Bucht erreicht man durch einen Tunnel.

Spaziergang nach El Pris: Etwa 1 km nördlich von Mesa del Mar liegt El Pris, ein Fischerdorf auf einem ähnlichen Felsplateau. Ein nicht zu übersehender, gut ausgebauter Fußweg führt hinüber, immer an der Steilküste entlang. Mit einem Rundgang durch El Pris dauert die Strecke hin und zurück etwa eine Stunde. Der Weg ist angenehm zu gehen.

El Pris

Der Nachbarort hat eine Mesa del Mar vergleichbare Lage. Im Unterschied zu Mesa del Mar stehen hier weniger Apartmenthäuser, die man sogar noch als leidlich gefällig bezeichnen kann. Der wesentliche Unterschied aber besteht darin, dass die Hochhäuser am Rand liegen, während der eigentliche Ort noch erhalten blieb mit hübschen, kleinen Häusern, die eng gedrängt auf den Felsen stehen. Dazwischen sind die Netze gespannt, hängen Langustenkörbe und liegen die Boote am Strand vor dem winzigen Hafenbecken. Ohne die Megabauten rechts und links wäre El Pris bestimmt das schönste Fischerdörfchen Teneriffas. An einem Paseo sitzen die Alten und die wenigen Besucher unter ausladenden Gummibäumen, genießen ihren Roten und spielen Domino.

Ursprüngliches Eckchen in El Pris

Essen & Trinken Erfrischungen, Bier, Wein, Tapas und auch komplette Fischgerichte gibt es in den Bars und einfachen Restaurants am Paseo in El Pris.

Übernachten Nicht in Mesa del Mar und El Pris, aber an der Küste etwas weiter nördlich gibt es vollkommen abgelegen zwei absolut unterschiedliche Unterkünfte:

Hostal Lagarto Backpackers, versteckt hinter Bananenplantagen, mit etwas Abstand zum Ufer haben Vitto und Mattia ihr Hostal für Individualisten eröffnet. Entsprechend der Kategorie ist es äußerst schlicht ausgestattet, bietet aber viele kommunikative Extras, wie Ausflüge und Grillabende. Es gibt DZ mit und ohne Bad und Zimmer mit sechs Betten. Das Frühstück ist im Übernachtungspreis enthalten, für alle anderen Mahlzeiten müssen die Gäste selber sorgen. Dafür steht die Küche zur Verfügung. Preis pro Pers. je nach Zimmer 14–24 €. Camino del Guincho 108, La Barranquera, 38270 Valle de Guerra, ✆ 922-545487.

Hotel rural Costa Salada, in einmaliger Lage auf den Klippen, nur wenige Meter über dem Meer, finden Sie dieses kleine charmante Landhotel. Das restaurierte Hauptgebäude und große Teile der Einrichtung gehen auf die vorletzte Jahrhundertwende zurück. Die Zimmer sind unterschiedlich, es gibt auch eine separate Villa. Alle Einheiten haben eine eigene Terrasse oder Balkon. Daneben gibt es reichlich Platz im Garten und am Pool. Camino La Costa-Finca Valle de Guerra, 38270 Valle de Guerra, ✆ 922-546062 und ✆ 922-690000/95, www.costasalada.com. **€€–€€€**

Bajamar

Das Städtchen ist geprägt von einem alten Fischerdorfkern in Strandnähe und viel langweiliger Betonarchitektur drum herum. An seinen Rändern stehen Apartment- und Ferienhaussiedlungen. Einen Tagesausflug lohnt die Attraktion des Ortes, die großen Badeanlagen Picinas Municipales. Alle Becken (davon eins für Kinder) im Überformat wurden renoviert, nicht gerade im Badespaßstil eines César Manrique, aber mit Umkleidekabinen und Duschen/Toiletten. Der Eintritt ist frei. Ein Geländer trennt die Anlagen vom Meer. Bei Flut rauscht die Brandung herein und füllt die Schwimmbecken mit frischem Seewasser. Seien Sie dann bitte nicht zu mutig, denn hereinstürzende Wassermassen können auch den zu Fall bringen, der meint, an das Geländer geklammert ein besonderes Badeabenteuer erleben zu können.

Im Meeresschwimmbecken von Bajamar

La Laguna und der Nordosten → Karte S. 152

Bajamar hat auch einen kleinen Strand, der durch eine Mole geschützt ist. Hinter dem Schwimmbecken und unterhalb des alten Bajamar verläuft jeweils eine Promenade. Viel los ist hier nicht, alles geht seinen ruhigen, beschaulichen Gang.

Verbindungen **Pkw:** Bajamar lässt sich über die Landstraße TF-13 La Laguna – Punta del Hidalgo oder ab El Sauzal über TF-16 und TF-13 gut erreichen.

Bus: Linie 050, La Laguna – Punta del Hidalgo, passiert Bajamar stündlich. Linie 105, Santa Cruz – La Laguna – Punta del Hidalgo, fährt über Bajamar alle 30 Min.

Apotheken **Farmacia Bajamar,** an der Landstraße innerhalb des Ortes.

Bank **BBVA,** an der Landstraße nach Punta del Hidalgo.

Medizinische Versorgung **Centro de Salud** an der Landstraße TF-16 Nr. 67 (Tacoronte – Tejina), ✆ 922-923237.

Taxis Av. de Gran Poder de Díos/Landstraße.

Essen & Trinken Es gibt mehrere Cafés und Bars bei den Schwimmbecken und im Geschäftszentrum am Ende der Av. de Gran Poder de Díos/Paseo Werner Rautenberg.

Café Palmelita, das beliebte deutsche Café hat zwei Filialen, eine im Zentrum von Bajamar direkt oberhalb der Meeresschwimmbecken, Av. de Gran Poder de Díos, und eine an der Landstraße nach Punta del Hidalgo. Große Auswahl an Vollkornbrot und natürlich auch an Kuchen und Torten. Gutes, reichhaltiges Frühstück. Tägl. 10–18 Uhr.

La Cofradia de Bajamar, direkt gegenüber vom Café Palmita am Barranco San Juan, ebenfalls nah an den Meeresschwimmbecken gelegen. Serviert wird in erster Linie frischer Fisch nach Marktpreis. Tägl. 11–23 Uhr.

Punta del Hidalgo

Der Ort besteht aus zwei Teilen: dem ursprünglichen Dorf, das sich an der Landstraße entlang- und eine Schlucht hinaufzieht, und aus der Urbanización Tesesinte an der westlichen Küste der Punta mit Villen, Hotels und Restaurants auf der Promenade mit Meerwasserschwimmbad.

Das Dorf ist eine Mischung aus Alt und Neu, schönen und weniger reizvollen Häusern, Bars und kleinen Geschäften. Auf einer kleinen Plaza am Ortsende steht eine Skulptur von Sebastian Ramos, dem Förderer der heimischen Musik. Interessant ist die Lage des Dorfes: Im Rücken erheben sich die Steilhänge des Anagagebirges und nach vorn erstreckt sich die Punta mit viel bizarrer, schwarzer Felsküste und dem schäumenden Meer.

Die Ferienanlage in Punta del Hidalgo ist klein und ausgesprochen ruhig. Neben Einfamilienhäusern und dem Apartmenthochhaus Altagay gibt es nur zwei Hotels. Im Sommer, von Mitte Juni bis Mitte September, wenn die Einheimischen hier Urlaub machen, hört man viel Spanisch und selten Deutsch.

Sehenswertes/Spaziergänge

In Punta del Hidalgo kann man baden, spazieren gehen, angeln und die Umgebung erwandern. Sehenswert ist die Landschaft, besondere Kirchen, Museen oder Paläste gibt es jedoch nicht. In den nördlichen Barrancos laufen mehrere der alten Fußwege zusammen, die früher die Menschen in den abgelegenen Bergdörfern mit der Außenwelt verbanden. Heute sind sie als Wanderwege ausgeschildert. Es bietet sich also an, von hier aus entweder ins Anagagebirge hinaufzuwandern oder mit dem Bus hinaufzufahren und hinunterzuwandern (→ Wanderung 8). Die Hotels organisieren solche Wanderungen mit erfahrenen Führern.

Man kann auch mit dem Bus oder Pkw Ausflüge ins Anagagebirge unternehmen und einsame Berg- und Waldwinkel, winzige Ansiedlungen und schöne Sandstrände entdecken. Die Fahrt geht allerdings immer über Tejina/Tegueste und ist damit relativ lang. Die Landstraße auf den Höhen des Anagagebirges ist zudem sehr schmal und kurvig, sodass man für diese Ausflüge immer einen ganzen Tag einplanen muss.

Spaziergang an der schwarzen Felsenküste entlang und um Punta del Hidalgo: Der herrliche Weg dauert ungefähr 1:30 Stunden, ist sehr einfach und verläuft immer eben. Im Informationsbüro gibt es eine Beschreibung, man kann ihn aber auch ohne nicht verfehlen. Hinter dem Gebäude Altagay zieht sich der Weg an der Küste entlang. Die Einheimischen nutzen ihn, um an ihre bevorzugten Angelplätze auf der flachen, schwarzen und bizarren Felsenküste zu kommen. Nach gut 20 Min. passiert man am Scheitelpunkt der Landzunge den *Club Charco de la Arena*, eine private Badeanlage, die über das größte Schwimmbecken der Gegend verfügt (→ Baden).

Auf dem weiteren Weg hat man einen freien Blick auf eine der schönsten Küstenlandschaften und die Zacken und Spitzen des Anagagebirges. Nach weiteren 25 Min. ist der Dorfrand bei einer kleinen Plaza mit Busstation und der Touristeninformation erreicht. Von hier geht man entweder auf demselben Weg zurück oder auf der Landstraße durchs Dorf zum Ausgangspunkt.

Baden

Das öffentliche **Meerwasserschwimmbecken** ist auf einen flachen Felsenküstenstreifen gebaut und mit einem Geländer gesichert, sodass die Badenden nicht von der Strömung ins Meer gezogen werden können. Der Eintritt ist frei.

Die Schwimmanlage der **Apartmentanlage Altagay** ist allerdings komfortabler und verfügt über ein eigenes

Küste bei Punta del Hidalgo

Kinderbecken, Liegestühle und Sonnenschirme.

▪ Eintritt 3 €, Kinder 2 €, an den Wochenenden 6 €, Kinder 4 €.

Auch im **Club Charco de la Arena** gibt es ein privates, schlichtes, aber sehr großes Meerwasserbecken. Dorthin sind es ca. 20 Min. Fußweg (→ Spaziergang). Wer kein Clubmitglied ist, hat nicht immer Zutritt. Wenn doch, muss man mit Eintritt rechnen: Erwachsene 5 €, Kinder die Hälfte. Nicht weit davon kann man aber auch kostenfrei in natürlichen Becken der Felsenküste baden. Im Winter ist aber erhöhte Vorsicht angesagt.

Praktische Infos

Information Am Ortsende unterhalb des Aussichtsplatzes San Mateo liegt ein schönes, großes Informationsbüro, in dem freundliche Damen Sie gern beraten und mit Material versorgen. Mo–Fr 9–14.15 Uhr. ✆ 922-157832.

La Laguna und der Nordosten → Karte S. 152

Anreise/Verbindungen **Pkw:** Punta del Hidalgo ist der Endpunkt der von La Laguna kommenden Landstraße TF-12/13.

Bus: → Bajamar. Für einen Ausflug ins Anagagebirge muss man nicht bis La Laguna fahren und dort umsteigen. Die Buslinie 105 von Punta del Hidalgo und die Linien ins Anagagebirge (→ La Laguna) haben einen Treffpunkt in Canteras, an der Kreuzung bei der Cafeteria Carmen.

Einkaufen Die Infrastruktur von Punta del Hidalgo ist eher dörflich. Es gibt mehrere kleine Läden in der Calle Oceano Atlántico und kleine Supermärkte im Dorf.

Medizinische Versorgung **Deutscher Arzt** Thomas Rowe, Punta del Hidalgo, Camino el Callejon 12, nur nach Vereinbarung, mobil ✆ 629-230461.

Taxi → Bajamar.

Übernachten **Sport- und Kurhotel Océano 3**, direkt an der Küstenpromenade. Die knapp 80 Studios und Zimmer sind großzügig angelegt und eingerichtet. Alle Einrichtungen sind sehr gepflegt und elegant. Zum Haus gehören ein Café/Restaurant, ein großer Pool im Garten, ein beheiztes Schwimmbad im Haus, ein Tennisplatz, Sport-, Wander- und Kulturprogramme verhindern Langeweile. Der Gast kann sich weiter für Spa- und Ayurveda-Angebote oder eine Mayr-Kur entscheiden. Die Kuren werden ärztlich betreut, die Anwendungen von den deutschen Krankenkassen anerkannt. Die Preise für Kuren sind je nach Dauer und Art der Anwendungen sehr unterschiedlich, aber auf der Website genau dargestellt. Reichhaltiges Frühstücksbuffet. 38240 Punta del Hidalgo, ✆ 922-156000, www.oceano-tenerife.com. **€€€€**

Atlantis Park 1, zweistöckige Apartmentanlage im kanarischen Stil, in der zweiten Reihe mit geschützter Grünanlage und großem Pool. Die Anlage ist ähnlich wie das Océano auf Kurhotelbetrieb eingestellt, d. h., sie verfügt über die entsprechenden Therapieeinrichtungen und Fachkräfte. Am Abend Unterhaltungsprogramm, auch hier werden geführte Wanderungen angeboten. Die Wohneinheiten sind für eine oder zwei Personen eingerichtet und rustikal und gemütlich mit viel Holz ausgestattet. Atlantis Park, 38240 Punta del Hidalgo, ✆ 922-156411, www.atlantis-park. **€€€**

Camping Sehr schön angelegter Platz in der Nähe der Küste und der Promenade mit modernem Servicegebäude. Nur in den Sommermonaten in Betrieb. Caravan 4,50 €, Zelt 4,20 €, ab der zweiten Person plus 2,10 €. ✆ 629-139-203.

Essen & Trinken **La Caseta 2**, an der Promenade. Sehr gepflegtes spanisches Restaurant mit Fischgerichten und Meeresfrüchten, Paella, Pizzen, hausgemachten Kuchen und Eis. Große Karte, Preise im oberen Mittelfeld, Meeresfrüchte-Paella für 2 Pers. 30 €, es gibt aber auch ein preiswertes Tagesmenü für 10 €. Mo geschlossen, sonst warme Küche von 12 bis 22 Uhr. ✆ 922-156632.

Weitere schlichte Lokale im Ort entlang der Hauptstraße. Bekannt für seine gute Küche ist das Restaurant im Hotel Océano. Nett sitzt man auf den Terrassen der beiden Restaurants im Gebäude Altagay.

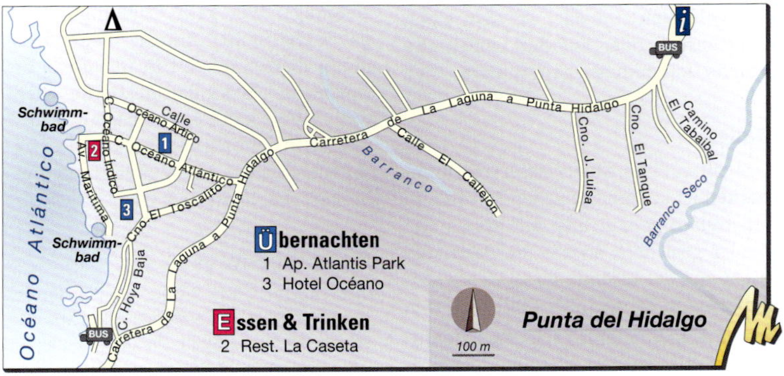

Einer der schönsten Aussichtsplätze im Anagagebirge: der Pico del Inglés

Das Anagagebirge

Ähnlich wie das Tenogebirge war das Anagagebirge mit seinen steilen Schluchten lange Zeit nicht an das Verkehrsnetz Teneriffas an gebunden. Auch heute noch sind einige Ortschaften nur über unbefestigte Schotterpisten oder wie die kleinen Ansiedlungen Roque Bermejo und Las Palmas im östlichen Zipfel nur zu Fuß zu erreichen.

Die Menschen im Anagagebirge lebten über Jahrhunderte relativ isoliert und ausschließlich vom Ertrag ihrer Terrassenfelder und ein wenig Viehwirtschaft. Ihre Lage änderte sich mit dem Bau der Asphaltstraßen von La Laguna nach Chamorga (mit zahlreichen herrlichen Aussichtsplätzen) und dem Bau der Verbindungsstraße Santa Cruz/San Andrés nach Taganana. Eine Wegbeschreibung finden Sie bei den Tagestouren auf Rädern (→ Tour 4 „Ins wilde Anagagebirge“, S. 234).

Die alten Verbindungspfade zwischen den Dörfern und der Außenwelt sind heute beliebte Wanderwege für Urlauber. Trotz verbesserter Verkehrsanbindung und Anschluss an das Stromnetz ist das Leben in den Bergdörfern relativ einfach geblieben und bietet den Jugendlichen vor Ort kaum Berufschancen. Junge Leute verlassen deshalb das Gebirge und suchen Arbeit und Wohnung in Santa Cruz oder in den Touristenzentren. Höfe stehen leer, Felder liegen brach oder werden nur noch an den Wochenenden bearbeitet. Andere Anwohner sind Pendler geworden, sie bearbeiten ihre Felder noch im Nebenerwerb. Etwa 2000 Menschen leben noch in diesem Gebiet. Ihnen ist zu verdanken, dass in mehreren Schluchten die Schönheit der Felsenlandschaft in Verbindung mit der Kulturlandschaft von Hunderten Terrassenfeldern erhalten blieb.

Naturpark Anaga

Der größte Teil des Gebirgsmassivs steht wegen seines natürlichen und kulturellen Werts unter Naturschutz. Lediglich die Küstenstreifen von Bajamar und Punta del Hidalgo im Norden und zwischen San Andrés und Igueste im Süden sind ausgenommen.

Aus dem Zusammenleben von Mensch und Natur entstanden harmonische Landschaften, romantische und wilde Flecken. Sie zu erhalten ist eine Aufgabe des Parks. Eine weitere ist der Schutz der Naturvielfalt. Bedingt durch die unterschiedlichen Höhen und das abschüssige Gelände liegen mehrere Klimazonen und ihre Pflanzen dicht beieinander. Hinzu kommt, dass der Norden des Anagagebirges von der Feuchtigkeit der Passatwolken mehr als jedes andere Gebiet Teneriffas profitiert. Nur hier und in wenigen Zonen des Tenogebirges konnten sich Teile des Lorbeerurwaldes erhalten. Darüber bis in die Höhen wachsen Brezo (Baumerika) und Fayal sowie in der Strauchschicht die seltene kanarische Glockenblume (→ S. 188/189). Selbstverständlich ergeben sich daraus Einschränkungen für die Besucher. Aber nur so kann auch in Zukunft ein wilder, romantischer Flecken ein interessantes Wandergebiet und Ausflugsziel für Naturliebhaber bleiben.

Besucherzentrum Cruz del Carmen

Mit der Schaffung des Naturparks *Parque rural de Anaga* ist hier ein Informationszentrum, das Centro de Visitantes am Cruz del Carmen, entstanden. Ein bunter Riesenkäfer aus Schrott prangt seit 2019 an der Fassade. Er soll an eine vom Aussterben bedrohte hiesige Käferart erinnern. Innen informieren Ausstellungen über die Bewohner und das besondere Ökosystem des Anagagebirges mit seinen Lorbeerwaldresten und der Fayal-Brezal-Zone. In der dort erhältlichen Hauptbroschüre *(folleto general)* finden Sie zudem eine Liste der empfohlenen Spazier- und Wanderwege und der Aussichtspunkte.

▪ Tägl. 9.30–16 Uhr, Juli–Sept. nur bis 15 Uhr, Eintritt frei. ✆ 922-633576, http://reservabiosfera.tenerife.es.

Die Dörfer

Die kleinen Bergdörfer **El Batán, Las Carboneras, Afur** und **La Cumbrilla,** die alle am Ende einer Stichstraße liegen, schmiegen sich inmitten von schmalen Terrassenfeldern malerisch an die Hänge des Gebirges. Es gibt keinen Ort, von dem aus man nicht einen großartigen Blick auf die umliegenden Schluchten hätte. **Chamorga** ist das letzte Dorf am Ende der Landstraße TF-12. Hier, wie auch in den meisten anderen Dörfern, findet man rustikale, einfache Lokale, in denen preiswerte kanarische Gerichte auf den Tisch kommen. **Chinamada** ist das letzte Höhlendorf des Anagagebirges. Die Bewohner leben nach wie vor in schmuck ausgebauten Berghöhlen. Man muss aber zweimal hinschauen, um den Unterschied zu einem herkömmlichen Haus zu erkennen, denn die Fronten sind wie mit Mauerwerk verkleidet, verputzt, gestrichen, mit Türen und Fenstern versehen und von Blumen umrankt. Aus dem Rahmen fällt leider ein neuer, ohne Gespür für die Umgebung gebauter, freistehender Komplex um die Kirche.

Taganana, das größte Dorf im Anagagebirge, erstreckt sich über mehrere Steilhänge. Das Zentrum wirkt pittoresk mit gepflasterten Gassen, Plaza, großer Kirche und der obligatorischen Bar. Die prächtige Kirche aus dem 17. Jh. beherbergt eine Kostbarkeit: ein Triptychon aus dem 16. Jh. im flämischen Stil. Taganana war bald nach der Eroberung Teneriffas durch die Spanier ein Zentrum des Zuckerrohranbaus. Aus dieser Zeit stammen auch seine für ein Bergdorf recht prächtigen Bauten. Nach dem Niedergang des Zuckerrohranbaus und auch des nachfolgenden Weinanbaus auf ganz Teneriffa versank das Dorf bis zu seinem Anschluss an das Straßennetz 1968 in einen Dornröschenschlaf. Heute werden hier Wein, Avocados und verschiedene Gemüse auf den umliegenden Terrassenfeldern angebaut.

Baden/Strände

Wenige Kilometer unterhalb von Taganana an der herrlichen, zerklüfteten Steilküste liegen mehrere Sandstrände. Bei ablaufendem Wasser sollten Sie jedoch am Ufer bleiben. Bei **Roque de las Bodegas** kann man nicht nur baden, sondern in den Fischlokalen am Strand auch sehr gut und preiswert essen.

Einige Kilometer weiter an der Küste liegt hinter den Häusern von **Almáciga** einer der größten Naturstrände Teneriffas, die **Playa de Benijo.** Der Strand ist bei Wellenreitern sehr beliebt, er hat aber eine für Schwimmer zu gefährliche Unterströmung. Geht man vom Hinweisschild ein Stückchen am Restaurant El Frontón vorbei, zweigt ein ausgeschilderter Wanderweg nach links ab. Über ihn kann in gut 30 Min. das Örtchen **El Draguillo** erreicht werden.

Eine Beschreibung von **San Andrés** und seiner Umgebung an der Ostküste des Anagagebirges finden Sie ab S. 34.

Playa del Roque de las Bodegas

Praktische Infos

Verbindungen Mit dem **Bus** ab Santa Cruz Linie 946, Taganana – Almáciga über San Andrés, wenige Abfahrten; Linie 947 nach Punta de Anaga/Chamorga, 3-mal täglich. Busse von La Laguna siehe dort.

Einkaufen In den Dörfern gibt es meist Miniläden, die die wenigen Menschen, die noch dort wohnen, mit den wichtigsten Lebensmitteln versorgen.

Übernachten/Essen Kein Hotel, keine Pension, aber eine Herberge: **Albergue Montes de Anaga.** Am Hang der Cumbre hinter El Bailadero, ein fantastischer Blick in die Schluchten des Gebirges und auf das Meer ist damit garantiert. Naturfreunde können hier nicht nur übernachten, sondern auch eines der vielen Angebote von geführten Wanderungen über Biketouren bis zu Exkursionen und Veranstaltungen zu besonderen Themen der Natur des Anagagebirges wahrnehmen. Es gibt Doppel- und Mehrbettzimmer mit Gemeinschaftsduschen und -toiletten und eine Cafeteria. Bett im Mehrbettzimmer 20 €, DZ 40–45 €. ✆ 922-8232 25, www.alberguestenerife.net.

In den Bergdörfern El Batán, Chinamada und Las Carboneras gibt es **Bars,** in denen man auch gute kanarische Hausmannskost bekommt.

Restaurants mit typischen Speisen sind u. a. **Casa Carlos** am Mirador Cruz del Carmen, **La Cueva,** ein Höhlenrestaurant in Chinamada (Mo/Di geschlossen), und **Casa Álvares** im letzten Dorf Chamorga. Sehr gute **Fischrestaurants** findet man unterhalb des schönen Ortes Taganana an der Playa Roque de las Bodegas und am Ende der Straße in Almaciga.

Wanderung 8: Von Cruz del Carmen nach Punta del Hidalgo → S. 257
Durch den Barranco del Río, vorbei am Höhlendorf Chinamada

Wanderung 9: Auf alten Maultierpfaden → S. 259
Auf alten Maultiertreiberpfaden durch den Barranco del Río

Nationalpark Teide

Mondlandschaft – eine gängige Bezeichnung für Vulkangegenden. Doch auf kaum eine Landschaft der Welt trifft sie so zu wie auf den Parque Nacional del Teide. Seit 2007 ist der Nationalpark von der UNESCO als Weltnaturerbe anerkannt.

Erste Anlaufstellen:

- Von Norden kommend das **Besucherzentrum El Portillo.**
- Von Süden kommend das **Besucherzentrum Cañadas Blanca.**

Der Nationalpark bildet das Zentrum Teneriffas. Er umfasst ein ovales Gebiet von ca. 17 mal 14 Kilometern. 1954 wurde es zum Nationalpark erklärt. Die Grenzen werden außer im Norden durch eine bis zu 500 m hohe Bergkette gebildet.

Da es selbst die niedrigsten Zonen auf über 2000 Meter Höhe bringen, liegt der Nationalpark über allen anderen Regionen der Insel. Aus seiner Mitte ragt der 3718 m hohe Teide, der höchste Berg Spaniens und die höchste Erhebung im Atlantik. Es gibt fast weiße, brettflache Ebenen, goldfarbene, turmhohe Felsen, dunkle wilde Steinströme und in der Mitte den kegelförmigen Teide. Man hat hier das Gefühl, auf einer Insel auf der Insel, in einer anderen Welt oder eben auf dem Mond zu stehen.

Auffällig flache Zonen bilden die *Cañadas*, ehemalige Weidewege, nach denen diese Region auch benannt ist. Lavaströme verschiedener Vulkanausbrüche durchziehen als mehrere Meter hohe Brocken oder scharfkantige Felsen das Gebiet. An vielen Stellen ragen basaltische Gesteinsbrocken groß wie Kathedralen aus dem Grund.

Der Nationalpark ist jungvulkanisch und kann nicht als erloschen angesehen werden. Der letzte Ausbruch erfolgte erst 1909 außerhalb des Parks an der Südwestflanke der umschließenden Bergkette.

Besuch im Winter: Im Winter ist der Nationalpark besonders reizvoll, denn von Dezember bis März ist der Vulkan häufig schneebedeckt und kontrastiert intensiv mit seiner Umgebung.

Besuch im Frühjahr und Sommer: Im Mai/Juni beginnt die Blütezeit der Taginasten. Mit ihren winzigen Blüten bilden sie bis zu 3 m hohe, schmale, rote Kegel. Die besten Fotos macht man am Hang der Fortaleza (→ Wanderung 10). Im Mai/Juni blüht auch der endemische Teideginster, der weite Flächen des Nationalparks bedeckt.

Was anschauen?

Besucherzentrum El Portillo: Wie durch einen aktiven Vulkanschlot geht es hinein in Räume voller Informationen über Entstehung, Geologie, Flora und Fauna des Parks. → **S. 172**

Besucherzentrum Cañada Blanca: In dem neu eröffneten Besucherzentrum werden u. a. Lebensformen im Nationalpark vorgestellt – Pflanzen, Tiere und Menschen. → **S. 172**

Los Roques de García: Wie farbige Finger recken sich die Felsen in den Himmel, einige von Wind und Wetter glatt geschliffen. Von einem Aussichtsparkplatz überblickt man die Ebene Llano de Ucanca. → **Tour 5, S. 235**

Was unternehmen?

Auf den Teide wandern oder gondeln: Ein fantastischer Blick über Teneriffa bis zu den Nachbarinseln ist garantiert. Je nach Zeit und Kondition kann man den Teide und seinen Gipfel mit der Seilbahn oder zu Fuß oder mit einer Kombination aus beidem erobern. → **S. 173**

Sterne gucken: Im Observatorium des Instituto Astrofísica de Canarias auf dem Berg Izaña lässt sich der subtropische Sternenhimmel betrachten. Die besonders saubere Luft auf den Höhen sorgt für einen traumhaften Blick. Es liegt ein wenig außerhalb der Nationalparkgrenzen. → **S. 173**

Wo wandern?

Es gibt die Möglichkeit, an geführten Wanderungen durch den Nationalpark teilzunehmen (→ S. 121). Außerdem finden Sie im Wanderteil dieses Buches zwei Touren durch den Nationalpark:

Durch die blühende Halbwüste zur Fortaleza (Tafelberg): Einer der schönsten Wege durch den Nationalpark, zumindest zur Blütezeit der botanischen Raritäten, der roten Wildpret-Natternköpfe (Tajinaste rojo). Den herrlichen Blick auf den Teide gibt es zu jeder Jahreszeit. → **Wanderung 10, S. 261**

In den Siete Cañadas: Auf sieben flachen Weidewegen geht es an der Südostflanke der Bergkette entlang, die den Nationalpark umgibt. Die Tour führt als Streckenwanderung vom Besucherzentrum El Portillo zum Hotel Parador. → **Wanderung 11, S. 263**

Was und wo essen?

Im **Hotel Parador** kann man je nach Gusto anspruchsvoll im Restaurant oder einfacher in der Cafeteria essen und trinken. Prinzipiell empfehlenswert ist auch das **Restaurant El Portillo** an der gleichnamigen Busstation, das bei Redaktionsschluss allerdings geschlossen war. → **S. 177**

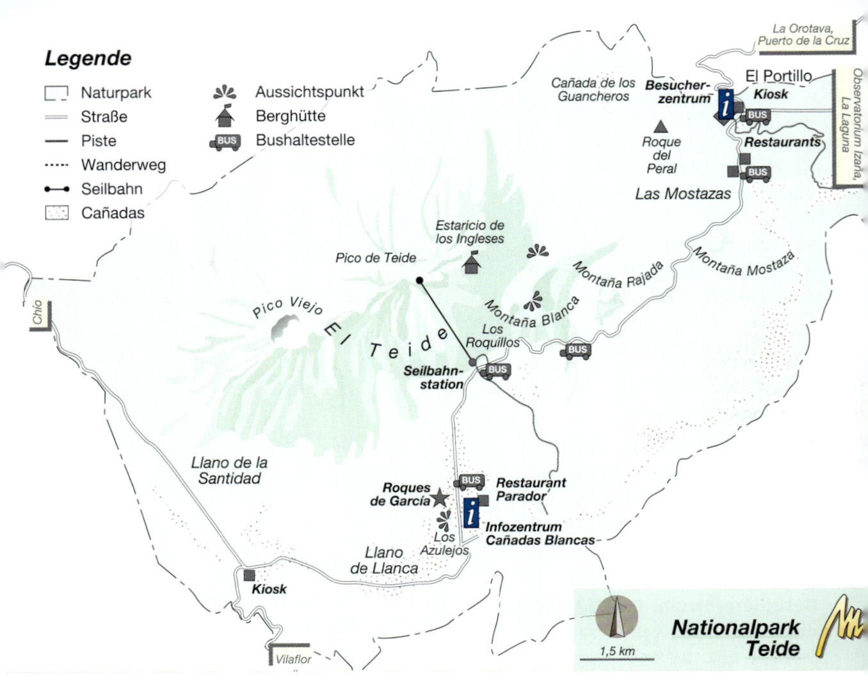

Die Besucherzentren

Informationsmaterial und Hinweise zum Besuch des Park erhalten Sie in den Besucherzentren El Portillo und La Cañada Blanca sowie an den Kiosken bei den Minas de San José und der Felsengruppe Roques de García.

Centro de Visitantes El Portillo: Das Besucher- und Informationszentrum El Portillo liegt kurz hinter dem Nordzugang des Nationalparks. Gleich hinter dem Eingang tritt man in einen nachgebildeten Vulkantunnel, in dem es wie bei einem Ausbruch rumpelt und glühende Lavaflüsse optisch simuliert werden. In weiteren Abteilungen werden Klima, Geologie, Fauna und Flora im Nationalpark erläutert. Bei einer siebenminütigen Filmvorführung (auch auf Deutsch) erhält der Besucher Einblicke in die Entstehung des kanarischen Archipels und des Nationalparks. Neben dem Gebäude liegt ein frei zugänglicher botanischer Garten mit Informationen zu den Pflanzen, die nur hier und unter den besonderen klimatischen Bedingungen gedeihen.

▪ Das Besucherzentrum ist tägl. (außer 25. Dez. und 1. Jan.) 9–16 Uhr geöffnet.

Centro de Visitantes Cañada Blanca: Das erst 2022 eröffnete Besucherzentrum liegt direkt neben dem Hotel Parador gegenüber der Felsengruppe Los Roques de García. Schwerpunktthema sind die „Lebensformen im Nationalpark: Pflanzen, Tiere, Menschen“. Eine Bilderausstellung mit visuellen Effekten wie Zeitrafferanimation und Sternenhimmelsimulation bringt dem Besucher auf zwei Etagen das Naturschauspiel Las Canadas del Teide in lebendiger Art und Weise näher. Eine Filmvorführung (15 Min.) findet halbstündlich im Erdgeschoss statt (zurzeit nur auf Spanisch).

▪ Ebenfalls tägl. (außer 25. Dez. und 1. Jan.) 9–16 Uhr geöffnet.

Centro de Visitantes Telesforo Bravo: Besucherzentrum außerhalb des Nationalparks in La Orotava, → S. 130.

Gute Aussichten für Sterngucker

Eines der größten Observatorien der Welt, das **Instituto Astrofísica de Canarias,** ein Gemeinschaftswerk mehrerer europäischer Staaten, ragt in der Nähe von El Portillo auf dem Bergrücken Izaña wie eine weiße Burg in den blauen Himmel. Dieser Standort wurde wegen seiner extrem sauberen Luft und der besonderen nächtlichen Dunkelheit – mangels Lichtquellen – ausgewählt.

Nach Voranmeldung kann das Observatorium besichtigt werden, es gibt dafür verschiedene Programme, die Beobachtungen einschließen. Infos unter **www.astroamigos.com** (auch auf Deutsch). Auch **Volcano Teide experience** hat zwei Angebote zum Thema: 1. Sternenbeobachtungen mit professionellem Führer und Teleskopen und 2. Besuch der Sternwarte. Mehr Infos und Reservierung unter www.volcanoteide.com.

Auf den Teide

Werden Sie zum Gipfelstürmer! Morgens noch im Atlantik baden und mittags im Hochgebirge auf 3718 m Höhe stehen, diese Möglichkeiten gibt es nur auf Teneriffa. Vom Gipfel des Teide ist der Blick selbstverständlich fantastisch. Nicht nur der Nationalpark lässt sich überblicken, sondern bei klarer Sicht die gesamte Insel mit allen Einzelheiten – Häfen, Gebäuden, Wäldern. Selbst Alexander von Humboldt war verzückt. Wenn Sie den Blick von Teneriffa lösen, überblicken Sie weite Teile des Archipels, Gomera und El Hierro im Westen, La Palma im Norden und Gran Canaria im Südosten. Sie können den Gipfel erwandern oder mit der Seilbahn bis kurz vor dem Gipfel hochgondeln.

Mit der Seilbahn

Bei windstiller und eisfreier Wetterlage fährt die Seilbahn *(teleférico)* vom Fuß des Teide bis zur Rambleta, der Stufe unterhalb der Spitze des Teide auf 3550 m. Die Spitze selbst ist nur für 200 Besucher täglich mit Berechtigungsschein *(permiso)* begehbar. Wie Sie einen Berechtigungsschein bekommen, lesen Sie unter „Aufstieg von der Rambleta auf den Gipfel“. Besucher können aber auch von der Rambleta fantastische Blicke auf Teneriffa und die umliegenden Kanarischen Inseln genießen. Mehrere Wege führen unterhalb der Spitze um den Berg. Von einer Reihe von Aussichtspunkten haben Sie weite Ausblicke, auch ohne auf die Spitze geklettert zu sein.

▪ Die erste Bahn fährt um 9 Uhr ab Talstation hinauf, die letzte um 16 bzw. 17 Uhr im Sommer ab Rambleta wieder abwärts. Hin und zurück pro Pers. 38 €, Kinder bis 14 J. die Hälfte. Die Tickets sollten immer vorgebucht werden, online oder in den autorisierten Vorverkaufsstellen. Der Onlineverkauf der Tickets erfolgt über **www.volcanoteide.com.** Ausdruck oder Bestätigung mitbringen. Das Komplettpaket inkl. Transfer ab Urlaubsort und Seilbahn-Ticket kostet pro Person 67 €, möchte man geführt auf den Gipfel hinauf, kostet es 110 € pro Person (große Gruppen in mehreren Sprachen).

Im April blüht der Nationalpark in den schönsten Farben

> **Hinweis:** Die Zufahrt zur Seilbahn und der dortige Parkplatz schließen um 18 Uhr. Wenn man die letzte Seilbahn verpasst hat und zu Fuß absteigen muss – wie es Lesern passiert ist –, kommt man nicht an sein Auto. Wer spät kommt und auf Nummer sicher gehen möchte, sollte den Parkplatz unterhalb neben der Zufahrt direkt an der TF-21 nehmen.

Aufstieg von der Rambleta auf den Gipfel

Für diesen Weg auf die Spitze Teneriffas brauchen Sie einen besonderen **Erlaubnisschein** *(permiso)*. Unter www.volcanoteide.com finden Sie den Link (Erklärungen auch auf Deutsch). Denken Sie frühzeitig (d. h. vor Reiseantritt) daran. Die Besucherzahl ist auf 200 Personen pro Tag begrenzt. Die Plätze sind mittlerweile bis zu drei Monate vorher ausgebucht.

Wanderer, die in der Berghütte Altavista übernachten und vor 9 Uhr zum Pico del Teide aufsteigen, benötigen keine Genehmigung. Wegen der großen Höhenunterschiede sollten Menschen mit Herz-, Kreislauf- und Lungenproblemen vorab vorsichtshalber einen Arzt fragen, ob die Tour für sie infrage kommt.

Die klassische Route zu Fuß

Eine Gipfelbesteigung ist nur konditionsstarken, gesunden Wanderern zu empfehlen. Gestartet wird üblicherweise an der Montaña Blanca. Der Aufstieg geht dann bis zur Berghütte Altavista unterhalb des Gipfels auf 3270 m (→ S. 176). In den Morgenstunden beginnt von dort der Aufstieg zum Gipfel. Eine genaue Beschreibung der Tour und die Voraussetzungen dafür finden Sie in dem auf S. 224 genannten Wanderführer von Marion Helbig.

Wandern im Nationalpark

Der Nationalpark ist eines der interessantesten Wandergebiete überhaupt. Die Kombination von hochalpiner Landschaft (immer über 2000 Höhenmetern) und jungvulkanischen Gesteinsformationen mit allgegenwärtigen, bizarren Lavaflüssen und weißen Aschefeldern und dazu dem ständigen

Blick auf den höchsten Berg Spaniens ist einmalig. Hinzu kommt noch die außergewöhnliche Vegetation.

Die Nationalparkverwaltung hat ein Informationsblatt mit einer Karte zum Wegenetz herausgegeben. Sie erhalten es an den Kiosken an den Parkzugängen, am Infozentrum neben dem Parador sowie im Besucherzentrum El Portillo. Sie können die Wanderungen auch ohne Führung in einer privaten Gruppe machen. Allein sollten Sie aber niemals gehen!

Zwei Wegbeschreibungen von Touren im Nationalpark finden Sie im „Kleinen Wanderführer“ dieses Buches (Wanderungen 10 und 11). Mehr Wege, auch die Gipfelbesteigung ab Montaña Blanca, finden Sie in dem auf S. 224 genannten Wanderführer von Marion Helbig.

Wanderung 10: Halbwüste mit Blütenpracht → S. 261
Einfacher Weg durch die fantastische Landschaft mit Blick auf den Teide

Wanderung 11: Siete Cañadas → S. 263
Blütenreicher Weg vorbei an Basaltkathedralen und Lavaflüssen

Hinweise zum Besuch des Nationalparks

Bei Ihrem Ausflug in die Cañadas beachten Sie bitte, dass es dort oben zwar fast immer wolkenlos ist, aber ein empfindlich kalter Wind blasen kann. Die Tagestemperaturen können im Winter unter dem Gefrierpunkt liegen, in der Sonne allerdings ist es erheblich wärmer. Wer in den Las Cañadas wandern möchte oder auf den Teidegipfel will, egal ob zu Fuß oder per Seilbahn, sollte auf jeden Fall warme und winddichte Kleidung mitnehmen. Außerdem benötigt man entsprechenden Sonnenschurz für den Kopf und die Augen.

Selbstverständlich sollte sein, dass Sie:

keine Steine und Pflanzen mitnehmen,
auf den Straßen und Wegen bleiben,
keinen Müll liegen lassen,
die Felsen nicht mit Herzchen oder Grüßen bekritzeln,
kein Feuer machen,
nicht zelten oder frei übernachten.

Naturschutz im Nationalpark

Zum Schutz der Landschaft, der Tiere und Pflanzen des Nationalparks sind große Flächen des Geländes für die Öffentlichkeit gesperrt. Frei zugänglich sind die Straße, die Wanderwege, Aussichtsplätze und Raststellen. Dennoch brachen in den letzten Jahren die Auseinandersetzungen zwischen den Naturschützern und der Parkverwaltung um den Nationalpark nicht ab. Insbesondere die Jäger sind ein dicker Stachel im Fleisch der Umweltgruppen. Nicht nur, dass immer wieder geschützte Tiere vor die Flinten geraten, schlimmer noch ist die Tatsache, dass man in den fünfziger Jahren Mufflons aus Nordafrika im Gebiet des Nationalparks ausgesetzt hat, weil es auf den Kanaren kein interessantes Jagdwild gab. Die Mähnenschafe gehören nicht in die empfindliche Ökologie des Gebietes und rupfen ohne Unterschied geschützte wie ungeschützte Pflanzen.

Praktische Infos

Organisierte Touren **Volcano Teide experience** hat vielfältige Angebote im Programm – vom einfachen Ausflug in den Nationalpark bis zum Teideaufstieg. Die Gruppengröße ist allerdings meist hoch. In den Büros der Touristeninformation liegen Faltblätter dazu aus. Mehr Infos unter www.volcanoteide.com. Wer eher individuelle Touren bevorzugt, sollte sich besser an einen kleineren Veranstalter vor Ort wenden (→ S. 121).

Anfahrt/Verbindungen **Mit Pkw, Motorrad oder Fahrrad** ist die Anfahrt über fünf Zugänge möglich: von Norden über die TF-21 von La Orotava, von Nordosten über die TF-24 ab La Laguna und La Esperanza, von Osten ab Guimar oder Arafo über die TF-523, von Süden über die TF-21 über Vilaflor, von Westen über die TF-38 von Chio.

Die Straße durch den Nationalpark ist in sehr gutem Zustand. An mehreren Punkten befinden sich Parkplätze und Aussichtspunkte, von denen aus Sie die Landschaft in Ruhe anschauen können. **Achtung:** Lassen Sie an den Aussichtspunkten grundsätzlich keine Wertsachen offen im Auto liegen!

Mit dem Bus: Linie 342, 1-mal täglich 9.15 Uhr ab Costa Adeje/Los Cristianos über Vilaflor, Parador, Seilbahn, Besucherzentrum, Endstation Bar El Portillo. Fahrtdauer ca. 2 Stunden. Zurück um 15.15 Uhr ab Bar El Portillo.

Linie 348, 1-mal täglich 9.15 Uhr ab Puerto de la Cruz über Aguamansa, Bar El Portillo, Parador. Fahrtdauer 2 Stunden, zurück nachmittags um 16 Uhr ab Parador.

Bushaltestellen der Linie 342 im Nationalpark bzw. der Linie 348 in umgekehrter Reihenfolge: Parador – Teide/Seilbahn – Montaña Blanca/ Aufstieg zum Pico del Teide – Rest. Meson Teide – Bar El Portillo.

Für diese Fahrten ist das Bonoticket **ten +** nicht gültig. Einfache Fahrt aus dem Süden 8,05 €, ab Puerto de la Cruz 6,20 €.

Erfragen Sie unbedingt noch einmal die aktuellen Abfahrtszeiten. Die Busse sind die einzige Möglichkeit, mit öffentlichen Verkehrsmitteln zurückzukommen, und sie fahren absolut pünktlich.

Übernachten ***** Parador Las Cañadas del Teide,** elegantes Hotel der Paradorkette mit 40 Betten. Bequem eingerichtete Zimmer mit Bad, außerdem Außenpool, Restaurant und Cafeteria. Frühzeitige Reservierung sinnvoll. Parador de Las Cañadas del Teide, www.parador.es. **€€€€**

Berghütte Altavista, auf 3270 m Höhe, nur für Bergwanderer. 2007 renovierte, dennoch einfache Unterkunft mit 54 Betten in drei Schlafräumen. Für Kinder unter 8 J. nicht empfohlen. Im Preis enthalten sind ein Bett und eine Decke sowie die WC-Nutzung. Ggf. ist ein zusätzlicher eigener Schlafsack sinnvoll. Vor Ort können flüssige Nahrungsmittel aufgewärmt werden. Bei voller Belegung wird das Wasser

Noble Herberge: der Parador am Teide

knapp, Toiletten und Waschgelegenheiten sind dann geschlossen; es ist auch ratsam, für diesen Fall einen ausreichenden Trinkwasservorrat dabei zu haben. Die Hütte ist bei Schnee und schlechtem Wetter geschlossen, auch die Nothütte nebenan ist nicht immer geöffnet. Reservierung und weitere Information auf Deutsch im Internet auf www.volcanoteide.com. Übernachtungspreis 25 €.

Essen & Trinken Neben dem **Hotel Parador** gibt es eine Cafeteria. Im Hotel erhält man kleine Gerichte an der Bar, und es gibt auch ein sehr gutes, allerdings auch entsprechend teures Restaurant (tägl. 10–22 Uhr).

An der Busstation **El Portillo** finden Sie das gleichnamige Restaurant, in dem Sie gut bedient werden (bei Redaktionsschluss zu dieser Auflage allerdings geschlossen).

Natur und Landschaft

Die Geologie

Vermutlich entstand dieses Gebiet erst vor 300.000 Jahren und ist damit erheblich jünger als alle anderen Zonen der Insel. Es schloss die Lücke zwischen drei kleineren Inseln im Atlantik und bildete damit erst Teneriffa in seinen jetzigen Ausmaßen. Wie der Gebirgsring genau entstanden ist, darüber gehen die Meinungen der Experten auseinander. Eine Gruppe vertritt die Auffassung, er sei allein ein Werk von Erosion und Erdrutschen, eine andere favorisiert die These, es handele sich um zwei nebeneinander liegende Einsturzkrater, deren Grenzen durch die Felsen Los Roques de García gebildet würden. Einsturzkrater entstehen immer dann, wenn ein Vulkankegel in einer gewaltigen Explosion leer geschossen wird und die äußere Hülle danach in sich zusammenfällt.

Der Teide selbst ist noch wesentlich jünger als das Gebiet, das ihn umgibt, er wird der Gegenwart zugerechnet. Er ist ein Schicht- oder Stufenvulkan, d. h. seine heutige Form entstand durch mehrere Ausbrüche aus ein- und demselben Schlot. Der Vulkan wuchs bei jedem Ausbruch ein bisschen höher. Die verschiedenen Stufen lassen sich mühelos erkennen. Die heutige Spitze El Pilón entstand möglicherweise 1492. Als Kolumbus auf seiner ersten Atlantiküberquerung Teneriffa passierte, soll die Spitze des Berges Feuer gespuckt haben. Der Krater des Pilón hat 80 m Durchmesser und ist damit ein eher kleiner Vulkankrater. An seinen Hängen gibt es noch sog. Restaktivitäten, schwefelhaltige Ausdünstungen von bis zu 86 °C.

Durch einen Nebenschlot am Westhang des Teide brach 1798 der Chaorro aus und bildete deutlich sichtbare Öffnungen unterhalb des Kraters Pico Viejo (3102 m). Sie werden *Las Narices del Teide*, Nasenlöcher des Teide, genannt. Von der Montaña Blanca aus sieht man die *Huevos del Teide*, Teideeier, Steinkugeln von mehreren Metern Durchmesser, die bei einer Explosion aus dem Schlund geschleudert wurden und am Hang liegen geblieben sind.

Im Nationalpark lassen sich die unterschiedlichsten Zusammensetzungen der Lava und unterschiedliche Ausbruchsformen erkennen: Lapilliberge wie die Montaña Blanca oder verschiedenfarbige Brocken- und Schollenlavaflüsse, durch die sich die Straße schneidet.

Die Flora – zarte Überlebenskünstler

Die Flora des Nationalparks ist für Botaniker nicht weniger bedeutend als die Gesteine für Geologen. Die jüngeren Lavaflüsse heißen auf den Kanaren *malpaís* (schlechtes Land), auf ihnen können noch keine Pflanzen gedeihen. Die anderen vulkanischen Zonen dage-

Nationalpark Teide → Karte S. 172

gen sind reich mit Pflanzen bewachsen, die sich den extremen Bedingungen angepasst und dabei Formen und Techniken entwickelt haben, mit denen sie das extreme Klima, Tagestemperaturen von bis zu 40 °C und Nachttemperaturen bis zu 40 °C unter Null und weniger – so die Angaben der Parkverwaltung –, überleben. Es ist nicht verwunderlich, dass viele Pflanzen zu den Endemiten zählen, also zu Pflanzen, die nur an diesem Ort der Erde wachsen. Dazu gehören zum Beispiel der Teideginster, die *Tajinaste rojo* und das Teideveilchen. Nicht weniger interessant sind die *Hierba pajonera*, eine Besenrauke, deren halbkugelige Büsche gelb blühen und danach als strohige Sträucher stehen bleiben, und der Teidelack, ein Kreuzblütler mit roten, weißen und rosa Blüten an einem Zweig. Botanisch interessierte Besucher werden im Garten des Besucherzentrums auf ihre Kosten kommen.

Mitte Mai blühen die roten Natternköpfe im Nationalpark

Von der Ziegenweide zum Nationalpark

Schon bei den Guanchen, den Ureinwohnern, war das Gebiet des heutigen Nationalparks eine Sonderzone. Während alle anderen Bereiche Teneriffas zum Hoheitsgebiet eines der neun Stämme gehörten, war die Zone um den Teide Gemeinschaftsland. Sie diente allen gleichermaßen als Sommerweide für die Ziegenherden. Herden und Hirten blieben immer in den Ebenen unterhalb des Teide, der bei ihnen *Echeide* hieß: Die Ziegen blieben unten, weil es auf den Teidehängen kein Futter gab, und die Hirten blieben, weil das Innere des Teide in ihrer Mythologie die Hölle war. Bewohnt und bewacht wurde sie von *Guayote*, einem Dämon in Schakalgestalt, der Störungen mit Feuer und flüssiger Glut beantwortete. Genaue Daten über Ausbrüche des Teide liegen nicht vor, sicher ist allerdings, dass es während der Guanchenzeit zu mehreren Ausbrüchen kam.

Humboldt was here und Taxa auch

Zahlreiche Guanchen-Legenden ranken sich um Teneriffas Gipfel. Ein weiser Mann, ein *Zahori*, soll in einer Höhle an seinem Fuß gelebt und ihn mit Opfern besänftigt haben. Bis zum Pico, der Spitze, soll aber auch er nicht gegangen sein. Ebenso wenig die Guanchenjünglinge Orotaga und Taxa, die als Mutprobe eine Besteigung vereinbart hatten. Unterwegs begegnete ihnen der Guayote und kündigte einen Ausbruch an, sodass sie schleunigst umkehren mussten, um ihre Sippen zu warnen.

Auch in den folgenden Jahrhunderten waren Teidebesteigungen eher die Ausnahme. Alexander von Humboldt, der deutsche Naturforscher und Geograf, ließ sich 1799 davon nicht abhalten, auch nicht, als ihn auf halber Strecke die meisten der Träger und Führer seiner kleinen Karawane verlie-

Wolkenspiel im Nationalpark mit der Felsengruppe Roques de García

ßen. Er vermutete, dass sie selbst noch nicht oben gewesen waren und dass sie die Rache des Guayote genauso fürchteten wie Jahrhunderte zuvor die Guanchen. Aus seinem Bericht über den Blick vom Kraterrand:

„Dass auf der Spitze des Piks die Dörfchen, Weinberge und Gärten an der Küste einem so nahe gerückt scheinen, dazu trägt die Durchsichtigkeit der Luft viel bei. Trotz der bedeutenden Entfernung erkannten wir nicht nur die Häuser, die Baumstämme, das Takelwerk der Schiffe, wir sahen auch die Pflanzenwelt der Ebenen in den lebhaftesten Farben glänzen."

Die Durchsichtigkeit der Luft ist tatsächlich immer wieder verblüffend. Bewirkt wird sie durch die Reinheit und durch die extreme Trockenheit. Die Luft im Nationalpark ist frei von jeglicher Verschmutzung, ihre relative Feuchtigkeit beträgt im Sommer nur 25 %.

Buchtipp: Humboldts Aufzeichnungen finden Sie im Buch „Alexander von Humboldt – Seine Woche auf Teneriffa", → Literatur S. 224.

In Bronze gegossen und verewigt: der Botaniker Alexander von Humboldt

Nachlesen

& Nachschlagen

Wanderfreunde kommen im Nationalpark auf ihre Kosten

Die Landschaften Teneriffas

Wie auch immer man sich Teneriffa nähert, per Flugzeug oder mit dem Schiff, der oft schneebedeckte Gipfel des Teide kündigt die Insel schon von weitem an. Mit 3718 m ist er der höchste Berg Spaniens und die höchste Erhebung im Atlantik. Die ihn umkränzenden Passatwolken scheinen ihn über der Insel, die sich wie ein Koloss aus den blauen Wogen erhebt, schweben zu lassen.

Berge

Flugzeuge und Schiffe aus Europa steuern die Inseln von Norden an, und die Reisenden erhalten nach der Begegnung mit dem Teide Einblick in eine der interessantesten Landschaften Teneriffas, in das Anagagebirge. Zerklüftete Bergketten, tiefe Schluchten, grüne Steilhänge, winzige Terrassenfelder, von kleinen, an die Felsen geklebten Dörfern umgeben. Unmittelbar vor Santa Cruz erstreckt sich dann der goldene, von jeglicher Hotelanlage freie Las-Teresitas-Strand. Teneriffa zeigt seine Schokoladenseite für den Wanderfreund und Entdeckertyp.

An das Anagagebirge schließt sich der sanfter geformte Bergrücken der Cordillera Dorsal an. Er endet im Gebirgsring der Cañadas. Aus seiner Mitte erhebt sich der Teide, an den sich im Nordwesten das Tenogebirge anschließt. Mit einer wahrhaft gigantischen Steilküste endet die Insel im Nordwesten im Meer. Der Teide, dem nur wenige Meter zum Viertausender fehlen, ist zwar der höchste Berg der Insel, aber auch andere Gipfel erfordern schon etwas Kondition, wenn man sie bezwingen will. Ein knappes Dutzend von ihnen ist über 2000 m hoch. Im Anagagebirge und im Tenogebirge erreichen die Gipfel zwar „nur" 1000 m, sie deshalb aber als Mittelgebirge zu bezeichnen, wäre irreführend, denn die Eintausender erheben sich nicht langsam ansteigend aus Ebenen und Vorgebirgen, sondern von Normalnull aus dem Meer. Teneriffa ist ein Eldorado für Bergwanderer, erschließt aber viele Schönheiten auch bei langen Spaziergängen.

… und Täler

Fast sechzig Täler ziehen sich von den Bergen rund um die Insel zum Meer hin. Meist steile, enge Schluchten, in denen keine oder nur unter großen

Mühen Landwirtschaft betrieben werden kann. Für Wanderprofis sind sie umso verlockender.

Besonders schön ist das sanfte Orotavatal im Westen. Es galt lange Zeit als einer der schönsten Plätze der Welt. Hier hatten sich auch die Pioniere des Tourismus vor mehr als hundertzwanzig Jahren niedergelassen. Statt zu baden und in der Sonne zu liegen, lustwandelte man durch die wunderbare Landschaft und Gärten und konnte die gesunde, milde und würzige Luft genießen. So entwickelte sich Teneriffa zunächst zum Luftkurort und erst später zur Badeinsel.

Wälder

Zur gesunden Luft Teneriffas tragen nicht nur die Meeresluft und das ganzjährig milde Klima des viel zitierten ewigen Frühlings bei, sondern auch die Wälder. Sie machen 20 % der Inseloberfläche aus. Auch in der vielfältigen Flora zeigt sich, dass Teneriffa den Beinamen *Kontinent im Kleinen* zu Recht trägt. Die gewaltigen Höhenunterschiede und die unterschiedlichen Niederschlagsmengen haben eine so vielfältige Vegetation entstehen lassen, wie sie sonst nur auf einem ganzen Kontinent zu finden ist: Es gibt Urwälder mit Laubbäumen, Farnen und meterlangen Ranken im Anaga- und Tenogebirge und lichte Kiefernwälder auf den Höhen.

... und Wüsten

Im vollkommenen Gegensatz dazu steht die Vegetation in den wüstenhaften Landschaften des Südostens und den jungvulkanischen Zonen im Zentrum der Insel. Diese sind unabhängig von ihrer besonderen Flora eine weitere natürliche Attraktion Teneriffas. Am eindrucksvollsten lässt sich der Vulkanismus im Zentrum der Insel im Nationalpark del Teide erleben. Der Boden unter den Füßen ist am Gipfel noch heiß; Teneriffa gilt als vulkanisch aktiv. Beim letzten Ausbruch schickte der Chinyero 1909 seine Lavamassen die Westhänge hinunter.

Strände und Baden

Zu den landschaftlichen Höhepunkten im Inneren hat Teneriffa nicht zuletzt auch als Badeinsel einiges zu bieten. Das Atlantikwasser hat das ganze Jahr über Badetemperaturen. Die längsten Strände liegen im Osten und im Süden, aber auch an der West- und Nordküste gibt es schöne, geschützte und feinsandige Felsbuchten. Wo die Strandbuchten für den Tourismus nicht mehr ausreichten, entstanden reizvolle Meerwasserschwimmbäder wie die Costa Martiánez in Puerto de la Cruz.

Seichtes Badewasser findet man am Strand von Las Teresitas

Klima und Reisezeit

„Inseln des ewigen Frühlings" – seit ihrer Entdeckung sind die Kanaren unter diesem Namen bekannt. Tatsache ist, dass auf Teneriffa stetig frühsommerliche Temperaturen herrschen. Ebenso richtig ist aber auch, dass es in den Wintermonaten heftig schütten kann und dass kaum ein Sommer ohne zumindest drei heiße Tage, manchmal mit Stürmen aus der Sahara, vergeht.

Eine Insel, viele Klimazonen

Verantwortlich für das meist milde Klima ist der Passat. Über dem Äquator entstanden, ziehen seine Winde auf einer Runde über den Atlantik, nehmen dabei Feuchtigkeit und kühle Luft auf, was Teneriffa zugute kommt. Ohne den Passat und seine Wolken wäre es auf Teneriffa so heiß, trocken und unwirtlich wie 350 km weiter östlich in der Sahara.

Passatwolken ziehen ins Tenogebirge

Die Luftfeuchtigkeit kondensiert je nach Jahreszeit in Höhen von 600 bis 900 m (untere Höhe in den Wintermonaten) und 1200–1500 m (obere Höhe) zu Wolken. Stoßen diese auf ein Hindernis, geben sie ihre Feuchtigkeit als Niederschlag ab und versorgen ihre Umgebung mit Wasser. Solche Barrieren bilden die Berge. Sie haben Teneriffa zu einer der grünen, blumen- und waldreichen Inseln innerhalb des kanarischen Archipels werden lassen. Gebirgsketten wirken als Wetterscheiden.

Wer seine Urlaubswochen optimal nutzen will, sollte bedenken, dass die Insel verschiedene Klimazonen aufweist. Grobes Raster: Die Ostseite und der Süden sind sonnenreicher, trockener, aber auch karger als der vom Passat gesegnete Norden, ideal für Strand-und-Sonne-Urlauber. Der Norden liegt häufiger unter einer Wolkendecke, aus der es dann und wann auch regnen kann. Dafür ist er aber grüner und reich an Vegetation, ein herrliches Wandergebiet. Zwischen Oktober und April gibt es immer einige Tage, an denen atlantische Westwinde den Passat verdrängen und es deshalb vom Anagagebirge über Puerto de la Cruz bis nach Garachico richtig schüttet, während der Osten und Süden davon meist unbehelligt bleiben. Eine solche Regenperiode dauert aber nie länger als ein paar Tage. *Calima*, ein heißer Wind aus der Sahara, kann an einigen Tagen die Temperaturen in die Höhe treiben, im Sommer sogar auf über 40 °C, und feinen Wüstensand mitbringen, dann ist es sinnvoll, im kühleren Haus zu bleiben und nicht etwa Sport zu treiben.

Auch das sollten Sie bei der Auswahl Ihres Urlaubsortes bedenken: Die Höhenunterschiede bedingen auch Temperaturunterschiede. Als Faustregel mag gelten: 100 Höhenmeter bringen

	Santa Cruz				Monte Izaña (2371 m)			
	Ø Lufttemperatur (Min./Max. in °C)		Ø Niederschlag (in mm), Ø Tage mit Niederschlag ≥ 1 mm		Ø Lufttemperatur (Min./Max. in °C)		Ø Niederschlag (in mm), Ø Tage mit Niederschlag ≥ 1 mm	
Jan.	15,1	20,6	34	5	0,9	7,3	87	5
Febr.	15,1	20,9	36	4	1,4	8,2	64	4
März	15,6	21,7	29	4	2,0	9,3	66	4
April	16,2	22,3	14	3	3,0	11,2	26	3
Mai	17,5	23,7	4	1	5,4	14,0	14	1
Juni	19,0	25,7	1	0	9,4	18,4	1	0
Juli	20,8	28,3	0	0	13,4	22,5	0	0
Aug.	21,4	28,8	1	0	13,5	22,4	2	0
Sept.	21,3	27,9	6	1	10,0	18,2	15	2
Okt.	20,0	26,0	18	3	6,8	14,0	36	3
Nov.	18,1	23,9	27	4	4,2	10,7	50	4
Dez.	16,2	21,8	44	6	1,9	8,2	73	6
Jahr	**18,0**	**24,3**	**214**	**31**	**5,9**	**13,6**	**440**	**34**

Daten: Agencia Estatal de Meteorología (España)

1 Grad Celsius Unterschied. Auf 600 m Höhe ist es also 6 Grad kühler als auf Meereshöhe. Kein Wunder also, dass es auf dem Dach Teneriffas über 2000 m Höhe im Winter auch schneit. Von Dauer ist der Schnee aber nur auf dem Gipfel des Teide und in schattigen Ecken. Bei Calima wird es allerdings in den Höhen heißer als in Meeresnähe.

Reisezeiten

Teneriffa ist ein klassisches Ganzjahresreiseziel. Die Urlauberströme sind eher vom Wetter und den Ferienzeiten in Europa abhängig als vom eigenen Klima. Ein verregneter Sommer dort bringt volle Auftragsbücher für den Herbst auf den Kanaren. Hitzeglocke über dem spanischen Festland: Wer es sich leisten kann, verlebt den Sommer auf den angenehm temperierten Inseln.

Als Saison für die Mittel- und Nordeuropäer gilt November bis nach Ende der Osterferien. Spitzenzeiten sind die beiden Wochen um Weihnachten und Neujahr und die Karwoche. Aber auch im Juli und August sind fast alle Zimmer belegt. Flaue Zeiten im Urlaubergeschäft sind Mai/Juni und September/Oktober. In diesen Monaten sinken die Preise. So manches 3-Sterne-Hotel öffnet sich dann den Klassenfahrten, zu denen Spaniens Schüler traditionell vor den Sommerferien aufbrechen. Von einem hohen Lärmpegel ist dann auszugehen. Viele Einrichtungen nutzen diese Zeit aber auch, um Reparaturen und Runderneuerungen vorzunehmen.

Für Naturliebhaber ist Teneriffa im Frühling am schönsten. Dann ist es selten zu warm zum Wandern, und in den Wäldern, Bergen und auf den Wiesen blühen die Wildpflanzen: ab Januar der weiße Ginster im Tenogebirge, im Februar der Mohn, ab März viele Wildblumen und ab Mai die riesigen roten Taginasten in den Cañadas. Der Teideginster fängt erst im Sommer an zu blühen und entfaltet sich im Juli zu seiner vollen, duftenden Schönheit. Die Obstbaumblüte beginnt früher, die ersten Mandelblüten sieht man schon im Dezember, die ganze rosa Pracht im Januar.

Teneriffas Vulkane

Teneriffas höchster Gipfel stößt zwar keine Rauchsäulen mehr aus, aber sein Kraterschlund ist deutlich zu erkennen. Verglichen mit anderen Erhebungen Teneriffas bildet der Teide zwar das höchste, gleichzeitig aber auch das jüngste Massiv. Vermutlich wird es noch wachsen, während andere schon kräftig abgebaut haben. Dennoch haben alle Berge eine große Gemeinsamkeit: Sie sind vulkanischen Ursprungs.

Insel aus Feuer und Wasser

Das Baumaterial für die Vulkane kommt aus dem Erdinneren. Dort stößt mehr als 1000 Grad heißes, flüssiges Magma von explosiven Gasen getrieben nach oben durch die Erdkruste und sucht sich einen Weg, den Schlot, um nach außen zu gelangen. Auf den Kanaren war dies zuletzt 1971 mit dem Ausbruch des Vulkans Teneguía auf der Nachbarinsel La Palma der Fall.

Über die genaue Ursache der Entstehung der Inseln an dieser Stelle gibt es noch den einen oder anderen Expertenstreit. Einige meinen, unterhalb der Kanaren gäbe es im Erdmantel einen besonders heißen Punkt, einen „hot spot", und der sei verantwortlich für die Entstehung des Archipels, andere sehen die Kanaren als eine Folge des Bruchs und Auseinanderdriftens der Kontinentplatte, die einmal Europa, Afrika und Amerika bildete. So oder so, die erkalteten Magmamassen bildeten einen Sockel, auf dem durch zahllose Ausbrüche aus immer denselben Schloten Schicht über Schicht die Inseln entstanden. Bei Erdbeben auf dem Meeresgrund wurde von unten nachgeschoben. Einige Gebiete, die heute mehrere hundert Meter über dem Meeresspiegel liegen, sind unter Wasser entstanden.

Die Geologen gehen davon aus, dass nur 8,5 % des Inselvolumens über den Meeresspiegel ragt. Rechnet man den Teil hinzu, der unter der Wasseroberfläche liegt, so misst Teneriffa nahezu 7000 Meter Höhe.

Am Anfang waren es drei Inseln

Teneriffa entstand nicht von Anfang an als eine Insel. Vor 5–7 Millionen Jahren lugten an ihrer Stelle drei Inseln aus dem Wasser: das Anagagebirge im Norden, das Tenogebirge im Nordwesten und eine Berggruppe im Süden zwischen Adeje und Arona. Die Zeit hat sie in gleicher Weise gestaltet. Spitze Gesteinsnadeln und Kegel entstanden und tief eingeschnittene Schluchten, die Barrancos. Die weicheren Gesteine, Tuffe, die in anderen Gegenden, z. B. um El Médano herum, das Landschaftsbild bestimmen, wurden von Wind und Wetter fort getragen. Geblieben sind die harten Laven aus Trachyt, Phonolith und Basalt.

Der Mittelteil Teneriffas, die Cañadas und die Cordillera Dorsal, entstand erst einige Millionen Jahre später. Diese Bergrücken füllten die Lücken zwischen den drei kleinen Inseln und ließen so Teneriffa zusammenwachsen. Vermutlich standen an der Stelle des jetzigen Nationalparks Teide zwei viel höhere Vulkane, die bei einer gewaltigen Explosion zusammenstürzten. Reste ihres Kraterrandes blieben als Gebirgsring stehen. In seiner Mitte schichtete sich der Teide in mehreren Ausbrüchen auf. Älter als 200.000–300.000 Jahre ist er keinesfalls.

Letzter Ausbruch: 1909

Seinen letzten Ausbruch hatte der Teide 1798 am *Pico viejo* in 2500 m Höhe. Der Teide gilt als noch tätiger Vulkan, auch wenn sein Krater von innen wie eine sanfte Almwiese wirkt. Es gibt auch andere aktive Schlote in diesem

Vulkanmassiv. 1706 begrub ein Lavafluss die Stadt Garachico unter sich. 1909 fand der letzte Ausbruch in der Nähe des Teide am westlichen äußeren Rand des Gebirgsringes statt. Seit der Eroberung der Kanaren durch die Spanier werden die Eruptionen erfasst. Fünfmal spuckte es in den letzten 500 Jahren auf Teneriffa Feuer.

Cueva del viento – Abstieg in die Unterwelt

Zu den drei oder vier längsten Vulkanröhrensystemen der Welt mit Höhlen und Galerien auf mehreren Ebenen gehört die Cueva del Viento oberhalb von Icod de los Vinos. 37 km sind bisher erforscht, knapp 18 km sind zugänglich. Die Röhren entstanden bei einem Ausbruch des Pico Viejo, eines Seitenschlots des Teide, vor 27.000 Jahren. Nicht nur die Länge macht die Cueva del Viento zu einem Naturphänomen, ihre Entstehung und ihr Innenleben sind ebenso interessant: Bei einem Vulkanausbruch erkaltet und erstarrt zuerst die Lava an der Oberfläche. Innen läuft die flüssige Lava weiter ab, Tunnel und Höhlen entstehen. Die Höhlen sind warm, feucht und vollkommen dunkel, aber keinesfalls ohne Leben. Etwa 50 Insektenarten sind bereits gefunden worden, die meisten gibt es auch an anderen Stellen Teneriffas. Die in der Cueva del Viento aber sind blind, einige haben gar keine Augen mehr, groß sind hingegen Ohren und Fühler.

Ausführliche Informationen und eine Ausstellung gibt es im Besucherzentrum *(Centro de Visitantes)* oberhalb von Icod de los Vinos. Es bietet auch geführte Wanderungen in kleinen Gruppen an (Dauer ca. 2 Std., auch auf Deutsch). Voraussetzungen sind eine richtige Wanderausrüstung, vorherige Anmeldung und Zahlung des Beitrages per Kreditkarte (Erw. 20 €, Kinder zwischen 5 und 8,50 €).

▪ Information im Besucherzentrum im Ortsteil Los Piquetes, Calle los Piquetes 51, ausgeschildert. ✆ 922-474380, geöffnet Di–Sa 9–16.30 Uhr (außer am 24., 25., 31. Dezember und 1. und 6. Januar). Eintritt frei. Mehr und aktuelle Infos unter www.cuevadelviento.net.

Flora

Mehr als 1300 Pflanzenarten wurden auf Teneriffa katalogisiert, 320 davon als Endemiten – Pflanzen, die nur in dieser Region der Erde, dem Makaronesischen Raum, heimisch sind. Neben den Kanaren gehören die Azoren, Madeira und die Kapverdischen Inseln dazu. 130 Arten wachsen nur hier, manche nur in einer oder zwei Schluchten.

Die meisten Zierpflanzen in Parks und Gärten, auf den Plazas und Straßen, wie Hibiskus, Oleander und Bougainvillea, selbst die als typisch geltenden Strelitzien sind auf anderen Kontinenten beheimatet. Seeleute, heimkehrende Emigranten oder Botaniker brachten sie aus allen Teilen der Welt auf die Insel. Auf Teneriffa gedeiht nahezu jede Pflanze ohne Gewächshaus, deshalb sind hier die schönsten Blüten versammelt.

Bei 1300 Pflanzenarten sind Beinamen für Teneriffa aus dem Urlaubskatalog wie „die Blumenreiche“ oder „der Blumengarten“ sicher berechtigt. Wer aber auf dem internationalen Flughafen Teneriffa-Süd landet, findet Blüten allenfalls in angelegten und bewässerten Rabatten, denn ringsumher gibt es nur Geröll und Wüstenvegetation. Das geografische Gegenstück, der Norden, ist auch das klimatische und botanische Gegenstück: feucht und mit Wäldern bedeckt. Lorbeerwälder, Kiefernwälder, hochalpine, mit duftendem Ginster bedeckte Bergregionen und natürlich Palmen und Drachenbäume. Die heimischen Pflanzen haben sich im Laufe der Entwicklungsgeschichte den unterschiedlichen klimatischen Bedingungen angepasst. Jede Klimazone hat ihre eigene Vegetation.

Heimische Pflanzen in der Tiefenzone

Küstennah, heiß und wüstenhaft ist es hier, und damit nicht nur wärmer, sondern auch trockener als in den höher gelegenen Zonen, weil die Feuchtigkeit der Passatwolken sich selten unter 600–800 m niederschlägt. Um überleben zu können, müssen die hiesigen Pflanzen in der Lage sein, das Wasser, das sie durch den Tau oder einige wenige Regentropfen erhalten, optimal zu speichern. Große Blätter- und Blütenpracht verbieten sich da. Schmale Blätt-

Glockenblume

Fingerhut

chen, die manchmal Nadeln ähnlich sind, frühe Verholzung, harte Schalen und die Umwandlung des Wassers in einen dicken, weißen Saft, die Wolfsmilch, sind die Überlebenstechniken dieser Pflanzen. Im Süden, Osten und Westen findet man sie bis in Höhen von 800 m, im feuchteren Norden dagegen allenfalls bis in Höhen von 300 m.

Säuleneuphorbien (Wolfsmilchgewächs): In riesigen Säulengruppen recken diese Pflanzen ihre schmalen, fünfkantigen Arme nach oben. Sie sehen aus wie Kakteen, zumal sie kleine Stacheln haben, aber wer einen der Äste anritzt, wird feststellen, dass weiße, dicke Wolfsmilch austritt (Vorsicht: ätzend!).

Tabaiba (Wolfsmilchgewächs): Wie ein Minidrachenbaum wirkt diese Pflanze, die mit grünen Polstern ganze Landstriche überzieht. An dicken Ästen sitzen schmale Blätter, die sie im Sommer in den besonders trockenen Zonen abwirft. Im Frühjahr blüht sie gelb oder grün. Eine rot blühende Art findet man nur im Barranco del Infierno und im Tenogebirge.

Feigenkaktus (Opuntie): Aus Mexiko stammend, ist er zwar keine heimische Pflanze im eigentlichen Sinn, ist aber allgegenwärtig: Seine wie Hasenohren aussehenden, ovalen Blätter lugen überall in Küstennähe über Mauern und Felsen. Die essbaren Früchte sind ab August reif, sie schmecken ein wenig wie Kiwi, sind aber extrem stachelig. Viele Feigenkakteen haben einen weißlichen Belag mit schwarzen Punkten, Koschenilleläuse und ihre Gelege. Aus dieser Laus wurde früher begehrter scharlachroter Farbstoff gewonnen. Die Opuntien sind ihr einziger Lebensraum und deshalb wurden sie angepflanzt.

... in der mittleren Zone

Hier wandelt sich die Vegetation je nach Lage zum Passat. Hier wachsen Lorbeer- und Pinienwälder und daneben zwei kanarische Wahrzeichen, der **Drachenbaum** (→ S. 137) und die **Kanarische Palme,** die es beide warm und mäßig trocken bevorzugen. Ihre Lieblingsstandorte liegen bei 300–800 m an der Nordwestküste.

Kiefernwälder: Im mit Feuchtigkeit wenig verwöhnten Süden, Südwesten und Osten wachsen ab ca. 800 m die ersten Pinien, die sich auf ca. 1000 Metern Höhe zu großen Pinienwäldern zusammenschließen und bis dicht unter den Gebirgsring der Cañadas reichen. Ihre Nadeln machen den Boden sauer und damit anderen Pflanzen das Überleben schwer.

Passionsblume

Drachenbaum

Kanarische Kiefer: Die einheimische Kiefer ist der wichtigste und am häufigsten vorkommende Baum der Insel. Ihre Krone ist breiter als die nordeuropäischer Kiefernarten. Das und die bis zu 30 cm langen Nadeln helfen ihr, den vorbeiziehenden Wolken die Feuchtigkeit zu entziehen. Sie versorgt nicht nur sich selbst mit Wasser, sondern auch ihre Umgebung und füllt sogar das Grundwasser auf. Die vielfach geschichtete Rinde verhindert, dass die Flammen der häufigen Waldbrände in das Innere des Stammes vordringen und den Baum verbrennen. Die größten und dicksten Kiefern finden sich oberhalb von Vilaflor – sie sind fast 30 m hoch, mit einem Stammumfang von 9 m.

Zistrosen: Der Waldboden unter den Kiefern ist oft flächendeckend von Zistrosenbüschen besiedelt. Die meiste Zeit des Jahres wirken sie unattraktiv – trockenes, niedriges Buschwerk, dessen raue Blätter an Salbei erinnern. Ab April aber verwandeln ihre zartrosa Blüten den Boden in ein pastellfarbenes Meer.

Subtropische Lorbeerurwälder: Feucht und warm sind ihre Standorte. Raubbau über die Jahrhunderte hinweg hat ihre Bestände auf kleine Gebiete an den Nordseiten des Teno- und Anagagebirge dezimiert.

Lorbeerbäume: Ausgewachsene Exemplare von 20–30 m Höhe stehen auf Teneriffa nur noch an wenigen Plätzen. Vier Lorbeerbaumarten sind heimisch: *Kanaren-Lorbeer* – seine duftenden Blätter eignen sich zum Würzen von Suppen und Soßen; *Stinklorbeer* – seine Früchte gleichen schwarzen Eicheln; *Indische Persea* – mit besonders großen Blättern; *Barbusano* – zu erkennen an seinen hellroten jungen Blättern.

Boden- und Strauchschicht: Der Waldboden ist mit *Farnen, Veilchen, Vergissmeinnicht, Efeu, Holunder* und anderen aus deutschen Landen bekannten Arten bewachsen. Besonders attraktiv sind die rote *Kanarische Glockenblume* und der orangerote *Kanaren-Fingerhut.*

Baum-Heide (Brezo): Sie wächst oberhalb der Lorbeerwälder. Was als Erika in der Lüneburger Heide kaum über den Fußknöchel reicht, misst als kanarischer Verwandter hier bis zu 15 m und blüht im Frühjahr weiß, die kanarenendemische **Besen-Heide** dagegen rot.

Gagelbaum (Faya): Ein beständiger Nachbar der Baumheide ist dieser an seinen dunklen, glänzenden Blättern zu erkennende Baum.

… in der Halbwüste im Hochgebirge

Diese Kombination trifft man auf der Welt selten, wohl aber im Teide-Nationalpark. Extreme Temperaturschwankungen mit Frost, dazu noch Trockenheit, das halten nur wenige Pflanzen aus. Dennoch grünt und blüht es auf den über 2000 m hoch gelegenen Ebenen um den Teide herum.

Teiderauke (Pajonero de cumbre): Bereits im April fällt dieser kugelbuschartige Halbstrauch durch seine leuchtend goldgelben Blüten auf.

Teideginster (Retama): Die riesigen grünen Büsche mit ihren starren Zweigen bedecken weite Flächen der jungen Lava. Sie blühen ab Mai in den Cañadas weiß und rosa.

Wildpret-Natternkopf (Tajinaste rojo): Die Pflanze ist ausschließlich im Gebiet der Cañadas bis nach Vilaflor beheimatet, hält sich allerdings auch in einigen Gartenanlagen unterhalb der Hochgebirgszone. Ihre bis zu 2,5 m hohen kerzenartigen Ständer tragen von Mitte Mai bis Ende Juni zigtausend kleine rote Blüten.

Teideveilchen: Ausschließlich an den Bimssteinhängen des Teide auf über 2600 m wächst einsam und allein dieses kleine, an blaue Stiefmütterchen erinnernde Veilchen.

> Es gibt zahlreiche **Bücher** über die Pflanzenwelt der Kanaren und speziell Teneriffas (→ Kapitel Literatur, S. 224).

Obst und Gemüse

Auf Teneriffa wächst fast alles, fast immer, jedenfalls ist immer irgendeine Frucht reif. In der subtropischen Wärme in Meeresnähe wachsen mit reichlich Bewässerung auch tropische Früchte.

Ab 400 m gleichen die Temperaturen dem Frühling und den milden Sommern am Mittelmeer. Über 800 m wird es dann mitteleuropäisch, allerdings ohne kühle, frostige Winter. Bis in die 1960er-Jahre war der Agrarexport die Haupteinnahmequelle, bis zum gleichen Zeitraum waren die Insulaner Selbstversorger. Beides hat sich gründlich geändert, viele Felder sind aufgegeben worden. Die Landwirtschaft verlagerte sich in die warmen Zonen, in denen mit der entsprechenden Bewässerung vor allem **Bananen** für den Export gedeihen. Im Norden und Westen ziehen sich die mit Bananenstauden bepflanzten Terrassen von Meereshöhe bis auf rund 300 m. Die Früchte kennen keine Jahreszeit; jede Pflanze trägt einmal einen Fruchtstrang in zwei Jahren. Die typischen kanarischen Bananen sind kleiner als die leuchtend gelben Verwandten aus Mittelamerika – und sie sind wesentlich aromatischer. Allerdings werden seit einigen Jahren auch größere Sorten gepflanzt, weil der Markt es angeblich verlangt.

Zwischen den Bananenstauden, manchmal auch als eigene Pflanzung, findet man immer wieder **Papaya-** und **Mangobäume.**

Oberhalb von 400 m wachsen dann allen voran **Zitronen** und **Apfelsinen, Pfirsiche** und **Aprikosen, Guaven** mit ihrer gelb-schrumpeligen Schale, **Baumtomaten** und **Mispeln,** hier „Nisperos" genannt. Sie sind als erste Früchte im Frühjahr ab Februar reif. **Feigen** reifen ab August ebenso wie die Früchte der Opuntie, des **Feigenkaktus.** Im Supermarkt Ihres Ferienortes bekommen Sie nur einen Bruchteil dieser herrlichen

Blüte und Fruchtstand der Bananenstaude

Früchte. Ganz sicher aber findet man sie auf den Bauernmärkten (→ S. 224).

Auf über 800 Metern gedeihen auch **Äpfel, Birnen** und **Maronen.** Die Esskastanien werden ab Oktober gesammelt.

Gemüse wächst auf Teneriffa in allen bekannten Varianten das ganze Jahr über. Avocados sind auf Teneriffa besonders beliebt. Egal ob mit glatter, rauer oder warziger Schale, in fast jedem Gärtchen finden sich ein oder mehrere der lorbeerartigen Bäume, die trotz ihres hohen Wasserbedarfs im größeren Stil kultiviert werden.

Tomaten haben nur noch eine untergeordnete Rolle in Gewächshäusern. Man sieht sie häufig in den flachen Zonen des Ostens und Südens. Kartoffeln gehören zur Leibspeise der Kanarier und werden daher fast überall auf der Insel angebaut. Die Zentren des **Frühkartoffel-Anbaus** liegen bei Vilaflor und Fasnia. Da es keinen Winter gibt, kann auf den Feldern mehrfach im Jahr geerntet werden.

Fauna

Zuerst die gute Nachricht: Giftigen oder anderen gefährlichen Wildtieren wird man bei Wanderungen durch die Natur kaum begegnen – es gibt einfach keine, weder Schlangen noch Skorpione. Raubtiere haben den Weg übers Meer nicht geschafft, ebenso wenig wie alle anderen Säugetiere. Das ist dann die schlechte Nachricht: Die Tierwelt Teneriffas ist ausgesprochen artenarm.

Alle Säugetiere, mit Ausnahme einer Fledermausart, wurden von Menschen auf die Inseln gebracht, unabsichtlich eingeschleppt wie die Mäuse oder als Haustiere eingeführt. Damit den spanischen Machos wenigstens ab und an etwas Größeres als ein Kaninchen vor die Flinte gerät, hat man in den 1970er-Jahren **Mufflons** aus Nordafrika hierher verschifft und ausgesetzt. Sehr zum Ärger übrigens der Naturschützer, denn die Mufflons rupfen auch seltene, geschützte Pflanzen aus dem Boden. Die Frage, ob sie bleiben dürfen oder nicht, führt regelmäßig zu Auseinandersetzungen zwischen Naturschützern und Jägern.

Nur wenige Landtiere

Allein haben wohl die **Eidechsen** den Weg auf die Insel gefunden. *Lagartos* heißen sie hier. Die zierlichen Weibchen sind grau mit gelbbraunen Seitenstreifen, die kräftigen Männchen ziert eine hellblaue Kehle. In den Steilhängen des Tenogebirges entdeckten Zoologen kürzlich Rieseneidechsen, die bis zu 50 cm lang werden können. Ihre kleinen Verwandten, die **Geckos**, kommen erst bei Dunkelheit heraus und machen an den Häuserwänden Jagd auf Insekten. Dank kleiner Saugnäpfe an ihren Füßen können sie stundenlang überkopf an der Decke hängen. Falls sie das in Ihrem Zimmer tun, ist das nicht igitt, sondern gilt als Glücksbringer.

Geflügelte Tiere haben in größerer Anzahl den Weg von Afrika gefunden. Allen voran die **Insekten.** Sie machen 85 % der Tierwelt aus. Schmetterlinge sind die schönsten. Es gibt nur wenige Mücken. Unangenehm kann nur der Biss eines *Ciempie,* eines gut 10 cm langen Hundertfüßers, werden. Aber der lebt zurückgezogen in trockenen, heißen Gegenden unter Steinen.

Mehr als Kanarienvögel

Für Vogelkundler hat Teneriffa einiges zu bieten. Der *Canario,* Stammvater des Kanarienvogels, ist in der Natur eher unscheinbar gelb, grau oder grün, und er trillert auch nicht ständig wie der gelbe Abkömmling aus der Zoohandlung. Ein sangesfreudiger Vogel ist er dennoch genau wie die Amseln, Meisen, Finken und die vielen anderen Singvögel, die es auch auf dem Kontinent gibt. In der Luft kreisen Falken, Sperber und Bussarde und über dem Meer natürlich die Möwen.

Im Meer wird es bunter

Im Meer geht es noch bunter und vielfältiger zu als in der Luft. Kleine und große Fische tummeln sich dort. Die einen erfreuen durch die Taucherbrille, die anderen auf dem Teller. Auch die großen Fische und Meeressäuger sind vertreten. Vier Haiarten wurden gezählt und drei Arten von Rochen, darunter auch der Manta. Sie leben in der Tiefe, ein Badeunfall mit ihnen ist nicht bekannt. Eine besondere Freude bei Schiffstouren sind **Delfine** und **Wale.** Sie leben in Kolonien zwischen Teneriffa und der nahen Insel Gomera. Delfine begleiten fröhlich die Boote, Wale dümpeln eher langsam und schwerfällig umher. Mit ihnen gab es sogar schon Zusammenstöße. Damit sie weiträumig umfahren und besser geschützt werden können, hat eine Forschergruppe die bevorzugten Ruheplätze und Routen der Wale katalogisiert. Ausflugsfahrten zur Walbeobachtung starten von allen Häfen im Südwesten und Westen.

Natur- und Umweltschutz

Die Natur hat Teneriffa mit den besten Voraussetzungen bedacht: gleichmäßiges Klima, abwechslungsreiche Landschaften und eine vielfältige Vegetation. Wind und Strömung zirkulieren auf dem Atlantik, ohne Kontinente zu berühren, mithin ohne den Schmutz von Industrieansiedlungen mitzubringen.

Die industrielle Revolution hat Teneriffa nie erreicht. Die Menschen lebten bis in die 1960er-Jahre ausschließlich von Landwirtschaft und Handel. Auch heute gibt es keine nennenswerte Industrie. Teneriffa ist ein Natur- und Umweltparadies, allerdings mit einigen Fehlern.

Umweltschutz hat Vorrang

Dass die intakte Umwelt Teneriffas einziges Kapital ist und deshalb pfleglich mit ihr umgegangen werden muss, hat die Politik erkannt. Seit 1987 sind Gesetze zum Schutz von Natur und Umwelt verabschiedet worden. Sie stellen unter anderem 46 % der Inseloberfläche und das Meer vor den Küsten unter Naturschutz, sollen Flora und Fauna erhalten, die Wasserversorgung sichern und räumen alternativen Energien den Vorrang ein. Mit den beständigen Passatwinden und vielen Sonnentagen haben die Kanaren die besten

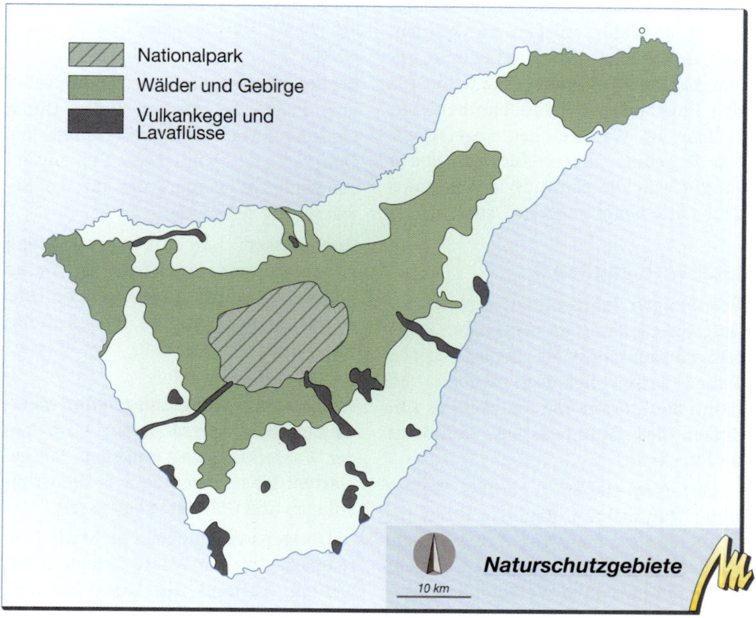

Voraussetzungen zur Nutzung erneuerbarer Energien. Bis 2025 sollen damit 45 % des Energiebedarfs gedeckt werden. Die erste bioklimatische Siedlung der Welt steht im Südosten Teneriffas in einem der 91 Windparks der Kanaren.

Besonders stolz ist man auf Teneriffa darauf, dass 2007 der Nationalpark Teide von der UNESCO zum Weltnaturerbe erklärt wurde. Mit dieser Auszeichnung sind Auflagen auch für den künftigen Naturschutz verbunden.

Es begann mit Raubbau

Von den Wäldern, die ganz Teneriffa bei seiner Eroberung durch die Spanier bedeckten, sind etwa 20 % geblieben. Immerhin ist die Insel damit noch die drittgrünste der Kanaren. Abgeholzt und abgefackelt wurde praktisch vom ersten Tage der spanischen Herrschaft an. Die Eroberer rodeten Wälder, um Platz für Zuckerrohrfelder und Brennmaterial für die Zuckerrohrmühlen zu erhalten. Nach deren wirtschaftlichem Niedergang rodeten Bauern die Wälder, um ihre Felder anlegen zu können. Köhler fällten bis ins 20. Jh. Bäume, um Holzkohle zu gewinnen. Holz wurde für den Hausbau und Schiffsbau benötigt, Wälder als Weideflächen abgefackelt. Ein Ergebnis dieser rücksichtslosen Eingriffe in die Natur ist der vormals grüne und heute trockene Osten.

Jetzt wird gepflanzt

Seit einigen Jahrzehnten wird wieder aufgeforstet damit an den kahlen Berghängen zumindest die anspruchslosen Pinien wieder heimisch werden und damit die Erosion und ein weiteres Absinken des Grundwassers verhindert werden kann.

Seit 1987 stehen Teneriffas Wälder unter Naturschutz. Raubbau droht ihnen jetzt nicht mehr von Axt und Säge, sondern von den Flammen. Es vergeht kaum ein Jahr ohne Waldbrände. Ursachen sind unachtsames Grillen im Wald, aus dem Autofenster geschnippte, brennende Zigarettenkippen und manchmal werden sie auch von Hirten gelegt, die sich eher für frisches Grün für ihre Ziegen als für den Wald interessieren. Glück im Unglück: Die kanarische Pinie überlebt so manchen Brand, wenn sie eine bestimmte Größe erreicht hat, und nur wenige Jahre später grünt es aus äußerlich verkohlten Stämmen wie zuvor.

Knappe Ware Wasser

Das Versiegen von Quellen und Wasserläufen zwang schon vor mehr als 170 Jahren die Menschen von Teneriffa zu ungewöhnlichen Maßnahmen. Sie sprengten 1840 den ersten Stollen (hier *Galerias* genannt) in den Berg, um zu sonst nicht nutzbaren Wasserreservoirs vorzudringen. Dieses Verfahren der Wasserversorgung gewann mit der Zunahme der bewässerten Landwirtschaft immer mehr an Bedeutung.

Stollenwasser: Sein Anteil an der gesamten Wasserproduktion beträgt mehr als 70 %. Der längste Stollen misst 40 km.

Brunnenwasser: steht mit einem Anteil von 22,6 % an zweiter Stelle. Durch eindringendes Salzwasser sinkt die Qualität, und es muss mit Stollenwasser gemischt werden, um für die Bewässerung zu taugen.

Quellwasser: hat mit 2,3 % keinen nennenswerten Anteil mehr. Daran könnte sich durch umfangreiche Umweltschutzmaßnahmen wie Aufforstung und Versiegelung der Wasserstollen etwas ändern.

Wasseraufbereitungsanlagen und Meerwasser-Entsalzungsanlagen: arbeiten der Wasserknappheit entgegen. Mit geklärtem Wasser werden z. B. die Grünanlagen und Golfplätze bewässert.

Übrigens verbrauchen nicht die Touristen das meiste Wasser, sondern mit weitem Abstand die Landwirtschaft, allen voran der Bananenanbau.

Typisch Teneriffa

Zwar dröhnt aus so manchem Auto Popmusik, in den Bars aber sind südamerikanische Rhythmen und melancholische oder heitere Lieder der Kanaren zu hören. Die Inselbewohner lieben ihre Musik, ihre Trachten und ihre Tänze. Zu besichtigen ist dies bei jedem ländlichen Fest, und nach dem beschaulichen Teil tanzen sie bis morgens früh Salsa und Merengue.

Fiestas

Mit einer absoluten Rakete startet Teneriffa in die Fiestasaison:

Karneval in Santa Cruz ist ein Fest der Superlative mit vielen Programmpunkten. Den Auftakt bildet die Wahl einer Karnevalsprinzessin, gleichzeitig einer der Höhepunkte des Festes. Prämiert wird dabei eher das Kostüm als die junge Frau, denn von der Trägerin ist unter meterhohem Kopfputz und der sie weiträumig umgebenden Dekoration kaum etwas zu erkennen. Da kann sie sich nur noch mit (früher verpönten) Rädern darunter bewegen. Es folgen Karnevalsumzüge, Kinderkarneval und *Murgas*, Gesangsgruppen mit Tröten, die Spottlieder auf die Obrigkeit und aktuelle Ereignisse vortragen. Gefeiert wird überall auf der Insel. Damit die Orte sich keine Konkurrenz machen, feiert man auf Teneriffa eben etwas länger. Am Aschermittwoch sollte zwar in einem karnevalistischen Akt mit Heulen und Zähneklappern die Sardine begraben und damit der offizielle Anfang der Fastenzeit verkündet werden, aber danach geht es mit unvermindertem Schwung weiter, bis man sich auf die Karwoche vorbereiten muss.

Semana Santa/Karwoche: der wichtigste religiöse Zeitraum. In den Städten strömen in diesen Tagen die Prozessionen der Büßer zur Hauptkirche. Angeführt werden sie von einheitlich gewandeten Bruderschaften mit hohen, spitzen Hüten. Im Takt der Trommeln gehen einige barfuß, andere tragen schwere Holzkreuze. Immer schwanken Heiligenbilder auf den Schultern vieler Männer im Zug mit. Die eindrucksvollste Prozession können Sie am Karfreitagnachmittag in La Laguna erleben.

Die wichtigsten Feste im Sommer

Mitte Mai bis Anfang Juni: Romerías zu Ehren von San Isidro, Schutzpatron der Bauern. Das offizielle Datum ist zwar der 15. Mai, gefeiert wird aber in mehreren Orten und nacheinander. Bitte genaue Termine erfragen. Orte: La Orotava, Los Realejos und Granadilla.

Juni: Corpus Cristi, kunstvolle Bildteppiche aus farbigem Lavasand, Moosen, Samen und Blüten schmücken die Straßen von La Laguna und La Orotava. Die Termine werden in den Rathäusern abgestimmt, um sich nicht gegenseitig Konkurrenz zu machen.

Juli: In allen Hafenorten wird die heilige Carmen mit einer Schiffsprozession und vielen bunten Veranstaltungen geehrt. Der offizielle Termin ist der 16. Juli.

15. August: Fest zu Ehren der Vírgen de Candelaria, der Schutzpatronin Teneriffas in Candelaria. Der offizielle Termin ist der 15. August.

16. August: Romería de San Roque. Nur dieses Fest hat offiziell nationale und touristische Bedeutung. Im Zentrum steht ein gemeinsames Festmahl auf der Plaza, an dem nur teilnehmen darf, wer eine Tracht trägt. Offizieller Termin ist der 16. August. Die ganz große Fiesta findet aber nur alle fünf Jahre statt, das nächste Mal 2020.

▲ Blumenteppiche in La Orotava
▼ Blütenschmuck zum Kreuzfest
▼▼ Traditionelle kanarische Tracht

Romerías: Während der Sommermonate wird immer irgendwo gefeiert. Jedem Dorf sein Fest, meist in Verbindung mit dem Namenstag des Schutzpatrons. „Romería" wird im Wörterbuch mit Wallfahrt übersetzt. Was dabei früher nur Begleitung war, ist zur Hauptsache geworden: aufwändige, mit Themen aus dem bäuerlichen Leben geschmückte Wagen, Volksmusikgruppen und festlich in Trachten gekleidete Menschen. So eine Romería ist eine fröhliche, nostalgische Selbstdarstellung der Tinerfeños und ihres ländlichen Lebens. Statt Kamellen fliegen *papas arrugadas* (Kartöffelchen) durch die Luft. Mojo (Soße) und gebratenes Fleisch wird sinnvollerweise auf Papptellern verteilt, und Ziegenschläuche mit Wein machen die Runde. Im Zug wird reichlich getrunken und geschmaust, gesungen, gespielt und getanzt. Am Abend geht es auf der Plaza weiter bis in den frühen Morgen hinein. Und alles das dauert eine Woche lang, einschließlich der angrenzenden Wochenenden. Achten Sie während der Sommermonate auf geschmückte Ortseinfahrten oder Plätze, sie sind ein untrügliches Zeichen für eine Fiesta.

Folklore

Trachten: Zumindest am Eröffnungstag einer Fiesta und bei der Romería tragen auch die jungen Leute selbstbewusst die alten Trachten. Die bekannteste ist die aus dem Orotavatal. Dort tragen die Frauen gestreifte Wollröcke, weiße Blusen mit roten, bestickten Westen, um den Kopf ein hellgelbes Seidentuch und darauf ein putziges, schräg aufgesetztes Strohhütchen. Ein grünes Cape macht das Kostüm komplett.

Die Männer lieben es schlichter. Unter wadenlangen, weiten Hosen schauen die bestickten Säume der Unterhosen hervor; weiße Hemden, bestickte rote oder schwarze Westen und ein schwarzer Hut, der vor der Sonne schützt, dann noch handgestrickte Socken, und schon ist der Tinerfeño ausgestattet. Der Hut darf nicht einfach irgendwie aufgesetzt werden. Wer von Teneriffa kommt, zeigt das, indem er den Hut in den Nacken schiebt.

Musik, Lieder und Tänze: Flamenco darf nicht erwarten, wer auf Teneriffa eine Folkloreveranstaltung besucht. Die Musik entspricht der bäuerlichen Tradition, der Landschaft, dem Klima. Einwanderer aus Andalusien oder Portugal, aber auch Rückwanderer aus Südamerika haben ihre Musik mitgebracht. Melancholische Elemente sind Teil des maurischen Erbes. Gitarren und Timbeln (kleine, viersaitige Lauten), Trommeln, Flöten und Kastagnetten begleiten Sänger und Tänzer.

Volksmusik wird gepflegt. Jede Gemeinde hat ihre Musikgruppe, die bei der Fiesta auftritt. Die meisten Gruppen haben CDs aufgenommen, die in Musikgeschäften und Bars verkauft werden. Als beste traditionelle Gesangsgruppe der Kanaren gilt ein Männerchor von Teneriffa: *Los Sabandeños*. Ihnen wurde sogar schon ein Denkmal gewidmet. Es steht an der Landstraße kurz vor Punta del Hidalgo und zeigt eine Gitarre, eingehüllt in einen Hirtenumhang aus der Gegend, die Bühnenkleidung der Gruppe.

Lucha Canaria – Kanarischer Kampf

Jeweils zwölf Spieler zweier Mannschaften treten im Terrero, einer kreisrunden Sandarena, zum kanarischen Nationalsport an, einer Art Ringkampf. Gekämpft wird Mann gegen Mann, es gibt aber auch Frauenkämpfe. Die beiden Kontrahenten reichen sich die rechte Hand, führen sie gemeinsam zum Boden und greifen mit der linken in den aufgerollten Hosenbeinwulst des Gegners. Beim Kommando *brega* geht es los: Es wird geschoben und gerissen, geschwungen und geworfen. Das maximal zweiminütige Aufeinandertreffen hat verloren, wer mit einem anderen Körperteil als den Füßen den Boden berührt. Einen Punkt für die Mannschaft erzielt, wer zweimal denselben Gegner bezwingt. Der Unterlegene scheidet aus, der Sieger darf, muss aber nicht, gegen einen neuen Kämpfer antreten.

Besonders gelungene Aktionen werden nicht nur mit frenetischem Beifall der Anhänger belohnt, sondern auch mit Geld. Wie ein Matador macht der Luchador die Runde, nimmt Huldigungen entgegen und fängt ihm zugeworfene Münzen. Zwölf Punkte braucht eine Mannschaft zum Sieg. Bis die beisammen sind, können glatt drei Stunden vergehen.

Lucha Canaria ist eine eigene urkanarische Disziplin. Sie soll noch auf die Guanchen zurückgehen. Es ist ein Breitensport aller Kanarischen Inseln, mindestens so populär wie Fußball. Jede Gemeinde hat eine eigene Mannschaft. Es gibt eine Profiliga, die in der Saison jeden Freitagabend ihre Treffen austrägt. Die erfolgreichsten Kämpfer sind echte Schwergewichtler. Woher sie ihre Kraft haben, ist jedem Canario klar: vom Training und vom Gofio, der kanarischen Nationalspeise.

Kunsthandwerk/Souvenirs

Auf ihr Kunsthandwerk *(artesanía)* sind die Tinerfeños ebenso stolz wie auf ihre Trachten und ihre Musik. Nahezu jede Fiesta und jedes Volksfest ist von einer Kunsthandwerkermesse *(Feria de Artesanía)* begleitet. Alles, was es dort zu sehen gibt, eignet sich als Mitbringsel. Kaufen kann man die Handwerkserzeugnisse außerhalb der Messen direkt am Ort der Herstellung oder in entsprechenden Geschäften. Aber Vorsicht, nicht alles, was als typische Handwerkskunst verkauft wird, ist auch auf Teneriffa entstanden. Billige Kopien aus Fernost überschwemmen den Markt. Die handgestickte Tischdecke mit sechs Servietten für unter 40 € ist garantiert in Südostasien entstanden, für ein entsprechendes Werk von der Insel müssen Sie das Doppelte anlegen. In der Ladenkette *Artenerife* bekommen Sie ausschließlich und garantiert nur Waren aus Teneriffa. Sie finden Sie in La Orotava, Playa de las Américas und Puerto de la Cruz.

Altes Gutshaus mit typischem Holzbalkon

Stickereien sind die am meisten verbreiteten Handarbeiten. Tischdecken werden in allen Größen und in verschiedenen Techniken hergestellt. La Orotava ist für Hohlsaumstickerei bekannt. Die Frauen in Vilaflor arbeiten traditionell mit Lochstickerei.

Korbflechtereien auf den Kanaren besitzen ihre eigenen charakteristischen Merkmale. In Ermangelung von Weiden, die üblicherweise Material für Körbe liefern, flechten die Canarios die Körbe aus Stroh, Spanholz der Baumheide oder aus den gespaltenen meterlangen Ranken der Brombeere.

Keramik ohne Drehscheibe nur aus der Hand zu formen, diese Tradition geht noch auf die Guanchen-Ära zurück. Funde beweisen, dass sich nicht nur die Technik, sondern auch die Formen über die Jahrhunderte erhalten haben. Die rotbraunen Gefäße von schlichter Schönheit bekommen sie in vielen Kunsthandwerksgeschäften. Bei der Herstellung zuschauen können Sie im Museo de Alfareria in Arguayo und in einer Werkstatt in Candelaria.

Weine, Liköre, Zigarren: Auch die Herstellung dieser Genussmittel gilt als Handwerkskunst. Kaum eine Feria ohne diese Inselprodukte, und immer ist dort auch ein Stand zu finden, an dem die *puros,* so heißen hier die Zigarren, noch von Hand gerollt werden. Tabakanbau war einmal ein wichtiger Wirtschaftszweig auf Teneriffa. Die Qualität der *puros* soll mit der Qualität der Havannas vergleichbar sein. Zigarrenkenner Churchill rauchte, so heißt es, nur *puros* von den Kanaren.

Architektur

Die traditionelle kanarische Architektur hat ihren Ursprung in der maurischen Architektur. Auf der iberischen Halbinsel existierten über Jahrhunderte hinweg maurische Königreiche. Nach der Rückeroberung durch die Spanier (Granada fiel als letztes maurisches Königreich 1492) hatten die arabischen Einwohner nur die Möglichkeit zu fliehen oder zum Christentum zu konvertieren.

Die getauften Mauren wurden Mudéjars genannt. Ihre Architekten und Handwerker entwickelten auf der Grundlage der arabischen Bauweise den **Mudéjarstil,** der den klimatischen Verhältnissen am besten entsprach. Die Eroberung und Besiedlung der westlichen Kanareninseln durch die Spanier und der Siegeszug des Mudéjarbaustiles fielen zusammen.

Seine typischen Elemente kann man in den Altstädten von La Laguna, La Orotava und Garachico und in allen Kirchen aus dem 16. Jh. anschauen. Die schlichte Variante ohne Putz und mit wenig Schmuck hat sich in den Bergdörfern, z. B. in Masca, erhalten.

Im Laufe der folgenden Jahrhunderte entstanden in allen Orten Amtsgebäude, Kirchen und Wohnhäuser in den jeweiligen Stilrichtungen ihrer Epoche. Barock, Neoklassizismus und Moderne sieht man heute in den Innenstädten neben kanarisch-arabischen Klassikern. Als kanarisch gelten aber nur die Gebäude mit Mudéjarelementen. Sie werden liebevoll restauriert und gepflegt und ihre wesentlichen Züge in Neubauten kopiert.

Merkmale der traditionellen Architektur im Mudéjarstil

- Dicke, in Trockenbauweise (d. h. ohne Mörtel) aufgeschichtete und verputzte Wände aus Bruchstein.
- Schlichte Fassaden; bearbeitete Steine für die Hausecken und Portale bleiben als Schmuck vom Putz frei.
- Der Grundriss größerer Häuser sieht einen Innenhof vor, um den sich die Stockwerke mit Galerien gruppieren.
- Reich verzierte Holzarbeiten an Fenstern, Türen und umlaufenden Galeriegeländern.
- Farbige Boden- und Wandfliesen mit geometrischen Mustern.
- Mit vielen geometrischen Elementen geschmückte Dachkonstruktionen. Holzdecken im Mudéjarstil gibt es auch in vielen Kirchen aus wesentlich späteren Epochen.
- Große Schiebe- und Sprossenfenster zur Straße mit innen liegenden Fensterläden. Im Inneren der Häuser befinden sich neben den Fenstern gemauerte Sitzgelegenheiten.
- Aus der Fassade ragende Balkone mit aufwändigem Holzgitterwerk. Im rein arabischen Baustil ist dieses Gitterwerk menschenhoch. Hinter ihnen durften die Frauen das Leben auf der Straße beobachten. Solche Balkonkäfige sieht man auf den Mauern der Nonnenklöster in La Laguna.

Geschichte im Überblick

Vor ca. 37 bis 2 Mio. Jahren: Die kanarische Inselgruppe entsteht durch unterseeische Beben und Vulkanausbrüche: Lanzarote gilt als die älteste, La Palma als die jüngste Insel des Archipels.

Ab 400 v. Chr.: Vermutlich erste Besiedlung der Kanarischen Inseln; wahrscheinlich in mehreren Wellen, von denen mindestens eine aus Nordafrika stammt. Als *Guanchen* bezeichnet, leben die Altkanaren bis ins 15. Jh. relativ ungestört in ihrer Jungsteinzeitkultur.

150 n. Chr.: Ptolemäus legt den Nullmeridian an die westlichste Grenze der damals bekannten Welt durch die Kanarischen Inseln.

1280–1330: Genueser Kaufleute, zunächst die Brüder Vivaldi, später Lancilotto Malocello (daher „Lanzarote"), besuchen die Inseln.

Die neun Guanchenkönige lassen sich in Candelaria bestaunen

1402–1405: Jean de Béthencourt, normannischer Landedelmann, erobert „auf eigene Rechnung" Lanzarote, Fuerteventura und Hierro.

1492: Christoph Kolumbus startet von Gomera aus zur Entdeckung der „Neuen Welt".

1496: Alonso de Lugo gliedert Teneriffa nach zweijährigen Kämpfen als letzte der Kanarischen Inseln dem Spanischen Reich ein.

Ab 1500: Zuckerrohr als erste Monokultur und erstes Exportprodukt verschafft den Grundbesitzern enorme Gewinne. Ihr Niedergang begann 1554 durch die Konkurrenz der Antillen und Brasiliens.

Ab 1520: Weinexporte von Teneriffa nach England, dort ist besonders der süße Malvasier beliebt. 1852 und 1878 vernichten Faulschimmel und Mehltau die Rebstöcke.

Ab 1583: Piratenüberfälle gelten vor allem den spanischen Flotten aus den Überseekolonien. Die mit Silber- und Goldschätzen aus den südamerikanischen Bergwerken beladenen Schiffe machen auf dem Rückweg auf den Kanarischen Inseln Station. Freibeuter wie Captain Hawkins und Sir Francis Drake scheitern vor Teneriffa. Es gelingt, die englische Flotte dreimal abzuwehren, zuletzt 1797 einen von Admiral Nelson geführten Angriff.

19. Jh.: Armut, bedingt durch Krisen in den Monokulturen (Zuckerrohr, Weinanbau und Koschenille), zwingt immer mehr Canarios, ihre Inseln zu verlassen. Bevorzugte Einwanderungsgebiete sind Mittel- und Südamerika, insbesondere Kuba und Venezuela.

1817: In La Laguna wird die erste und bis in die 1980er-Jahre einzige Universität des Archipels gegründet.

1822: Santa Cruz wird die Hauptstadt Teneriffas.

1830: Die Zucht der Koschenillelaus, aus der roter Farbstoff gewonnen wird, bringt einen wirtschaftlichen Aufschwung. Die Erfindung der Anilinfarben zerstört ihn jedoch einige Jahrzehnte später.

1852: Die Kanaren werden zur Freihandelszone erklärt, was vor allem Handel und Werftindustrie belebt und bis in die Gegenwart Zollvorteile verschafft.

1880: Der Bananenanbau wird schnell zum wichtigsten Exportgut von Teneriffa und La Palma.

1927: Die Kanarischen Inseln werden in zwei nach den jeweiligen Hauptstädten benannte Provinzen aufgeteilt. Zur Provinz Santa Cruz de Tenerife gehören die Inseln La Palma, Gomera und Hierro.

1936: F. Bahamonde Franco, damals Militärgouverneur der Kanarischen Inseln mit Sitz auf Teneriffa, zettelt von dort aus am 17. Juli 1936 den Spanischen Bürgerkrieg an. Bereits drei Tage später ist der Archipel in der Hand der Faschisten. Jeder Widerstand wird blutig niedergeschlagen.

ab 1960: Die ersten Charterflugzeuge landen auf Teneriffa. Seither entwickelt sich der Tourismus zum mit Abstand wichtigsten Wirtschaftszweig.

1978: Die neue spanische Verfassung – nach dem Tod Francos – erklärt die Kanaren zur „Autonomen Region Canarias“. Die Provinzen bleiben aber verwaltungstechnisch getrennt.

1983: Die ersten Wahlen zum kanarischen Parlament finden statt.

1986: Mit dem EG-Beitritt Spaniens erhalten die Kanaren einen Sonderstatus im gemeinsamen Markt; bis heute sind sie nicht Mitglied der Zollunion. Auch dank der Förderung durch die EU finden Spanien und die Kanaren in allen gesellschaftlichen Bereichen Anschluss an Europa.

1987: Das Parlament verabschiedet eine Reihe von Naturschutzgesetzen und erklärt 46 % der Inseloberfläche und das Meer vor den Küsten unter Naturschutz.

2000: Die UNESCO erklärt die Altstadt von La Laguna zum Weltkulturerbe.

2007: Der Nationalpark Teide wird von der UNESCO zum Weltnaturerbe erklärt.

2019: Bei den Regionalwahlen verweisen die Sozialisten (PSOE) die Regionalpartei (CC) auf den zweiten Platz. Weil die PSOE nicht über die absolute Mehrheit verfügt, werden Koalitionen gebildet.

Guanchen – die Urbevölkerung

„Du bist wie ein Guanche“ – wem ein solcher Vergleich widerfährt, muss sich nicht wie ein Tölpel vorkommen. Ein größeres Lob kann auf den Kanaren kaum ausgesprochen werden. Für die Canarios ist die Urbevölkerung gleichbedeutend mit edlen Menschen: offen und freundlich, friedlich und freigiebig, stark und tapfer, die Natur achtend, die Inseln und die Freiheit liebend.

Was die Canarios dagegen von den spanischen Eroberern halten, wird deutlich, wenn sie *Godo* (Gote) sagen. Als Godos werden heute noch die Festlandspanier, die sich selbst auf die Westgoten zurückführen, bezeichnet. Sympathien schlagen ihnen nicht häufig entgegen.

Die Geschichte hat Konjunktur. Auch bei der Auswahl der Namen für Kinder stehen die vorspanischen Bewohner Pate. Absoluter Renner für die Mädchen war lange *Yaida* – so hieß eine Guanchenprinzessin.

Woher sie kamen

Die Kanarischen Inseln sind seit ca. 2500 Jahren besiedelt, darüber herrscht Einigkeit. Zu den vielen Geheimnissen, die es zu lüften gilt, gehört auch das um die Herkunft der ersten Inselbewohner. Es gibt mindestens sechs ernst zu nehmende Theorien. Für jede gibt es Argumente: Eine sprachliche Verwandtschaft mit Berbervölkern in Nordafrika – ähnliche Felszeichnungen sowohl in Libyen als auch bei den nordwestlichen atlantischen Völkern, ja sogar eine Verbindung zu den Phöniziern und nach Südamerika wird von einigen Historikern gesehen. Thor Heyerdahl, der bekannte, experimentierfreudige norwegische Archäologe, trieb mit seinem Papyrusboot *Ra* von Vorderasien an den Kanaren vorbei nach Lateinamerika und erbrachte den Beweis, dass es diese Seeverbindung durchaus gegeben haben kann. Seine Theorie einer alten Verbindung zwischen den Kanaren und dem amerikanischen Kontinent sah er durch die Ausgrabungen der Pyramiden von Güímar im Osten Teneriffas bestätigt. Unter seiner Leitung entstand dort das Museum *Parque Etnográfico Pirámides de Güímar* (→ S. 41).

Gleichwohl wird auf den Inseln die Theorie favorisiert, dass die Guanchen aus Nordafrika eingewandert seien. Aussehen und Blutgruppen lassen auf eine Beziehung zu den Berbern schließen. Es ist durchaus möglich, dass die Römer diese unbezähmbaren Stämme auf Boote getrieben und auf den Kanaren ausgesetzt haben. Wahrscheinlich ist, dass die Inseln damals schon bewohnt waren, es also mindestens zwei Einwanderungswellen gegeben hat, bevor die europäischen Eroberer kamen.

Für zwei Einwanderungswellen spricht auch das Aussehen der Guanchen. Es gab einen hellhäutigen Typ mit hellen Haaren und hellen Augen, wie er durchaus auch unter den Berbern zu finden ist, und einen eher mediterranen Typ.

Wie sie lebten

Aus Berichten der Eroberer und sie begleitender Priester wissen wir einiges über das Leben der Guanchen, und im archäologischen Museum von Santa Cruz kann man Werkzeug, Keramik, Knochenfunde und gut erhaltene Mumien besichtigen. Ihre Kulturstufe war die der Jungsteinzeit. Ihre Gerätschaften und Waffen fertigten sie aus Stein und Holz. Sie kannten weder Pflug

Pyramiden mit Interpretationswert im Tal von Güímar

noch Rad, weder Pfeil noch Bogen. Sie lebten in Wohnhöhlen, Häuser bauten sie nur, wenn es nicht ausreichend natürlichen Wohnraum gab.

Schafe, Ziegen und kleine Hunde sicherten die Fleischversorgung. Sommerweide für alle Herden Teneriffas war der heutige Nationalpark im Zentrum der Insel. Ein eigenes Informationszentrum unterhält dort eine ständige Ausstellung über das Leben der Guanchen in diesem Gebiet. Aus den Fellen der Tiere stellten sie ihre Kleidung her. Fische, Muscheln und Meeresschnecken bereicherten den Tisch und natürlich auch die Früchte des Landes, Beeren, Datteln und Gofio, noch heute Grundnahrungsmittel der Canarios.

Frauen genossen als Priesterinnen und Ärztinnen hohes Ansehen. Von Gran Canaria ist eine Frau als Inseloberhaupt bekannt. Es gab drei Stände: höheren Adel, niederen Adel und Bauern, Hirten und Handwerker. In den Adelsstand gelangte niemand durch Geburt. Nur wer ein tadelloses Leben führte, durfte einen Antrag auf Aufnahme in den Adelsstand stellen. Eine Beraterrunde, die alle wichtigen Entscheidungen fällte, entschied darüber. Diese Gruppe traf sich zu ihren Sitzungen auf dem *Tagoror*, einem steingepflasterten, runden Versammlungsplatz, von denen noch einige auf Teneriffa erhalten sind. Dort wählten sie auch ihre Oberhäupter, die *Menceys*.

Jungsteinzeit als Kulturstufe heißt nicht, dass der Kenntnisstand der Guanchen auf allen Gebieten niedrig war. Es ist wahrscheinlich, dass die Astronomen der Guanchen von den Steinpyramiden von Güímar aus, die exakt nach den Sonnenwendezeiten ausgerichtet sind, die Gestirne beobachteten.

Die Knochensammlung des Museums in Santa Cruz zeigt, dass Schädeloperationen in das Repertoire der Guanchenärztinnen gehörten. Nicht alle Schädelverletzungen aber stammen von Chirurginnenhänden. Das eine oder eine Loch wurde mit der Keule hineingeschlagen. Ganz so friedlich wie behauptet waren die Guanchen also doch nicht.

Alonso de Lugo errichtet das Kreuz der Eroberung

Die Guanchen Teneriffas widersetzten sich länger als die Bewohner aller anderen Kanarischen Inseln ihren Eroberern. Erst 1496 besiegte sie Alonso de Lugo mit seinen Truppen. Jahrelange Überfälle waren seinem Sieg vorausgegangen. Noch ein Jahr zuvor hatten die Insulaner sein Heer bei einer Schlacht im Norden fast vollkommen aufgerieben. Matanza – Gemetzel – heißt der Ort noch heute. Aber dann mussten sie geschwächt durch den Diebstahl ihrer Herden und dezimiert durch eingeschleppte Infektionskrankheiten die endgültige Niederlage hinnehmen.

Wo sind sie geblieben? Viele wurden getötet, viele in die Sklaverei verschleppt, ein Rest ist geblieben und hat sich im Laufe der Jahrhunderte mit den hier angesiedelten Spaniern vermischt. Auf sie beziehen sich die Tinerfeños heute, wenn sie versichern, ihre Vorfahren seien ganz sicher Guanchen gewesen.

Tourismus im Wandel

Seit Beginn des Massentourismus Mitte der 1960er-Jahre bis 1988/89 hatte Teneriffa nur steigende Betten- und Urlauberzahlen zu vermelden. Dann gab es erstmals ein Minus von mehr als 15 %. Befragungen ergaben, dass neben schlechtem Service auch Umwelt- und hier vor allem die Bausünden der Vergangenheit dafür verantwortlich waren. In den schönsten Ecken waren Bettenburgen hochgezogen worden, frei nach dem Motto: *Masse bringt Kasse.* Die so produzierten Unterkünfte ließen sich nach einem ersten Boom nur noch als Supersparangebot an den Urlauber bringen, und unter dem Strich blieb nichts oder nur wenig übrig, denn die Nutzer der preiswerten Angebote ließen auch sonst nicht viel Geld auf der Insel.

Die danach entwickelten Zauberformeln hießen *Klasse statt Masse* und *Turismo rural – ländlicher Tourismus.* Zielgruppe sind gut verdienende Urlauber. Experten hatten errechnet, dass ein Luxusreisender soviel Einnahmen schafft wie drei Billigtouristen und darüber hinaus weniger an Infrastruktur erfordert. Außerhalb des ländlichen Tourismus und besonderer Projekte in den Städten wurden nur noch Bauvorhaben, die mindestens einem Vier-Sterne-Tourismus entsprechen, genehmigt. Innerhalb weniger Jahre hat Teneriffa es so geschafft, mehr als 60 % der Hotelbetten in diesen Kategorien anzusiedeln. Die Idee des ländlichen Tourismus geht auf eine Initiative der Europäischen Union zur Förderung unterentwickelter, ländlicher Gebiete zurück. Sie soll aktive und umweltbewusste Urlauber ansprechen und die Einwohner dieser Regionen am Tourismus teilhaben lassen.

Die Tourismuskrise der 80er-Jahre wurde überwunden. Die politischen Entwicklungen, die gefallenen Grenzen in Europa, verschafften den Kanaren ganz neue sonnenhungrige Zielgruppen. Seither findet man in den Urlauberzonen die Speisekarten nicht nur auf Spanisch, Englisch und Deutsch, sondern auch auf Russisch. Konstant mehr als 5 Millionen Urlauber besuchen jährlich Teneriffa.

Hotelpoolanlage im Süden

Die Überfahrt zur Nachbarinsel La Gomera dauert nur 45 Minuten

Anreise

Nur wenig mehr als vier Stunden braucht der Charterjet, mit dem die meisten Besucher anreisen, vom Flughafen Franz-Josef-Strauß in München-Erding bis zum Flughafen Reina Sofia in Teneriffa-Süd. Mit mindestens vier Tagen muss man von Deutschland aus per Pkw und Schiff rechnen. Das lohnt sich nur für Langzeiturlauber, die ihren eigenen Wagen dabeihaben möchten. Teurer ist diese Art der Anreise allemal.

Mit dem Flugzeug

Pauschalangebote: Die meisten Reisegesellschaften bieten Flug, Transfer und Unterkunft als Pauschalreise an. Da sie in den Hotels erhebliche Rabatte bekommen, sind diese Angebote häufig günstiger als eine individuelle Anreise und eine individuell gebuchte Unterkunft in einem Vertragshotel der Urlauberkonzerne. Flug und Hotel getrennt zu buchen, lohnt sich dann, wenn Sie nicht in einem der großen Ferienzentren wohnen wollen oder wenn Sie ein supergünstiges Flugangebot haben.

Schnäppchenpreise: 29 € oder 129 €, die Supersparpreise für Oneway-Tickets können sich von einer Minute zur anderen ändern. Wer Erfolg haben will, muss die Abflugtermine und Preislisten ständig im Internet kontrollieren (www.condor.de, www.ryanair.com, www.easyjet.com).

Stand-by: Auf fast allen Flughäfen verkaufen Reisebüros Tickets an Urlauber, die im wahrsten Sinne des Wortes in letzter Minute mit Gepäck, aber ohne Billet erscheinen und dabei dem Tagesangebot überlassen, wohin die Reise geht.

Linienflüge: Die Lufthansa fliegt Teneriffa nur mit Stopover an. 2019 war es über Brüssel. Spartarife, insbesondere für junge Leute und Studenten, machen Linienflüge kaum teurer als

Charterflüge. Die Reisebüros kennen die aktuellen Angebote.

Transport von Sondergepäck: Kinderwagen und Rollstühle transportieren die großen Chartergesellschaften kostenfrei. Der Transport von Fahrrädern, Surfbrettern und Gleitschirmen kostet für den einfachen Flug z. B. bei Condor 50–60 €. Erkundigen Sie sich jedoch im konkreten Fall online bei den Fluggesellschaften oder im Reisebüro.

Haustiere: Hunde und Katzen dürfen nur nach vorheriger Anmeldung mitfliegen, für sie gibt es besondere Transportboxen oder -taschen. Die Fluggesellschaften haben unterschiedliche Tarife. Beim Mitfliegen in der Kabine dürfen sie nicht mehr als 5–8 kg (je nach Fluggesellschaft) wiegen – Flugpreis um 50 €. Für den Transport im Frachtraum müssen je nach Gewicht mit 110–210 € rechnen.

Rail & Fly: Die Deutsche Bahn hat mit Flugreiseveranstaltern „rail & fly"-Verträge abgeschlossen. Die Anfahrt zum Flughafen kostet dann 29,99 € (Stand 2022).

> Viele Fluggesellschaften bieten einen **Check-in online** an. Die Bordkarte kann man sich zu Hause ausdrucken und nur mit Handgepäck direkt zum Gate gehen, mit Gepäck geht man zum **Baggage Drop-off-Schalter.** Mit Kindern, Tieren und Sondergepäck ist das nicht möglich.

Flughafen und Weiterreise

Flughafen Reina Sofía: Die ausländischen Chartermaschinen landen in aller Regel auf dem Flughafen Reina Sofía im Süden Teneriffas. Auf Pauschalreisende warten hinter dem Gepäckbereich Vertreter des jeweiligen Reiseveranstalters und organisieren den Transfer. Individualreisende hingegen haben folgende Weiterreisemöglichkeiten:

Taxis Sie stehen direkt vor den Ausgängen, Fahrtkosten in die Urlaubsorte des Südens ca. 25–30 €, nach Puerto de la Cruz ca. 90–110 €.

Öffentliche Busse Die grünen Busse der Linienbusgesellschaft **TITSA** (www.titsa.com) stehen vor dem Ausgang:

Linie 40, Aeroexpress, Costa Adeje alle 15 bis 20 Min.

Linie 343, Areoexpress, Puerto de la Cruz über den Flughafen Teneriffa-Nord Los Rodeos zwischen 5.20 und 21.20 Uhr stündlich. Man erreicht die Nordküste und damit Puerto de la Cruz auch mit Umsteigen in Santa Cruz.

Linie 111, Schnellbusverbindung Santa Cruz Flughafen Süd – Costa Adeje, fährt stündlich.

Linie 450, Playa de las Américas über Los Cristianos, halbstündlich.

Linie 415, Costa del Silencio, fährt stündlich.

Touristeninformation In der Ankunftshalle gibt es einen Stand, der gut mit Material (kostenlose Stadtpläne, Karten der Insel und einiger Regionen) bestückt ist. Das Personal ist freundlich und gut informiert. Keine Zimmervermittlung.

Autoverleih Verschiedene Anbieter direkt in der Flughafenhalle.

Flughafen Teneriffa-Nord Los Rodeos: Falls Sie auf dem in der Nähe von La Laguna liegenden, kleineren Flughafen Teneriffa-Nord Los Rodeos landen sollten, haben Sie als Individualurlauber folgende Möglichkeiten:

Taxi Taxis stehen vor dem Haupteingang. Tarif nach Santa Cruz ca. 15 €, nach Puerto de la Cruz 30 €, zum Südflughafen ca. 80 €.

Bus Die Station der grünen Linienbusse der **TITSA** (www.titsa.com) liegt vor dem Haupteingang.

Linie 30, nach Puerto de la Cruz alle 30–40 Min.

Linie 20, Aeroexpress nach La Laguna und Santa Cruz, alle 25/30 Min. Sa/So alles 30–40 Min.

Linie 343, Aeroexpress, Puerto de la Cruz über die Flughäfen Nord und Süd und weiter nach Los Cristianos und Costa Adeje, stündlich 9- (Sa/So) bzw. 12-mal (Mo–Fr) täglich.

Touristeninformation In der Ankunftshalle gibt es einen Stand, der gut mit Material (kostenlose Stadtpläne, Karten der Insel und einiger Regionen) bestückt ist. Das Personal ist freundlich und gut informiert. Keine Zimmervermittlung.

Autoverleih Verschiedene Anbieter direkt in der Flughafenhalle.

Mit dem Schiff

Zwei Autofähren legen wöchentlich in Spaniens Süden nach Teneriffa ab: Die der Reederei *Naviera-Armas* ab Huelva (34 Std.) und Cádiz (48 Std.), die der Reederei *Lineas Fred. Olsen* ab Huelva (34 Std.). Die Preise beider Anbieter sind ähnlich: 2 Pers. mit Pkw, Doppelkabine mit Du/WC ca. 1100 € für die einfache Fahrt (www.navieraarmas.com, www.fredolsen.es). Sonderpreise online oder im Reisebüro erfragen.

Es ist unabhängig von der Reisezeit notwendig, vorher zu buchen; für eine Fahrt während der spanischen Sommerferien sogar mehrere Monate im Voraus. Insbesondere die Kabinen- und Autostellplätze sind schnell vergeben.

Anreise zur Fähre: Für die Fahrt nach Cádiz oder Huelva mit dem eigenen Fahrzeug müssen Sie von Süddeutschland oder der Schweiz aus drei Tage rechnen, von Norddeutschland bis vier Tage. Es ist sicherer, einen weiteren Tag als Reserve einzuplanen, denn im Notfall wartet die Fähre nicht. Verloren ist so ein Reservetag nicht, denn Cádiz mit seiner schönen Altstadt bietet genügend Sehenswertes für einen ganzen Tag. Vor Taschendieben und Autoknackern wird allerdings gewarnt (das gilt auch für unterwegs). Sie sollten deshalb bei den Übernachtungen ein Hotel mit Garage wählen. Für die Autobahnen in Frankreich und die Autobahn, die in Spanien am Mittelmeer entlangführt, werden Mautgebühren erhoben. Insgesamt müssen Sie mit ca. 150 € rechnen.

Übernachten in Cadiz ***** Hotel Atlantico,** Haus der staatlichen Paradorkette. Sehr gutes Hotel am Rand der Altstadt, zum Fähranleger ist es auch nicht weit, Garage vorhanden. Sehr gutes Frühstück. Duque de Nájera 9, ✆ 0034-956226905, www.parador.es. **€€€€**

Für Übernachtungen in **Huelva** finden Sie bei den Hotelportalen ein großes Hotelangebot.

Ankunft auf Teneriffa: Die Fähre macht an der Mole Ribera unmittelbar vor der Innenstadt von Santa Cruz fest.

Estación Marítima Im Ankunftsgebäude gibt es eine Cafeteria und die Schalter der Reedereien.

Taxis Sie warten auf die Passagiere direkt an der Mole.

Verbindungen zwischen den Kanarischen Inseln

Alle Kanarischen Inseln sind untereinander durch Fährschiffe und teilweise durch schnelle Tragflächenboote verbunden. Die Regionalfluggesellschaften Binter und Canaryfly verbindet zudem Teneriffa mit allen anderen Inseln.

Inselhüpfen wie zwischen den griechischen Inseln bietet sich aber trotzdem nicht an, denn die einzelnen Inseln sind einfach zu groß und zu vielfältig, um sie in einigen Tagen abzuhaken. Lediglich die Überfahrt zur kleinen Insel Gomera oder nach Gran Canaria per Expressfähre geht sehr schnell. Von Gomera bekommt man auch an einem Tag einen Eindruck, als Kontrast zu Teneriffa ist es ein lohnendes Ziel für einen Tagesausflug.

Alle Angaben Stand Sommer 2022.

Flugverbindungen von und nach Teneriffa

Bis auf ganz wenige Ausnahmen starten die Maschinen auf dem Flughafen Los Rodeos in Teneriffas Norden, nahe La Laguna. Man erreicht den Flughafen bequem mit dem öffentlichen Bus (→ Anreise). Wenn Sie bei Ihrer Urlaubsplanung sicher wissen, wann Sie eine der anderen Kanareninsel anfliegen wollen, buchen Sie schon zu Hause. Insbesondere an den Wochenenden, während der Ferienzeiten und der Feiertage sind die meisten Plätze bereits Wochen vorher reserviert. Buchungen können in allen Reisebüros vorgenommen werden. Die Flugzeit dauert 30–45 Minuten, der normale Flugpreis für einen einfachen Flug beträgt 45–70 €, auch hier gibt es Sonderaktionen mit 20 € und darunter für Oneway. Auf Teneriffa laufen die Flugbuchungen über alle Reisebüros, die auch über Sonderaktionen informieren oder online.

- **Fluggesellschaften:** Binter, ✆ 922-327700, www.bintercanarias.com; Canaryfly, www.canaryfly.es.

Reger Schiffsverkehr zwischen den Inseln

von Teneriffa	Flüge (tägl.)
nach Gran Canaria	ca. 15-mal
nach La Palma	ca. 10-mal
nach Hierro	3- bis 4-mal
nach Lanzarote	ca. 8-mal
nach Fuerteventura	ca. 5-mal
nach Gomera	2-mal

Fährverbindungen von und nach Teneriffa

Zwei Reedereien, *Lineas Fred. Olsen* und *Naviera Armas*, machen sich mächtig Konkurrenz. Die Fahrpläne ändern sich häufig. Die unten aufgeführten Verbindungen entsprechen dem Fahrplan 2019. Es handelt sich bei allen Verbindungen um Autofähren. Buchungen erfolgen über Reisebüros, bei den Reedereien in den Hafenbüros oder online. Außer an den Wochenenden, Oster- oder Weihnachtsfeiertagen sind immer noch Tickets vor der Abfahrt an den Verkaufsschaltern der Reedereien zu bekommen. Die Fähren der Lineas Fred. Olsen sind schneller, aber auch etwas teurer.

Reedereien **Lineas Fred. Olsen,** ✆ 922-290070, www.fredolsen.es; **Naviera Armas,** ✆ 902-456500, www.navieraarmas.com.

Preisbeispiel Die beiden Reedereien liefern sich regelmäßig Preiskämpfe. Die Preise können sich also kurzfristig ändern. Die Fahrt nach Gomera und zurück kostete im Sommer 2022 mit Fred. Olsen 85 €. Beide Reedereien bieten Sonderpreise für ausgewählte Abfahrten und Personengruppen an. Daneben gibt es Sparpakete für den Transport von zwei und mehr Personen mit Auto. Es lohnt sich auch hier, auf die Webseite zu schauen. Die günstigsten Angebote sind den Residenten/Bewohnern der Kanaren vorbehalten.

Teneriffa – Gomera **Fährhafen Los Cristianos – San Sebastián:** beide Reedereien, 3 Abfahrten täglich, Fahrtdauer 1 Std.

Teneriffa – Gran Canaria **Fährhafen Santa Cruz – Las Palmas:** Fähren von Naviera Armas, Fahrtdauer 3 Std., 3-mal täglich.

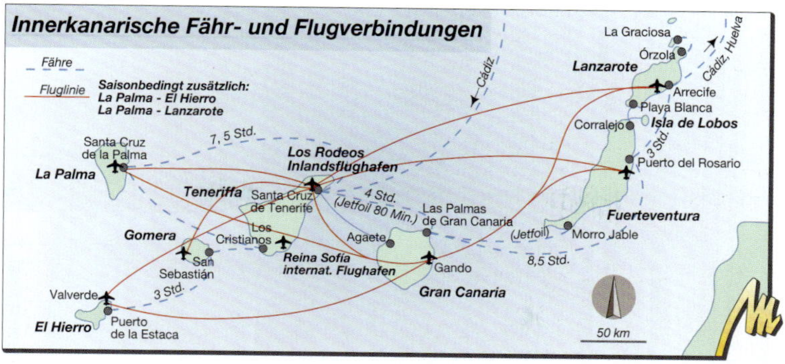

Fährhafen Santa Cruz – Agaete: Expressfähre Bonanza der Lineas Fred. Olsen, Fahrtdauer 1:20 Std., 8-mal täglich. Es gibt einen Zubringerbus der Reederei von und nach Agaete bzw. Las Palmas, Abfahrt in Las Palmas jeweils 90 Min. vor Abfahrt der Fähre (Parque Catalina, gegenüber vom Fährbüro).

Teneriffa – La Palma Los Cristianos – Santa Cruz de La Palma: Expressfähre der Lineas Fred. Olsen, Fahrtdauer 1:50 Std., 2-mal tägl. Fähre von Naviera Armas, Fahrtdauer 4 Std., tägl. außer Sa.

Teneriffa – Gomera Los Cristianos – San Sebastián: Die Expressfähren Benchijigua und Bonanza der Lineas Fred. Olsen benötigen 40 Min., sie verkehren 3-mal täglich. Die Fähre von Naviera Armas benötigt bis San Sebastián 60 Min. Fahrzeit, 3-mal täglich.

Teneriffa – El Hierro Los Cristianos – Valverde: Fähre von Naviera Armas, Fahrtdauer 2:30 Std., 1-mal täglich, außer samstags.

Teneriffa – Lanzarote und Fuerteventura Alle Schiffsverbindungen verkehren über Gran Canaria.

Verkehrsmittel vor Ort

Busse und Straßenbahn

Öffentliche Linienbusse der Gesellschaft **Titsa** werden *Guaguas* genannt, ein Wort aus dem südamerikanischen Spanisch und von Auswanderern zurückgebracht. Sie verbinden alle größeren Orte und interessanten Ausflugsziele.

Der Fahrplan *(horario)* wird halbjährlich festgelegt. In der **Estación de Guaguas** (Busbahnhof) von Santa Cruz, Los Cristianos, Playa de las Américas, Puerto de la Cruz und La Laguna bekommt man ihn kostenlos (online unter www.titsa.com).

Mit dem Bus fährt man ausgesprochen günstig. Wer ihn häufiger nutzen möchte, kauft sich eine **„ten +"-Karte** und lässt sie in einem der o. g. Busbahnhöfe mit einer entsprechenden Summe aufladen. Man fährt damit bis zu 50 % günstiger. Die Karte gilt auch für die **Straßenbahn Tranvía** (Santa Cruz, La Laguna). Die Kosten der jeweiligen Fahrten bucht der digitale Entwerter beim Ein- und Aussteigen ab. Einzelfahrten werden beim Fahrer bezahlt, bitte Kleingeld bereithalten.

- **Preisbeispiele** für Einzelfahrscheine: ab Puerto de la Cruz nach Santa Cruz 5,25 €, Los Cristianos – Santa Cruz 9 €, Puerto de la Cruz – Nationalpark 6,20 €.

Taxis

Die Tarife werden in den Gemeinden festgelegt, sind also etwas unterschiedlich. Die Grundpreise (= Minimum) lie-

Santa Cruz ist stolz auf seine kunterbunte, schnelle Tranvía

gen tagsüber um 3,35 €, nachts etwas höher, und gelten für bis zu 3 km, pro weiterem Kilometer am Tag um 0,55 €, nachts 0,63 €. Die weißen Limousinen sind an dem kleinen Schild „SP" (Servicio público) zu erkennen und an einem Taxi-Schild mit grünen Lämpchen auf dem Wagendach. Taxameter sind vorgeschrieben. Zudem hat jeder Fahrer eine Preisliste für weitere Entfernungen. Vor längeren Fahrten sollten Sie unbedingt den Preis erfragen, damit es hinterher keine Unstimmigkeiten gibt. Bei mehreren Personen ist eine Besichtigungstour per Taxi oft günstiger als mit einem Rundfahrtbus.

- **Preisbeispiel** von Radio Taxi de Adeje (Playa de las Américas, ✆ 922-979293, www.taxiadeje.com): vom Süden über Vilaflor in den Nationalpark bei 2, 3 oder 4 Pers. 150 €.

Mietfahrzeuge

Ein Mietwagen oder -motorrad empfiehlt sich, wenn Sie die Gegenden kennenlernen möchten, die etwas abseits der großen Straßen liegen.

Wagenklassen und durchschnittliche Tagespreise: Die unten genannten Preise sind mittlere Tageskomplettpreise bei einer Mietdauer von mindestens drei Tagen, wenn Sie vor Ort mieten. Die Fahrzeuge werden ohne Kilometerbegrenzung und ohne zusätzliche Kosten für gefahrene Kilometer vermietet. Reiseportale bieten bei der Buchung von Unterkünften Leihwagen zu extrem günstigen Preisen an. Welche Versicherungen im Mietpreis enthalten sind, erschließt sich dabei nicht immer.

- Gruppe A, z. B. Fiat 600: ca. 33 €
- Gruppe B, z. B. Corsa: ca. 36 €
- Gruppe C, z. B. Polo: ca. 39 €
- Gruppe D, z. B. Escort: 35–45 €
- Gruppe E, z. B. Jeep: zwischen 45 und 60 €

Bei längerer Mietdauer gibt es Preisnachlässe pro Woche ab 200 €. Anschriften und Telefonnummern von Verleihfirmen finden Sie in den Ortsbeschreibungen. Der Zustand der Mietwagen ist in der Regel gut bis sehr gut. Der Mietvertrag muss, wenn Sie unterwegs sind, im Auto liegen. Fahrberechtigt sind nur die im Vertrag genannten Personen. Bei Problemen mit dem Mietwagen wenden Sie sich immer an den

Verleiher, der dann alles weitere in die Wege leitet, einen Ersatzwagen bereitstellt, den Abschleppwagen ruft usw.

MeinTipp Ich habe gute Erfahrungen mit Preis und Service beim kanarischen Anbieter **CICAR,** www.cicar.com, gemacht.

Sie können einen Leihwagen auch schon in Deutschland bestellen, z. B. bei **Europcar,** ✆ 040-520188000, www.europcar.de, oder **Hertz,** ✆ 0180-6333535, www.hertz.de.

Mopeds/Motorräder: Für die Vermietung von Mopeds und Motorrädern gelten ähnliche Bedingungen. Die Preise liegen zwischen 31 € pro Tag und 100 € pro Woche (Scooter 1600) sowie 50 € pro Tag und 420 € pro Woche (Honda und Yamaha 600/650 ccm). Nicht in allen Ferienorten gibt es Verleiher, deshalb hier einige Anbieter:

Los Cristianos **Mohsen Motos,** Komplex Marino, bei der Busstation, Lokal 12; ✆ 922-751708/03.

Playa de las Américas **Hobby Motor,** Las Flores 4 im Pueblo Canario, ✆ 922-794467.

Tanken: Benzin ist im Durchschnitt 30 % preiswerter als im übrigen Europa. Selbstbedienung ist nicht überall üblich. Stattdessen bleibt der Fahrer im Wagen sitzen, reicht dem Tankwart den Schlüssel und sagt z. B. *lleno* (sprich: jeno = voll) oder nennt die Summe, für die er tanken möchte.

Leihräder/Mountainbikes: Fahrräder kann man an allen Urlaubsorten mieten. Durchschnittliche Tagesmiete 25–35 €, Wochenmiete 140–182 €.

Verkehr und Verkehrsvorschriften

Der Zustand der Straßen ist gut und wird fortlaufend verbessert. Santa Cruz und die Ferienorte im Süden sind durch eine Autobahn (Autopista) bis Adeje verbunden, dann folgt eine vergleichbare Schnellstraße bis Santiago del Teide. An einer Verbindung zur Nordküste wird noch gebaut. Santa Cruz und Puerto de la Cruz verbindet eine Autobahn.

Die Verkehrsdichte ist streckenweise enorm. Während man auf den meisten Landstraßen und der Autobahn nach Süden stressfrei fahren kann, ist auf der Verbindung Santa Cruz – Puerto de La Cruz besondere Aufmerksamkeit angebracht. Sie beginnt mit der zum Teil achtspurigen Stadtautobahn im Herzen von Santa Cruz und ist bis hinter La Laguna ständig voll. Morgens und abends entstehen Staus, also entsprechende Zeitreserven einplanen, wenn es zum Flughafen gehen soll. Nach einem der seltenen Regenfälle steht auch im Süden der Verkehr.

Die Verkehrsregelungen entsprechen dem europäischen Standard. Dennoch

In Igueste de San Andrés an der Anaga-Südseite endet die Küstenstraße

gelten einige Besonderheiten gegenüber der Bundesrepublik Deutschland.

Verkehrsstrafen: Auch kleine Verkehrsübertretungen werden mit hohen Strafen belegt. Für nicht vorschriftsmäßiges Parken können Sie mit einer Strafe von 150 € rechnen, die auch im Ausland eingetrieben wird. Entsprechend höher sind Strafen für schwere Übertretungen. Diskutieren oder scherzen Sie nicht mit einem Polizisten, wenn er Ihnen einen Strafzettel verpasst. Er könnte der Meinung sein, Sie nähmen ihn nicht ernst, und seinen Ermessensspielraum bei der Höhe der Strafe weiter nach oben nutzen oder gar Ihren Führerschein einziehen. Falls Sie ein Knöllchen bekommen haben, lohnt es sich, bei der Post oder einer der auf dem Zettel genannten Banken innerhalb von drei Tagen zu zahlen. Ihnen steht dann ein Rabatt von 30–50 % zu.

Höchstgeschwindigkeit auf der Autobahn 120 km/h, auf den Landstraßen 70–90 km/h.

Es gibt an vielen Kreuzungen und Einmündungen keine **Vorfahrtsschilder.** Das „Vorfahrt beachten"-Dreieck ist stattdessen mit weißer Farbe auf die Straße gemalt.

Auch im **Kreisverkehr,** der zunehmend Kreuzungen ersetzt, ist die Vorfahrt ausgeschildert oder aufgemalt.

Bei **durchgezogener gelber Linie** am Bordstein ist das Parken verboten, **durchbrochene Linie** heißt: eingeschränktes Parkverbot.

Eine **blaue Linie** steht für Parken nur mit Parkschein, der Automat steht dann in der Nähe.

Die **Gurtpflicht** existiert auch in Spanien.

Promillegrenze: entspricht 0,5 bzw. 0,25 für Fahranfänger (zwei Jahre lang) und für Berufskraftfahrer.

In jedem Auto müssen **zwei Warndreiecke** liegen und eine **reflektierende Weste,** die bei Pannen unterwegs auf der Straße getragen werden muss.

Handys (span. *móvil*) sind für den Fahrer ohne Freisprecheinrichtung verboten.

Straßenschilder: *carretera cortada* = Straße gesperrt. *cambio de sentido* = Spurwechsel, z. B. an Ausfahrten.

Übernachten

Das Angebot reicht vom Fünf-Sterne-Luxushotel bis zur einfachen Pension oder Holzhütte, auch zelten kann man auf Teneriffa. Nicht überall gibt es alles, die Übernachtungsmöglichkeiten sind höchst unterschiedlich verteilt. Die Kurzübersicht soll bei der Vorauswahl des Urlaubsstandortes helfen. Ausführliche Beschreibungen samt Internetadressen ausgewählter Unter-künfte finden Sie bei den einzelnen Ortskapiteln.

Hinweis: Insbesondere von Oktober bis Ostern und im August kann für Individualreisende die Zimmersuche vor Ort sehr mühsam sein. Um Weihnachten und in der Karwoche ist sie nahezu aussichtslos. Zumindest für diese Zeiten sollte man vorher telefonisch oder über eine Agentur reservieren.

Preisangaben im Buch

Die Preise bei den Hotels, Pensionen und Apartments werden in diesem Buch in Kategorien angegeben. Sie beziehen sich auf ein DZ mit Frühstück bzw. auf ein 2-Personen-Apartment (in der Regel ohne Frühstück) in der Hauptsaison und sind als Richtwerte zu verstehen. Bei größeren Ferienhäusern, Mehrbettunterkünften und Campingplätzen werden dagegen die konkreten Preise angegeben.

€	50–70 Euro
€€	70–90 Euro
€€€	90–120 Euro
€€€€	120–350 Euro

Kurzüberblick: Wo gibt es was?

Santa Cruz: Moderne spanische Großstadt mit Parks und Boulevards, kaum von den Urlauberströmen beeinflusst. Übernachtungsangebote in allen Preisgruppen.

Osten: Die kargste Zone der Insel. Wenige Übernachtungsmöglichkeiten in Ferienhäusern und Hotels.

Süden: Urlaub total und ohne Pausen an der Küste. In Los Cristianos überwiegt das Angebot in der mittleren Preisklasse, mehrere Pensionen. Playa de las Américas bietet zwar die meisten Betten der Insel, aber ausschließlich für Pauschalurlauber, meist mit hohem Standard. El Médano, Ferien- und Fischerort, ist das Zentrum der Surfer mit tollem Strand, wenigen Hotels, aber relativ großem Angebot an Apartments in der mittleren bis unteren Preisklasse. Im Hinterland und in den Bergen, z. B. in Vilaflor, gibt es Landhotels und Pensionen in allen Preisgruppen.

Westen: Urlauberstädte und Fischerdörfer, Übernachtung in oberer und mittlerer Preisklasse in den Ferienzentren, einfache Unterkünfte und Apartments in den Fischerdörfern.

Nordküste: Weitgehend touristenfreie Zonen mit grüner oder gebirgiger Landschaft und alten Städten. Außer in Puerto de la Cruz wenig Übernachtungsmöglichkeiten, diese aber z. B. in den alten Mauern von Garachico und Umgebung, einfach bis anspruchsvoll.

Orotavatal: Im unteren Teil dicht besiedelt, im oberen Teil ländlich mit Dörfern und parkähnlicher Landschaft. Der Urlaubsklassiker Puerto de la Cruz ist Wohn- und Urlaubsstadt in einem, mit der besten touristischen Infrastruktur im Norden. Großes Übernachtungsangebot in allen Kategorien und Preisgruppen, ausgesprochen vielfältig im Low-Budget-Bereich. Gute Auslastung von Oktober bis Ostern und in den spanischen Sommerferien (Mitte Juni bis Mitte Sept.), in den anderen Zeiten günstige Angebote für Individualreisende, selbst wenn es im Süden brechend voll ist. La Orotava ist eine sehenswerte historische Stadt mit wenigen Übernachtungsmöglichkeiten. Eine einfache Pension und drei Edelunterkünfte. Im oberen Orotavatal Ferienhäuser des Turismo rural (→ S. 130).

Nordosten: Grüne und gebirgige Zone, ideales Wandergebiet. Die sehenswerte historische Universitätsstadt La Laguna hält wenige Übernachtungsplätze bereit, mittlere und niedrige Preise. Punta del Hidalgo ist ein kleiner Badeort mit Unterkünften in Apartments, mittlere und höhere Preise.

Zimmersuche vor Ort

In den großen Ferienorten im Süden sind die Chancen gering. Wir fanden selbst im Juni/Juli in Los Cristianos/Playa de las Américas allenfalls ein Zimmer zum Höchstpreis. Nur 15 km weiter in El Médano standen viele Apartments leer, und es gab auch noch Rabatte.

Private Vermietung

In der deutschsprachigen Zeitung „Wochenblatt" sind im Kleinanzeigenteil häufig private Apartments annonciert. Sie gehören meist Deutschen und sind oft preiswerter als die Apartments in Anlagen.

Urlaub auf der Finca – Turismo rural

Wenn nicht Strand- und Meeresnähe der Unterkunft ganz oben auf der Wunschliste für die Ferien auf Teneriffa steht, ist der Fincaurlaub, Urlaub auf dem Bauernhof, die individuellste und gleichzeitig ruhigste Möglichkeit zu wohnen. Einige große Reiseveranstalter haben den Urlaub auf der Finca schon im Programm, wobei „Finca" dort häufig eine Apartmentanlage oder Hotel in einem ländlichen Gebiet bedeutet. Alte Höfe in ländlichen Zonen zu restaurieren und für Urlauber zu öffnen, ist das Anliegen des von der Europäischen Union geförderten Projekts „Turismo rural" – ländlicher Tourismus. Es gibt dabei strenge Auflagen zum Erhalt der Bausubstanz und zur Sicherung des Milieus. Mehr als 50 kleine und große Fincas sind auf Teneriffa in den letzten Jahren für Urlauber hergerichtet worden. Die Häuser liegen immer abseits, sie haben meist Gärten, die häufig auch bewirtschaftet werden. Sie enthalten meist eine große Wohneinheit für eine Familie oder Urlaubswohngemeinschaft. Die Häuser sind nicht nur sehr individuell und schön, sondern auch sehr komfortabel (Geschirrspülmaschine, Fernseher, Telefon, einige auch mit Pool), eher Landhäuser als Bauernkaten. Die Preise für ein solches Haus beginnen bei 60 € pro Tag, im Normalfall können vier Personen dort wohnen. Daneben gibt es wenige große Einheiten, die als Landhotels eingerichtet wurden (→ Ortskapitel).

Landhotels **Hotel El Patio,** in einem herrschaftlichen Landhaus bei Garachico.

Hotel Salamanca, in einem großen Fincakomplex bei Güímar.

Hotel Rural Senderos de Abona, in einem Hofgebäude in Granadilla.

Hotel La Casona del Patio, in einem schönen restaurierten Landhaus in Santiago del Teide.

Hotel Spa Villalba, inmitten der Wald- und Berglandschaft oberhalb von Vilaflor.

Spezialveranstalter in Deutschland Landhäuser und Fincas auf dem Lande haben auch folgende Spezialveranstalter im Programm: Die Hamburger Agentur von **Karin Pflieger,** www.la-palma-turismo-rural.de, bietet Häuser auf allen Kanarischen Inseln an; ebenso **Las Islas Reisen,** www.las-islas-reisen.de.

Herbergen und Zeltplätze

Die beiden Herbergen Teneriffas liegen in bevorzugten Wandergebieten: im Anagagebirge bei El Bailadero die **Albergue Montes de Anaga** und am Rande des Tenogebirges bei El Palmar die **Albergue Bolico** (→ S. 100).

2022 gab es vier empfehlenswerte **Campingplätze:** bei El Médano und an der Costa del Silencio (Süden), bei Punta del Hidalgo (Nordosten) und bei Guía de Isora (Westen). Man kann dort nicht nur sein eigenes Zelt aufbauen oder den Wohnwagen abstellen, sondern meist auch kleine Blockhäuser oder Zelte günstig mieten. Diese Plätze sind in den jeweiligen Ortskapiteln beschrieben.

Ländlicher Tourismus mit Komfort im Hotel La Casona del Patio

Meeresfrüchte werden im Restaurant Bahia Los Abrigos kreativ zubereitet

Essen und Trinken

Die traditionelle kanarische Küche ist neben frischen Fischgerichten die deftige Küche der Bauern und Fischer. Deren Speisen mussten preiswert und praktisch sein, mussten Hirten und Fischer unterwegs oder ganze Landarbeiterfamilien satt machen. Wer Fisch und kräftige, gut gewürzte Speisen mag, dem wird die kanarische Hausmannskost schmecken.

Wer in den Urlaubszentren des Südens Quartier bezieht, und das sind die meisten Urlauber, muss allerdings lange suchen, bis er ein Restaurant mit kanarischer Küche findet. Außerhalb der Urlauberzentren, in den Dörfern oder längs der Landstraßen, serviert man aber fast überall typische Gerichte.

Urlauber der Nordküste haben es da besser. Im Norden kommen Gourmets und auch hungrige Gäste mit besonders schmaler Geldbörse zu ihrem Recht. In Puerto de la Cruz und entlang der alten Landstraße von La Laguna nach La Orotava findet man sowohl kanarische und internationale Spitzenrestaurants als auch sehr preiswerte Speiselokale.

Guachinchen sind eine tinerfeñische Erfindung. Sie bieten preiswertes kanarisches Essen in minimalistisch eingerichteten Lokalen. Vielfach waren sie wohl als Lastwagengarage gebaut, und das sieht man ihnen noch an. Geboten wird, was der Markt gerade hergibt. Differenzierte Karten sind meist Fehlanzeige, dafür sind die Gerichte kalorienreich. Man zahlt für ein Essen mit Wein mancherorts nur 9,50 €. Diese Form der Verköstigung gibt es vor allem auf der Nordseite der Insel. Guachinchen sind zum Mittagessen bei den Arbeitern in der Umgebung oder für ein zünftiges Schmausen inmitten der Großfamilie am Sonntagmittag beliebt.

Speisen

Was ist typisch für die Küche Teneriffas, was sollte man als Urlauber probiert haben?

Papas arrugadas con mojo (runzelige Kartoffeln mit Soße): Uninformierte Touristen erkennt man daran, dass sie *papas arrugadas* abpellen. Falsch! Diese Kartoffeln wurden gründlich gereinigt und mit der Schale in sehr stark gesalzenem Wasser (die Fischer schöpften Meerwasser in den Topf) gekocht. Das Salz setzt sich als Kruste auf der Schale der Kartoffeln ab. Damit werden *papas arrugadas* auch serviert und gegessen. Meist mit *mojo rojo,* der roten, scharfen Soße, zu Fleisch und *mojo verde,* grüner, milder Soße, zu Fisch oder einfach so, ohne Fleisch oder Fisch. In den feineren Restaurants gibt es beide Soßen schon zum Brot und häufig noch eine Knoblauchsoße dazu.

Queso blanco: Diesen milden, weißen und frischen Ziegenkäse sollten Sie unbedingt einmal probieren. Die Spezialität ist mit *jamón serrano* (luftgetrockneter Schinken) als Vorspeise sehr beliebt.

Suppen: Probieren Sie auch mal eine der deftigen suppenartigen Gerichte, z. B. *garbanzas* (Kichererbsen) oder *puchero canario,* ein Gemüseeintopf, bei dem Gemüse und Fleisch in Brühe auf dem Teller getrennt gereicht werden.

Fleisch: Die Klassiker sind das *conejo en salmorejo* (gebeiztes Kaninchen) und *carne de cabra en salsa,* Ziegenfleisch in Soße. Die Fleischstücke werden erst in würziger Soße mit vielen Kräutern und *mojo rojo* mariniert und dann geschmort.

Fisch und Meeresfrüchte: Besonders beliebt unter den Einheimischen sind *bonito,* der kleine Thunfisch, oder ein saftiges *filete de cherne* (Zackenbarsch), ebenso der in Deutschland beliebte Edelfisch Seezunge *(lenguado).* Daneben gibt es nahezu alle Meeresfrüchte: *langostinos* und *camarones* (Krabben) und natürlich auch *calamares.* Bestellen Sie auf Teneriffa auch mal die sog. *chocos* (sprich: tschokos). Dann kommt der Tintenfisch ohne Panade im Stück gebraten auf den Teller.

Tapas – Kleinigkeiten für zwischendurch

Tapa heißt eigentlich „Deckel". Entstanden ist dieser Name für kleine Tellergerichte aus dem Brauch, das Weinglas mit dem Tellerchen abzudecken, damit keine Fliege im Getränk landet. Da lag die Idee nahe, den Deckel mit einem Stück Brot, einer Olive oder einer Sardine zu belegen – die Tapa war geboren. Aus dem Stückchen Brot sind kleine Zwischengerichte verschiedenster Geschmacksrichtungen geworden. Wenn Sie gleich zwei oder drei probieren, ersetzen sie eine Hauptmahlzeit. Die Klassiker unter den Tapas, die ursprünglich vom spanischen Festland kommen, sind:

Boquerones: sauer eingelegte Sardellenfilets mit viel Knoblauch und Öl

Ensaladilla: Kartoffelbrei mit Gemüse, mit Essig, Öl und Zwiebeln angemacht

Croquetas: Fisch, Fleisch oder Gemüse, zu Kroketten verarbeitet

Pulpo: Oktopus mit viel Zwiebeln und Paprika als Salat angemacht

Hígado: gebratene Leberstückchen in roter, häufig auch scharfer Soße

Tortilla española: Kartoffelomelett

In der Nähe der Küste gibt es in den Bars meist eine kleine Auswahl von leckeren Meeresfrüchte-Tapas, die sollten Sie nicht versäumen. Die Preise für Tapas liegen zwischen 4 und 7 €.

Als Geheimtipp für Fischrestaurants gilt seit langer Zeit der kleine Fischerort Los Abrigos im Südosten. Wie alle sog. Geheimtipps kennt ihn zumindest jeder Urlauber mit einem Reiseführer. Man kann dort noch immer gut Fisch essen, allerdings sitzen am Nebentisch keine Fischer, sondern andere Urlauber.

Gemüse: finden Sie in der typisch kanarischen Küche nur in Suppe, Eintopf oder Salat, Gemüsebeilagen gehören nicht in die einheimische Küche. Schauen Sie sich einmal auf den Bauernmärkten *(mercadillo)* oder in einer Markthalle um (→ S. 224), da werden Sie Entdeckungen machen: *Chayote,* ein grünes, schrumpeliges, birnenförmig flaches Gemüse, ist etwa mit Kohlrabi vergleichbar. *Ñame* ist eine Riesenwurzel (Maniok), sie liegt häufig aufgeschnitten und schon gekocht auf der Theke des Gemüsehändlers (dunkle Schale, rötlichbraunes Fruchtfleisch). Man kann es portionsweise kaufen und wie Bratkartoffeln zubereiten, mit Honig als Nachtisch oder einfach pur essen. Kartoffeln *(papas)* kennen Sie wohl kaum in solcher Auswahl. Einige werden wie Edelgemüse gehandelt (auch vom Preis). Die Schale der besten Sorte *papa negra* ist schwarz und das Fruchtfleisch gelb, je kleiner die Kartoffel, umso besser. Häufig kommen auch *batatas* (Süßkartoffeln) auf den Teller.

Nachspeisen (postres): Süß und kalorienreich müssen die Nachspeisen sein. Beliebt, wenn auch mittlerweile selten zu bekommen ist *bien me sabe,* eine Mischung aus Mandeln, Zucker und Honig, oder *Príncipe Alberto,* eine Schokoladencreme mit Mandeln. Auch *flan,* ein Pudding, der in jedem halbwegs seriösen Lokal mit viel Eiern und Sahne frisch zubereitet wird, kommt häufig auf den Tisch. Früchte von der Insel reicht man häufig „natural", in Lokalen mit kreativer Küche auch als Mousse oder Sorbet verarbeitet.

Zu frischem Fisch und gegrillten Calamares gehören die kanarischen Mojo-Soßen

Getränke

Wein: Über Jahrhunderte spielte der Weinanbau eine zentrale Rolle in der Wirtschaft Teneriffas. Weine von der Insel trank man am englischen Königshof ebenso wie an der Tafel des Zaren. Im 19. Jh. ließen mehrere Krisen den Weinanbau in der Bedeutungslosigkeit versinken. Seit gut 30 Jahren wird wieder Qualitätswein produziert. Die Winzer schlossen sich zu „Denominaciones de Origen" zusammen, Gemeinschaften zur Sicherung der Qualität. Ihre Weine erringen Auszeichnungen gegen die Konkurrenz vom spanischen Festland und aus Europa. Auch wirtschaftlich ist dieser Neubeginn ein Erfolg. Die eigene Produktion deckt mehr als 40 % des Konsums auf der Insel und steht bei jedem Fachhändler und in jedem Supermarkt im Regal. In Icod de los Vinos gibt es mehrere Probierstuben. Einen Überblick über die Weine aus allen Regionen gibt das Weinmuseum *Casa de Vino La Barranda* in Sauzal (→ S. 160).

Tipp: Wenn Sie Wein von der Insel mit nach Hause nehmen, dann geben Sie ihm einige Wochen Zeit, denn auch der Wein muss sich von der Reise erholen.

Mineralwasser: Auf den Kanaren werden hervorragende Mineralwässer abgefüllt, auf Teneriffa z. B. bei Vilaflor. Bei der Bestellung von „agua mineral" kommt prompt die Rückfrage „con (mit) o sin (ohne) gas". Mit Gas ist Kohlensäure gemeint.

Fruchtsäfte: Die meisten Bars und Restaurants haben eine Saftpresse und bereiten Ihnen auf Wunsch ein Glas des frischen, köstlichen *zumo de naranja natural,* reinen Orangensaft. Kostenpunkt etwa 2,50–3 €.

Typische Kaffeespezialitäten

Café solo: kleiner, schwarzer Espresso.

Café cortado natural: kleiner, schwarzer Espresso mit ein wenig aufgeschäumter Milch.

Café con leche: Milchkaffee, großes Glas (oder große Tasse) Kaffee mit viel aufgeschäumter Milch.

Café cortado leche leche: unten eine Schicht dicke, süße Milch *(leche condensado),* darüber kommt ein kleiner, schwarzer Espresso und zum Schluss aufgeschäumte Milch.

Barraquito: Café cortado (leche leche) mit Likör. Wer es süß mag, dem ersetzt dieser Kaffee auch schon mal die Nachspeise.

Das Angebot wächst stetig: Wein aus Teneriffa

In Santa Cruz auf der Plaza España finden Sie die Touristeninformation

Reisepraktisches von A bis Z

Apotheken

In allen größeren Ortschaften gibt es Apotheken (*Farmacias*), die auch Nachtdienste organisieren. Medikamente sind preiswerter als in Deutschland, viele Mittel, für die anderswo ein Rezept benötigt wird, gibt es auf Teneriffa im freien Verkauf. Sie bekommen sämtliche auch in Mitteleuropa handelsübliche Medikamente, wenn auch häufig unter anderem Namen. Deshalb für ein benötigtes Medikament den Beipackzettel mitnehmen, weil er die Zusammensetzung des Mittels enthält. Wer sich für ein Medikament, das ein Arzt verschrieben hat, eine Rechnung ausstellen lässt, kann von der Krankenkasse zu Hause die Kosten zurückerhalten. In Ihrer persönlichen Reiseapotheke benötigen Sie keine besonderen Medikamente.

Ärztliche Versorgung

Die Versorgung im Krankheitsfall ist gut. Neben dem ausgebauten öffentlichen Gesundheitssystem gibt es private Einrichtungen mit einem speziellen Angebot für ausländische Gäste.

Öffentliches Gesundheitssystem: Für die Behandlung akuter Erkrankungen von Mitgliedern der gesetzlichen Krankenkasse innerhalb der EU ist die Europäische Auslandskrankenversicherungskarte – EHIC (European Health Insurance Card) – erforderlich. Sie berechtigt zur kostenlosen Konsultation und Behandlung innerhalb des öffentlichen Gesundheitssystems. Diese Karte muss vor Reiseantritt rechtzeitig bestellt werden. Sie gilt für ein Jahr.

Die Leistungen der spanischen Sozialversicherung entsprechen nicht dem gewohnten Standard. Zahnbehandlungen (außer Zahnziehen) übernimmt die spanische Sozialversicherung beispielsweise nicht. Es gibt auch keine freie Arztwahl. Konkret: Im örtlichen *Centro de Salud*, das in allen größeren Orten über eine 24 Stunden geöffnete Ambulanz (Urgencia) verfügt, wird Ihnen ein Allgemeinmediziner zugewiesen, der notwendige Behandlungen vornimmt oder Überweisungen an Fachärzte oder ins Krankenhaus veranlasst. Sie können nicht davon ausgehen, dass der Arzt Englisch oder gar Deutsch spricht. Bei Sprachproblemen ist es deshalb empfehlenswert, einen Arzt für Privatpatienten aufzusuchen.

Teneriffa verfügt über vier öffentliche Krankenhäuser: ein Hospital in Santa Cruz, ein Hospital der Universitätsklinik in La Laguna, das Hospital del Sur in Playa de las Américas sowie das Hospital del Norte in Icod de los Vinos

Privates Gesundheitssystem: Ärztezentren und Klinken mit Deutsch oder Englisch sprechenden Ärzten gibt es in den Urlaubsorten. Dort müssen Sie zwar bezahlen, sollten aber dann eine Quittung *(recibo)* zur Vorlage bei Ihrer Krankenkasse verlangen. Diese erstattet häufig den Betrag. Vollkommen einfach ist ein Arztbesuch in einem privaten Gesundheitszentrum und auch in den privaten Krankenhäusern, wenn Sie eine entsprechende Privatversicherung oder eine Zusatzversicherung abgeschlossen haben.

Hinweis: Im Notfall transportieren die Reiseveranstalter erkrankte Urlauber nur außerhalb des von ihnen gebuchten Fluges zurück, wenn sie ein Attest eines von ihnen „anerkannten" Arztes oder Ärztezentrums vorweisen können. Eine Liste wird Ihnen zur Verfügung gestellt. Auch an den Hotelrezeptionen werden deutsch- oder englischsprachige Ärzte und Ärztezentren empfohlen.

Heiligenverehrung an einer alten Quelle in den Bergen

> Für **Not- und Eilfälle** gibt es in allen größeren Gesundheitszentren und den Krankenhäusern Ambulanzen *(Urgencias)* mit 24-Stunden-Dienst. Falls Sie einen Notarzt oder Krankenwagen benötigen, wählen Sie den **Notruf 112.** Sie werden mit Deutsch sprechendem Personal verbunden.

Feiertage

Spanien kennt nationale, regionale und kommunale Feiertage. Mehr zu den berühmten spanischen Fiestas finden Sie ab S. 193. Hier alle inselweiten gesetzlichen Feiertage:

1. Januar: **Neujahr**

6. Januar: Der **Dreikönigstag** ist der Tag der Geschenke wie bei uns der Heilige Abend. In größeren Orten reiten die drei Könige Bonbons werfend und Geschenke verteilend auf.

Semana Santa: **Karwoche** – Gründonnerstag, Karfreitag, Ostern (nicht Ostermontag).

1. Mai: **Tag der Arbeit**

30. Mai: **Día de Canarias,** der Regionalfeiertag.

Fronleichnam: **Corpus Cristi,** in La Laguna und La Orotava finden Corpus-Cristi-Prozessionen mit prächtigen Bildteppichen auf Plätzen und Straßen statt.

25. Juli: **Santiago,** Tag des spanischen Nationalheiligen Jakob.

15. August: **Mariä Himmelfahrt** bzw. Tag der Inselpatronin Vírgen (Jungfrau) de Candelaria.

12. Oktober: **Día de la Hispanidad,** wird in allen Spanisch sprechenden Ländern als der Tag begangen, an dem Kolumbus 1492 die „Neue Welt" entdeckte.

1. November: **Allerheiligen**

6. Dezember: **Verfassungstag**

8. Dezember: **Unbefleckte Empfängnis**

25. Dezember: **Weihnachten**

Geld

Kreditkarten wie Eurocard und Visa werden üblicherweise bei Banken in Verbindung mit dem Ausweis sowie in Hotels, Reisebüros, Restaurants und bei Autovermietern akzeptiert. Ihren monatlichen Höchstbetrag sollten Sie vor Urlaubsantritt erfragen. Geldautomaten stehen auf dem Flughafen ebenso wie bei den Bankgebäuden.

Information

Vor Ort auf Teneriffa helfen die örtlichen **Touristeninformationsbüros** (Adressen immer bei den jeweiligen Ortsbeschreibungen) mit Material sowie bei Fragen und Problemen weiter.

Zahlreiche **Internetseiten** bieten nützliche Informationen an. Hier eine Auswahl:

Allgemeine Informationen **www.tenerife.es:** Offizielle Seite Teneriffas mit nahezu jeglicher Information über die Insel. Alle für Urlauber interessanten Informationen finden Sie, wenn Sie „Reiseziel Teneriffa" anklicken. Sämtliche Sportangebote, Wanderveranstalter und Unterkünfte. Wer Spanisch spricht, kann sich über viele aktuelle, kulturelle, wirtschaftliche und soziale Themen informieren.

Touristische Informationen **www.webtenerife.de:** offizielle Seite Teneriffas; sie stellt Urlaubsmöglichkeiten von Wellness bis Wandern und die einzelnen Regionen vor mit dem Schwerpunkt Natur und Sport einschließlich der Anbieter.

www.insel-teneriffa.de: informative Seite zu Natur, Orten und touristischen Angeboten.

Aktuelle Nachrichten und Hintergrundinformationen **www.wochenblatt.es:** Seite der deutschsprachigen Zeitung mit Infos zu Teneriffa, den anderen Kanarischen Inseln und Spanien.

www.sonneninsel-teneriffa.de: private Seite mit jeder Menge an Informationen über alle Orte, Unterkünfte und Dienstleistungen aller Art.

Auf Spanisch: www.gobcan.es: Seiten der kanarischen Regierung mit Infos zu Politik und Entwicklung.

Transport **www.titsa.com:** Seiten der Busgesellschaft mit allen Fahrplänen, den günstigsten Verbindungen, auf Englisch.

www.aena.es: informiert über Flugpläne aller spanischen Flughäfen.

Kleidung und Ausrüstung

Was im Koffer oder Rucksack auf keinen Fall fehlen darf: **Sonnenschutz** für Kopf und Haut. Also, Sonnencreme mit hohem Lichtschutzfaktor, einen Hut oder ein Tuch einpacken. Außerdem **Strandlatschen,** denn der feine, schwarze Lavastrand wird sehr heiß.

Festes Schuhwerk: Ein paar Spaziergänge durch Schluchten und Wälder gehören einfach in jedes Urlaubsprogramm. Die Wege aber sind steinig und

felsig, manchmal feucht und glitschig. Da sollten feste Schuhe mit ausgeprägter Profilsohle, besser noch ein leichter Wanderschuh im Gepäck nicht fehlen.

Pullover, Strickjacke, Fleece: Im Winter können die Temperaturen abends bis auf 12 Grad zurückgehen, auch zum Wandern in den Bergen sollten Sie immer etwas Warmes einpacken.

Regenschutz: Zwischen Oktober und Mai kann es schon mal regnen. Ein leichter Anorak ist aber ausreichend.

Kleiderordnung: Dass Kirchen in angemessener Kleidung betreten werden sollten, versteht sich von selbst. Aber auch in Hotels, Restaurants, Nachtclubs und natürlich Kasinos ist Strandbekleidung verpönt.

Konsulate

Honorarkonsul von Deutschland: Puerto de La Cruz, Urbanisación Jardines de Quintana, Calle Guillermo Rahn 4, Locales 5–6, ✆ 922-248820, puerto-de-la-cruz@hk-dipl.de. Mo–Do 10–13 Uhr.

Deutsche Nepper sind schon da

„Sie haben den ersten Preis in der Tombola gewonnen!" Wirklich, dabei war das Los ein Geschenk. „Was Sie gewonnen haben? Einen kostenlosen zweiwöchigen Urlaub in den Vereinigten Staaten." Auch Ihr Partner hat Glück, er gewinnt eine Flasche Sekt. Abholen müssen Sie Ihre Gewinne in einem nahen Büro. Dort angekommen, ist wenig von Ihrer Urlaubsreise die Rede, sondern viel mehr von einer wunderschönen Apartmentanlage, in die Sie sich preiswert einkaufen können, Besuch gratis, ein Taxi wird gestellt.

So oder so ähnlich schaffen Schlepper von **Timesharing-Gesellschaften** ihre ahnungslosen, ja meist noch erfreuten Opfer an ihr Verkaufsobjekt. Dort, so stellen manche der Beglückten erst viel zu spät fest, haben sie dann den Kopf verloren und für 20.000 € oder mehr das Recht erworben, zehn Jahre oder länger jedes Jahr zwei Wochen kostenlosen Urlaub in einem Apartment der Gesellschaft zu machen. Dass dann doch Zusatzkosten für Verwaltung/Reinigung u. Ä. anfallen, bemerken die neuen Anteilseigner meist erst später.

Besser Sie versuchen nicht, Ihren Reisegewinn anzutreten. Das Reisebüro ist irgendwo, der Flug nicht im Gewinn enthalten, seine Kosten müssen erst überwiesen werden, und dann kommt kein Ticket. Leidensberichte dieser Art konnte man schon im deutschsprachigen Wochenblatt nachlesen.

Sogar das Europaparlament hat sich mit dieser Angelegenheit befasst, seither gibt es ein zehntägiges Rücktrittsrecht.

Die aus der Heimat bekannten, kostenlosen Kaffeefahrten – hier kostenlose Tagesausflüge zu attraktiven Punkten der Insel, bei denen dann eine Warenpräsentation auf Sie wartet – nehmen sich dagegen vergleichsweise harmlos aus. Es geht um weniger Geld und nicht um Immobilien, sondern um Rheumadecken und Edelstahltöpfe. Angeblich viel preisgünstiger als in Deutschland, weil die Kanarischen Inseln noch Freihandelszone sind.

Honorarkonsulat von Österreich: Santa Cruz, Calle Perez Zamora 9, ✆ 922-376364, tenerife@consulado-austria.es. Di 10–13 Uhr, Do 15–18 Uhr.

Schweiz: Das Konsulat befindet sich auf Gran Canaria. Urb. Bahía Feliz, Edificio de Oficinas (Bürogebäude) 2, ✆ 928-157979.

Kriminalität

Spanien gilt als recht sicheres Urlaubsland. Brutale Überfälle sind unbekannt. Kleinkriminalität gibt es aber sehr wohl, Wageneinbrüche sowie Diebstahl am Strand und aus den Hotelzimmern. Es gibt keinen Grund zur Panik, aber auch keinen für Nachlässigkeit. Folgendes raten das Innenministerium und die Autorin (aus eigener leidvoller Erfahrung):

- Benutzen Sie die Schließfächer des Hotels und lassen Sie keine größeren Geldbeträge oder Wertgegenstände im Zimmer liegen.
- Achten Sie am Strand, in den Innenstädten und an Ausflugspunkten auf Taschen und Kameras.
- Wenn Sie den Wagen parken, lassen Sie keine Wertsachen oder Jacken liegen. Zeigen Sie durch ein geöffnetes Handschuhfach, dass es nichts zu stehlen gibt. Dies gilt immer auch und gerade für Aussichtspunkte und abgelegene Stellplätze in Wandergebieten!
- Nehmen Sie die in Ihrem Hotel/Apartment gegebenen Hinweise ernst, Balkontüren zu sichern, Hausflure abzuschließen usw.
- **Tipp für Rucksackträger:** Gedränge beim Ein- und Ausstieg von Bussen und Fähren ist eine gute Gelegenheit für Langfinger, hinten den Rucksack auszupacken. Also Rucksack nach vorn schnallen oder in die Hand nehmen.

Kuren/Wellness/Spa

Auf Teneriffa kann man sich nicht nur durch einen Urlaub wieder regenerieren, sondern auch richtig kuren. Wenn die Anwendungen vom Arzt zu Hause verschrieben und von der Krankenkasse genehmigt werden, kann man sie sich auf Teneriffa angedeihen lassen (→ Hotelbeschreibungen in den Ortsteilen Los Cristianos und Punta del Hidalgo). Wer ohne Krankenschein etwas für die Gesundheit tun möchte, findet auf www.webtenerife.de unter „Aktivitäten" alle Wellnesseinrichtungen und Hotels mit Spa-Angeboten.

Landkarten

Der deutsche Buchhandel ist mit Landkarten von Teneriffa recht gut sortiert. Bei der Touristeninformation bekommt man gratis oder auf Tankstellen ab 4 € Karten, die für Autoausflüge vollkommen ausreichen. Spanische Karten kosten im deutschen Buchhandel doppelt soviel wie vor Ort.

Übersichtskarten **Tenerife Mapa Turistico,** Solynieve Ediciones, Straßenkarte mit Höhenangaben, auf der Rückseite zudem neun Stadtpläne, 5 €.

Teneriffa von Freytag & Bernd und Kompass, sehr detaillierte Straßen-/Wanderkarten auch 1:50.000, die auch unbefestigte Nebenwege und Wanderwege enthalten. Im Buchhandel in Deutschland und auf Teneriffa.

Wanderkarten **Nationalpark – das Wegenetz,** gratis zu erhalten an den Informationskiosken und im Besucherzentrum im Nationalpark, die Karte auf dem Faltblatt ist allerdings sehr grob und enthält keine Wegbeschreibungen.

Parque Nacional del Teide, gute Karte des Nationalparks mit Höhenlinien und Wegen, Maßstab 1:30.000. Nur für Wanderungen innerhalb der Nationalparkgrenzen. Buchladen im Besucherzentrum des Nationalparks.

Wanderkarten der Naturschutzgebiete Anaga- und Tenogebirge bekommt man auf Nachfrage in den jeweiligen Informationszentren, solange der Vorrat reicht.

Topographische Karten, 1:25.000, gibt es im Onlineshop des Zech Verlags und in Fachbuchhandlungen (→ Literatur, Buchhändler auf Teneriffa).

Literatur

Der deutsch-spanische **Zech Verlag** gibt engagiert gut gemachte Reiseliteratur für die Kanaren heraus. Bücher zu Geschichte, Kultur, Gastronomie und Sprache, aber auch historische Romane und Regionalkrimis. Sie bekommen sie über den Buchhandel auf Teneriffa und den Onlineshop: www.editorial-zech.es.

Flora Günther Kunkel: **Die Kanarischen Inseln und ihre Pflanzenwelt.** Gustav Fischer Verlag 1993. Im deutschen Buchhandel erhältlich. Standardwerk für botanisch vorgebildete Leser.

Ingrid und Peter Schönfelder: **Kanarische Pflanzenwelt.** Zech Verlag 2018. Führer durch die einheimische Pflanzenwelt der Kanarischen Inseln.

Wandern Marion Helbig: **Wanderführer Teneriffa,** 5. Auflage 2019, Michael Müller Verlag. Mit 35 GPS-kartierten Touren in allen Wanderregionen. Dazu ausführliche Beschreibungen und viele praktische Informationen zu den Wanderungen.

Geschichte Alfred Gebauer: **Alexander von Humboldt – Seine Woche auf Teneriffa.** Die erste Station auf Humboldts Reise nach Südamerika war Teneriffa. Er bestieg den Teide, den er vermaß und in geologischer und botanischer Hinsicht studierte. Das Buch enthält seine Originaltexte und Zeichnungen sowie eine Biografie.

Luise Schmidt: **Canarisches Tagebuch 1904–1906.** Die Autorin arbeitete vor mehr als hundert Jahren als Kindermädchen in Puerto de la Cruz im Hotel Martíanez. In dieser Zeit hat sie Tagebuch geschrieben und Fotos aufbewahrt. Ein echter historischer Reisebericht über die Anfänge des Tourismus auf Teneriffa.

Krimi Irene Börjes: **Tod am Teide.** Zech Verlag 2006. Die Autorin dieses Reisehandbuches ist zur Abwechslung unter die Krimi-Autoren gegangen. Sie schickt Reiseleiterin Lisa Sommer und ihre Wandergruppe auf die Suche nach einem Mörder. Dabei entdeckt die Gruppe zuerst einmal Teneriffas Landschaften und Traditionen und am Ende auch den Täter.

Buchhändler auf Teneriffa Puerto de la Cruz:

Petras Deutscher Bücherstand, Puerto de la Cruz, La Paz, an der Hauptstraße oberhalb des großen Supermarkts.

Im Süden: **Librería Barbara,** Los Cristianos, Calle Juan Pablo Abril 11, mit Deutsch sprechenden Besitzern. **TEA** im Kulturzentrum, Av. San Sebastián 10, Santa Cruz. **Librería El Águila,** Calle del Obispo Rey Redondo, La Laguna.

Märkte

Auf **Bauernmärkten** (Mercadillos) werden Obst und Gemüse, Fleisch, Fisch, Käse und Wein aus eigener Produktion angeboten. Sie finden jeweils am Samstag und am Sonntag von 8 bis 14 oder 16 Uhr statt. Die Mercadillos sind in den Orten ausgeschildert, z. B. in Las Chafiras (zwischen Flughafen und Los Cristianos), Adeje, Güímar, Candelaria. La Orotava, El Sauzal, Granadilla, Tacoronte, La Matanza, El Médano, Los Silos und El Palmar. **Markthallen** (Mercados), die Mo–Sa geöffnet haben, finden Sie in Santa Cruz, La Laguna und Puerto de la Cruz. Sie sind in den Ortsplänen verzeichnet.

Flohmärkte (Rastros) bieten alten und neuen Krimskrams, nur höchst selten Antiquitäten, stattdessen billige Klei-

Große Auswahl in der Markthalle von Santa Cruz

dung, afrikanische Schnitzereien und allerlei Schnickschnack an.

Flohmärkte **Santa Cruz,** tägl. 9–13 Uhr neben der Markthalle; **El Médano** Sa 8–14 Uhr; **Los Abrigos,** Di 17–21 Uhr; **Los Cristianos,** So 10–14 Uhr neben dem Hotel Gran Arona; **Playa de las Américas,** Do/Sa 10–14 Uhr Parque Royal, Torviscas; Av. de de Bruselas, oberhalb der Plaza del Duque; **Playa San Juan,** Mi 10–13 Uhr in der Av. Reina Sofia; **Puerto de la Cruz,** am Mercado Municipal in der Av. Blas Perez Gonzalez, Mi, Sa, So 9–14 Uhr; **Alcalá,** Mo 10–14 Uhr auf der Plaza del Llano; Bummeln und Kaufen unter Sternen bietet **Los Abrigos** Di 18–22 Uhr; **Las Chafiras** und **Adeje** Mi 17–20 Uhr.

Medien, deutschsprachig

Zeitungen/Zeitschriften: Deutsche Tages- und Wochenzeitungen bekommt man in allen größeren Urlaubsorten spätestens einen Tag nach ihrem Erscheinungsdatum. Auf Teneriffa erscheinen daneben deutschsprachige Zeitungen, die über das aktuelle Geschehen auf der Insel und Veranstaltungen informieren. Die umfangreichste ist das *Wochenblatt*, es erscheint alle zwei Wochen. An vielen Stellen liegen Gratiszeitungen aus.

Fernsehen: Die meisten Hotels und Apartmentanlagen bieten TV im Zimmer. Sie zeigen aber manchmal nur wenige deutsche Programme. Um die angebotenen Programme sehen zu können, muss man bisweilen einen Decoder mieten.

Öffnungszeiten

Einzelhandel: Außerhalb der Touristenhochburgen gilt als Faustregel Mo–Fr 8–13/14 und 16/17–20 Uhr, Sa 8–14 Uhr, So und Feiertage geschlossen. In Touristengebieten, an Promenaden sowie in großen Supermärkten und Einkaufszentren entfällt die Mittagspause, die Geschäfte bleiben bis 20 Uhr oder sogar 22 Uhr geöffnet.

Banken/Sparkassen: sind üblicherweise Mo–Fr bis 14 Uhr geöffnet.

Post

Postämter, *correos,* finden sich in allen Ortschaften. Öffnungszeiten 8–14.30 Uhr, Sa bis 13 Uhr. Für die Postkarte oder einen normalen Brief innerhalb der EU benötigen Sie eine Briefmarke (*sello* – sejo gesprochen) zu 1,50 € (2022).

Stolzer Hahn in Bajamar

Postlagerung ist in jedem Postamt mit dem Vermerk „Lista de Correos" möglich. Drei Wochen wird die Post aufbewahrt, beim Abholen müssen Sie sich ausweisen. Für telegrafische Geldanweisungen müssen Sie sich vorher ein Konto einrichten.

Preise

Der Einkauf im Supermarkt kostet für den Urlauber hüben wie drüben in etwa das Gleiche. Die EU schafft vergleichbare Preise. Im Detail gibt es allerdings ein paar ganz gravierende Unterschiede. Die Kanarischen Inseln sind noch immer Freihandelszone, das erklärt einige Differenzen. Sehr günstig sind Zigaretten: Die Stange europäischer und amerikanischer Zigaretten kostet um 20 €, die einheimische gibt es gar ab 8 €. Auch Spirituosen sowie optische und elektronische Artikel sind günstig. Speisen und Getränke in Bars und Restaurants sind nach wie vor preiswerter als in Deutschland. Einen Café solo (Espresso) bekommt man mancherorts noch für 0,80 €, ein großes Bier für 2,50 € und eine Flasche Wein ab 12 €. Offener lokaler Wein *(granel)* ist in der Regel günstiger.

Sprache

In den Urlauberzentren sprechen viele Angestellte der Hotels und Restaurants Englisch und Deutsch. Die Verkäuferin im Supermarkt oder der Fahrer des Linienbusses sind zwar freundlich und geduldig, aber nicht als Dolmetscher eingestellt. Wenn Sie mehr kennen lernen wollen als Hotel und Pool und nicht nur an geführten Ausflügen teilnehmen möchten, müssen Sie sich um ein paar Brocken Spanisch bemühen.

Auch wer Spanisch spricht, kann auf Teneriffa Überraschungen erleben. Aufgrund mehrerer Auswanderungs- und Rückkehrerwellen, insbesondere nach und von Kuba und Venezuela, haben viele Elemente des südamerikanischen Spanisch Einzug in das Kanarische gefunden. So heißt beispielsweise die Kartoffel hier *papa*. Eine *patata* ist eine Süßkartoffel. Der Linienbus ist nicht schlicht *el autobus*, sondern *la guagua*. Das Endungs-„s" wird nicht mitgesprochen, und damit sind die Unterschiede noch lange nicht zu Ende.

Sprachkurse

Spanisch lernen auf Teneriffa ist eine echte Alternative zum Sprachkurs an der VHS. Angebote für Urlauber gibt es von **Sothis** mit Unterricht in Puerto de la Cruz und El Médano (✆ 922-385021, www.sothis.es), von **Fu International Academy Tenerife** (✆ 922389303, www.fu-tenerife.com) oder von **Don Quijote** in Puerto de Cruz (✆ 922-368807, www.donquijote.org).

Strom

Die Spannung entspricht der in Europa aus gebräuchlichen Steckdosen.

Telefonieren und Internet

Gespräche ins EU-Ausland mit dem **Handy** dürfen seit Mai 2019 maximal 19 Cent pro Minute kosten, Textnachrichten 6 Cent pro Minute.

WiFi-Zonen und **PCs** zur Nutzung für die Gäste haben mittlerweile alle größeren Hotels. **Ciber Centros** (Internetcafés) gibt es in allen Städten und Urlaubsorten.

> **Landesvorwahlen:** Deutschland 0049, Österreich 0043, Schweiz 0041. Die Vorwahl nach Spanien ist 0034.
>
> Die jeweilige **Provinzvorwahl** ist in Spanien Teil der Anschlussnummer, muss also für Gespräche ins Festnetz immer, auch bei Ortsgesprächen, gewählt werden; für alle Gespräche auf Teneriffa ist das die 922.
>
> **Handynummern** haben ihre eigene Vorwahl, sie beginnt in Spanien immer mit 6.
>
> **Notruf: 112** – Sie werden mit Deutsch sprechenden Mitarbeitern verbunden.

Trinkgeld

Runden Sie die Rechnung im Lokal oder im Taxi auf, wie Sie es von zu Hause gewohnt sind. Das Lohnniveau auf den Kanaren für die Gastronomie und im Hotelgewerbe ist niedrig, daher freut man sich hier immer über ein kleines Trinkgeld.

Zeit

Auf Teneriffa gilt die MEZ minus eine Stunde, es ist also eine Stunde früher als in Deutschland.

Zoll

Vor allem die billigen Zigaretten sind es, die so manchen Teneriffa-Urlauber zum Schmuggler werden lassen. Die Kanarischen Inseln gehören nicht zur Zollunion der Europäischen Gemeinschaft. Für Waren von den Kanaren gelten deshalb bei der Einfuhr nach wie vor unten stehende Mengenbeschränkungen.

Tabakwaren (nur für Personen ab 17 Jahren): 200 Zigaretten oder 100 Zigarillos oder 50 Zigarren oder 250 g Tabak.

Alkoholische Getränke (nur für Personen ab 17 Jahren): 1 l Spirituosen mit mehr als 22 % vol. Alkoholgehalt oder 2 l Spirituosen oder Aperitifs mit einem Alkoholgehalt von max. 22 % vol. oder 2 l Wein.

Schönste botanische Anlage von Santa Cruz: Parque García Sanabria

Die Masca-Schlucht im Tenogebirge

Rundfahrten

auf Teneriffa

Schöne Fahrt auf gut ausgebauten Straßen durchs Orotavatal

Tagestouren auf Rädern

Teneriffa verfügt zwar über ein gut ausgebautes Busnetz, mit dem sie einzelne Orte und Städte erkunden können – für Rundfahrten sind allerdings Leihfahrzeuge besser geeignet. Auf diesen Seiten finden Sie sechs Tourvorschläge, die meistens einen ganzen Tag füllen. Näheres zu den Sehenswürdigkeiten unterwegs finden Sie in den jeweiligen Ortskapiteln.

Tour 1

Vom Süden in den Nationalpark

Route: Gleich die erste Tour führt im wahrsten Sinne zu Teneriffas Höhepunkt. Durch ländliche Zonen und Pinienwälder um Vilaflor geht es hinauf in die jungvulkanische Zone des Nationalparks mit dem Teide im Zentrum. Zurück führt der Weg durch schwarze Vulkandünen, auf denen leuchtend grüne Pinien wachsen, über Chio. **Länge/Dauer:** 130 km ab/bis Los Cristianos/Playa de las Américas, 3:30 Std. (reine Fahrzeit). Planen Sie die Tour als Tagesausflug, denn zumindest im Nationalpark sollten Sie sich Zeit für Stopps und vielleicht eine Seilbahnfahrt auf den Teide nehmen oder gar eine kleine Wanderung machen. **Ausrüstung:** Auf mehr als 2000 Höhenmetern kann es kalt sein, deshalb lange Hosen und Jacke mitnehmen. **Restaurants:** Falls Sie zeitig essen wollen, finden Sie in Vilaflor Gelegenheit dazu, im Nationalpark gibt es mehrere Restaurants. Das Hotel Parador verfügt auch über eine Cafeteria.

Wegbeschreibung: Ausgangspunkt Playa de las Américas/Los Cristianos. Die Autopista auf Höhe der Abfahrt Arona mit dem Tunnel bzw. der Brücke unter- oder überqueren, weiter auf der TF-28 bis Granadilla. Am Mirador de Centinilla mit Panoramablick über den Süden lohnt sich ein Stopp. In Granadilla auf die Landstraße TF-21 abbiegen, weiter nach Vilaflor. Stopps in **Vilaflor** (30 km) und am **Pino Gordo** oberhalb von Vilaflor. Von Vilaflor führt die TF-21 durch Pinienwälder und alpine Landschaft. Kurz vor der Fahrt in den Nationalpark (48 km) bei klarem Wetter Blick auf Gran Canaria (nach Osten), Gomera, manchmal auch Hierro (nach Westen) und La Palma (zeigt sich als zwei „Höcker" in Richtung Norden). Einfahrt durch die **Boca del Tauce** in den Nationalpark. An der Straßengabelung geht es mit der TF-21 nach rechts. Mehrere Parkbuchten und Aussichtsplätze längs der Straße. Zum Pflichtprogramm gehören ein Stopp am **Info-Punkt** neben dem Parador, an den **Roques de García** fast gegenüber und eine Fahrt zum Besucherzentrum **Centro de Visitantes El Portillo** (68 km). Wer mag, fährt mit der Seilbahn *(teleférico)* bis fast unter den Gipfel. Wer genug Zeit hat, kann ab dem Besucherzentrum El Portillo zur Wanderung 10 (→ S. 261) starten. Selbst ein Teilstück des Weges verschafft einen starken Eindruck.

Zurück geht es zunächst auf derselben Strecke, aber nicht durch die Boca del Tauce, sondern auf der TF-38 weiter nach Norden und dann in Richtung Chio. Beim Verlassen des Nationalparks hat man einen wunderschönen Blick auf das Tenogebirge und die Nachbarinseln. Es folgt eine Fahrt durch schwarze Aschenberge, auf denen knallgrüne Pinien wachsen. Ab Chio über die Autopista bis nach Playa de las Américas/Los Cristianos.

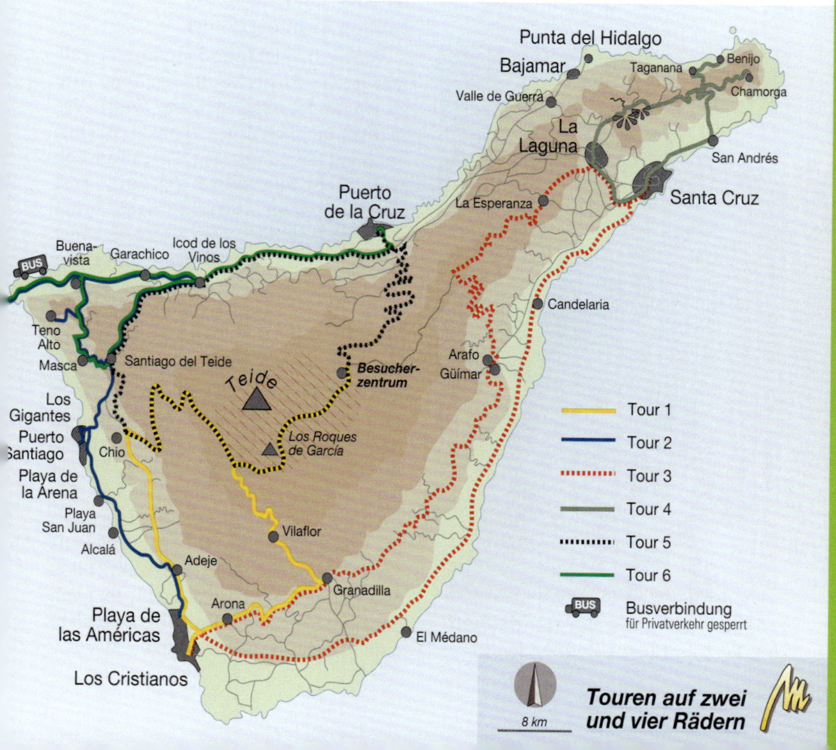

Tour 2

Vom Süden ins romantische Tenogebirge

Route: Vom großstädtischem Playa de las Américas geht die Fahrt in Teneriffas schönstes Bergdorf Masca. Im Anschluss bleibt Zeit für den Besuch der schönen historischen Stadt Garachico und den ältesten Drachenbaum der Welt in Icod de los Vinos. **Länge/Dauer:** 120 km, 4 Std. (reine Fahrzeit). Mögliche Abstecher nach Teno Alto und Punta del Teno bringen zusätzlich 50 km. **Ausrüstung:** Bequeme Schuhe für die Stadtbesichtigungen. **Restaurants:** In Alcalá, Masca und Garachico gibt es zahlreiche empfehlenswerte Restaurants.

Wegbeschreibung: Von Playa del Las Américas auf der Autopista bis zur Kreuzung Adeje/Playa de San Juan, dort in Richtung Playa San Juan auf die Landstraße TF-47 bis Los Gigantes. Stopps lohnen in den Fischerorten **Playa San Juan** und **Alcalá** sowie an der Steilküste **Los Gigantes.** Weiter über die Landstraßen TF-464 und TF-82 nach Santiago del Teide, im Ort auf die TF-436 nach Masca abbiegen. Stopp auf dem **Pass** (41 km), toller Blick auf den Teide und das Tenogebirge, bei klarer Sicht auf die Nachbarinseln. Erneuter Stopp auf dem kleinen Parkplatz einige Kurven darunter mit herrlichem Blick auf Masca. Von dort eventuell ein Teilstück der Wanderung 1. Fahrt nach **Masca** (45 km), dort Stopp und Ortsbesichtigung. Weitere schöne Aussichtspunkte sind **Cruz de Hilda** und der **Mirador de Tabaiba** auf der weiteren Fahrt in Richtung Norden.

Eingebettet in die Berglandschaft des Tenogebirges liegt Masca

Weiter in Richtung Palmar, vor Palmar ist ein Abstecher in den Teno Alto zu einem der abgelegensten Weiler Teneriffas möglich (zusätzlich ca. 15 km), dann auf die Landstraße TF-436 zurück und nach **Buenavista** (55 km), dort eventuell einen Abstecher nach Punta del Teno (mit dem Bus) einlegen, sonst auf der TF-42 weiter nach **Garachico** (66 km) und Stopp mit Ortsbesichtigung. Weiter nach **Icod de los Vinos** (72 km), dort Stopp und Besichtigung des größten Drachenbaumes der Welt und der Altstadt. Ab Icod de los Vinos geht es zurück. Wenn die Autopista fertiggestellt sein sollte, nehmen Sie diese zurück zum Ausgangspunkt. Sollte sie noch nicht eröffnet sein, nehmen Sie die TF-82. Hinter der Ortsausfahrt San Juan de Reparo liegt ein beeindruckender **Mirador,** ein Aussichtspunkt (Blick auf Garachico), zurück geht es nach Santiago del Teide. Dort die Autopista zum Ausgangspunkt nehmen.

Tour 3

Zu Heiligtümern und Hauptstädten

Route: Von Süden über Candelaria, den Sitz der Inselpatronin, nach Santa Cruz, der jetzigen Hauptstadt. Die Universitätsstadt La Laguna ist danach das Ziel. Durch die Pinienwälder von La Esperanza geht es weiter nach Güímar. Die Pyramiden dort sollen das geistige Zentrum der Ureinwohner gewesen sein. Ab Güímar über die Autobahn zurück. **Länge/Dauer:** 200–220 km, 4 Std. (reine Fahrzeit). **Restaurants:** In Candelaria, Santa Cruz und La Laguna gibt es zahlreiche Lokale. **Hinweis:** Der Hin- und Rückweg führt über die Autobahn, damit Zeit für die Besichtigungen und einen Einkaufsbummel in Santa Cruz bleibt. Wer das nicht möchte, kann für die Hinfahrt ab El Médano die TF-84 bis Granadilla und von dort bis Güímar die kurvenreiche Landstraße TF-28 nehmen und so eine abgelegene Landschaft kennenlernen.

Wegbeschreibung: Autobahn TF-1 bis **Candelaria** (74 km), dort Stopp und Besichtigung. Weiter nach **Santa Cruz** (86 km). Dort Stadtbesichtigung und/oder Einkaufsbummel. Von Santa Cruz über die Autopista TF-5 nach **La Laguna** (92 km), Stadtbesichtigung (lohnt sich aber auch als eigener Programmpunkt oder in Verbindung mit Tour 4). Entweder über die Autobahn oder weiter über die TF-24 nach La Esperanza und auf die bewaldete **Cordillera Dorsal** mit vielen Aussichtspunkten, Stopp z. B. am Mirador Pico de las Flores (105 km), die TF-523 nach Arafo nehmen. In **Arafo** (133 km) eventuell Stopp (schöne Plaza), weiter auf der TF-525 zu den **Pyramiden von Güímar** (136 km). Von Güímar aus auf der Autobahn zurück nach Los Cristianos/Playa de las Américas.

Candelaria

Tour 4

Ins wilde Anagagebirge

Route: La Laguna ist das Tor ins Anagagebirge. Unmittelbar in der Nähe der Großstädte liegt dieser schroffe Gebirgszug mit abgelegenen Dörfern, in denen Menschen noch in – allerdings komfortablen – Höhlen wohnen. Zurück geht es über San Andrés und Santa Cruz. **Länge/Dauer:** 94 km, 3:30 Std. (reine Fahrzeit). Die Straßen im Anagagebirge sind sehr schmal und extrem serpentinenreich. **Ausrüstung:** Auf den Höhenzügen des Gebirges kann es kühl und neblig sein. Auch im Sommer sollte man deshalb immer eine Jacke mitnehmen. **Restaurants:** Ausfluglokale und Restaurants finden Sie im Anagagebirge z. B. in Roque de las Bodegas und in San Andrés.

Wegbeschreibung: Wenn Sie La Laguna an diesem Tag nicht besuchen wollen, nehmen Sie am besten die Autopista-Abfahrt „8A" auf die TF-13. So geraten Sie nicht in den verwirrenden Stadtverkehr. An der Kreuzung in Canteras wechseln Sie auf die TF-12 in Richtung Las Mercedes (10 km) ins Anagagebirge. Die Straße führt in den Mercedeswald, einen der wenigen Reste des Lorbeerwaldes auf Teneriffa. Stopps bieten sich an den folgenden **Miradores** an: 1. Mirador Jardina, 2. Mirador Cruz del Carmen mit Besucherzentrum (dort erhalten Sie auch aktuelles Material), 3. Mirador Pico de los Ingles.

Weiter geht es in Richtung El Bailadero immer auf dem Hauptbergrücken mit herrlicher Sicht in die Schluchten und auf die Bergzüge. An der Kreuzung El Bailadero (30 km) geradeaus der TF-123 folgen, dort warten weitere Aussichtsplätze. Die Straße endet im Dörfchen **Chamorga** (42 km), nachdem man einen Tunnel passiert hat. Weiter an die wilde, nahezu unberührte Küste kommt man nur noch zu Fuß.

Die Fahrt führt zurück nach **El Bailadero** (54 km) und von dort auf der TF-134 zur Nordküste, zum größten Ort des Anagagebirges, nach **Taganana** (62 km). Dort kann man einen Stopp einlegen, sonst geht es weiter an die Küste. In Roque de las Bodegas finden Sie Fischrestaurants. Die Straße endet oberhalb vom Strand in **Benijo** (66 km), wo Sie in den Lokalen ebenfalls frischen Fisch essen können. Baden sollten Sie wegen gefährlicher Unterströmung eher bei Roque de las Bodegas oder am herrlichen Strand von San Andrés. Ein Wanderweg führt nach El Draguillo und weiter die Küste entlang.

Die Fahrt zurück führt an der Kreuzung von El Bailadero auf die TF-12 und hinunter zur südlichen Küste, die wesentlich trockener, wärmer und karger ist. Etappenziel ist der Bade- und Ausflugsort der Hauptstädter, **San Andrés** (87 km), mit guten Fischrestaurants. Von San Andrés ist es nur ein Katzensprung auf bequemer Straße nach Santa Cruz (94 km).

Tour 5

Durch das Orotavatal in den Nationalpark

Route: Die Fahrt von Puerto de la Cruz durch das Orotavatal in den Nationalpark ist besonders schön. Als Besichtigungspunkt unterwegs lohnt die Altstadt von Orotava. Zurück führt der Weg durch schwarze Vulkandünen und über die Nordküste. **Länge/Dauer:** 128 km, ca. 4 Std. (reine Fahrzeit). Sie sollten diese Tour als Tagesausflug planen, denn Sie durchqueren hinreißend schöne Landschaften. **Ausrüstung:** Auf mehr als 2000 Höhenmetern kann es kalt sein, deshalb lange Hosen und Jacke mitnehmen. **Restaurants:** Im Nationalpark gibt es mehrere Restaurants. Das Hotel Parador verfügt auch über eine Cafeteria.

Wegbeschreibung: Von Puerto de la Cruz durch **La Orotava** (10 km), dort eventuell Stopp und Besichtigung der Altstadt. Weiter geht es auf der TF-21 zum Nationalpark (mit „Parque Nacional del Teide“ oder auch „Cañadas“ ausgeschildert). Sie passieren den Ort **Aguamansa** (ca. 15 km) und kurz darauf die Zufahrt zum Waldrastplatz „La Caldera“, am Wochenende ein sehr beliebtes Ausflugsziel. Die Landstraße führt gleichsam durch eine Parklandschaft. Allein diese Fahrt lohnt den Ausflug. Immer wieder laden Tische und Bänke in der Nähe der Landstraße zu einer Rast ein. Die bekannte **Basaltformation Piedra Margarita** finden Sie zwischen km 23 und 24. Nach 30 km erreichen Sie an einer Straßengabelung den ersten Informationskiosk der Verwaltung des Nationalparks. Bald darauf folgt auch das **Centro de Visitantes,** das Besucherzentrum mit Ausstellungen und weiteren Informationen.

Sie durchfahren den Park auf der bequemen TF-21 mit vielerlei Haltemöglichkeiten. Vorbei geht es auch an der Seilbahnstation. Pflichtstopp ist der Parkplatz bei **Los Roques de García** (42 km) mit Blick auf die säulenartig geformten Felsen (→Foto rechts) und die dahinterliegende Ebene Llano de Ucanca. Schräg gegenüber liegt das Hotel Parador und ein Infopunkt. Sie verlassen den Nationalpark auf der TF-38 in Richtung Chio und haben bei klarer Sicht wiederum herrliche Ausblicke, jetzt auf die Nachbarinseln.

An der Kreuzung bei Chio (72 km) nehmen Sie die Straße TF-375 nach rechts über **Arguayo** (mit Töpfereimuseum) nach **Santiago del Teide** (81 km). Auf den Besuch des Tenogebirges und Mascas sollten Sie an diesem Tag verzichten und dieses abenteuerliche Gebirge mit Tour 6 besuchen. Wenn die Autopista nach Icod de Los Vinos eröffnet ist, nehmen sie diese für die Rückfahrt. Falls sie noch nicht eröffnet ist, folgen Sie der Landstraße TF-82 weiter nach **El Tanque.** Kurz vor San Juan de Reparo Stopp am Mirador mit Blick auf Garachico. Weiter geht es über **Icod de los Vinos** (103 km) zurück nach Puerto de la Cruz. Wenn Sie die Tour 6 nicht machen, sollten Sie den Drachenbaum von Icod de los Vinos nicht versäumen.

Tour 6

Historische Städte im Norden und das romantische Tenogebirge

Route: Von Puerto de la Cruz aus lassen sich viele sehenswerte alte Städte anschauen. Den Anfang macht Orotava, später geht es über Icod de los Vinos nach Garachico, ins Tenogebirge zum schönsten Bergdorf, nach Masca, und über Santiago del Teide zurück. **Länge/Dauer:** 105 km, 3 Std. (reine Fahrzeit), mit Besichtigungen und Spaziergängen ein Tagesausflug. **Restaurants:** Unterwegs finden Sie empfehlenswerte Restaurants z. B. in Garachico und Masca.

Wegbeschreibung: Ab Puerto de la Cruz über die Autobahn nach Orotava. Nach der Besichtigung der Altstadt (Parkhaus ausgeschildert) geht es zurück auf die Autobahn/TF-5 in Richtung Icod de los Vinos. Unterwegs könnte man sich die gut erhaltene Altstadt von **San Juan de la Rambla** ansehen. Allerdings ist sie bescheidener und ruhiger als die anderen Besuchspunkte. Nach 30 km ist **Icod de los Vinos** erreicht. Hier steht der berühmte „tausendjährige" Drachenbaum am Rande der Altstadt (ausgeschildert).

Weiterfahrt über die TF-42 nach **Garachico** (37 km), Stopp und Besichtigung dieser komplett erhaltenen Stadt. Weiter geht es nach **Buenavista** (47 km), möglich ist ein Abstecher mit geht es auf der kurvenreichen TF-436 ins Tenogebirge. Stopp am **Mirador Altos de Baracán:** Er eröffnet Ausblicke auf das Tenogebirge und bei klarer Sicht auf die umliegenden Inseln.

Durch die abenteuerliche Landschaft (an der alten Wegkreuzung Cruz de Hilda finden Sie einen besonders schönen Aussichtsplatz mit Café) führt die schmale Straße nach **Masca** (58 km), dort Stopp und Spaziergang im Ort. Von Masca führt die TF-436 in vielen Serpentinen hinauf zum **Pass Degollada del Cherfe;** auch hier sollten Sie haltmachen und noch einmal die großartigen Ausblicke genießen. Hinunter geht es nach Santiago del Teide (64 km), im Ort nach links auf die Autopista oder die Landstraße TF-82 und zurück nach Puerto de la Cruz.

Leuchtend rote Weihnachtssterne zum Jahreswechsel im Tenogebirge

ele Kurven führen ins
ergdorf Masca

Prächtiger Kiefernwald im Orotavatal

Wandern

auf Teneriffa

GPS-kartierte Touren sind mit dem Symbol GPS gekennzeichnet. Download der GPS-Tracks inkl. Waypoints unter https://mmv.me/51503

Kleiner Wanderführer

Spätestens wenn die Urlaubswünsche nach Ausschlafen und Schwimmen erfüllt sind, wird es Zeit, das Teneriffa hinter den Urlaubsorten kennenzulernen. Für ein intensives Naturerlebnis haben wir hier die schönsten Wanderungen zusammengestellt.

Im wildromantischen **Tenogebirge** mit seinen tiefen Schluchten und schmalen Graten, von denen der Blick sowohl zum Teide als auch auf die Küsten reicht (Wanderungen 1 und 2).

Rund um das Urlauberzentrum **Puerto de la Cruz** gibt es schöne Ziele, die sich entlang der Küsten zu Fuß erreichen lassen (Wanderungen 3 und 4).

Als eine der schönsten Landschaften ist das **Orotavatal** ein ideales Wandergebiet. Von hier aus kann man sowohl durch die ländlichen Zonen bis hinunter nach La Orotava, Los Realejos und bis Puerto de la Cruz wandern, als auch auf gleicher Höhe die Wälder erkunden (Wanderungen 5, 6 und 7) oder gar weiter hinauf bis in den Nationalpark. An der Landstraße und an den Wanderwegen stehen zahlreiche *Chozas*, überdachte Picknickplätze, die sich als Wanderziele eignen.

Im **Anagagebirge** sind zahlreiche Wege ausgeschildert (Wanderungen 8 und 9). Ergänzend dazu gibt es ein Faltblatt mit Beschreibungen vieler Wanderungen kostenlos im Besucherzentrum am Cruz del Carmen

(→ S. 168). Das Anagagebirge ist häufig in Wolken gehüllt, dann hat man wenig Sicht; umso wichtiger ist es, dass Sie auf keinen Fall die Wanderwege verlassen, zumal das Gelände zum Teil sehr steil ist. Es gibt zwei besonders geschützte Zonen: Monte de Aguirre und weiter Richtung Osten kurz vor dem Ort Chamorga das Naturschutzgebiet El Pijaral. Beide Gebiete dürfen nur mit einer besonderen Erlaubnis *(permiso)* betreten werden, die rechtzeitig beantragt werden muss. Im Besucherzentrum erhalten Sie dazu weitere Informationen oder direkt unter https://centralreservas.tenerife.es (zurzeit nur auf Spanisch).

Die Zone des **Nationalparks** ist eines der interessantesten Wandergebiete überhaupt (Wanderungen 10 und 11). Die Kombination von hochalpiner Landschaft (immer über 2000 m) und jungvulkanischen Gesteinsformationen mit allgegenwärtigen, bizarr erstarrten Lavaflüssen und weißen Aschefeldern und dabei dem ständigen Blick auf den höchsten Berg Spaniens ist einmalig. Hinzu kommt noch die außerordentliche Vegetation. Die Nationalparkverwaltung hat ein Informationsblatt mit einer Karte zum Wegenetz herausgegeben. Sie erhalten es an den Kiosken am Parkeingang El Portillo und Boca de Tauce sowie im Besucherzentrum El Portillo. Vom Besucherzentrum aus starten täglich geführte Wanderungen. Kosten entstehen für die Teilnehmer nicht. Eine telefonische Anmeldung unter ✆ 922-922371 oder die persönliche Voranmeldung im Besucherzentrum ist jedoch erforderlich. Sie können die Wanderungen auch ohne Führung in einer privaten Gruppe machen. Allein sollten Sie aber niemals gehen!

Ausrüstung und Planung

Eine An- und Abfahrt mit dem Bus ist bei allen Wanderung möglich. Die Anfahrt im eigenen Pkw empfiehlt sich nur für die Streckenwanderung 8 nicht. Abseits der Tourismuspfade ist Teneriffa nicht nur ruhig, sondern zuweilen auch richtig einsam. Es kann durchaus sein, dass Sie auf dem gesamten Weg vollkommen allein sind und weder ein Restaurant noch einen Taxistand finden. Auf solche Touren muss man sich richtig vorbereiten, damit sie nicht schief gehen:

Viele Wege sind schotterig oder gar geröllig, dadurch kann man leicht ins Stolpern kommen. Andere wieder sind übersät mit langen Kiefernnadeln, auf denen man sehr leicht ins Rutschen kommen kann. Alles spricht also für einen richtigen **knöchelhohen Wanderschuh** mit gutem Profil.

Sie wandern nicht in Europa; die Sonne steht steiler am Himmel, die Temperaturen sind extremer, und der Wind auf diesem Atlantik-Eiland weht heftiger. **Sonnenschutz** für Haut und Kopf nicht vergessen, immer einen **Wasservorrat** (1–2 Liter pro Person) mitnehmen. In den Bergen auch nie ohne Anorak loslaufen.

Unfälle kann man nie ausschließen, darum sollten Sie **nie alleine wandern.** Falls Sie dennoch ohne Wanderpartner sind, nehmen Sie bitte ein Mobiltelefon mit, und weil das nicht überall Kontakt bekommt, zusätzlich noch eine Trillerpfeife, eine Taschenlampe oder einen Handspiegel, um notfalls auf sich aufmerksam machen zu können. Sagen Sie in Ihrem Hotel Bescheid, wo Sie wandern werden und wann Sie vermutlich zurückkehren.

Beginnen Sie eine Wanderung von drei Stunden und mehr nur **vormittags.** Die Möglichkeit, sich zu verlaufen oder die eigenen Fähigkeiten zu überschätzen, ist immer gegeben. Eine Wanderung in den Bergen Teneriffas ist etwas anderes als eine Wanderung im Flachland. Bei einer am Nachmittag begonnenen Wanderung besteht die Gefahr, in die Dunkelheit zu geraten, zumal die sich nicht durch Dämmerung ankündigt. Mit dem Sonnenuntergang ist es dunkel und im Dunkeln sind fast alle Wege lebensgefährlich.

Wandern Sie nicht nur nach **Landkarten.** Die im Handel erhältlichen Karten sind entweder Nachdrucke älterer Militärkarten und nicht mehr aktuell oder Straßenkarten mit zu ungenauen Ergänzungen für Wanderer, dazu noch ohne Höhenangaben. Besser sind da schon **Wanderführer** (→ Literatur, S. 224). Wenn Sie das Gefühl haben, nicht mehr auf dem richtigen Weg zu sein, gehen Sie auf jeden Fall zurück!

Hinweise für Wanderer im Nationalpark

- Sie halten sich in mehr als 2000 m Höhe auf. Das ist eine Belastung für Herz und Kreislauf, insbesondere wenn Sie am selben Tag von Meereshöhe heraufgefahren sind. Anstrengende Wanderungen oder gar die Besteigung des Teide sollten Sie nur machen, wenn Sie völlig gesund sind und sich möglichst durch Anreise am Vortag mit einer einfachen Wanderung und Übernachtung im Nationalpark akklimatisiert haben.
- Die Hochgebirgssonne erfordert besonderen Schutz durch Kleidung, Sonnencreme mit hohem Lichtschutzfaktor, Kopfbedeckung und Sonnenbrille.
- Nehmen Sie ausreichend Verpflegung und mindestens 1,5 Liter Wasser pro Person mit, denn die Luft in dieser Höhe ist mit nur 25 % Luftfeuchtigkeit sehr trocken.
- Denken Sie an warme Kleidung, selbst wenn Sie bei Wärme starten. Das Wetter kann schnell umschlagen.
- Nehmen Sie nur die offiziellen Wanderrouten und weichen Sie nie vom Weg ab! Es könnte sein, dass Sie ihn nicht wiederfinden. Das vulkanische Material ist nicht fest. Die Gefahr, abseits des Weges abzurutschen, ist sehr groß. Dort findet Sie im Notfall niemand!
- Starten Sie rechtzeitig und gehen Sie langsam und stetig.
- Tragen Sie auf allen Wegen feste Wanderstiefel mit gutem Profil.

Wanderung 1

Im Barranco del Infierno (Höllenschlucht)

Charakteristik: Fantastische Wanderung durch die enge Schlucht mit streckenweise senkrechten Steilwänden. Es geht auf einem ausgebauten Pfad am Hang und auf dem Schluchtgrund entlang. Am Ende wartet ein Wasserfall. **Trittsicherheit** ist erforderlich, der Pfad kann in der Nähe des Baches glitschig sein. **Länge/Dauer:** 7 km, reine Wanderzeit hin und zurück 2:30–3 Std. Leichte bis mittelschwere Wanderung. Der Weg ist durch die enge Schlucht vorgegeben und nicht zu verfehlen. **Ausrüstung:** Wanderschuhe mit gutem Profil, Anorak (am Endpunkt ist es schattig und kühl), Wasser und Verpflegung. Helme werden vor Ort am Eingang gestellt. Anfahrt mit dem Leihwagen oder dem Bus Linie 417, 447, 473 ab Los Cristianos oder Costa Adeje. **Ausgangs-/Endpunkt:** Kirche in Adeje.

Wegbeschreibung: Ausgangspunkt ist die Kirche in Adeje am oberen Ende der Hauptstraße. Hier biegen Sie nach links in die Straße zur Casa Fuerte, eine Kanone steht davor. Vor der Casa Fuerte die Straße nach rechts oben nehmen. Sie ist der steilste Teil des gesamten Weges. Am Aussichtsrestaurant Otello steht das Eingangshaus, an dem die Reservierung geprüft und der Eintrittspreis entrichtet wird. Man biegt in die Schlucht ein und hat sofort einen herrlichen Blick in die Schlucht und zurück auf Adeje und die Küste. Der Pfad verläuft jetzt etwa eine Stunde am Hang entlang, unterwegs gibt es

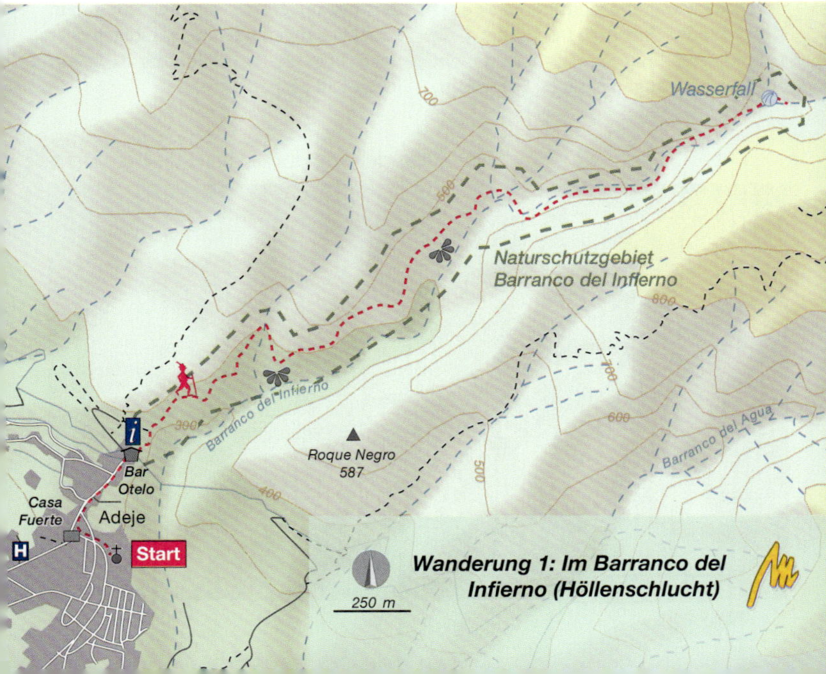

Wanderung 1: Im Barranco del Infierno (Höllenschlucht)

mehrere Aussichtsplateaus. Dann überqueren Sie einen Kanal und steigen hinunter ins Bachbett. Hier fließt noch ein Rinnsal und sofort gedeihen Pflanzen: hohe Tabaibabüsche, Margariten und weiß blühende Zistrosen. In einer Rechtskurve sieht man nur hier einige Exemplare der seltenen Roten Tabaiba. Die Schluchtwände rücken zusammen, werden zur Klamm. Das Wasser rauscht stärker und die Vegetation mit Weiden und meterlangen Ranken lässt an einen Urwald denken. Gegen Ende kann der Pfad glitschig sein, denn Sie erreichen den sprühenden Wasserfall, der aus einer Höhe von 80 m in einen See stürzt. Zurück geht es auf demselben Weg.

Am Ende der Höllenschlucht wartet ein Wasserfall

Auflagen für Wanderer: Der Barranco del Infierno steht wegen seines sensiblen Ökosystems unter besonderem Schutz. Für Besucher gelten deshalb Beschränkungen: Nur 300 Wanderer sind pro Tag zugelassen, nicht mehr als 80 gleichzeitig. Da die Zahl schnell erreicht ist, empfiehlt sich eine rechtzeitige Reservierung (Wochen vorher) unter www.barrancodelinfierno.es oder ✆ 922-780078. Eintritt 11 €, Kinder 5–12 J. die Hälfte, Kinder unter 5 J. sind nicht zugelassen. Zugang tägl. 8–14 Uhr, geschlossen wird um 18 Uhr. Der Weg darf nur mit festen Schuhen mit gutem Profil begangen werden. Bei Regen oder nach Regenfällen bleibt der Weg auf jeden Fall gesperrt.

Der Wanderweg durch die Höllenschlucht

GPS-Wanderung 2

Durch die Schlucht von Masca

Charakteristik: Anspruchvolle, fantastische Wanderung durch die zum Teil nur wenige Meter breite Schlucht. Die schwarzen Basaltabstürze und das üppige Grün auf dem Grund schaffen ständig neue und spannende Ein- und Ausblicke. **Schwindelfreiheit** und **Trittsicherheit** sind erforderlich. Hin und zurück ist die Wanderung sehr anstrengend und erfordert Kondition. **Zugang:** Für die Durchquerung der Schlucht existiert seit 2021 eine Einlassbeschränkung (s. u. Anmeldung). **Ausrüstung:** Schutzhelme stellt das Besucherzentrum in Masca den Wanderern zur Verfügung (zurzeit noch ohne Gebühr). **Wanderschuhe** mit gutem Profil sind Voraussetzung für die Durchquerung der Schlucht. **Anfahrt ohne Mietwagen:** Sie fahren bis Santiago del Teide oder bis Buenavista del Norte. Von dort aus mit dem Linienbus (Linie 355) oder mit dem Taxi (ca. 20 €) nach Masca (mit dem Bus nur wenige Abfahrten). **Wichtig:** Bei Anfahrt mit einem Mietwagen beachten Sie bitte die zurzeit gültige Parkzeitdauer von nur 2 Std. **Start:** Bushaltestelle in Masca. Vom Bergdorf Masca wandern Sie dann bis zum Strand. Ab Playa de Masca geht es (bei Wiedereröffnung des zuletzt geschlossenen Bootsanlegers) per Boot zurück nach Los Gigantes. Sie können diese Tour auch mit einem Reiseveranstalter unternehmen, der dann die An- und Rückfahrt organisiert. Ab/bis Hafen Los Gigantes organisieren das (bei Wiederaufnahme der Bootsfahrt) ebenfalls Schifffahrtsveranstalter, bei denen Sie sich ohnehin vorher für die Rückfahrt anmelden müssen (Fahrpreis 15 €, ✆ Bootseigner Nashira Uno 922-861918). **Länge/Dauer:** 5 km eine Richtung, mit 620 Höhenmetern im Auf- oder Abstieg, reine Gehzeit für eine Strecke 3:30 Std. Planen Sie ausreichend Pausen ein, damit Sie am Ende nicht unter Druck und ins Stolpern geraten, um das Boot zu erreichen. **Warnung:** Machen Sie die Wanderung keinesfalls nach (starken) Regenfällen oder wenn Regen droht, dann ist der Weg zu rutschig. Zudem kann der Bach in der engen Schlucht gefährlich anschwellen.

Wichtige Info: Wegen umfangreicher Instandsetzungsarbeiten war die Schlucht bei Redaktionsschluss im Herbst 2022 nur beidseitig begehbar (runter und hoch) und nur am Wochenende mit vorzeitiger Anmeldung. Der Termin der Wiedereröffnung für den Anleger und damit für die Bootsfahrt ab der Playa de Masca nach Los Gigantes war noch offen. Es war im Gespräch, eine Eintrittsgebühr zu erheben. **Anmeldung** für die Wanderung durch die Schlucht unter: www.caminobarrancodemasca.com. Den aktuellen Stand können Sie in den Büros der Touristeninformation erfragen.

Wegbeschreibung: An der Bushaltestelle **1** nehmen Sie den gepflasterten Weg hinunter bis zum neuen Besucherzentrum, das Sie rechts des Weges unterhalb der kleinen Saftbar finden. Dort erhalten Sie den Passierschein, den Sie für den Einlass benötigen. Dem gepflasterten Weg weiter steil abwärts folgend, gelangen Sie in wenigen Minuten auf das Dorfplateau, das vom Roque Catano überragt wird. Hier finden Sie links das Kontrollhäuschen zum Einstieg in die Schlucht **2** und damit zur Wanderung. Der Beginn erfordert Konzentration, es geht auf schmalem, steilem und stellenweise rutschigem Pfad hinunter in die Schlucht.

Nach knapp 0:15 Std. ab Start biegt bei einer **Palme** 3 ein Pfad nach rechts ab, Sie aber gehen geradeaus nach unten und erreichen so eine **Brücke** 4, auf der Sie die Schlucht überqueren. Auf der anderen Seite geht es auf gut erkennbarem Pfad bergab. Sie bleiben auf diesem Pfad, dem Hauptweg. Er überquert mehrfach das Bachbett. An einigen Stellen setzt er aus, sein weiterer Verlauf ist aber durch die Markierung und schmale Schlucht vorgegeben und nicht zu verfehlen. Abzweigende Wege führen zu den aufgegebenen Terrassen. Längs des Bachbetts wächst Spanisches Rohr, an besonders feuchten Stellen gibt es Moose und Farne. Bei einer **Palme** finden Sie ein schönes Plätzchen für eine erste Pause. Der Blick von hier ist eindrucksvoll, senkrecht streben die Felswände in den Himmel. Vor ihrem fast schwarzen Gestein leuchtet das Grün der Palmen, Agaven und Ginsterbüsche.

Nach einer knappen Stunde ab Start vereinigen sich die beiden Schluchten, zwischen denen Masca liegt. Eine **Mauer** 5 zieht sich quer über den Schluchtgrund. Steinmännchen markieren den Übergang. Hier beginnt der zweite, längere und schwierigere Wegteil. Die Schluchtwände rücken noch enger zusammen. Es geht meist pfadlos durch die Schlucht, mal auf ihrem Grund, mal an der rechten und mal an der linken Felswand entlang, oder es müssen Felsbrocken überklettert werden. Einen schönen Pausenplatz finden Sie auch an einer **Quelle** 6, die, eingebettet von Felsen, einen kleinen See bildet, der romantisch von Farnen und Binsen umgeben ist. Die Quelle speist einen Bach, der bald darauf als **Wasserfall** eine Steilstufe überwindet. Wenn Sie im weiteren Verlauf der Wanderung wieder auf den Bach treffen, wird er von Röhrich, Schachtelhalm, Lilien, Lavendel und Margeriten gesäumt. Die Schlucht windet sich in engen Schleifen in Richtung Meer bis zur **Playa de Masca** 7. Zurück geht es auf demselben Weg oder weiter mit dem Boot nach Los Gigantes.

Bevor Sie in Masca starten, sollten Sie sich beim Schifffahrtsveranstalter vergewissern, dass das Meer ruhig genug ist, um am Strand das Boot zu besteigen. Falls nicht (was allerdings sehr selten ist), müssen Sie die Schlucht wieder hochwandern.

GPS-Wanderung 3

Zu einsamen Stränden östlich von Puerto de la Cruz

Charakteristik: Schöne Küstenwanderung ab Puerto de la Cruz nach Osten. Leichte Wanderung mit kleineren Höhenunterschieden, bis Playa del Bollullo (ca. 1 Std.) eher ein Spaziergang. **Länge/Dauer:** 9 km, ca. 3 Std. (hin und zurück). **Ausgangs-/Endpunkt:** Playa Martiánez in Puerto de la Cruz.

Wegbeschreibung: Ausgangspunkt ist die Playa Martiánez 1. Sie überqueren die Promenade und gehen die von Palmen gesäumte Calle de Aguilar y Quesada hoch, passieren das Einkaufszentrum und nehmen direkt dahinter den **Treppenweg Camino de las Cabras.** Er mündet in die Promenade Camino de San Amaro, auf der es nach links weiter hochgeht. Die Promenade mündet in eine Straße, gleich wieder links geht es zum Aussichtspunkt **Mirador de La Paz** 2.

Ein Treppenweg führt hinunter am Café Alba vorbei auf einen Panoramaweg. Vorbei am Hotel Atlantic Mirage geht es bis zum Ende des Panoramawegs am Hotel Semiramis. Sie nehmen die Treppe hoch und biegen nach links in die dort verlaufende Straße. Es geht immer weiter geradeaus (vorbei an einem Aussichtsplatz) hinunter in die schmale Straße Camino de la Costa, die von Häusern und Gärten gesäumt ist. Sie gehen weiter geradeaus mit Blick auf die Küste. An einer **Weggabelung** 3 gehen Sie links abwärts.. Der Weg führt in einen Tunnel, mit dem die Schnellstraße unterquert wird. Danach befinden Sie sich schon in ländlichem Gebiet.

Ein Betonweg führt durch Bananenplantagen und hinunter in den **Barranco de la Arena,** eine Schlucht. Mit dem Aufstieg erreichen Sie eine Straße, der Sie in nach links Richtung Meer und Ausschilderung „Restaurant Bollullo Beach“ folgen. Bald darauf sieht man die Bollullo-Bucht. Nach 200 m verlassen Sie die Straße auf einen Pfad 4, der hinter der Bucht entlangführt. Der **Treppenweg** 5, der die Felsen hinunter zum Strand führt, ist erreicht und nach einer guten Stunde des Weges auch der **Bollullo-Strand** 6.

Wenn Sie auch die anderen Strände sehen wollen, steigen Sie nicht hinunter zum Strand, sondern gehen ab 5 den Weg nach rechts – er führt ein kurzes Stück durch Tamariskenurwald – und folgen einem **Trampelpfad** (bei

Bollullo-Strand

Redaktionsschluss im Oktober 2022 war der Wegabschnitt zu den weiteren Stränden wegen Instandsetzungsarbeiten noch geschlossen). Nach ca. 5 Min. haben Sie einen schönen Blick 7 auf den Strand Playa de los Patos mit seinem samtweichen Sand. Der Pfad bricht hier ab. Sie gehen die Stufen rechts hoch und steigen durch eine Öffnung in der Mauer in eine verlassene Plantage. Sie gehen links an der Mauer entlang und verlassen die Plantage nach ca. 20 m durch eine zweite Öffnung in der Mauer. Der **Pfad** setzt sich hier in gutem Zustand und mit einem Geländer abgesichert fort.

Der Küstenweg endet an einem betonierten Weg 8. Nach links führt er hinunter zum Strand, nach rechts durch die Minischlucht des **Barranco de El Pino** hinauf. Der Weg ist streckenweise ausgebaut. Eine zugewachsene Stelle wird mit einem Treppenweg umgangen. Nach 0:15 Std. ab Bollullo-Strand unterquert man ein Leitungsrohr und steigt über einige Stufen auf eine schmale **Straße** 9, der man nach links folgt. In den Sommerferien parken hier die Wagen der Strandbesucher.

Nach ca. 100 m gabelt sich die Straße, Sie gehen nach links weiter (das Schild bezieht sich auf Kfz). Nach 0:30 Std. ab Bollullo-Strand stehen Sie vor einem **Tor** 10. Man kann hier nach rechts in 0:20 Std. zum Café Paraíso über 350 (!) Höhenmeter hinaufsteigen. Der **Küstenweg** aber setzt sich kaum zu erkennen als schmaler Pfad nach links an einer Mauer entlang fort. Es folgt ein abgesichertes Wegstück mit herrlichem Blick am Küstenhang entlang. Die Playa Ancón liegt vor Ihnen.

Der Weg führt an der **Kapelle Ermita Santa Ana** 11 vorbei und gabelt sich kurz darauf. Links geht es zum Strand, rechts über einen Treppenweg den Hang hinauf nach Cuesta de la Villa. Die Strandbucht 12 liegt verlockend von der Steilküste eingerahmt, auf die Felsen rollen die Brandungswellen. Bei Flut ist der Strand nicht vorhanden. Vorsicht beim Baden!

Für den **Rückweg** gibt es drei Möglichkeiten. Entweder wandern Sie auf demselben Weg zurück oder Sie entscheiden sich für eine der beiden Varianten:

Variante 1: Sie können – gute Kondition vorausgesetzt – an den Gabelungen 10 und kurz nach 11 die Wege nach oben wählen. Die Anstrengungen werden mit einem gigantischen Panoramablick belohnt. Oben können Sie den Bus 101 erreichen, der Sie zurück nach Puerto de la Cruz bringt.

Variante 2: Sie gehen den Weg bis 9 zurück, biegen aber nicht in die Minischlucht hinunter, sondern gehen etwa 100 m geradeaus weiter. Dort finden Sie das empfehlenswerte Restaurant San Diego (→ S. 114) sowie eine Bushaltestelle (mit Bus nach Orotava). Man ruft Ihnen auch gern ein Taxi zurück nach Puerto de la Cruz oder Sie nehmen frisch gestärkt den Weg zum ausgeschilderten Restaurant Bollullo und gehen von dort zurück, wie Sie gekommen sind.

Wanderung 4

Auf die Rambla de Castro

Charakteristik: Schöne Küstenwanderung von Puerto de la Cruz nach Westen. Einfacher, ausgebauter Weg mit mehreren kleineren Auf- und Abstiegen. **Achtung:** Mit kleinen Kindern sollte man diesen Weg nicht gehen, denn er ist zur Steilküste hin nicht immer gesichert. **Länge/Dauer:** 10 km, ca. 3 Std. (hin und zurück) des beschriebenen Weges. **Ausgangs-/Endpunkt:** Hotel Maritim westlich von Punta Brava. Ab Puerto de la Cruz Busbahnhof 45 Min. zu Fuß an der Playa Jardín und Punta Brava vorbei oder Buslinie 381 bis El Burgado.

Wegbeschreibung: Man geht am Hoteleingang Maritim (auffällig blaues Hochhaus) vorbei bis ans Ende der Sackgasse zum **Edificio Acapulco.** Hier beginnt der gut erkennbare Pfad. Der Weg wird Sendero del Agua (Wasserpfad) genannt, weniger weil er fast ständig an der Steilküste entlangführt, sondern weil man für das gesamte Orotavatal wichtige wasserbautechnische Anlagen und Quellen passiert. Er führt zunächst hinunter in Richtung **Playa de los Roques,** eines steinigen, von Felsen eingerahmten Strands. Sie bleiben auf dem geradeaus führenden Hauptweg und gehen nicht zum Strand hinunter.

An der nächsten Weggabelung geht es links auf dem gepflasterten Pfad nach oben bis in die Siedlung **Romantica II.** Hier führt der Weg nach rechts auf einer Straße weiter, bis der Wegweiser „Mirador S. Pedro" nach rechts zeigt.

Alternativer Start: 2022 war der erste Wegabschnitt wegen eines Steinschlags gesperrt. Falls die Sperrung noch nicht aufgehoben wurde, bietet sich folgender Einstieg an: Anfahrt mit dem Bus 353/354 ab der zentralen Busstation bis El Toscal (zur Orientierung: die Station nach dem Lidl-Markt). Sie gehen die Durchgangsstraße einige hundert Meter zurück und biegen nach links in die Calle Media Cuesta, um nach wenigen Schritten in die Calle Cardón links abzubiegen. Die Calle La Sabina wird passiert und in die nächste nach links eingebogen. An der nächsten Straße El Tarajal steht ein Stoppschild Sie gehen weiter, die Häuser bleiben zurück. Die Straße mündet auf eine Querstraße, der Sie folgen und damit die Siedlung Romantica II erreichen. Sie gehen weiter auf der Straße, die hier Los Beltranes heißt. Es geht am Tennisclub vorbei. Sie biegen nach links in die Calle Los Claveles und gehen weiter, bis sie in eine Querstraße mündet. Auf der anderen Straßenseite liegt eine kleine Grünanlage, von der Sie schon einen Blick auf die Küste und den weiteren Wegverlauf haben. Es geht aufwärts weiter und auf der Höhe der nächsten Querstraße geht es dann rechts auf den Küstenwanderweg (Wegweiser „Mirador S. Pedro").

Jetzt geht es entlang der Steilküste – mit freiem Blick die Nordküste entlang. In der Ferne entdeckt man schon die Rambla de Castro, einen flachen, mit Bananenplantagen bepflanzten Küstenstreifen, mittendrin ein altspanisches Herrenhaus. Nach gut 30 Min. biegt man in einen **Barranco** ein und sieht unten an der Küste eine Ruine, von der aus sich gemauerte Leitungen im Zickzack nach oben ziehen. Es ist die Casa Hamilton mit Resten einer für damalige Verhältnisse (1903) revolutionären Wasserpumpanlage. Mit ihr gelang es, eine der reichsten Quellen des Orotavatals, die kurz über der Wasseroberfläche entsprang und deren Wasser bis dahin ungenutzt ins Meer floss, für die Landwirtschaft nutzbar zu

machen. Über einen Treppenweg kann man einen Abstecher hinunter machen.

Der Hauptweg führt aber nach links an der alten Pumpstation La Gordejuela vorbei ein kurzes Wegstück nach oben. In den nächsten Minuten müssen nach rechts **zwei Tore** durchschritten und eine Orangenplantage passiert werden, bis man zurück an die Steilküste kommt. Ein weiteres Mal geht es eine Schlucht hinunter. Auf halber Höhe, nach dem Überqueren einer **Brücke,** kann man einen Abstecher über einen Treppenweg zu einem steinigen Strand machen, der Hauptweg aber führt hinauf nach Westen.

Oben gabeln sich ausgebaute Wege, alle laufen später wieder zusammen. Am schönsten ist der Weg an der Küste entlang, dort gibt es auch eine Aussichtsterrasse. Kurz darauf biegt man in eine weitere Schlucht, den **Barranco de la Rambla.** Sie ist grün und feucht. Ihre Quelle schafft die Voraussetzung für die grüne Idylle der Rambla de Castro, die direkt unterhalb liegt. Der Wanderweg aber führt nach oben zu einem Aussichtsplateau dem **Mirador de San Pedro** mit Bar/Restaurant.

Nach einer Pause lohnt es sich, einen Rundgang auf der **Rambla de Castro** (ca. 1:15 Std.) anzuschließen. Die Feuchtigkeit hat ein kleines Pflanzenparadies mit Palmen und Drachenbäumen geschaffen, das unter Naturschutz steht. Vom Aussichtsplatz nimmt man den beschilderten, gepflasterten Weg zur **Kapelle von San Pedro.** Die Kapelle wird an jedem 29. Juni fantasievoll mit Obst und Brot geschmückt. Sie wurde im 16. Jh. als Gotteshaus für die Siedlung der Rambla gebaut.

An der Weggabelung mit Palme folgen Sie der Kurve nach unten. Der Weg ist von Palmen und alten Fincas gesäumt. Es gibt Hinweisschilder auf Bauten und Pflanzen der Rambla, z. B. auf einen steinernen Waschplatz, der bald passiert wird. Auf alten Wegen geht es die Küste entlang, an der **Spitze der Landzunge** kann man hinuntersteigen zu den vorgelagerten flachen Felsen der Punta del Guindaste – an den Wochenenden ein beliebter Bade- und Angelplatz der Einheimischen.

Dann geht es hinauf auf eine Straße und an gepflegten Häusern, Gärten, einem alten Herrenhaus und Bananenplantagen vorbei. Das **Gutshaus,** eines der schönsten Beispiele traditioneller kanarischer Architektur, war der Sitz der Familie Navarro y Castro. Es wurde 1808 gebaut. Kurz vor einer Landstraße führt links ein gepflasterter Weg zurück zum Ausgangspunkt oder Sie verlängern wie in der Charakteristik beschrieben die Wanderung.

GPS-Wanderung 5

Runde zu den Orgelpfeifen

Charakteristik: Schöner und doch einfacher Weg im Orotavatal. Im ersten Teil geht es bequem auf einem Forstweg durch den Wald, dann folgt ein etwas steilerer Pfad bergab. Auf dem Rückweg wandern Sie durch ein Stück ländliches Teneriffa. **Länge/Dauer:** 9 km, ca. 2:30 Std., Verlängerung möglich (→ Varianten bei **4** und bei **7**). **Ausrüstung:** Wanderstiefel mit gutem Profil, Anorak, Wasser und Verpflegung. **Ausgangs-/Endpunkt:** La Caldera, ein beliebter Freizeitplatz und Startpunkt für mehrere Wanderungen im Orotavatal.

Wegbeschreibung: An der Bushaltestelle La Caldera samt Parkplatz **1** steht eine Infotafel, die alle Wanderwege in der Umgebung zeigt und kurz beschreibt. Für diese Wanderung gehen Sie auf der **Asphaltstraße,** die die Vulkansenke umrundet, nach links und verlassen den Rastplatz auf dem Forstweg mit der Ausschilderung „Pista de Los Organos". Der Weg zieht sich durch einen typischen *Pinar*, den kanarischen Kiefernwald (→ S. 189). Ein Pfad kreuzt den Weg, rechts rauscht eine Quelle, eine enge Schlucht wird auf einer **Brücke** überquert.

Nach 8 Min. kreuzt an der Schutzhütte Pedro Gil **2** der Pilgerpfad Camino Candelaria den Forstweg. Es geht weiter geradeaus auf dem Hauptweg. Nach 400 m stößt von links im spitzen Winkel ein Pfad **3** auf den Weg. Oberhalb sehen sie jetzt eine Felssäulengruppe, die die Erosion wie Orgelpfeifen geformt hat – eine bessere Sicht darauf hat man allerdings aus der Entfernung auf dem Rückweg zwischen **9** und **10**.

Weiter geht es auf dem Hauptweg gemächlich durch den Pinienwald. Eine Wegkreuzung **4** ist erreicht. Sie könnten hier den Rundweg *Ruta de Agua* (es geht ausgeschildert steil hinauf) einschieben. Diese Wanderung bleibt auf dem Hauptweg und passiert nach weniger als 100 m die **Casa de Agua** am Rand einer Schlucht. Eine erneute Wegkreuzung **5** folgt nach wenigen Minuten. Geradeaus geht es nach unten zur Straße, Sie aber nehmen den Bogen nach rechts. (Hier trifft Wanderung 6 auf den Forstweg.) Sie gehen weiter auf dem Hauptweg, der hier mit „Pinolere" ausgeschildert ist.

Nach gut 0:50 Std. ist der überdachte Rastplatz **El Tope** **6** an einer Kreuzung erreicht. Sie nehmen den Pfad, der hinter dem Rastplatz nach links unten führt. Das gelb-weiße Kreuz am Weg bezieht sich nicht auf diese Wanderung. In Kurven geht es bergab. Der

Die Orgelpfeifen werden von Basalttürmen gebildet

Wald rückt näher heran. Der Weg gabelt sich in der **fünften Kurve** 7. Nach links können Sie mit einer Variante die Wanderung auf einem Forstweg verlängern (in einer weiten Schleife von 3 km und 0:45 Std. zurück zu 8).

Diese Wanderung aber verläuft geradeaus auf dem **Pfad** weiter bergab. Bei 8 vereint sich der Pfad mit dem von links kommenden Forstweg (Variante). Der Weg stößt auf ein asphaltiertes **Sträßlein** 9. Sie gehen nach rechts in eine landwirtschaftlich genutzte Zone mit Wiesen, Feldern und Bauernhäusern inmitten von Blumengärten. Das Sträßlein mündet in eine weitere kleine Straße 10, es geht nach links weiter. Von hier haben Sie einen guten Ausblick auf die Orgelpfeifen. An der nächsten Wegkreuzung 11 wandern Sie nach rechts in Richtung Aguamansa.

An der nächsten Gabelung 12 könnten Sie geradeaus (ausgeschildert) zur Casa de Agua (bei 4) hochwandern, diese Wanderung aber führt mit dem Sträßchen nach rechts an der Schule vorbei in Richtung Casa Forestal. Die kleine Straße mündet in die Hauptstraße des Dorfes. Es geht nach links steil hinauf zur Landstraße Orotava – Nationalpark Teide 13. Hier liegt auch eine **Bushaltestelle,** falls Sie nicht zum Ausgangspunkt zurückkehren möchten.

Die Wanderung setzt sich nach links auf der Landstraße fort. Gegenüber sehen Sie die **Station** und Parkanlage des Forsthauses. Beides können Sie besichtigen. Der Eingang befindet sich kurz hinter der nächsten Kurve 14. Hier ist auch der weitere Wegverlauf mit „La Caldera“ ausgeschildert, ein anderer mit „Camino Candelaria“, der aber zu 2 führt. Ich wählte für diese Aufzeichnung den mit „La Caldera“ beschilderten Weg. Er führt zunächst durch einen herrlichen Lorbeer-/Baumheidemischwald und verläuft die letzten 10 Min. auf der Straße bis zum Ausgangspunkt 1.

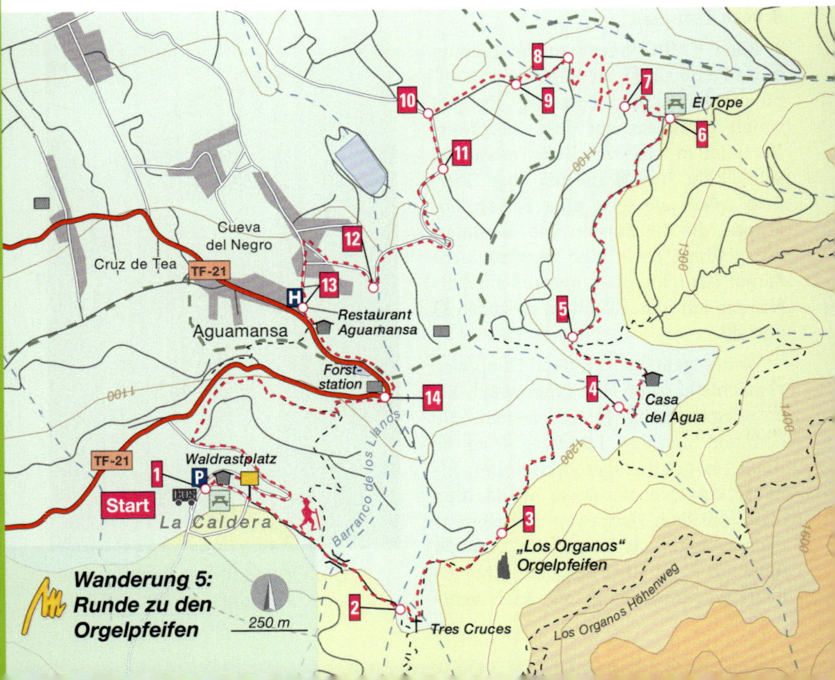

GPS-Wanderung 6

Höhenweg mit Panoramablick

Charakteristik: Der schönste Rundweg im Orotavatal. Am Anfang und im letzten Abschnitt trotz Auf- und Abstieg leicht. Im mittleren Teil sind **Schwindelfreiheit, Trittsicherheit** und über einen längeren Zeitraum erhöhte **Konzentration** erforderlich, denn der Höhenpfad führt sehr schmal und an mindestens einer Passage leicht ausgesetzt am Hang entlang. **Länge/Dauer:** 13,5 km, ca. 4:15 Std. **Ausrüstung:** Wanderstiefel mit gutem Profil, Anorak, Wasser und Verpflegung. **Ausgangs-/Endpunkt:** La Caldera, ein beliebter Freizeitplatz und Startpunkt für mehrere Wanderungen im Orotavatal.

Wegbeschreibung: Ab der Bushaltestelle La Caldera samt Parkplatz **1** gehen Sie auf der Asphaltstraße, die die Vulkansenke umrundet, nach links und verlassen sie auf dem Forstweg mit der Ausschilderung „Pista de los Organos" **2**. Der Weg zieht sich durch einen typischen *Pinar*, den kanarischen Pinienwald. Ein Pfad **3** kreuzt den Weg, rechts rauscht eine Quelle, eine enge Schlucht wird auf einer Brücke **4** überquert. Nach knapp 15 Min. kreuzt ein ehemaliger Pilgerpfad **5** den Forstweg. Sie biegen auf diesen mit „Camino Candelaria" ausgeschilderten Pfad nach rechts ein und steigen in engen Kehren hoch.

Nach zwei Kehren stehen am rechten Wegrand **drei Kreuze** **6**. Vom Hauptweg zweigen häufig Trittspuren nach rechts und links ab. Es handelt sich um Abkürzungen, die Pilger getreten haben, sie führen immer zum Hauptweg zurück. Sie erreichen einen steinernen **Votivschrein** **7**, und wenige Schritte weiter quert ein breiter Weg den Pilgerweg – eine Steinsäule kennzeichnet die Kreuzung. Diese Wanderung setzt sich etwas nach links versetzt nach oben fort. Bald darauf haben Sie einen freien Blick in Richtung Osten zur markanten Felsgruppe Los Organos (Orgelpfeifen), die sich aus dem Kiefernwald erhebt. Von rechts stößt ein Pfad auf den Pilgerweg, es geht weiter bergauf.

Nach einer knappen Stunde Gehzeit und der Überwindung von fast 300 Höhenmetern ist bei einer Weg-/Pfadkreuzung **8** der **Höhenweg** erreicht. Sie biegen nach links auf den Pfad ein. Nach knapp 100 m sehen Sie auf einem Felsen zwei grüne Farbpunkte. Knapp 2 Std. bleiben Sie auf diesem Pfad. Er folgt mit Auf und Ab allen Schluchten und Windungen am Hang. An den jeweiligen Schluchtenden bilden sich kleine Bäche, hier wachsen Veilchen, Farne und Moose. An den Felswänden sprießen prächtige Wurzrosetten. Bei Wegpunkt **9** wird solch eine romantische kleine Schlucht umwandert.

Auf dem Höhenweg

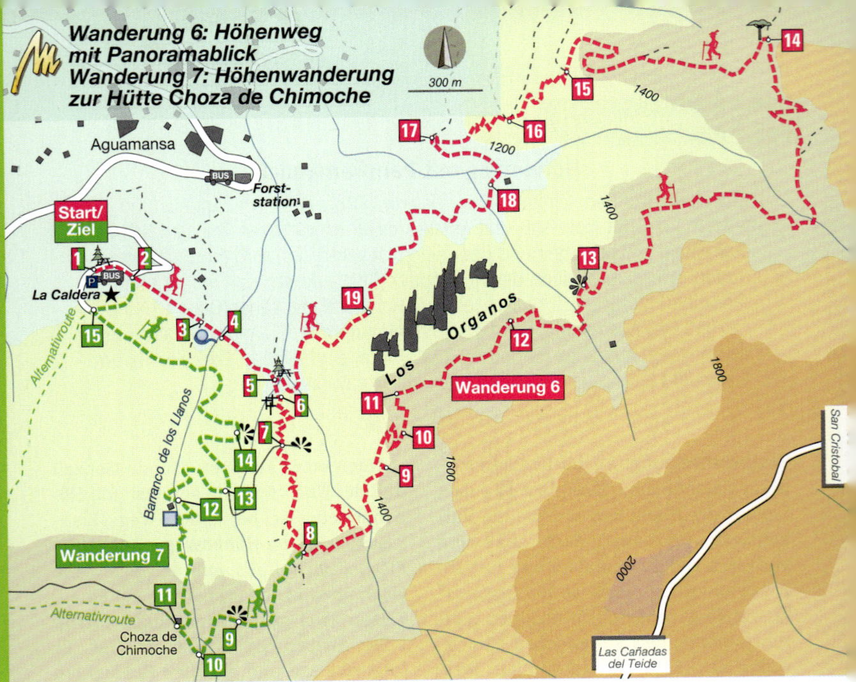

Der Kiefernwald lichtet sich **10**, und Sie können zurückschauen. Über die schrägen Hänge des Orotavatals hinweg haben Sie einen unverstellten Blick nach Westen auf den Teide und nach Norden auf die Nachbarinsel La Palma, die meist auf einem Wolkenband zu schweben scheint. Auf einer Felsnase steht eine topografische Säule **11**. Einen schönen Pausenplatz finden Sie bald darauf an einer **Felskanzel** **12**. Kurz darauf wird ein glatter Fels mit einer Außenkurve umgangen, ein Geländer bietet Sicherheit. Bei Wegpunkt **13** haben Sie wieder einen besonders schönen Blick von einem Felsvorsprung aus. Nun gilt es noch, einen letzten, längeren Aufstieg zu bewältigen, dann ist der höchste Punkt der Wanderung erreicht.

An einer großen **Kiefer** **14** beginnt der Abstieg (Ausschilderung „Casa del Agua, La Caldera"). Sie biegen auf einen Pfad nach links unten ab. An einem grünen Punkt geht es nach links. Der Weg ist durch dicken Kiefernnadelbelag glatt, also Vorsicht! Er führt längs über einen Sattel und weiter bergab. Wo Basaltsteine den Weg säumen, halten Sie sich links und weiter bergab. Ein **Waldweg** wird überquert, dann zweigt nach links ein schmaler, steil hinunterführender Pfad ab **15**, den Sie nehmen. Der Pfad wird bald bequemer und zur angenehm weichen Trittspur. Ein **Steinmännchen** führt Sie nach rechts.

Der breite **Waldweg** **16** wird wieder erreicht. Er macht erneut eine Rechtskurve, kurz nach dem Scheitelpunkt setzt sich der Abkürzungspfad nach links unten fort. Es folgen viele Trittspurverzweigungen, die alle wieder zusammenlaufen und auf den breiten **Forstweg Los Organos** **17** münden, auf den Sie nun nach links einbiegen. Es geht vorbei an einem Natursteinhaus **18**. Eine Brücke wird überquert. Die Abzweigung **19** und alle folgenden können Sie ignorieren. Vorbei an der Kreuzung **5**, erreichen Sie auf bekanntem Weg wieder den Ausgangspunkt **1**.

GPS-Wanderung 7

Höhenwanderung zur Hütte Choza de Chimoche

Charakteristik: Kürzerer Rundweg im Orotavatal mit herrlicher Aussicht. Im ersten Teil wie Wanderung 6, insgesamt aber erheblich einfacher. Nur sehr empfindliche Wanderer könnten Schwindelgefühle entwickeln. **Länge/Dauer:** 5,6 km, 2:15 Std. **Ausrüstung:** Wanderstiefel mit gutem Profil, Wasser und Verpflegung. **Ausgangs-/Endpunkt:** La Caldera, ein beliebter Freizeitplatz und Startpunkt für mehrere Wanderungen im Orotavatal.

Wegbeschreibung: Sie gehen zunächst mit der Beschreibung von Wanderung 6 bis zur Pfadkreuzung am Wegpunkt **8**, dort trennen sich die Wege.

Sie nehmen den Weg nach rechts, der in leichtem Auf und Ab durch den Wald führt. Schon nach ca. 100 m wird ein im spitzen Winkel aufwärts führender Pfad ignoriert, es geht weiter geradeaus am Hang entlang durch den Wald. Nach 400 m wird er zum Hang hin freier und Sie haben eine gute Sicht **9** auf den Norden Teneriffas. Sie erreichen eine Lichtung **10**, auf der sich der Weg verzweigt. Sie nehmen den breiten und bequemen Weg nach rechts unten. Im Mai/Juni ist er gesäumt von herrlichen Wildblumen, ganze Zistrosenfelder rahmen ihn ein. In dieser schönen Umgebung erreichen Sie nach weniger als 0:15 Std. ab **8** die Hütte **Choza de Chimoche** **11** – ein idealer Rastplatz. Von hier haben Sie zwei Möglichkeiten für den Rückweg, von denen die einfachere hier beschrieben und mit GPS aufgenommen ist.

Sie nehmen den Forstweg, der an der Hütte beginnt. In weiten Kurven führt er nach unten. Er ist einfach zu gehen, wenige Abschnitte sind etwas rutschig. Ein Haus **12** und ein großer Wassertank werden passiert. Sie gehören zur Galeria Chimoche, einem Wasserstollen. Sie folgen weiter dem Forstweg. Nach 1 km ab Choza de Chimoche stößt er auf einen quer verlaufenden Weg **13**, dem Sie nach links folgen. In einer Wegkurve **14** eröffnet sich ein fantastischer Blick auf die Felswand Los Organos und ihre Umgebung. Es geht weiter auf dem Forstweg bergab, bis er auf die Straße **15** stößt, die die Caldera umrundet. Nach rechts bringt die Straße Sie zum Ausgangspunkt zurück, Sie können aber auch den geradeaus führenden Weg nehmen.

Variante: Sie verläuft im Abstieg steiler über einen Pfad. Sie folgen zunächst dem breiten Weg, der Sie zur Choza gebracht hat, weiter in Richtung Westen. Schon nach etwa 100 m können Sie nach links auf einen Pfad wechseln, der oberhalb parallel zum breiten Weg verläuft. Nach etwa 700 m wendet sich der Pfad nach rechts und quert den breiten Weg. Jetzt geht es in jedem Fall auf dem abwärts führenden Pfad weiter. Gleich darauf halten Sie sich an einer Verzweigung links bergab. Sie bleiben auf diesem Pfad. Kurz vor dem Ziel mündet er in den von oben kommenden Forstweg. Der bringt Sie bis zur Straße **15**, die die Caldera umrundet. Geradeaus auf einem Weg oder nach rechts auf der Straße erreichen Sie den Ausgangspunkt.

GPS-Wanderung 8

Von Cruz del Carmen nach Punta del Hidalgo

Charakteristik: Die Strecke ist ein Klassiker. Sie umfasst etwa 50 % des alten Verbindungsweges von Küste zu Küste. Unterwegs ergeben sich eindrucksvolle Blicke in die Schlucht und auf die Felsenküste. Mittelschwere, aber anstrengende Wanderung. Im ersten Teil meist bequem durch Wald und Wiesen, geht es im zweiten Teil ab Chinamada streckenweise steil bergab, mehrfach über schmale Felssteige: **Schwindelfrei** sollte man da sein. Der Wegverlauf ist mit „TF-10" ausgeschildert und gelb/weiß markiert. **Einkehrmöglichkeit:** Bar/ Restaurant La Cueva in Chinamada (Mo und Di geschlossen). **Länge/Dauer:** 10,5 km, ca. 4 Std. Varianten und zusätzliche Abstecher sind möglich. **Ausrüstung:** Wanderstiefel mit gutem Profil, Anorak, Wasser und Verpflegung. **Ausgangs-/Endpunkt:** Start am Cruz del Carmen (alte Wegkreuzung). Mit der Buslinie 75 ab La Laguna-Intercambiador 3-mal tägl. (Sa/So und feiertags 2-mal tägl.). Mit dem Pkw ab La Laguna die TF-12. Am Cruz del Carmen befindet sich das Besucherzentrum für das Anagagebirge, das einen Besuch lohnt. Rückfahrt ab Punta del Hidalgo mit Buslinie 50 alle 40 Min.

Wegbeschreibung: An der Landstraße steht das Restaurant Cruz del Carmen gegenüber dem Parkplatz und Besucherzentrum **1**. Sie nehmen den Weg, der zwischen dem Restaurant und der **Informationstafel** abwärts führt und mit „TF-10" ausgeschildert ist. Nach wenigen Schritten führt der Wanderweg in weiten Schleifen durch einen Mischwald mit Lorbeer- und Gagelbäumen sowie Baumheide. Ein einmündender Pfad **2** wird ignoriert, Sie wandern geradeaus auf dem Hauptweg weiter abwärts. Ein **Forstweg** wird überquert **3** – genau gegenüber geht es beschildert über eine steile Passage mit Stufen abwärts. Es folgt ein schöner Urwaldabschnitt, mit bemoosten Felswänden und knorrigen, alten Bäumen. Dann wird der Blick frei und Sie schauen in den Barranco del Rio und auf die Siedlungen auf der anderen Schluchtseite. Sie verlassen den Wald **4** und passieren auf einem Wiesenweg Häuser der Streusiedlung **Casas del Rio.** Dann erreichen Sie die **Landstraße** **5** nach Las Carboneras. Auf einem Pfad am Straßenrand geht es nach links weiter. Sie passieren eine Bushaltestelle. Die gelb-weiße Markierung führt Sie auf die andere Straßenseite, einen Weg hinauf. An Wiesen und Häusern vorbei, können Sie so die Straße umgehen. An einer Wegkreuzung **6** geht es auf einem schmalen Pfad nach links unten zurück zur **Landstraße.** Genau gegenüber führt der ausgeschilderte Wanderweg wieder an Wiesen und Feldern entlang.

Nach insgesamt etwa einer Stunde ist der Pass **Degollada de las Escaleras** **7** mit Pilgerkreuz und einer Weggabelung erreicht. Von rechts kommt der Wanderweg von Las Carboneras herauf (→ Variante und Wanderung 8), Sie aber gehen geradeaus in Richtung Chinamada weiter. Es folgt eine sehr schöne, schattige Wegstrecke am Hang entlang. Sie haben ständig die Häusergruppe von Batán de Abajo im Blick, die inmitten von Terrassenfeldern auf der anderen Schluchtseite klebt. Der Weg gabelt sich **8**, es geht nach oben weiter.

Eine kleine Ebene mit **Haus und Ziegengehege** **9** wird erreicht. Der Weg führt um das Haus herum, weiter am Hang entlang. In der Ferne sehen Sie schon das erste Etappenziel: Chinamada – und sehr viel weiter auch den weißen Leuchtturm von Punta del Hidalgo. An einer auffälligen gelb-roten Tuffwand vorbei, geht es ein Stück auf der alten Wegpflasterung an einem Altar vorbei und später an einem in den Fels gehauenen Schattenplatz mit Sitzbank, auf dem die Maultiertreiber Kräfte für den weiteren Weg sammelten.

Chinamada sieht auf den ersten Blick nicht wie ein Höhlendorf aus, das liegt an den gelben Gemeindegebäuden. Aber die anderen gemauerten Hauseingänge führen in den Berg. Der Wanderweg erreicht die Landstraße **10**. Es geht nach links weiter ins Ortszentrum, wo Sie auch das Restaurant La Cueva finden.

Wer nicht bis Punta del Hidalgo wandern möchte, kann ab **10** mit den Varianten über die Straße nach Las Carboneras und von dort zu Fuß oder mit dem Bus zurück zum Ausgangspunkt gehen.

Nach Punta del Hidalgo geht es am Weg zum Abstecher vorbei und auf dem ausgeschilderten und gelb/weiß markierten Pfad in die Schlucht. Unterhalb ragt der Roque de los Pinos vom Schluchtgrund herauf, auf dem seltene Pflanzen wachsen. Der Weg wird zum schmalen Pfad. Sie kommen an Gemüseterrassen vorbei, danach folgt nur noch Felsengebirge, durch das Sie der markierte Pfad leitet. Auf ihm geht es steil über Felsstufen und Steige hin-

Das Höhlendorf Chinamada im Anagagebirge

unter. Dann erreichen Sie ein **Felsplateau** **11**. Spannend ist nicht nur der Blick in die Schlucht, sondern auch an den von Höhlen durchlöcherten Felswänden entlang.

Abstecher zum Aussichtspunkt Mirador de Aguaide: Nur wenige Schritte neben dem Restaurant La Cueva ist der Weg ausgeschildert (hin und zurück 1,8 km, ca. 40 Min.). Er bietet einen weiten Blick über die Klippen, die Küste und das Meer. Zu empfehlen ist er allen, die nicht bis Punta del Hidalgo weitergehen und unterwegs schöne Blicke auf die Küste haben wollen.

Es folgt ein schmaler, aber fast ebener Abschnitt. Danach geht es wieder steil bergab. Der mit einem Holzgitter abgesicherte Aussichtplatz **Mirador de Abajo** **12** ist erreicht. Er bietet einen weiten Blick auf die Klippen und den Doppelfelsen Dos Hermanos. Auf steilem Pfad wandern Sie weiter abwärts, jetzt in einer langen Schleife am Hang der Dos Hermanos entlang. Das letzte steile Wegstück führt bis auf den **Schluchtgrund.** Neben einem trockenen Brunnen **13** queren Sie über einen **Steg** auf die andere Schluchtseite.

Auf einem **Betonweg** geht es hinauf, und nach einigen Minuten ist die Asphaltstraße erreicht, nur wenige Schritte weiter die **Wendeschleife für Busse** **14**. Hier finden Sie auch die Räume der Touristeninformation. Wenn Ihnen wie uns der Bus vor der Nase wegfährt, ist es netter, noch 1 km ins Dorf zu gehen und dort bei einem Kaffee auf den nächsten Bus zu warten.

Variante 1: Rundwanderung Cruz del Carmen – Chinamada – Cruz del Carmen (13 km, ca. 4 Std.). Sie wandern bis **10**, folgen dann der Landstraße nach rechts bis Las Carboneras, wo Sie mit Wanderung 8 bis zum Pass Degollada de las Escaleras **7** gehen. Von dort nehmen Sie den vom Hinweg bekannten Weg zurück nach Cruz del Carmen **1**.

Variante 2: Wie Variante 1, aber nur bis zur Busstation in Las Carboneras und mit dem Bus 75 zurück nach Cruz del Carmen **1** (7,5 km, ca. 2:45 Std.).

GPS-Wanderung 9

Auf alten Maultierpfaden

Charakteristik: Eine schöne, einfache Rundwanderung durch das ländliche Anagagebirge. Vom Dorf Las Carboneras geht es auf alten Verbindungswegen in das letzte Höhlendorf Teneriffas, nach Chinamada. **Länge/Dauer:** 10 km, ca. 2:30 Std. **Ausgangs-/Endpunkt:** Busstation in Las Carboneras. Mit dem Pkw von der TF-12 auf der Cumbre nach Las Carboneras (ausgeschildert) abbiegen. Mit der Buslinie 075 ab und nach La Laguna. **Einkehrmöglichkeiten:** Bar/Restaurant La Cueva in Chinamada (Mo und Di geschlossen), Bar Tesegre in Las Carboneras.

Wegbeschreibung: Von der Busstation neben der Kirche **1** geht es, wie sie gekommen sind, aus dem Dorf hinaus. Nach wenigen Minuten (ca. 300 m) nehmen Sie in einer Linkskurve die nach rechts bergauf führenden Stufen (ausgeschildert) **2**. Hier beginnt der Pfad, der stetig am Hang hinaufführt. Nach insgesamt etwa 15 Min. erreichen Sie unter dem Hangsattel einen alten **Maultiertreiberrastplatz.** Neben einer Quelle ist je ein Unterstellplatz für Mann und Maultier erkennbar. Weiter geht es auf den Pass **Degollada de las Escaleras** **3**, mit einem Sendemast und hohem Eukalyptusbaum gut zu erkennen. Hier bietet sich ein weiter Blick in den Barranco del Rio und auf den Weiler Batán de Abajo am gegenüberliegendem Hang.

Sie wenden sich nach rechts und folgen einer sehr schönen, schattigen Wegstrecke am Hang entlang. Sie haben ständig die Häusergruppe von Batán de Abajo im Blick, die inmitten von Terrassenfeldern auf der anderen Schluchtseite klebt.

Blick auf Taborno vom Wanderweg Richtung Las Carboneras

Der Weg gabelt sich 4, es geht nach oben weiter. Eine kleine Ebene mit **Haus und Ziegengehege** 5 wird erreicht. Der Weg führt um das Haus herum, weiter am Hang entlang. In der Ferne sehen Sie schon Chinamada – und sehr viel weiter auch den schneeweißen Leuchtturm von Punta del Hidalgo.

An einer auffälligen gelbroten Tuffwand vorbei, geht es ein Stück auf der alten Wegpflasterung an einem Altar vorbei und später an einem in den Fels gehauenen Schattenplatz mit **Sitzbank,** auf dem die Maultiertreiber Kräfte für den weiteren Weg sammelten.

Chinamada sieht auf den ersten Blick nicht wie ein Höhlendorf aus, das liegt an den gelben Gemeindegebäuden. Aber die anderen gemauerten Hauseingänge führen in den Berg. Nach knapp 2 Std. können Sie nach links auf die Dorfstraße 6 einbiegen. Bald darauf stehen Sie stehen Sie vor dem Zugang zum Höhlenrestaurant La Cueva.

Hinter der Kirche beginnt der Weg nach Punta del Hidalgo. Sie aber können am Schild „Mirador de Aguaide" einen **Abstecher** an die Steilküste unternehmen (1,8 km, ca. 40 Min. hin und zurück, Wegbeschreibung vgl. Wanderung 8, „Abstecher zum Aussichtspunkt Mirador de Aguaide" → S. 258).

Für den Rückweg bleiben Sie auf der wenig befahrenen Straße in Richtung Las Carboneras. Nach ca. 800 m finden Sie einen **Rastplatz** unter Bäumen. Später durchschreiten Sie einen Bergeinschnitt, und vor Ihnen breitet sich eine grandiose Landschaft aus. Die Aussicht reicht vom Barranco de Taborno zum markanten Felsen Roque de Taborno. Dann ist es nicht mehr weit bis zum Startpunkt 1 der Wanderung.

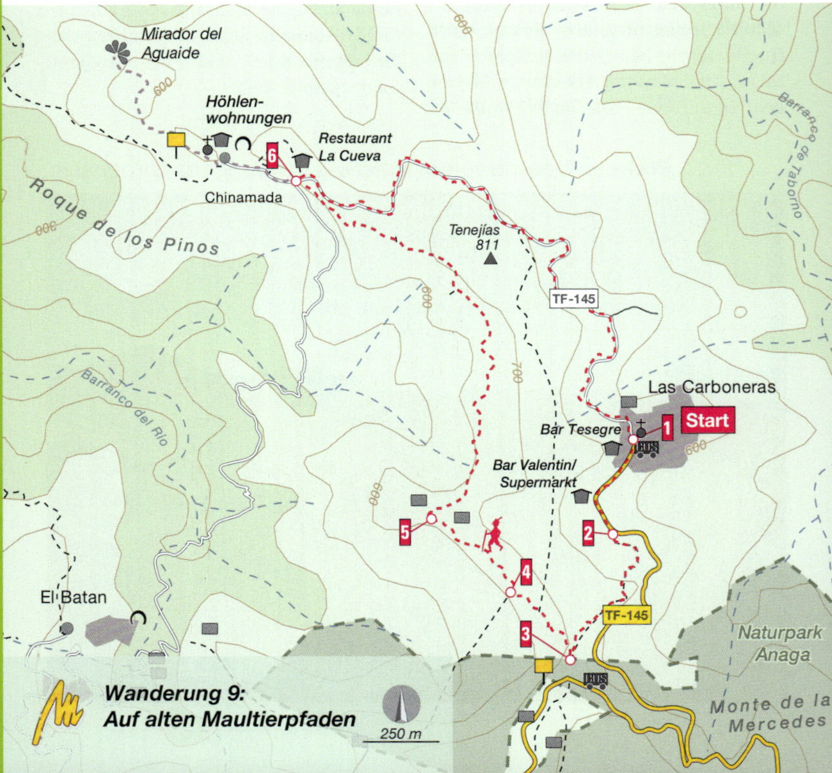

Wanderung 9: Auf alten Maultierpfaden

GPS-Wanderung 10

Halbwüste mit Blütenpracht

Charakteristik: Einfache Wanderung ohne besondere Anforderungen. Wegen der großen Zahl an roten Natternköpfen gilt dieser Weg zumindest von Mitte Mai bis Juli als einer der schönsten im Nationalpark. Bevor die Hauptwanderung startet, sollten Sie sich Zeit für das am Weg liegende Besucherzentrum El Portillo nehmen. **Länge/Dauer:** 10,2 km, ca. 3 Std. (hin und zurück). **Ausrüstung:** feste Schuhe mit Profilsohle, Sonnenschutz für Kopf und Haut, Verpflegung und Wasser, Anorak. **Ausgangs-/Endpunkt:** Busstation El Portillo. Mit der Buslinie 348 ab Puerto de la Cruz, aus dem Süden mit Linie 342 ab La Caleta über Costa Adeje (Abfahrtszeiten → Wanderung 11). Mit dem Pkw zum Parkplatz vor dem Besucherzentrum. Siehe auch „Tagestour auf Rädern" 1 und „Tagestour auf Rädern" 5 (→ S. 230 und → S. 235).

Wegbeschreibung: Von der Busstation **1** gehen Sie die Straße, die der Bus genommen hat und folgen ihr 220 m in Fahrtrichtung. So erreichen Sie den Parkplatz des **Besucherzentrums El Portillo** **2**. Mittlerweile hat das Besucherzentrum eine eigene Bushaltestelle. Sie können daher auch direkt dort aussteigen oder mit dem Auto dort parken. Nach dem Besuch des Infozentrums nehmen Sie den Pfad, der vor dem Eingang nach links oben (Beschilderung Sendero/Pfad 1 und 6) führt. Der Weg verläuft durch die Gartenanlage des Zentrums. Durch ein Tor verlassen Sie das Gelände und haben fast unmittelbar einen fantastischen Blick auf den Teide.

Nach etwa 10 Min. gabelt sich der Weg **3**, Sie folgen der Ausschilderung nach rechts. Sie passieren weitere Schildchen mit der Aufschrift „Sendero

Die roten Taginasten wachsen in der Natur nur hier

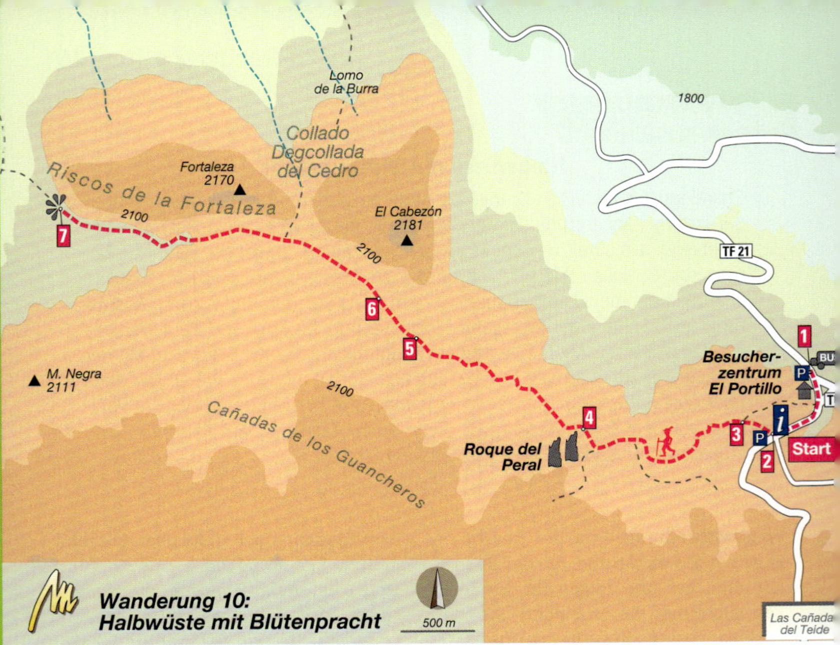

**Wanderung 10:
Halbwüste mit Blütenpracht**

1" und „6" und einen nach links abbiegenden, schmalen, mit Steinmännchen markierten Pfad. Sie bleiben auf dem Hauptweg. Bald darauf zweigt nach links der Pfad „Sendero 6" zur Montaña Blanca ab, Sie aber bleiben weiter auf dem Weg.

Es geht mit leichter Steigung auf die markante Felsgruppe Roque del Peral zu. Oben angekommen **4**, sehen Sie den weiteren Wegverlauf deutlich und ebenso La Fortaleza, den Bergzug mit auffälligem Steilhang. Es geht in eine **Senke** und mit lang gezogener Steigung wieder hinauf. Am **höchsten Punkt** **5** haben Sie einen guten Blick auf den Steilhang der Fortaleza, der sich vor Ihnen aus der hellen Lavaasche-Ebene der Cañadas de los Guancheros erhebt. Rechts davon der Berg El Cabezón, zwischen beiden eine Senke, etwa 200 m über der Ebene, aus der eine weiße Kapelle unter Pinien hervorlugt. Geradeaus über das Meer ist bei guter Sicht die Nachbarinsel La Palma zu sehen.

250 m weiter steht eine **Informationstafel** **6** mit einer Übersicht aller Wege in der Umgebung. Es geht hinunter in die Ebene am Steilhang der Fortaleza entlang. Im Juni beeindrucken hier die hohen Blütenstände der roten Natternköpfe (Taginaste rojo) zwischen den dicken Polstern des rosa und hellviolett blühenden Federkopfs (Rosalito de cumbre).

Entlang des Steilhangs zieht sich eine deutlich erkennbare Rinne schräg nach oben, ein ehemaliger Wanderpfad. Da aber der Steilhang inzwischen in die höchste Stufe des Naturschutzes aufgenommen wurde, darf er nicht mehr begangen werden und ist eingezäunt. Sie gehen weiter geradeaus bis zum Ende des Steilhanges der Fortaleza, genießen von dort aus einen fantastischen Blick auf die Nordküste und suchen sich ein schönes **Plätzchen** **7** mit herrlicher Aussicht auf die Nebeninseln La Gomera und El Hierro für die Pause, bevor Sie sich auf den Rückweg machen. Der Pfad schlängelt sich noch ein Stückchen weiter hinunter, ist aber als gefährlich ausgeschildert.

GPS-Wanderung 11

Siete Cañadas

Charakteristik: Streckenwanderung von der Busstation El Portillo zum Parador, mit der Sie sich einen Großteil des Nationalparks erwandern. Aus botanischer Sicht im Frühjahr und Sommer besonders interessant. Die Länge der Tour und die Höhe – man befindet sich ständig auf über 2000 m – erfordert **Kondition.** Mehrere langgezogene, leichte An- und Abstiege, ansonsten keine besonderen Anforderungen. **Länge/Dauer:** 17,3 km, ca. 4:30 Std. **Ausgangs-/ Endpunkt:** Besucherzentrum El Portillo, Ziel ist der Parador Nacional mit Cafeteria und Bushaltestelle.

Wegbeschreibung: Gegenüber vom Besucherzentrum El Portillo beginnt der Wanderweg mit der Ausschilderung „Siete Cañadas" und einer **Schranke** 1. An der Weggabelung 2 nehmen Sie den rechten Weg. Kurz darauf umgehen Sie eine Schranke. Etwa 1 km ab Landstraße führt eine deutlich sichtbare Trittspur 3 auf einen Aschehügel. Sie aber bleiben auf dem Hauptweg, den Sie bis kurz vor Ende der Wanderung nicht mehr verlassen.

Eine Stunde ab der Straße wandern Sie durch die wüstenhafte Ebene Cañada de Diego Hernandez, in der dicke Polster des Behaarten Federkopfs (Rosalito de cumbre) und die gelb blühende Teide-Rauke (Pajonera de cumbre) wachsen. Der Weg führt Sie direkt an die steile, innere Felsumrandung des Kraters. Links am Weg ragt die auffällige rote Felsengruppe **La Papelera** 4 empor, in deren Schatten sich gut eine Rast einlegen lässt. Der Weg führt jetzt immer an der Steilwand entlang. Beiderseits des Weges wachsen gigantische Retama, Ginsterbüsche.

Nach einer weiteren guten Stunde mit einem lang gezogenen Aufstieg und einem kurzen Abstieg erreichen

Auf aussichtsreichen Wanderwegen rund um den Vulkan Teide

Sie die **Cañada de la Grieta** 5 mit Resten einer Gebäudegruppe. Insgesamt 10 km sind damit geschafft. Am Hang blühen von Frühsommer bis September in großer Zahl die seltenen roten Taginasten. Sie begleiten bald darauf beide Seiten des Weges. Sind sie verblüht, erinnern die Blütenstände an riesige, silbrige Fischgräten. Nach einem weiteren lang gezogenen Aufstieg wird die kleinere **Cañada del Montón Trigo** 6 erreicht, hier erheben sich auffällige basaltische Felstürme aus hellem Grund.

Die Wanderung führt am Fuß des Guajara, der höchsten Erhebung an der Kraterwand, entlang. Seine geschichteten Felswände sind mit gelben Flechtengruppen bewachsen: Sie sehen aus, als seien sie mit Farbe bespritzt. Deutlich mit zwei Basaltsäulen und hellblauen Tupfen markiert, passieren Sie den Pfad 7, der auf den Gipfel des Guajara führt. Nur wenige hundert Meter weiter stößt von rechts ein breiter Pfad 8 auf den Hauptweg, Sie bleiben auf dem Hauptweg.

Der Weg steigt weiter an, um später in Kurven bergab zu führen. Wer einen Teil der Kurven abkürzen möchte, kann den Pfad 9 nehmen, der links abzweigt (er stößt bei 11 wieder auf den Hauptweg). Mit dieser Abkürzung bringt man sich aber um den großartigen **Ausblick**

Beliebtester Anziehungspunkt für Besucher sind die Roques de García

10 auf den westlichen Teil des Nationalparks, die Roques de García und das Ziel der Wanderung, den Parador. Über weite Kurven erreichen Sie den auffällig gelben und plastisch geformten Felsen **Piedra Amarilla** **12** links vom Weg, ein beliebtes Ziel für Kletterer.

Sie erreichen eine **Schranke** mit Wärterhäuschen. Der Wanderweg mündet in die asphaltierte Straße **13**. Zum Parador sind es noch 1,4 km. Sie können aber auch kurz nach dem Wärterhäuschen den markierten Pfad nach rechts nehmen **14** und so direkt zum Parador gelangen. Wer nicht abkürzen möchte, geht vor bis zur Hauptstraße und verlässt diese auf Höhe einer **Kapelle** **15**. Kurz darauf ist die Cafeteria **16** des Parador erreicht.

Zeitmanagement

Busse: Es gibt nur einen Bus täglich von Puerto de la Cruz (Linie 348) und aus dem Süden (Linie 342). Der Bus 348 um 9.30 Uhr ab Puerto de la Cruz erreicht El Portillo um ca. 11 Uhr und verlässt den Parador um 16 Uhr, Sie haben max. 5:15 Std. für die Wanderung 11. Viel Zeit für Pausen bleibt da nicht. Mit dem Bus 342 aus dem Süden bleiben gar nur 4:50 Std., das ist nur schnellen/konditionsstarken Wanderern zu empfehlen. Den Weg in umgekehrter Richtung zu machen, bringt keine zusätzliche Zeit, denn der Bus verlässt El Portilllo schon um 15.15 Uhr.

Wer mit dem **Pkw** und damit busunabhängig unterwegs ist, kann auch nur einen Teil der Wanderung machen. Vielfältiger ist dann das letzte Teilstück ab Parador.

Etwas Spanisch

Für Ihren Urlaub müssen Sie nicht unbedingt Spanisch lernen. Deutsch, Englisch und die Gebärdensprache reichen meist völlig aus, um einzukaufen, ein Auto oder Zimmer zu mieten. Wer aber näher mit den Menschen im Lande in Kontakt kommen möchte, wird schnell merken, wie erfreut und geduldig die Spanier reagieren, wenn man sich ein bisschen Mühe gibt. Der folgende kleine Spanisch-Sprachführer soll Ihnen helfen, sich in Standardsituationen besser zurechtzufinden. Scheuen Sie sich nicht, am Anfang auch einmal Sätze zu formulieren, die nicht gerade durch grammatikalischen Feinschliff glänzen – wer einfach drauflosredet, lernt am schnellsten.

Betonung und Aussprache

Endet das Wort auf einen Vokal oder auf n oder s, so wird die vorletzte Silbe betont, andernfalls die letzte Silbe. Ausnahmen werden mit einem Akzent gekennzeichnet.

c	vor a, o, u und Konsonanten wie k (caliente = kaliente), vor e und i wie engl. th (cero = thero)
ch	wie tsch (mucho = mutscho)
h	ist stumm (helado = elado)
j	wie ch (rojo = rocho)
ll	wie j (calle = caje), manchmal auch wie lj
ñ	wie nj (año = anjo)
qu	wie k (queso = keso)
v	wie leichtes b (vaso = baso), manchmal wie leichtes süddeutsches w (vino = wino)
y	wie j (yo = jo)
z	wie engl. th (zona = thona)

Zahlen

¼	*un cuarto*
½	*un medio*
0	*cero*
1	*un/una*
2	*dos*
3	*tres*
4	*cuatro*
5	*cinco*
6	*seis*
7	*siete*
8	*ocho*
9	*nueve*
10	*diez*
11	*once*
12	*doce*
13	*trece*
14	*catorce*
15	*quince*
16	*dieciséis*
17	*diecisiete*
18	*dieciocho*
19	*diecinueve*
20	*veinte*
21	*veintiuno (-ún)*
22	*veintidós*
23	*veintitrés*
30	*treinta*
31	*treinta y uno*
32	*treinta y dos*
40	*cuarenta*
50	*cincuenta*
60	*sesenta*
70	*setenta*
80	*ochenta*
90	*noventa*
100	*ciento, cien*
200	*doscientos*
300	*trescientos*
500	*quinientos*
1000	*mil*
2000	*dos mil*
5000	*cinco mil*
10.000	*diez mil*
100.000	*cien mil*
1.000.000	*un millón*

Grüße

Guten Morgen	*buenos días*
Guten Tag Guten Abend/gute Nacht	*buenas tardes/* *buenas noches*
Hallo	*Hola (sehr gebräuchlich)*
Auf Wiedersehen	*adiós*
Tschüss (= bis dann)	*hasta luego*

Small Talk

Wie geht's?/ sonst:	*qué tal? (bei Freunden),* *cómo está?*
(Sehr) gut und Dir?	*(muy) bién y tú?*
Wie heißt Du?	*cómo te llamas?*
Ich heiße ...	*mi nombre es ...*
Woher kommst du?	*de dónde vienes?*
Ich komme aus ...	*soy de ...*
... Deutschland	*... Alemania*
... Österreich	*... Austria*
... Schweiz	*... Suiza*
Sprechen Sie deutsch?	*habla usted* *alemán?*
englisch/französisch/ italienisch	*inglés/francés/* *italiano*
Ich spreche nicht spanisch	*yo no hablo español*
Ich verstehe (nicht)	*yo (no) comprendo/* *entiendo*
Verstehst du?	*comprendes/entiendes?*
Ist das schön!	*qué bonito!*
Ein bisschen langsamer, bitte	*un poco más* *despacio, por favor*
In Ordnung/passt so/ o.k. (auch als Frage sehr gebräuchlich)	*vale? – vale!*

Minimal-Wortschatz

Ja	*sí*
Nein	*no*
Bitte	*por favor*
Vielen Dank	*muchas gracias*
Entschuldigung	*perdón*
Verzeihung	*disculpe/permiso*
groß/klein	*grande/pequeño*
gut/schlecht	*bueno/malo*
viel/wenig	*mucho/poco*
heiß/kalt	*caliente/frío*
oben/unten	*arriba/abajo*
Ich	*yo*
Du	*tú*
Sie	*usted*
Können Sie mir sagen, wo ...	*podría decirme* *dónde está ...?*
verboten	*prohibido*
Mädchen	*chica, niña*
Junge	*chico*
Frau	*señora*
junge Frau	*señorita*
Herr	*señor*

Fragen & Antworten

Gibt es ...	*hay?*
Was kostet das?	*cuánto cuesta esto?*
Wie/wie bitte?	*cómo?*
Wissen Sie ...?	*sabe usted ...?*
Ich weiß nicht ...	*yo no sé*
Wo?	*dónde?*
Von wo?	*de dónde?*
Wo ist ...?	*dónde está ...?*
Haben Sie ...?	*tiene usted ...?*
Ich möchte ...	*quisiera ...*
Um wie viel Uhr?	*a qué hora?*
Ist es möglich/kann ich?	*está posible?*
Warum?	*por qué?*
Weil	*porque*

Orientierung

Nach ...	*a/hacia*
links	*izquierda*
rechts	*derecha*
geradeaus	*recto*
die nächste Straße	*la próxima calle*
hier	*aquí*
dort	*allí, ahí*
Adresse	*dirección*
Stadtplan	*plano de la ciudad*
Ist es weit?	*está lejos?*

Zeit

vormittag(s)	*(por la) mañana*
nachmittag(s)	*(por la) tarde*
abend(s)	*(por la) noche*
heute	*hoy*
morgen	*mañana*
übermorgen	*pasado mañana*
gestern	*ayer*
vorgestern	*anteayer*
Tag	*el día*
jeden Tag	*todos los días*
Woche	*semana*
Monat	*mes*
Jahr	*año*
stündlich	*cada hora*
Wann?	*cuándo?*

Jahreszeiten

Frühling	*primavera*
Sommer	*verano*
Herbst	*otoño*
Winter	*invierno*

Monate

Januar	*enero*
Februar	*febrero*
März	*marzo*
April	*abril*
Mai	*mayo*
Juni	*junio*
Juli	*julio*
August	*agosto*
September	*septiembre*
Oktober	*octubre*
November	*noviembre*
Dezember	*diciembre*

Wochentage

Montag	*lunes*
Dienstag	*martes*
Mittwoch	*miércoles*
Donnerstag	*jueves*
Freitag	*viernes*
Samstag	*sábado*
Sonntag	*domingo*

Uhrzeit

Stunde	*hora*
Um wie viel Uhr?	*a qué hora?*
Wie viel Uhr ist es?	*Qué hora es?*

Unterwegs

Wann kommt ... an?	*cuándo llega ...?*
Wie viel Kilometer sind es bis ...?	*cuántos kilómetros hay de aquí a ...?*
Ich möchte bitte aussteigen!	*quisiera bajar, por favor!*
Hafen	*puerto*
Haltestelle	*parada*
Fahrkarte	*tiket/boleto*
Hin und zurück	*ida y vuelta*
Abfahrt	*salida*
Ankunft	*llegada*
Information	*información*
Kilometer	*kilómetro*
Straße	*calle*
Telefon	*teléfono*
Reservierung	*reservación*
Weg	*camino, sendero*
Linienbus	*la guagua*
Bahnhof	*estación de tren*
Busbahnhof	*estación de guagua*
Flughafen	*aeropuerto*
das (nächste) Flugzeug	*el (próximo) avión*
Hafen	*puerto*
Schiff	*barco/yate*
Deck	*cubierta*
Fährschiff	*ferry*
Reisebüro	*agencia de viajes*
(der nächste) Bus	*la próxima guagua*
Boot	*lancha/fibra/panga/Zodiak*

Übernachten

Haben Sie ...?	*tiene usted ...?*
Gibt es ...?	*hay ...?*
Wie viel kostet es (das Zimmer)?	*cuánto cuesta (la habitación)?*
Ich möchte mieten (...)	*quisiera alquilar (...)*

für 5 Tage	*por cinco días*
Kann ich sehen ...?	*puedo ver ...?*
Kann ich haben ...?	*puedo tener ...?*
ein (billiges/ gutes) Hotel	*un hotel (barato/ bueno)*
Haben Sie nichts billigeres?	*no tiene algo más barato?*
Zimmer	*habitación*
ein Doppelzimmer	*habitación doble*
Einzelzimmer	*habitación individual sencilla*
Ehebettzimmer	*habitación matrimonial*
Bett	*cama*
Pension (Voll/Halb)	*pensión (completa/media)*
Haus	*casa*
Küche	*cocina*
Toilette	*servicios higiénicos, baño*
mit ...	*con ...*
ohne ...	sin ...
... Dusche/Bad	*... ducha/baño*
... Frühstück	*... desayuno*
Reservierung	*reservación*
Wasser (heiß/kalt)	*agua (caliente/fría)*
Hoch/Nebensaison	*temporada alta/baja*
Campingplatz	*campamento*
zelten („wild")	*acampar (libre)*
Zelt	*carpa*
Hauszelt	*tienda familiar*
Schlafsack	*saco de dormir*
Wohnmobil	*casa rodante*

Hilfe & Krankheit

Hilfe!	*ayuda!*
Helfen Sie mir bitte	*ayudeme por favor*
Ich habe Schmerzen (hier)	*me duele (aquí)*
Gibt es hier ...?	*hay aquí ...?*
Ich habe verloren ...	*he perdido ...*
Haben Sie ...?	*tiene usted ...?*
Wo ist (eine Apotheke)?	*dónde hay (una farmácia)*
Um welche Uhrzeit hat der Arzt Sprechstunde?	*A qué hora es la consulta?*
Ich bin allergisch gegen ...	*yo soy alérgico a ...*
Deutsche Botschaft	*embajada alemana*
Polizei	*policía*
Tourist-Information	*oficina de turismo*
Arzt	*médico*
Krankenhaus	*hospital*
Unfall	*accidente*
Zahnarzt	*dentista*
Ich möchte (ein) ...	*quisiera (un/una) ...*
... Abführmittel	*laxante*
... Aspirin	*aspirina*
... die „Pille"	*la píldora*
... Kondom	*preservativo, condón*
... Penicillin	*penicilina*
... Salbe	*pomada*
... Tabletten	*pastillas*
... Watte	*algodón*
Ich habe ...	*yo tengo ...*
Ich möchte ein Medikament gegen	*quiero una medicina contra ...*
... Durchfall	*diarrea*
... Fieber	*fiebre*
... Grippe	*gripe*
... Halsschmerzen	*dolor de garganta*
... Kopf ...	*dolor de cabeza*
... Magen ...	*dolor de estómago*
... Zahn ...	*dolor de muelas*
... Schnupfen	*catarro, resfriado*
... Sonnenbrand	*quemadura del sol*
... Verstopfung	*estreñimiento*

Kartenverzeichnis

Zeichenerklärung für die Karten und Pläne

Autobahn
Hauptstraße
asphaltierte Straße
Nebenstraße
Piste
Fußpfad/Wanderweg
Wanderung mit GPS-Point
Stadtrundgang
Schild
Felsen
Sehenswürdigkeit
Schiffsanlegestelle
Pinie
Farn
Höhle
Hütte
Badestrand
Kirche/Kloster
Schloss/Burg
Museum
Friedhof
Quelle
Rastplatz
Campingplatz
Berggipfel
Information
Post
Apotheke
Krankenhaus
Flughafen/-platz
Bushaltestelle
Taxi
Parkplatz
Supermarkt
Aussicht
Gatter/Tor
Brücke
Santa Cruz — im Kapitel näher beschriebener Ort

Fotonachweis

Irene Börjes und Ivan Jegorov: S. 16, 18, 22, 25, 33, 39, 47, 49, 57, 58, 64, 82, 84, 85, 86, 89, 94, 104, 108, 110, 113, 122, 138, 142, 150, 152, 155, 158, 162, 163, 165, 172, 187, 196 (oben), 202, 203, 204, 205, 208, 210, 217 (oben), 218, 219, 224, 225, 237, 242 | **Hans/Pixabay:** S. 20 | **Marion Helbig und Jörg Brandt:** S. 3, 5, 8, 10, 12, 14, 18, 26, 27, 35, 37, 38, 40, 44, 47, 54, 65, 66, 70, 74, 76, 80, 95, 96, 98, 100, 101, 102, 106, 112, 118, 125, 127, 128, 134, 141, 144, 146, 148, 149, 153, 154, 159, 160, 161, 167, 169, 170, 174, 176, 178, 179, 180, 182, 183, 184, 188, 189, 191, 196, 198, 200, 211, 214, 215, 217, 220, 226, 227, 228, 230, 232, 233, 234, 235, 236, 238, 244, 247, 251, 253, 255, 258, 259, 261, 263, 265, 269, 272, 276, 279

Alles im Kasten

Was haben Sie entdeckt?

Haben Sie ein besonderes Restaurant, ein neues Museum oder ein nettes Hotel entdeckt? Wenn Sie Ergänzungen, Verbesserungen oder Tipps zum Buch haben, lassen Sie es uns bitte wissen!

Schreiben Sie an: Irene Börjes, Stichwort „Teneriffa“

c/o Michael Müller Verlag GmbH | Gerberei 19 | D – 91054 Erlangen

irene.boerjes@michael-mueller-verlag.de

Vielen Dank!

Ich möchte mich bei allen Lesern bedanken, die die Arbeit an diesem Reiseführer durch ihre Zuschriften mit wertvollen Tipps und Hinweisen unterstützt haben.

Impressum

Text und Recherche: Irene Börjes; Aktualisierung: Marion Helbig | **Lektorat:** Peter Ritter (Überarbeitung) | **Redaktion:** Angela Nitsche | **Layout:** Carolin Hellwig | **Karten:** Carlos Borell, Theresa Flenger, Hana Gundel, Inger Holndonner, Judit Ladik | **Herausnehmbare Karte:** Günther Grill | **GIS-Consulting:** Rolf Kastner | **Fotos:** siehe Fotonachweis auf S. 270 | **Innentitel:** Taginasten im Nationalpark Teide © Marion Helbig | **Covergestaltung:** Karl Serwotka | **Covermotiv:** Kakteen im Detail © mauritius images/Ed Reardon/Alamy/Alamy Stock photos

ISBN 978-3-96685-150-3

 Druck: Westermann Druck Zwickau GmbH.

Haftungsausschluss

Die in diesem Reisebuch enthaltenen Informationen wurden von der Autorin nach bestem Wissen erstellt und von ihr und dem Verlag mit größtmöglicher Sorgfalt überprüft. Dennoch sind, wie wir im Sinne des Produkthaftungsrechts betonen müssen, inhaltliche Fehler nicht mit letzter Gewissheit auszuschließen. Daher erfolgen die Angaben ohne jegliche Verpflichtung oder Garantie der Autorin bzw. des Verlags. Autorin und Verlag übernehmen keinerlei Verantwortung bzw. Haftung für mögliche Unstimmigkeiten. Wir bitten um Verständnis und sind jederzeit für Anregungen und Verbesserungsvorschläge dankbar.

Aktuelle Infos zu unseren Titeln, Hintergrundgeschichten zu unseren Reisezielen sowie brandneue Tipps erhalten Sie in unserem regelmäßig erscheinenden Newsletter, den Sie im Internet unter **www.michael-mueller-verlag.de** kostenlos abonnieren können.

Die grandiose Bergkulisse bietet unzählige Fotomotive

Abruzzen ■ Ägypten ■ Albanien ■ Algarve ■ Algarve ■ Allgäu ■ Altmühltal & Fränk. Seenland ■ Amsterdam ■ Andalusien ■ Apulien ■ Australien – Der Osten ■ Auvergne & Limousin ■ Azoren ■ Bali & Lombok ■ Barcelona ■ Berlin ■ Bodensee ■ Bornholm ■ Bremen mit Bremerhaven ■ Bretagne ■ Brüssel ■ Budapest ■ Chalkidiki ■ Chiemgau & Berchtesgadener Land ■ Chios ■ Cilento ■ Comer See ■ Cornwall & Devon ■ Costa Brava ■ Costa de la Luz ■ Costa Rica ■ Côte d'Azur ■ Cuba ■ Dänemark Nordseeküste ■ Dolomiten ■ Dolomiten ■ Dominikanische Republik ■ Dresden ■ Dublin ■ Düsseldorf ■ Ecuador ■ Eifel ■ Elba ■ Elsass ■ Fehmarn ■ Florenz & Chianti ■ Föhr & Amrum ■ Franken ■ Fränkische Schweiz ■ Fränkische Schweiz ■ Friaul-Julisch Venetien ■ Fuerteventura ■ Gardasee ■ Gardasee ■ Golf von Neapel ■ Gomera ■ Gran Canaria ■ Hamburg ■ Harz ■ Haute-Provence ■ Ibiza & Formentera ■ Irland ■ Island ■ Istanbul ■ Istrien ■ Jerusalem ■ Kalabrien & Basilikata ■ Kanada – der Westen ■ Karpathos ■ Kärnten ■ Katalonien ■ Kefalonia & Ithaka ■ Köln ■ Kopenhagen ■ Korfu ■ Korsika ■ Korsika ■ Kos ■ Krakau ■ Kreta ■ Kreta ■ Kroatische Inseln & Küstenstädte ■ Kykladen ■ Lago Maggiore ■ Lago Maggiore ■ La Palma ■ La Palma ■ Languedoc-Roussillon ■ Lanzarote ■ Latium mit Rom ■ Lesbos ■ Ligurien ■ Ligurien ■ Limnos ■ Liparische Inseln ■ Lissabon & Costa de Lisboa ■ Lissabon ■ London ■ Lübeck ■ Lüneburg & Lüneburger Heide ■ Madeira ■ Madeira ■ Madrid ■ Mailand ■ Mainfranken ■ Mainz ■ Mallorca ■ Malta, Gozo, Comino ■ Marken ■ Marseille ■ Mecklenburgische Seenplatte ■ Mecklenburg-Vorpommern ■ Menorca ■ Midi-Pyrénées ■ Mittel- und Süddalmatien ■ Montenegro ■ Moskau ■ München ■ Münster & Münsterland ■ Naxos ■ Neuseeland ■ New York ■ Niederlande ■ Nord- u. Mittelengland ■ Nord- u. Mittelgriechenland ■ Norddalmatien ■ Norderney ■ Nordkroatien ■ Nördliche Sporaden ■ Nordportugal ■ Nordseeküste – Schleswig Holstein ■ Nordspanien ■ Normandie ■ Norwegen ■ Nürnberg, Fürth, Erlangen ■ Oberbayerische Seen ■ Oberitalien ■ Oberitalienische Seen ■ Odenwald ■ Oslo ■ Ostfriesland – Ostfriesische Inseln ■ Ostseeküste – Mecklenburg-Vorpommern ■ Ostseeküste – von Lübeck bis Kiel ■ Paris ■ Peloponnes ■ Pfalz ■ Piemont & Aostatal ■ Piemont ■ Polnische Ostseeküste ■ Porto ■ Portugal ■ Potsdam ■ Prag ■ Provence & Côte d'Azur ■ Provence ■ Regensburg ■ Rhodos ■ Rom ■ Rügen, Stralsund, Hiddensee ■ Rumänien ■ Rund um Meran ■ Salzburg & Salzkammergut ■ Samos ■ Santorini ■ Sardinien ■ Schottland ■ Schwarzwald Mitte/Nord ■ Shanghai ■ Sizilien ■ Sizilien ■ Slowakei ■ Slowenien ■ Spreewald ■ Sri Lanka ■ St. Petersburg ■ Steiermark ■ Stockholm ■ Straßburg ■ Südböhmen – Böhmerwald ■ Südengland ■ Südfrankreich ■ Südnorwegen ■ Südschwarzwald ■ Südschweden ■ Südtirol ■ Südtoskana ■ Südwestfrankreich ■ Sylt ■ Tallinn ■ Teneriffa ■ Teneriffa ■ Tessin ■ Thailand – der Norden ■ Thassos & Samothraki ■ Thüringen ■ Toskana ■ Toskana ■ Tschechien ■ Türkei ■ Türkei – Lykische Küste ■ Türkei – Mittelmeerküste ■ Türkei – Südägäis ■ Türkische Riviera – Kappadokien ■ Umbrien ■ USA – Südwesten ■ Usedom ■ Valdarno, Casentino & Florenz ■ Vancouver & Seattle ■ Varadero & Havanna ■ Venedig ■ Venetien ■ Wachau, Wald- u. Weinviertel ■ Wales ■ Warschau ■ Westböhmen & Bäderdreieck ■ Wien ■ Zakynthos ■ Zypern

MM-Travel **MM-City** **MM-Wandern**

Spektakulärer Blick vom Garten des neuen Besucherzentrums in Masca